"十二五"普通高等教育本科国家级规划教材

全国优秀畅销书　　　　　　　　　　　　　配套教材

东北财经大学会计学系列

国家重点学科
国家级特色专业 / 国家级一流本科专业
国家级精品课程 / 国家级精品资源共享课

8th Edition

第**8**版

Intermediate Financial Accounting：*Exercises and Cases*

中级财务会计

习题与案例

陈立军　崔凤鸣　主编

东北财经大学出版社
Dongbei University of Finance & Economics Press
大连

图书在版编目（CIP）数据

中级财务会计习题与案例 / 陈立军，崔凤鸣主编. —8版.
—大连：东北财经大学出版社，2024.7（2025.1重印）
（东北财经大学会计学系列配套教材）
ISBN 978-7-5654-5296-3

Ⅰ.F234.4

中国国家版本馆CIP数据核字（2024）第2024KF6483号

东北财经大学出版社出版
（大连市黑石礁尖山街217号　邮政编码　116025）
网　　址：http://www.dufep.cn
读者信箱：dufep@dufe.edu.cn
辽宁新华印务有限公司印刷　　东北财经大学出版社发行

幅面尺寸：148mm×210mm	字数：590千字	印张：19
2024年7月第8版	2025年1月第2次印刷	
责任编辑：李 彬 王 丽 王芃南	责任校对：刘贤恩	
高 铭 吴 茜 周 慧		
封面设计：张智波	版式设计：原 皓	

定价：39.80元

教学支持　售后服务　联系电话：（0411）84710309
版权所有　侵权必究　举报电话：（0411）84710523
如有印装质量问题，请联系营销部：（0411）84710711

第8版前言

为满足会计学专业、财务管理专业的本科教学及社会经济发展对高级财经管理人才的需要，我们编写了这本《中级财务会计习题与案例》。本书是东北财经大学会计学系列配套教材之一，是"十二五"普通高等教育本科国家级规划教材及国家级精品课程教材《中级财务会计》的配套习题与案例集。本书可作为高等财经院校财务会计教学的辅助教材，也可作为企业财务管理人员学习财务会计的参考用书。

2017年，财政部发布了修订后的《企业会计准则第22号——金融工具确认和计量》《企业会计准则第23号——金融资产转移》《企业会计准则第24号——套期会计》《企业会计准则第37号——金融工具列报》《企业会计准则第16号——政府补助》《企业会计准则第14号——收入》。

2017年12月，财政部针对2017年起施行的《企业会计准则第42号——持有待售的非流动资产、处置组和终止经营》和《企业会计准则第16号——政府补助》的相关规定，印发了《关于修订印发一般企业财务报表格式的通知》，对一般企业的财务报表格式进行了修订。2018年6月，财政部再次修订了一般企业财务报表格式，并规范了执行新金融准则和新收入准则的企业财务报表格式及未执行新金融准则和新收入准则的企业财务报表格式。

2018年，财政部、税务总局发布了《关于调整增值税税率的通知》，调整了增值税税率和工业企业以及商业企业小规模纳税人的年销售额的标准。

2019年，财政部发布《关于修订印发2019年度一般企业财务报表格式的通知》和《关于印发修订〈企业会计准则第7号——非货币性资产交换〉的通知》；财政部、税务总局、海关总署发布了《关于深化增值税改革有关政策的公告》；财政部发布了《关于印发〈企业会计准则解释第13号〉的通知》。

2020年，财政部发布《关于印发〈新冠肺炎疫情相关租金减让会计处理规定〉的通知》，发布了收入准则和租赁准则的应用案例。

2021年财政部印发了《企业会计准则解释第14号》和《企业会计准则解释第15号》，并开通了会计准则实施问答和会计准则实务问答；2022年财政部印发了《企业会计准则解释第16号》；2023年财政部印发了《企业会计准则解释第17号》《企业数据资源相关会计处理暂行规定》。

鉴于上述原因，本版《中级财务会计习题与案例》在第7版的基础上，依据我国最新的《企业会计准则》及《中级财务会计》第8版主教材，调整了各章的重点与难点，修改了全书的习题与案例，使习题与案例更具有时效性。本版《中级财务会计习题与案例》强化思政引领，认真落实党的二十大关于高等教育的各项精神，不仅体现了财务会计理论的深度与广度，也体现了财务会计的时效性，即与会计实务工作密切联系，力求与实务同步，并能用财务会计理论指导会计实务工作。

本书根据《中级财务会计》教学大纲的要求，按章提出学习要求与素养提升，设计了预习要览、各章重点与难点、练习题和案例等内容，并配有案例分析及练习题参考答案。练习题的设计突出理论联系实际，案例的设计体现综合性和超前性，使学生通过练习能更多地接触会计实务，提高分析问题和解决问题的能力。

本书在编写过程中，得到了东北财经大学出版社领导和编辑们的大力支持和热心帮助，同时许多读者也提出了宝贵的意见，在此一并表示衷心的感谢。

本书由陈立军教授、崔凤鸣副教授任主编，共分十五章。具体编写分工如下：第一章、第十二章由魏红元讲师编写；第二章、第六章、第七章由许龙德副教授编写；第三章、第四章、第五章、第八章、第十三章由崔凤鸣副教授编写；第十章由耿玮副教授编写；第九章、第十一章、第十四章、第十五章及附录由陈立军教授编写。最后由陈立军教授、崔凤鸣副教授对全书进行了修改和总纂。

由于编者水平有限，加之时间仓促，书中难免存在不足，恳请读者批评指正。

编　者

2024年6月

目　录

第一章　总论

一、学习要求与素养提升

通过本章的学习，应了解财务会计的特征和会计计量属性，熟练掌握会计的基本假设，重点掌握财务会计信息的质量要求和财务报告要素。

树立会计职业道德的核心是诚信这个理念，提供真实、准确、完整的反映经济活动状况和经营成果的会计信息，是对会计人员的基本要求；让会计人明白运用大数据和人工智能等现代信息技术，可以将不能用货币计量的非财务的非结构性数据等原来无法直接量化的信息转化为数据，数据已经成为新的关键生产要素，会计人应该敢于迎接数智经济时代的挑战。

二、预习要览

（一）关键概念

可靠性	可比性
实质重于形式	谨慎性
会计主体	会计分期
资产	利得
损失	利润

（二）关键问题

1.与管理会计相比，财务会计有哪些特征？

2.财务会计信息的质量要求有哪些？

3.财务会计信息的使用者包括哪些？

4.会计计量属性具体包括哪些内容？

5.会计的基本假设有哪些？

6.企业进行会计确认、计量和报告的基础是什么?

7.反映财务状况的会计要素有哪几个?

8.反映经营成果的会计要素有哪几个?

三、本章重点与难点

□ 财务会计信息的质量特征

□ 会计计量属性

□ 会计的基本假设

□ 财务报告要素

(一) 财务会计及其特点

财务会计是运用簿记系统的专门方法,以通用的会计原则为指导,对企业资金运动进行反映和控制,旨在为投资者、债权人提供会计信息的对外报告会计。与管理会计相比,财务会计有如下几方面的特征:①财务会计以计量和传送信息为主要目标;②财务会计以会计报告为工作核心;③财务会计仍然以传统会计模式作为数据处理和信息加工的基本方法;④财务会计以公认会计原则和企业会计制度为指导。传统会计模式的特点是:①会计反映依据复式簿记系统;②收入与费用的确认以权责发生制为基础;③会计计量遵循历史成本原则。

财务会计的目标是财务会计系统要达到的目的和要求。其主要有以下几个方面:①帮助投资者和债权人做出合理的决策;②考评企业管理当局管理资源的责任和绩效;③为国家提供宏观调控所需要的特殊信息;④为企业经营者提供经营管理所需要的各种信息。

会计信息需求来自企业外部和内部两方面。会计信息的外部使用者是与企业有利益关系的个人和其他企业,但它们不参与该企业的日常管理。其具体包括股东、债权人、政府机关、职工、供应商和顾客。向企业外部的使用者所提供的会计信息,绝大部分是属于"强制性的"或是"必需的"。会计信息内部使用者包括董事长、首席执行官(CEO)、首席财务官(CFO)、副董事长(主管信息系统、人力资源、财务等)、经营部门经理、分厂经理、分部经理、生产线主管等。与外部的信息需要对比,向内部报送的会计信息显然具有较多的"自由性"。

会计信息应满足可靠性、相关性、可理解性、可比性、实质重于形式、重要性、谨慎性和及时性等质量要求。可靠性是指会计信息必须是客观的和可验证的。一项信息是否可靠取决于三个因素，即真实性、可核性和中立性。相关性是指会计信息与信息使用者所要解决的问题相关联，即与使用者进行的决策有关，并具有影响决策的能力。相关性的核心是对决策有用。一项信息是否具有相关性取决于预测价值和反馈价值。可理解性是指会计信息必须能够被使用者所理解，即会计信息必须清晰易懂。可比性是指一个企业的会计信息与其他企业的同类会计信息尽量做到口径一致，相互可比。统一性和一贯性是构成可比性的两个因素，作为会计信息的质量要求，它们从属于可比性。实质重于形式要求企业应当按照交易或事项的经济实质进行会计确认、计量，而不应当仅仅按照它们的法律形式作为会计确认、计量的依据。重要性要求企业在会计确认、计量过程中对交易或事项应当区别其重要程度，采用不同的核算方式。谨慎性要求企业在进行会计确认、计量时，不得多计资产或收益，少计负债或费用，不得计提秘密准备。及时性是指信息在对用户失效之前就提供给用户。

财务会计作为会计的一个子系统，必然存在于一定的环境之中，并随着客观环境的变化而发展变化。会计也只有适应其所处的社会经济环境，并为其所处的社会经济环境服务，才能得以存在和发展。政治环境包括政治体制、政治路线、政治思想和政治领导。政治因素在整个社会环境中起着一种基础性的决定作用，它决定着国家在特定时期的经济、法律和科技等方面的目标导向和发展水平。经济环境包括物质资料的生产及其相应的交换、分配和消费等各种经济活动，以及相应的经济制度和经济管理体制。法律环境包括立法、司法和监督制度，以及国家对法治的方针等。文化环境是指特定国家或地区在社会历史发展过程中形成的价值观和人生观等。

（二）会计的基本假设和会计确认、计量的基础

会计人员在会计核算过程中，面对变化不定的经济环境，不得不做出一些合理的假设，对会计核算的对象及其环境做出一些基本规定，即建立会计核算的基本前提，也称为会计假设。会计假设既是会计核算的基本依据，也是制定会计准则和会计核算制度的重要指导思想。

会计的基本假设通常包括四个：①会计主体（又称会计实体），是指会计工作为之服务的特定单位。需要注意的是，会计主体与法律主体（即法人）是有区别的。②持续经营是指企业或会计主体的生产经营活动将无限期地延续下去，也就是说，在可预见的未来，不会进行清算。③会计分期是指将企业持续不断的生产经营活动分割为一定的期间，据以结算账目和编制会计报表，从而及时地提供有关财务状况和经营成果的会计信息。④货币计量是指企业在会计核算过程中采用货币为计量单位，记录、反映企业的经营情况。

企业应当以权责发生制为基础进行会计确认、计量和报告，而不应以收付实现制为基础。权责发生制是指凡是当期已经实现的收入和已经发生或应负担的费用，无论款项是否收付，都应作为当期收入和费用处理；凡是不属于当期的收入和费用，即使款项已经在当期收付，也不应作为当期的收入和费用。

在数智经济时代，现代信息技术使得每一天都可以取得资产负债和盈亏数据，不用等到月末和年末才能输出资产负债表和利润表；运用大数据和人工智能等现代信息技术，可以将不能用货币计量的非财务的非结构性数据等原来无法直接量化的信息转化为数据，如各种业务数据、文档、图片、视频、音频等信息转化为数据并进行运算。

（三）会计确认与计量

会计确认是指把一个事项作为资产、负债、收入和费用等加以记录和列入财务报表的过程。会计确认实际上是分两次进行的，第一次解决会计的记录问题，第二次解决财务报表的披露问题。前者称为初始确认，后者称为再确认。

会计的计量属性主要包括历史成本、重置成本、可变现净值、现值和公允价值等。

（四）财务报告要素

财务报告要素是会计工作的具体对象，是会计用以反映财务状况、确定经营成果的因素。财务报告要素分为反映财务状况的要素和反映经营成果的要素。

财务状况要素是反映企业在某一日期经营资金的来源和分布情况的各项要素。一般通过资产负债表反映。财务状况要素由资产、负债和所有者权益三个要素构成。资产是指企业过去的交易或者事项形成的、由企业拥有或者控制的、预期会给企业带来经济利益的资源。资产按其流动性一般分为流动资产和非流动资产。负债是指企业过去的交易或者事项形成的、预期会导致经济利益流出企业的现时义务。数智经济时代，数据成为新的关键生产要素，数据资源作为资产入账，根据数据资源的持有目的、形成方式、业务模式以及与数据资源有关的经济利益的预期消耗方式等分别计入无形资产和存货。负债按偿还期长短可分为流动负债和非流动负债。所有者权益是指企业资产扣除负债后由所有者享有的剩余权益。所有者权益的项目通常由实收资本（或股本）、其他权益工具、资本公积、其他综合收益和留存收益（盈余公积和未分配利润）构成。利得是指由企业非日常活动所形成的、会导致所有者权益增加的、与所有者投入资本无关的经济利益的流入。损失是指由企业非日常活动所发生的、会导致所有者权益减少的、与向所有者分配利润无关的经济利益的流出。

经营成果是指企业在一定时期内生产经营活动的结果。具体地说，它是指企业生产经营过程中取得的收入与耗费相配比的差额。经营成果要素一般通过利润表反映，由收入、费用和利润三个要素构成。收入是指企业在日常活动中形成的、会导致所有者权益增加的、与所有者投入资本无关的经济利益的总流入。费用是指企业在日常活动中发生的、会导致所有者权益减少的、与向所有者分配利润无关的经济利益的总流出。利润是指企业在一定会计期间的经营成果，利润包括收入减去费用后的净额、直接计入当期利润的利得和损失等。

以上六大财务报告要素相互影响、密切联系，全面综合地反映了企业的经济活动。

四、练习题

（一）单项选择题

1.要求会计信息必须是客观的和可验证的信息质量要求是（　　　）。

A.可理解性　　　　　　　　　B.相关性

C.可靠性　　　　　　　　　　D.可比性

2.会计信息的内部使用者是（　　　）。

A.股东　　　　　　　　　　　B.首席执行官

C.供应商　　　　　　　　　　　　D.政府机关

3.在整个社会环境中起一种基础性的决定作用的是（　　　）。

　　A.政治环境　　　　　　　　　B.经济环境

　　C.法律环境　　　　　　　　　D.文化环境

4.明确会计工作为之服务的特定单位，规定会计核算范围的基本假设是（　　　）。

　　A.会计主体　　　　　　　　　B.持续经营

　　C.会计分期　　　　　　　　　D.货币计量

5.我国企业进行会计确认、计量和报告的基础是（　　　）。

　　A.收付实现制　　　　　　　　B.集中核算制

　　C.分散核算制　　　　　　　　D.权责发生制

6.下列各项中，不属于会计计量属性的是（　　　）。

　　A.重置成本　　　　　　　　　B.历史成本

　　C.未来成本　　　　　　　　　D.可变现净值

7.下列各项中，体现谨慎性会计信息质量要求的是（　　　）。

　　A.无形资产摊销　　　　　　　B.应收账款计提坏账准备

　　C.存货采用历史成本计价　　　D.当期销售收入与费用配比

8.要求信息在对用户失效之前就提供给用户的会计信息质量要求是（　　　）。

　　A.可比性　　　　　　　　　　B.明晰性

　　C.及时性　　　　　　　　　　D.重要性

9.下列各项中，不属于企业收入要素范畴的是（　　　）。

　　A.主营业务收入　　　　　　　B.提供劳务取得的收入

　　C.销售材料取得的收入　　　　D.出售无形资产取得的收益

10.下列关于会计要素的表述中，正确的是（　　　）。

　　A.负债的特征之一是企业承担的潜在义务

　　B.利润只包括企业一定期间内收入减去费用后的净额

　　C.资产的特征之一是预期能给企业带来经济利益

　　D.收入是所有导致所有者权益增加的经济利益的总流入

11.存货采用成本与可变现净值孰低法进行期末计价，所体现出的会计信息质量要求是（　　　）。

A.重要性   B.谨慎性

C.相关性   D.可比性

12.反映经营成果的会计要素是（   ）。

A.资产   B.费用

C.所有者权益   D.负债

13.下列业务中，没有运用谨慎性会计信息质量要求的是（   ）。

A.对应收账款计提坏账准备

B.固定资产采用年数总和法计提折旧

C.物价下降时存货采用先进先出法核算

D.售后回购通常不确认收入

14.下列业务中，属于利得的是（   ）。

A.处置固定资产取得的收益   B.出租无形资产取得的收益

C.销售商品取得的收益   D.提供劳务取得的收益

（二）多项选择题

1.一项信息是否具有相关性取决的因素包括（   ）。

A.预测价值   B.反馈价值

C.可核性   D.中立性

E.真实性

2.会计信息的外部使用者包括（   ）。

A.债权人   B.顾客

C.信用代理人   D.工商业协会

E.竞争者

3.会计的政治环境包括（   ）。

A.监督制度   B.政治体制

C.政治路线   D.政治思想

E.政治领导

4.会计的基本假设包括（   ）。

A.会计主体   B.持续经营

C.历史成本   D.会计分期

E.货币计量

5.反映财务状况的会计要素有（   ）。

A.收入   B.费用

C.所有者权益   D.资产

E.负债

6.所有者权益项目通常包括（　　　）。

A.实收资本   B.资本公积

C.其他权益工具   D.其他综合收益

E.盈余公积

7.下列各项中，属于资产要素特点的有（　　　）。

A.必须是企业拥有所有权   B.必须是经济资源

C.必须是有形的   D.必须是企业拥有或控制的

E.必须在未来能够给企业带来经济利益

8.下列项目中，属于资产范畴的有（　　　）。

A.融资租入的设备   B.经营租入的设备

C.委托加工商品   D.土地使用权

E.无形资产

9.会计的计量属性包括（　　　）。

A.历史成本   B.重置成本

C.可变现净值   D.现值

E.公允价值

10.流动资产包括（　　　）。

A.货币资金   B.存货

C.固定资产   D.无形资产

E.长期待摊费用

11.下列项目中，不属于损失范畴的有（　　　）。

A.公允价值模式计量投资性房地产期末公允价值下降

B.处置固定资产带来的损失

C.结转出售产品成本

D.结转提供劳务成本

E.处置无形资产带来的损失

（三）判断题

1.我国的财务会计报告目标是向财务会计报告内部使用者提供与企

业财务状况、经营成果和现金流量等有关的会计信息，反映企业管理层受托责任履行情况，有助于财务会计报告内部使用者做出经济决策。（　　）

2.一项信息是否可靠取决于三个因素，即真实性、可核性和中立性。（　　）

3.向企业内部的使用者所提供的会计信息，绝大部分属于"强制性的"或是"必需的"。（　　）

4.在数智经济时代，可以将不能用货币计量的非财务的非结构性数据等原来无法直接量化的信息转化为数据，如各种业务数据、文档、图片、视频、音频等信息转化为数据并进行运算。（　　）

5.某一财产物资要成为企业的资产，其所有权必须是属于企业的。（　　）

6.谨慎性要求企业允许计提秘密准备。（　　）

7.企业预期的经济业务所将要发生的债务，应当作为负债处理。（　　）

8.重要性要求企业在会计确认、计量过程中对交易或事项应当区别其重要程度，采用不同的核算方式。（　　）

9.负债是指企业过去的交易或事项形成的、预期会导致经济利益流出企业的潜在义务。（　　）

10.法律主体必定是会计主体，会计主体也必定是法律主体。（　　）

11.可理解性是指会计信息与信息使用者所要解决的问题相关联，即与使用者进行的决策有关，并具有影响决策的能力。（　　）

12.损失是指由企业非日常活动所发生的、会导致所有者权益减少的、与向所有者分配利润无关的经济利益的流出。（　　）

13.收入不包括为第三方或客户代收的款项。（　　）

14.会计分期是产生权责发生制和收付实现制等不同记账基础的前提。（　　）

15.企业出租房屋确认的投资性房地产属于企业的流动资产。（　　）

16.出售无形资产取得收益会导致经济利益的流入，所以它属于《企业会计准则》所定义的"收入"范畴。（　　）

17.如果某项资产不能再为企业带来经济利益，即使是由企业拥有或者控制的，也不能作为企业的资产在资产负债表中列示。　　（　　）

18.重置成本是指市场参与者在计量日发生的有序交易中，出售一项资产所能收到或者转移一项负债所需支付的价格。　　（　　）

五、练习题参考答案

（一）单项选择题

1.C　2.B　3.A　4.A　5.D　6.C　7.B　8.C　9.D　10.C　11.B　12.B　13.D　14.A

（二）多项选择题

1.AB　2.ABCDE　3.BCDE　4.ABDE　5.CDE　6.ABCDE　7.BDE　8.ACDE　9.ABCDE　10.AB　11.ACD

（三）判断题

1.×　2.√　3.×　4.√　5.×　6.×　7.×　8.√　9.×　10.×　11.×　12.√　13.√　14.√　15.×　16.×　17.√　18.×

第二章　货币资金

一、学习要求与素养提升

通过本章的学习，应明确货币资金包括的基本内容和有关的基本概念，如什么是库存现金、银行存款、其他货币资金等；了解货币资金在管理与核算过程中应遵循的各项有关规定；同时，应熟练掌握货币资金各组成部分的核算方法，包括库存现金、银行存款的序时核算与总分类核算，以及其他货币资金的核算方法等。

会计人应端正对企业、单位资金核算和管理重要性的认识，尊章守法、不违反财经纪律，努力做一个社会公序良俗的维护者和引领者。

二、预习要览

（一）关键概念

货币资金　　　　　　　　库存现金
银行存款　　　　　　　　其他货币资金
备用金　　　　　　　　　未达账项
转账结算

（二）关键问题

1.如何理解现金的概念及特征？

2.现金控制的基本内容包括哪些？

3.企业在银行可以开立哪些账户？每个账户的用途是什么？

4.国内转账结算方式和国际转账结算方式分别包括哪几种？

三、本章重点与难点

☐ 现金的管理
☐ 现金的核算

☐ 备用金的核算

☐ 银行存款的核算

☐ 其他货币资金的核算

（一）现金的使用范围

现金的使用要遵循其使用范围的规定，这是现金管理的一项重要内容。《现金管理暂行条例》规定了在银行开立账户的企业可以用现金办理结算的具体经济业务。这些经济业务包括：

1.职工工资、津贴。

2.个人劳动报酬。

3.根据国家规定颁发给个人的科学技术、文化艺术、体育等各种奖金。

4.各种劳保、福利费用以及国家规定的对个人的其他支出。

5.向个人收购农副产品和其他物资的价款。

6.出差人员必须随身携带的差旅费。

7.结算起点以下的零星支出（结算起点为 1 000 元）。

8.中国人民银行确定需要支付现金的其他支出。

（二）现金的内部控制

一个企业必须强调现金内部控制，严格现金内部控制的措施与方法，建立健全现金的内部控制制度。其主要内容包括：

1.实行职能分开原则。要求库存现金实物的管理与账户的记录应分开进行，不能由一个人兼任。企业库存现金收支与保管应由出纳人员负责。经管现金的出纳人员不得兼管收入、费用、债权、债务等账簿的登记工作以及会计稽核和会计档案保管工作；填写银行结算凭证的有关印鉴，不能集中由出纳人员保管，应实行印鉴分管制度。这样做的目的是便于分清责任，形成一种互相牵制的控制机制，防止挪用现金以及隐藏流入的现金。

2.现金收付的交易必须要有合法的原始凭证。企业收到现金时，要有现金收入的原始凭证，以保证现金收入的来源合法；企业支付现金时，要按规定的授权程序进行，除小额零星支出需用库存现金外，其他支付应尽可能少用现钞，而用支票付款，同时要有确凿的原始凭证，以保证支付的有效性。对涉及现金收付交易的经济业务要根据原始凭证编制收付款凭证，并要在原始凭证与收付款凭证上盖上"现金收讫"或"现金付讫"印章。

3.建立收据和发票的领用制度。领用的收据和发票必须登记数量和起讫编号，由领用人员签字。收回收据和发票存根，应由保管人员办理签收手续。对空白收据和发票应定期检查，以防止短缺。

4.加强监督与检查。对企业的库存现金，除了要求出纳人员应做到日清月结之外，企业的审计部门以及会计部门的领导对现金的管理工作要进行经常性的与突击性的监督与检查，包括现金收入与支出的所有记录。对发现的现金溢余与短缺，必须认真及时地查明原因，并按规定的要求进行处理。

5.企业的出纳人员应定期轮换，不得一人长期从事出纳工作。一个人长期从事一项工作会形成惰性，不利于提高工作效率，同时可能会隐藏工作中的一些问题和不足。出纳工作每日都与资金打交道，时间长了，容易产生麻痹和侥幸心理，增加犯罪的机会和可能。通过人员的及时轮换，不仅可以避免上述情况的出现，而且对工作人员本身也是一种保护，所以及时进行人员的轮换是非常必要的。

（三）现金的总分类核算

现金的总分类核算需要设置"库存现金"科目。该科目借方登记现金收入数，贷方登记现金的付出数，余额在借方，反映库存现金的实有数。库存现金总账科目的登记，可以根据现金收、付款凭证和从银行提取现金时填制的银行存款、付款凭证逐笔登记。在现金收、付款业务较多的情况下，为避免加大工作量，在实务上一般是把现金收、付款凭证按照对方科目进行归类，定期（10天或半月）填制汇总收、付款凭证，据以登记"库存现金"总账科目。

（四）现金的清查

现金清查的基本方法是清点库存现金，并将现金实存数与现金日记账上的余额进行核对。实存数是指企业金库内实有的现款额，清查时不能用借条等单据来抵充现金。每日终了应查对库存现金实存数与其账面余额是否相符。现金的溢缺情况，通过"待处理财产损溢——待处理流动资产损溢"科目进行核算。现金清查中发现短缺的现金，应按短缺的金额，借记"待处理财产损溢——待处理流动资产损溢"科目，贷记

"库存现金"科目；现金清查中发现溢余的现金，应按溢余的金额，借记"库存现金"科目，贷记"待处理财产损溢——待处理流动资产损溢"科目。查明原因后，处理方法如下：

1.如为现金短缺，属于应由责任人赔偿的部分，借记"其他应收款——应收现金短缺款"或"库存现金"等科目，贷记"待处理财产损溢——待处理流动资产损溢"科目；属于应由保险公司赔偿的部分，借记"其他应收款——应收保险赔款"科目，贷记"待处理财产损溢——待处理流动资产损溢"科目；属于无法查明的其他原因，根据管理权限，经批准后处理，借记"管理费用"科目，贷记"待处理财产损溢——待处理流动资产损溢"科目。

2.如为现金溢余，属于应支付给有关人员或单位的部分，应借记"待处理财产损溢——待处理流动资产损溢"科目，贷记"其他应付款——应付现金溢余"科目；属于无法查明原因的现金溢余，经批准后，借记"待处理财产损溢——待处理流动资产损溢"科目，贷记"营业外收入——盘盈利得"科目。

（五）备用金的总分类核算

备用金的总分类核算应设置"其他应收款"科目。它是资产类科目，用来核算企业除应收票据、应收账款、预付账款以外的其他各种应收、暂付款项，包括各种赔款、罚款、存储保证金、备用金、应向职工收取的各种垫付款项等。在备用金数额较大或业务较多的企业中，可以将备用金业务从"其他应收款"科目中划分出来，单独设置"备用金"科目进行核算。

备用金的管理办法一般有两种：一是随借随用、用后报销制度，适用于不经常使用备用金的单位和个人；二是定额备用金制度，适用于经常使用备用金的单位和个人。定额备用金制度的特点是对经常使用备用金的部门或车间，分别规定一个备用金定额。按定额拨付现金时，记入"其他应收款"或"备用金"科目的借方和"库存现金"科目的贷方。报销时，财会部门根据报销单据付给现金，补足用掉数额，使备用金仍保持原有的定额数。报销的金额直接记入"库存现金"科目的贷方和有关科目的借方，不需要通过"其他应收款"科目核算。

（六）银行存款账户开立的规定

一个企业可以根据需要在银行开立四种账户，包括基本存款账户、一般存款账户、临时存款账户和专用存款账户。

基本存款账户是企业办理日常结算和现金收付业务的账户。企业的工资、奖金等现金的支取只能通过本账户办理。

一般存款账户是企业在基本存款账户以外的银行借款转存以及与基本存款账户的企业不在同一地点的附属非独立核算的单位的账户。企业可以通过本账户办理转账结算和现金缴存，但不能支取现金。

临时存款账户是企业因临时经营活动需要而开立的账户。企业可以通过本账户办理转账结算和根据国家现金管理的规定办理现金收付。

专用存款账户是企业因特殊用途需要而开立的账户。

一个企业只能在一家银行开立一个基本账户；不得在同一家银行的几个分支机构开立一般存款账户。

（七）银行结算纪律的基本内容

银行结算纪律的基本内容包括：合法使用银行账户，不得转借给其他单位或个人使用；不得利用银行账户进行非法活动；不得签发没有资金保证的票据和远期支票，套取银行信用；不得签发、取得和转让没有真实交易和债权债务的票据，套取银行和他人的资金；不准无理拒绝付款、任意占用他人资金；不准违反规定开立和使用账户等。

（八）银行存款的总分类核算

银行存款的总分类核算应设置"银行存款"科目。这是一个资产类科目，用来核算企业存入银行的各种存款。企业存入其他金融机构的存款，也在本科目内核算。企业的外埠存款、银行本票存款、银行汇票存款等在"其他货币资金"科目核算，不在本科目内核算。"银行存款"科目可以根据银行存款的收款凭证和付款凭证登记。为了减少登记的工作量，在实际工作中，一般都是把各自的收付款凭证按照对方科目进行归类。定期（10天或半月）填制汇总收付款凭证，据以登记银行存款总账科目。企业存入银行存款时，借记"银行存款"科目，贷记有关科目，如"库存现金""应收账款"等科目；企业提取现金或支出存款时，借记"库存现金""应付账款"等科目，贷记"银行存款"科目。

（九）未达账项及银行存款余额调节表的编制方法

未达账项是指由于企业间的交易采用的结算方式涉及的收付款结算凭证在企业和银行之间的传递上存在着时间的先后差别，造成一方已收到凭证并已入账，而另一方尚未接到凭证仍未入账的款项。未达账项有以下四种情况：①企业已收款记账，而银行尚未收款记账，如企业将收到的转账支票存入银行，但银行尚未转账。②企业已付款记账，而银行尚未付款记账，如企业开出支票并已根据支票存根记账，而持票人尚未到银行取款或转账。③银行已收款记账，而企业尚未收款记账，如托收货款，银行已经入账，而企业尚未收到收款通知。④银行已付款记账，而企业尚未付款记账，如借款利息，银行已经入账，而企业尚未收到付款通知。

银行存款余额调节表的编制方法有以下三种：

第一种方法，根据错记金额和未达账项同时将银行存款日记账余额和银行对账单余额调整到银行存款实有数，相关计算公式如下：

$$\begin{aligned} &\text{银行对账单} + \text{企业已收} - \text{企业已付} \pm \text{银行错减或} \\ &\quad\text{余额} \quad\text{银行未收款项} \quad\text{银行未付款项} \quad\text{错增金额} \\ &= \text{企业银行存款} + \text{银行已收} - \text{银行已付} \pm \text{企业错减或} \\ &\quad\text{日记账余额} \quad\text{企业未收款项} \quad\text{企业未付款项} \quad\text{错增金额} \end{aligned}$$

第二种方法，根据错记金额和未达账项，以银行存款日记账余额为准，将银行对账单余额调整到银行存款日记账余额，相关计算公式如下：

$$\begin{aligned} &\text{企业银行存款} = \text{银行对账单} + \text{企业已收} - \text{企业已付} \pm \text{银行错减或} \\ &\quad\text{日记账余额} \quad\text{余额} \quad\text{银行未收款项} \quad\text{银行未付款项} \quad\text{错增金额} \\ &\quad - \left(\text{银行已收} - \text{银行已付} \pm \text{企业错减或} \right) \\ &\quad\quad\text{企业未收款项} \quad\text{企业未付款项} \quad\text{错增金额} \end{aligned}$$

第三种方法，根据错记金额和未达账项，以银行对账单余额为准，将银行存款日记账余额调整到银行对账单余额，相关计算公式如下：

$$\begin{aligned} &\text{银行对账单} = \text{企业银行存款} + \text{银行已收} - \text{银行已付} \pm \text{企业错减或} \\ &\quad\text{余额} \quad\text{日记账余额} \quad\text{企业未收款项} \quad\text{企业未付款项} \quad\text{错增金额} \\ &\quad - \left(\text{企业已收} - \text{企业已付} \pm \text{银行错减或} \right) \\ &\quad\quad\text{银行未收款项} \quad\text{银行未付款项} \quad\text{错增金额} \end{aligned}$$

（十）其他货币资金的总分类核算

其他货币资金的总分类核算应设置"其他货币资金"科目。企业因临时或零星采购而将款项委托当地银行汇往采购地银行开立采购专户形成外埠存款时，借记"其他货币资金"科目，贷记"银行存款"科目；会计部门在收到采购员交来的供应单位的材料账单、货物运单等报销凭证时，借记"材料采购""应交税费"等科目，贷记"其他货币资金"科目；采购员在离开采购地时，采购专户如有余额款项，应将剩余的外埠存款转回企业当地银行结算户，会计部门根据银行的收账通知，借记"银行存款"科目，贷记"其他货币资金"科目。企业的银行汇票存款、银行本票存款（如果用于材料采购业务）以及信用证存款，在账务处理方法上与外埠存款都是相同的，只是涉及的明细科目不同而已。企业的信用卡存款一般用于企业的办公、福利等一些消耗性的支出上面。企业申请使用信用卡时，应按规定填制申请表，并连同支票和有关资料一并送交发卡银行，根据银行盖章退回的进账单第一联，借记"其他货币资金"科目，贷记"银行存款"科目。企业用信用卡购物或支付有关费用，借记有关科目，如"管理费用""材料采购"等，贷记"其他货币资金"科目。企业信用卡在使用过程中，需要向其账户续存资金的，借记"其他货币资金"科目，贷记"银行存款"科目。企业在向证券市场进行股票、债券投资时，应向证券公司申请资金账号并划出资金。会计部门应按实际划出的金额，借记"其他货币资金"科目，贷记"银行存款"科目；购买股票、债券时，应按实际支付的金额，借记"交易性金融资产"等科目，贷记"其他货币资金"科目。企业以单位名义开通微信、支付宝后，发生收款业务收入款项时，借记"其他货币资金——微信（或支付宝）"科目，贷记"主营业务收入""应交税费——应交增值税（销项税额）"等科目；发生购货等业务支付款项时，借记"管理费用""原材料""应交税费——应交增值税（进项税额）"等科目，贷记"其他货币资金——微信（或支付宝）"科目；提取现金时，借记"银行存款"科目，贷记"其他货币资金——微信（或支付宝）"科目。

四、练习题

(一) 单项选择题

1.下列业务中不包括在现金使用范围内的业务是（　　）。

A.支付职工福利费　　　　　　B.结算起点以下的零星支出

C.向个人收购农副产品　　　　D.支付银行借款利息

2.结算起点以下的零星支出的结算起点是（　　）。

A.1 500元　　　　　　　　　B.500元

C.1 000元　　　　　　　　　D.2 000元

3.下列项目中不包括在广义现金范围内的项目是（　　）。

A.银行存款　　　　　　　　　B.定期储蓄存单

C.保付支票　　　　　　　　　D.职工借款欠条

4.实行定额备用金制度，报销时的会计分录是（　　）。

A.借记"管理费用"，贷记"库存现金"

B.借记"备用金"，贷记"库存现金"

C.借记"管理费用"，贷记"备用金"

D.借记"库存现金"，贷记"备用金"

5.确定企业库存现金限额时，考虑的天数最多不能超过（　　）。

A.5天　　　　　　　　　　　B.10天

C.15天　　　　　　　　　　　D.8天

6.在企业开立的诸多账户中，可以办理提取现金以发放工资的是（　　）。

A.专用存款账户　　　　　　　B.一般存款账户

C.临时存款账户　　　　　　　D.基本存款账户

7.在企业的银行账户中，不能办理现金支取的是（　　）。

A.基本存款账户　　　　　　　B.临时存款账户

C.专用存款账户　　　　　　　D.一般存款账户

8.银行汇票的提示付款期限为自出票日起（　　）。

A.1个月　　　　　　　　　　B.3个月

C.4个月　　　　　　　　　　D.6个月

9.银行本票的提示付款期限为自出票日起最长不超过（　　）。

A.2个月   B.6个月

C.1个月   D.3个月

10.支票的提示付款期限为自出票日起（　　　）。

A.10天   B.5天

C.3天   D.6天

11.下列项目中，不属于其他货币资金的是（　　　）。

A.向银行申请的银行承兑汇票

B.委托银行开出的银行汇票

C.存入证券公司准备购买股票的款项

D.汇到外地并开立采购专户的款项

12.下列各项目中，在核算的基本方法上具有明显特点的是（　　　）。

A.外埠存款   B.银行本票

C.银行汇票   D.存出投资款

（二）多项选择题

1.现金具有的特征包括（　　　）。

A.货币性   B.通用性

C.流动性   D.收益性

E.流通性

2.下列项目中，包括在广义现金范围的项目是（　　　）。

A.银行汇票   B.个人支票

C.旅行支票   D.银行存款

E.商业汇票

3.下列业务中，可以支出现金的业务是（　　　）。

A.向个人收购农副产品   B.各种劳保支出

C.差旅费支出   D.缴纳税金

E.偿还短期借款

4.现金溢缺的核算会涉及的会计科目有"（　　　）"。

A.其他应收款   B.财务费用

C.营业外收入   D.营业外支出

E.待处理财产损溢

5.现金管理必须做到（　　　）。

A.出纳员兼管会计档案

B.日清月结

C.保持大量库存现金

D.当日收到现金可以直接当日支出

E.出纳人员定期轮换

6.下列经济事项中,不符合银行结算纪律要求的是( )。

A.不影响企业自身业务时,可暂时将账户借给他人使用

B.考虑到未来的现金收入,可以签发远期支票

C.不论账户是否有足够的资金,是否付款都由企业决定

D.支票必须由指定人员签发,其他人员一律不准签发

E.可以根据业务核算需要开立多个基本存款账户

7.银行存款日记账余额与银行转来的对账单余额不符时,产生的原因可能是( )。

A.没有收到托收款项的收款通知

B.企业方面记账有错误

C.银行方面记账有错误

D.企业收到的转账支票没有送存银行

E.持票人未到银行办理转账

8.下列项目中,属于其他货币资金的是( )。

A.收到的商业汇票

B.收到债务人交来的银行汇票

C.存入证券公司准备购买股票的款项

D.银行本票存款

E.信用证存款

9.下列各项目中,可以用来支付购买材料款项的包括( )。

A.存出投资款   B.银行汇票存款

C.信用卡存款   D.外埠存款

E.银行本票存款

10.关于银行结算纪律,正确的说法是( )。

A.可以将银行账户转借给其他单位或个人使用

B.不得签发没有资金保证的票据和远期支票

C.不准任意占用他人资金

D.不准违反规定开立和使用账户

E.某些情况下可以套取银行信用

（三）判断题

1.为加强现金管理，一笔现金业务应由一人单独处理。（　　）

2.清点库存现金发现短缺时，如有"白条"可以抵库。（　　）

3.库存现金日记账和库存现金总账都应逐日逐笔进行登记。（　　）

4.企业日常结算和现金收付业务，都应通过基本存款账户办理。

（　　）

5.在企业的货币性资产中，现金的流动性是最强的。（　　）

6.填写银行结算凭证的有关印鉴，应集中由出纳人员保管。（　　）

7.出纳人员可以兼管会计稽核工作。（　　）

8.临时存款账户不能提取现金。（　　）

9.企业一笔交易确认在未来能够带来大量现金收入时，可以签发远期支票。（　　）

10.企业从银行转来的对账单上发现的未入账业务，可以账单为依据进行记账。（　　）

11.企业银行存款实有额通常需要通过编制银行存款余额调节表的方法进行确定。（　　）

12.银行汇票存款结算后余额只能从收款单位收取，而不能从银行转回。（　　）

13.银行汇票不能提取现金。（　　）

14.企业银行存款日记账不能反映银行存款实有数就是因为存在未达账项。（　　）

（四）计算及账务处理题

1.诚信公司2×24年8月发生部分经济业务如下：

（1）8月1日，出纳员开出现金支票一张，金额3 000元，以补充库存现金。

（2）8月2日，购买办公用纸张，支付现金320元。

（3）8月5日，采购员李民出差预借差旅费1 000元，以现金支付。

（4）8月7日，开出现金支票，提取现金46 000元，备发工资。

（5）8月8日，为职工发放困难补助600元。

（6）8月10日，收到零星销售商品货款565元，其中价款500元，应交增值税65元。

（7）8月13日，发放职工工资45 200元。

（8）8月16日，企业行政管理部门一次性领取定额备用金5 000元。

（9）8月17日，收到银行的收款通知，应收大通公司的货款30 000元已收到，并存入结算账户。

（10）8月18日，采购员李民出差归来，按规定报销差旅费1 060元。

（11）8月21日，开出转账支票一张偿付兴华公司货款6 200元。

（12）8月23日，用现金支付董事会费1 500元。

（13）8月25日，收到采购人员采购材料的发票账单，货款总额6 780元，其中价款6 000元，应交增值税780元。

（14）8月27日，开出转账支票一张，上缴增值税41 200元。

（15）8月29日，销售产品一批，价款20 000元，应交增值税2 600元，货款已收到并存入银行。

（16）8月31日，企业行政管理部门报销差旅费2 300元。

要求：根据上述经济业务编制会计分录。

2.诚信公司2×24年10月发生部分经济业务如下：

（1）10月2日，将款项交存银行，开出银行汇票一张，金额40 000元，由采购员王强携往沈阳以办理材料采购事宜。

（2）10月5日，因临时材料采购的需要，将款项50 000元汇往交通银行上海分行，并开立采购专户，材料采购员李民同日前往上海。

（3）10月9日，为方便行政管理部门办理事务，办理信用卡一张，金额12 000元。

（4）10月13日，采购员王强材料采购任务完成回到企业，将有关材料采购凭证交到会计部门。材料采购凭证注明，材料价款31 000元，应交增值税4 030元。

（5）10月14日，会计人员到银行取回银行汇票余款划回通知，银行汇票余款已存入企业结算户。

（6）10月17日，因采购材料需要，委托银行开出信用证，交存保证金150 000元。

（7）10月20日，材料采购员李民材料采购任务完成回到本市，当日将采购材料的有关凭证交到会计部门，本次采购的材料价款40 000元，应交增值税5 200元。

（8）10月22日，企业接到银行的收款通知，交通银行上海分行采购专户的余款已转回结算户。

（9）10月25日，行政管理部门小王用信用卡购买办公用品，支付款项3 200元。

（10）10月28日，为购买股票，企业将款项200 000元存入证券公司证券投资账户。

要求：根据上述经济业务编制会计分录。

3. 星海公司2×24年6月30日银行存款日记账的余额为41 100元，同日转来的银行对账单的余额为46 500元，为了确定公司银行存款的实有数，需要编制银行存款余额调节表。经过对银行存款日记账和对账单的核对，发现部分未达账项以及一些记账方面的错误，情况如下：

（1）6月18日，公司委托银行收取的金额为3 000元的款项，银行已收妥入账，但公司尚未收到收款通知。

（2）6月22日，公司存入银行的3 300元的款项，出纳员误记为3 000元。

（3）6月26日，银行将本公司存入的一笔款项串户记账，金额为1 600元。

（4）6月29日，公司开出的转账支票一张，持票人尚未到银行办理转账手续，金额为7 200元。

（5）6月30日，存入银行支票一张，金额为1 500元，银行已承办，企业已凭回单记账，对账单并没有记录。

（6）6月30日，银行收取借款利息2 000元，企业尚未收到支息通知。

要求：根据上述资料编制银行存款余额调节表（见表2-1）。

表2-1　　　　　　　　　　**银行存款余额调节表**

2×24年6月30日　　　　　　　　　　　　　　单位：元

项目	金额	项目	金额
银行对账单余额		企业银行存款日记账余额	
调整后的余额		调整后的余额	

五、案例分析题

【案例1】星海公司出纳员小王由于刚参加工作不久，对于货币资金业务管理和核算的相关规定不甚了解，所以出现了一些不应有的错误，有两件事情让他至今记忆犹新。第一件事是在2×24年6月8日和6月10日两天的现金业务结束后例行的现金清查中，分别发现现金短缺50元和现金溢余20元，对此他经过反复思考也没弄明白原因。为了保全自己的面子和息事宁人，同时考虑到两次账实不符的金额很小，他决定采取下列办法进行处理：现金短缺50元，自掏腰包补齐；现金溢余20元，暂时收起。第二件事是星海公司经理经常对公司银行存款的实有额心中无数，甚至有时会影响公司日常业务的结算，因此公司经理指派有关人员检查小王的工作，结果发现，他每次编制银行存款余额调节表时，只根据公司银行存款日记账的余额，加或减对账单中企业的未入账款项，从而确定公司银行存款的实有数，而且每次做完此项工作，小王就立即将这些未入账的款项登记入账。

问题：1.小王对上述两项业务的处理是否正确？为什么？

2.你能给出正确答案吗？

【案例分析】

星海公司出纳员小王对其在2×24年6月8日和6月10日两天的现金

清查结果的处理方法都是错误的。他的处理方法导致的直接后果是掩盖了公司在现金管理与核算中存在的诸多问题，也可能是重大的经济问题。按照规定，凡是出现账实不符的情况时，必须按照有关的会计规定进行处理。对于现金清查中发现的账实不符，即现金溢缺情况，首先应通过"待处理财产损溢——待处理流动资产损溢"科目进行核算。在现金清查中发现短缺的现金，应按短缺的金额，借记"待处理财产损溢——待处理流动资产损溢"科目，贷记"库存现金"科目；在现金清查中发现溢余的现金，应按溢余的金额，借记"库存现金"科目，贷记"待处理财产损溢——待处理流动资产损溢"科目。待查明原因后再按如下要求进行处理：

一是如为现金短缺，属于应由责任人赔偿的部分，应借记"其他应收款——应收现金短缺款"或"库存现金"等科目，贷记"待处理财产损溢——待处理流动资产损溢"科目；属于应由保险公司赔偿的部分，借记"其他应收款——应收保险赔款"科目，贷记"待处理财产损溢——待处理流动资产损溢"科目；属于无法查明的其他原因的部分，应根据管理权限，经批准后处理，借记"管理费用"科目，贷记"待处理财产损溢——待处理流动资产损溢"科目。

二是如为现金溢余，属于应支付给有关人员或单位的部分，应借记"待处理财产损溢——待处理流动资产损溢"科目，贷记"其他应付款——应付现金溢余"科目；属于无法查明原因的现金溢余，经批准后，借记"待处理财产损溢——待处理流动资产损溢"科目，贷记"营业外收入——盘盈利得"科目。

银行存款实有数与企业银行存款日记账余额或银行对账单余额并不总是一致的，原因一般有两个方面：第一，存在未达账项；第二，企业或银行双方可能存在记账错误。小王在确定企业银行存款实有数时，只考虑了第一个方面的因素，而忽略了第二个方面的因素。如果企业或银行没有记账错误的话，小王的方法可能会确定银行存款的实有数，但如果未达账项确定不全面或错误的话，也无法确定银行存款实有数。银行存款实有数的确定方法一般有三种：第一种方法是根据错记金额和未达账项同时将银行存款日记账余额和对账单余额调整到银行存款实有数；第二种方法是根据错记金额和未达账项，以银行存款日记账余额为准，将对账单余额调整到银行存款日记账余额；第三种方法是根据错记金额和未达账项，以对账单余额为准，将银行存款日记账余额调整到对账单余额。另外，小王以对账单为依据将企业未入账的未达账项记入账内也是错误的。这是因为银行的对账单并不能作为记账的原始凭证，企业收款或付款必须取得收款或付款的原始凭证才能记账。这是记账的基本要求。

【案例2】 　　**康美药业巨额货币资金"消失"之谜**

康美药业，全称为康美药业股份有限公司。这是一家2001年3月19日在A股上市的公司，股票代码600518，属于医药制造业行业。该公司从上市以来专注于医药制造业，其市值曾创下1 390亿元的历史纪录，一度成为中药行业的"龙头"。2019年4月30日，康美药业的年度报告发布了，在报告中公司发布了一则关于前期会计差错更正的公告。公告显示，公司对2018年之前的财务数据进行了修正，多达14处，其中299.44亿元的货币资金竟然"消失"，导致公司股价狂跌不止，让市场惊愕不已。根据证监会的调查结论，康美药业披露的2018年财务报告存在重大虚假，主要包括：①使用虚假银行单据虚增存款；②通过伪造业务凭证进行收入造假；③部分资金转入关联方账户买卖本公司股票。随后，康美药业对证监会相关结论进行了回复。康美药业承认，公司存在使用不实单据和业务凭证造成多计银行存款及收入、未如实反映款项支付等情况，公司对2017年度合并财务报表进行了追溯调整。调减截至2017年12月31日公司已支付且未入账的存货采购款、工程款、关联方往来等的货币资金合计299.44亿元，其中调增存货（中药材）183.43亿元、调增应收账款6.41亿元，调增其他应收款（其他关联方往来）57.13亿元、调增存货（开发成本）18.04亿元，调增在建工程6.32亿元，核减多计未分配利润28.11亿元。

【案例分析】

从上述康美药业处理财务数据的方式来看，公司资金管理、关联方交易存在问题，违反了公司日常资金管理规范及关联方交易管理制度的相关规定；公司会计核算存在问题，没有如实反映公司的真实财务状况。康美药业违规会计处理造成巨额货币资金不实，让公司不得不面对严重的发展困难，也给社会带来了负能量，更给广大投资者造成巨额损失，教训是深刻的。

六、练习题参考答案

（一）单项选择题

1.D　2.C　3.D　4.A　5.C　6.D　7.D　8.A　9.A　10.A　11.A　12.D

（二）多项选择题

1.ABC　2.ABCD　3.ABC　4.ACE　5.BE　6.ABCE　7.ABCE　8.CDE　9.BCDE
10.BCD

（三）判断题

1.×　2.×　3.×　4.√　5.√　6.×　7.×　8.×　9.×　10.×　11.√　12.×　13.×　14.×

（四）计算及账务处理题

1.编制会计分录如下：

（1）借：库存现金　　　　　　　　　　　　　　　　3 000

　　　　贷：银行存款　　　　　　　　　　　　　　　　3 000

（2）借：管理费用　　　　　　　　　　　　　　　　320

　　　　贷：库存现金　　　　　　　　　　　　　　　　320

（3）借：其他应收款——备用金（李民）　　　　　1 000

　　　　贷：库存现金　　　　　　　　　　　　　　　　1 000

（4）借：库存现金　　　　　　　　　　　　　　　　46 000

　　　　贷：银行存款　　　　　　　　　　　　　　　　46 000

（5）借：应付职工薪酬——职工福利　　　　　　　600

　　　　贷：库存现金　　　　　　　　　　　　　　　　600

（6）借：库存现金　　　　　　　　　　　　　　　　565

　　　　贷：主营业务收入　　　　　　　　　　　　　　500

　　　　　　应交税费——应交增值税（销项税额）　　　65

（7）借：应付职工薪酬　　　　　　　　　　　　　45 200

　　　　贷：库存现金　　　　　　　　　　　　　　　　45 200

（8）借：其他应收款——备用金（行政管理部门）　5 000

　　　　贷：库存现金　　　　　　　　　　　　　　　　5 000

（9）借：银行存款　　　　　　　　　　　　　　　　30 000

　　　　贷：应收账款　　　　　　　　　　　　　　　　30 000

（10）借：管理费用　　　　　　　　　　　　　　　1 060

　　　　　贷：其他应收款——备用金（李民）　　　　　1 000

　　　　　　　库存现金　　　　　　　　　　　　　　　60

（11）借：应付账款——兴华公司   6 200

   贷：银行存款   6 200

（12）借：管理费用   1 500

   贷：库存现金   1 500

（13）借：材料采购   6 000

    应交税费——应交增值税（进项税额） 780

   贷：银行存款   6 780

（14）借：应交税费——应交增值税（已交税金） 41 200

   贷：银行存款   41 200

（15）借：银行存款   22 600

   贷：主营业务收入   20 000

     应交税费——应交增值税（销项税额） 2 600

（16）借：管理费用   2 300

   贷：库存现金   2 300

2.编制会计分录如下：

（1）借：其他货币资金——银行汇票   40 000

   贷：银行存款   40 000

（2）借：其他货币资金——外埠存款   50 000

   贷：银行存款   50 000

（3）借：其他货币资金——信用卡   12 000

   贷：银行存款   12 000

（4）借：材料采购   31 000

    应交税费——应交增值税（进项税额） 4 030

   贷：其他货币资金——银行汇票   35 030

（5）借：银行存款   4 970

   贷：其他货币资金——银行汇票   4 970

（6）借：其他货币资金——信用证   150 000

   贷：银行存款   150 000

（7）借：材料采购   40 000

    应交税费——应交增值税（进项税额） 5 200

   贷：其他货币资金——外埠存款   45 200

（8）借：银行存款   4 800

   贷：其他货币资金——外埠存款   4 800

（9）借：管理费用   3 200

贷：其他货币资金——信用卡   3 200

（10）借：其他货币资金——存出投资款   200 000

　　　　贷：银行存款   200 000

3.编制银行存款余额调节表，见表2-2。

表2-2　　　　　　　　　　**银行存款余额调节表**

2×24年6月30日　　　　　　　　　　单位：元

项目	金额	项目	金额
银行对账单余额	46 500	企业银行存款日记账余额	41 100
加： 已存入银行，但银行尚未入账的款项	1 500	加： 银行已收款入账，但收款通知尚未收到，而未入账的款项	3 000
银行串记金额 减：	1 600	公司误记金额 减：	300
支票已开出，但持票人尚未到银行转账的款项	7 200	银行已付款入账，但付款通知尚未到达企业，而未入账的款项	2 000
调整后的余额	42 400	调整后的余额	42 400

第三章　存货

一、学习要求与素养提升

通过本章学习，了解存货的定义、特征、确认条件及分类，发出存货计价方法的应用以及非货币性资产交换、作为企业合并对价、债务重组等发出存货的会计处理，存货清查的意义与方法；掌握存货成本的构成及通过自制、投资者投入、非货币性资产交换、债务重组等取得存货的会计处理，周转材料的领用及摊销方法，计划成本法的基本核算程序，存货盘盈与盘亏的会计处理；重点掌握外购存货和委托加工存货的会计处理，生产经营领用原材料、销售存货的会计处理，存货可变现净值的确定方法及存货跌价准备的计提方法。

随着经济的发展，会计的内容也将不断变化和日益丰富。党的二十大报告提出，加快建设数字中国，加快发展数字经济。为了满足数字经济发展的需要，数据资源入表应运而生。与时俱进、不断创新，适应经济发展的需要，为会计报表使用者提供决策有用信息，是会计人的责任和使命。

二、预习要览

（一）关键概念

存货	原材料
库存商品	周转材料
存货成本	采购成本
加工成本	在途物资
委托加工物资	材料采购
材料成本差异	材料成本差异率
可变现净值	存货跌价准备

存货盘盈   存货盘亏

（二）关键问题

1.什么是存货？有何特征？如何分类？

2.存货的确认应具备哪些条件？

3.如何确定外购存货的采购成本？

4.如何确定非货币性资产交换取得存货的成本？

5.如何确定通过债务重组取得存货的成本？

6.发出存货的计价方法对企业财务状况和经营成果有何影响？

7.发出存货的计价方法有哪些？适用性如何？

8.领用原材料与领用周转材料的会计处理有何区别？

9.什么是计划成本法？它有哪些优点？

10.什么是存货的可变现净值？确定可变现净值应考虑哪些因素？

11.材料存货的期末计量有何特点？

12.如何确定本期应计提的存货跌价准备金额？

13.如何结转发出存货已计提的跌价准备？

14.什么是存货盘盈和盘亏？如何进行会计处理？

三、本章重点与难点

□ 外购存货的会计处理

□ 委托加工存货的会计处理

□ 以非货币性资产交换取得存货的会计处理

□ 通过债务重组取得存货的会计处理

□ 生产经营领用原材料的会计处理

□ 周转材料的领用及摊销方法

□ 销售存货的会计处理

□ 计划成本法的基本核算程序

□ 存货可变现净值的确定方法

□ 存货跌价准备的计提方法

（一）存货的定义与特征

存货是指企业在日常活动中持有以备出售的产成品或商品、处在生产过程中的在产品、在生产过程或提供劳务过程中耗用的材料和物料等。存货具有如下特征：

（1）存货通常是一种具有物质实体的有形资产。

（2）存货属于流动资产，具有较大的流动性。

（3）存货以在正常生产经营过程中被销售或耗用为目的而取得。

（4）存货属于非货币性资产，存在价值减损的可能性。

（二）存货的确认条件

（1）与该存货有关的经济利益很可能流入企业。

（2）存货的成本能够可靠地计量。

（三）存货的分类

（1）存货按经济用途，可以分为原材料、在产品、自制半成品、产成品、周转材料、数据资源。

（2）存货按存放地点，可以分为在库存货、在途存货、在制存货、在售存货。

（3）存货按取得方式，可以分为外购存货、自制存货、委托加工存货、投资者投入的存货、以非货币性资产交换取得的存货、通过债务重组取得的存货、盘盈的存货等。

（四）存货的初始计量

存货的初始计量应以取得存货的实际成本为基础，实际成本包括采购成本、加工成本和使存货达到目前场所和状态发生的其他成本。存货的实际成本应结合存货的具体取得方式分别确定，作为存货入账的依据。

1.外购存货

外购存货的成本是指存货从采购到入库前所发生的全部支出，即采购成本，一般包括购买价款、相关税费、运输费、装卸费、保险费以及其他可归属于存货采购成本的费用。

外购的存货应分别按下列情况进行会计处理：

（1）现购方式

① 存货验收入库和货款结算同时完成。

② 货款已结算但存货尚在运输途中。

③ 存货已验收入库但货款尚未结算。

（2）预付款购货方式。

（3）赊购方式。

（4）外购存货发生短缺的会计处理。

2.自制存货

企业自制存货的成本主要由采购成本和加工成本构成，某些存货还包括使存货达到目前场所和状态所发生的其他成本。其中，采购成本是由自制存货所使用或消耗的原材料采购成本转移而来的，因此，自制存货成本计量的重点是确定存货的加工成本。

加工成本，是指存货制造过程中发生的直接人工和制造费用；其他成本，是指除采购成本、加工成本以外，使存货达到目前场所和状态所发生的其他支出。

3.委托加工存货

委托加工存货的成本，一般包括加工过程中实际耗用的原材料或半成品成本、加工费、运输费、装卸费等，以及按规定应计入加工成本的税金。需要缴纳消费税的委托加工存货，由受托加工方代收代缴的消费税，应分别按以下情况处理：

（1）委托加工存货收回后直接用于销售，由受托加工方代收代缴的消费税应计入委托加工存货成本；销售委托加工存货时，不需要再缴纳消费税。

（2）委托加工存货收回后用于连续生产应税消费品，由受托加工方代收代缴的消费税按规定准予抵扣的，应借记"应交税费——应交消费税"科目，待连续生产的应税消费品生产完成并销售时，从生产完成的应税消费品应纳消费税额中抵扣。

4.投资者投入的存货

投资者投入存货的成本，应当按照投资合同或协议约定的价值确定，但合同或协议约定价值不公允的除外。在投资合同或协议约定价值不公允的情况下，按照该项存货的公允价值作为其入账价值。

5.以非货币性资产交换取得的存货

以非货币性资产交换取得的存货，其入账价值应当根据该项交换是否具有商业实质以及换入存货或换出资产的公允价值是否能够可靠地计量，分别以公允价值为基础进行计量或以账面价值为基础进行计量。

（1）在非货币性资产交换具有商业实质并且换入资产或换出资产的

公允价值能够可靠地计量的情况下，应当以公允价值为基础确定存货的入账价值。如果不涉及补价，应当以换出资产的公允价值加上应支付的相关税费，减去可抵扣的增值税进项税额，作为换入存货的入账成本；如果有确凿证据表明换入存货的公允价值更加可靠，则应当以换入存货的公允价值（在相关增值税允许抵扣的情况下，指不含增值税的公允价值）加上应支付的相关税费，作为换入存货的入账成本。如果涉及补价，则应按下列方法确定换入存货的成本：

① 支付补价的一方，应当以换出资产的公允价值加上支付补价的公允价值和应支付的相关税费，减去可抵扣的增值税进项税额，作为换入存货的入账成本；如果有确凿证据表明换入存货的公允价值更加可靠，则应以换入存货的公允价值（在相关增值税允许抵扣的情况下，指不含增值税的公允价值）加上应支付的相关税费，作为换入存货的入账成本。

② 收到补价的一方，应当以换出资产的公允价值加上应支付的相关税费，减去收取补价的公允价值和可抵扣的增值税进项税额，作为换入存货的入账成本；如果有确凿证据表明换入存货的公允价值更加可靠，则应以换入存货的公允价值（在相关增值税允许抵扣的情况下，指不含增值税的公允价值）加上应支付的相关税费，作为换入存货的入账成本。

（2）在非货币性资产交换不具有商业实质，或者换出资产和换入存货的公允价值均不能可靠计量的情况下，应当以换出资产的账面价值为基础确定换入存货的成本。如果不涉及补价，应当以换出资产的账面价值加上应支付的相关税费，减去可抵扣的增值税进项税额，作为换入存货的入账成本。如果涉及补价，则应按下列方法确定换入存货的成本：

① 支付补价的一方，应当以换出资产的账面价值加上支付补价的账面价值和应支付的相关税费，减去可抵扣的增值税进项税额，作为换入存货的入账成本。

② 收到补价的一方，应当以换出资产的账面价值加上应支付的相关税费，减去收到补价的公允价值和可抵扣的增值税进项税额，作为换入存货的入账成本。

6.通过债务重组取得的存货

企业通过债务重组取得的存货,应当按照受让存货的成本计量。受让存货的成本,包括放弃债权的公允价值和使该资产达到当前位置和状态所发生的可直接归属于该资产的税金、运输费、装卸费、保险费等其他成本。增值税一般纳税人涉及增值税的存货,受让存货允许抵扣的增值税进项税额应当单独入账,不计入存货成本。

放弃债权的公允价值与其账面价值之间的差额,应当计入当期损益(投资收益)。

(五)发出存货的计价

在确定发出存货的实际成本时,可以采用先进先出法、月末一次加权平均法、移动加权平均法或个别计价法。

1.先进先出法

先进先出法是以先入库的存货先发出去这一存货实物流转假设为前提,对先发出的存货按先入库的存货单位成本计价,后发出的存货按后入库的存货单位成本计价,据以确定本期发出存货和期末结存存货成本的一种方法。

2.月末一次加权平均法

月末一次加权平均法,是指以月初结存存货数量和本月各批收入存货数量作为权数,计算本月存货的加权平均单位成本,据以确定本月发出存货成本和月末结存存货成本的一种方法。加权平均单位成本以及本月发出存货成本和月末结存存货成本的计算公式如下:

$$加权平均单位成本 = \frac{月初结存存货成本 + 本月收入存货成本}{月初结存存货数量 + 本月收入存货数量}$$

$$本月发出存货成本 = 加权平均单位成本 \times 本月发出存货的数量$$

$$月末结存存货成本 = 加权平均单位成本 \times 本月结存存货的数量$$

3.移动加权平均法

移动加权平均法,是指平时每入库一批存货,就以原有存货数量和本批入库存货数量为权数,计算一个加权平均单位成本,据以对其后发出存货进行计价的一种方法。移动加权平均单位成本以及本批发出存货成本和期末结存存货成本的计算公式如下:

$$移动加权平均单位成本=\frac{原有存货成本＋本批入库存货成本}{原有存货数量＋本批入库存货数量}$$

本批发出存货成本=最近移动加权平均单位成本×本批发出存货的数量

期末结存存货成本=期末移动加权平均单位成本×本期结存存货的数量

4.个别计价法

个别计价法，亦称个别认定法或具体辨认法，是指本期发出存货和期末结存存货的成本完全按照该存货所属购进批次或生产批次入账时的实际成本进行确定的一种方法。由于采用该方法要求各批发出的存货必须可以逐一辨认所属的购进批次或生产批次，因此，需要对每一存货的品种规格、入账时间、单位成本、存放地点等做详细记录。

（六）发出存货的会计处理

1.生产经营领用的原材料

生产经营领用的原材料，应按原材料的用途，将其成本直接计入产品成本或当期费用。

2.生产经营领用的周转材料

企业应根据周转材料的消耗方式、价值大小、耐用程度等，选择适当的摊销方法，将其账面价值一次或分期计入有关成本费用。常用的周转材料摊销方法有一次转销法、五五摊销法、分次摊销法等。

（1）一次转销法，是指在领用周转材料时将其账面价值一次性计入有关成本费用的一种方法。

（2）五五摊销法，是指在领用周转材料时先摊销其账面价值的50%，待报废时再摊销其账面价值的50%的一种摊销方法。

（3）分次摊销法，是指根据周转材料可供使用的估计次数，将其成本分期计入有关成本费用的一种摊销方法。各期周转材料摊销额的计算公式如下：

$$某期周转材料摊销额=\frac{周转材料账面价值}{预计可使用次数}×该期实际使用次数$$

3.销售的存货

（1）企业对外销售的商品、产成品、自制半成品等存货，取得的销售收入构成其主营业务收入的，相应的存货成本应计入主营业务成本。

（2）企业对外销售的原材料、周转材料等存货，取得的销售收入构成其附营业务收入的，相应的存货成本应计入其他业务成本。

4.其他用途发出的存货

（1）企业以存货换取客户非货币性资产的，如果符合以公允价值为基础计量的条件，应以公允价值为基础确定换入非货币性资产的成本，并按换入的非货币性资产公允价值确定交易价格，据以确认销售收入；如果不符合以公允价值为基础计量的条件，应以账面价值为基础确定换入非货币性资产的成本，换出的存货不确认收入。

（2）企业将存货用于支付企业合并对价的，应当根据《企业会计准则第2号——长期股权投资》和《企业会计准则第20号——企业合并》的有关规定，区分同一控制下企业合并和非同一控制下企业合并进行会计处理。

（3）企业将存货用于清偿债务的，应当将所清偿债务的账面价值与存货的账面价值和按存货计税价格计算的增值税销项税额之和的差额作为债务重组收益，记入"其他收益——债务重组收益"科目。

（七）计划成本法

计划成本法是指存货的日常收入、发出和结存均按预先制定的计划成本计价，并设置"材料成本差异"科目，登记实际成本与计划成本之间的差异；月末，再通过对存货成本差异的分摊，将发出存货的计划成本和结存存货的计划成本调整为实际成本进行反映的一种核算方法。采用计划成本法进行存货日常核算的基本程序如下：

（1）制定存货的计划成本目录，规定存货的分类以及各类存货的名称、规格、编号、计量单位和单位计划成本。

（2）设置"材料成本差异"科目，登记存货实际成本与计划成本之间的差异，并分出"原材料""周转材料"等明细科目，按照类别或品种进行明细核算。

（3）设置"材料采购"科目，对购入存货的实际成本与计划成本进行计价对比。

（4）存货的日常收入与发出均按计划成本计价，月末，通过存货成本差异的分摊，将本月发出存货的计划成本和月末结存存货的计划成本调整为实际成本反映。为了便于存货成本差异的分摊，企业应当计算材料成本差异率，作为分摊存货成本差异的依据。材料成本差异率包括本月材料成本差异率和月初材料成本差异率两种，计算公式如下：

$$\text{本月材料成本差异率} = \frac{\text{月初结存材料的成本差异} + \text{本月验收入库材料的成本差异}}{\text{月初结存材料的计划成本} + \text{本月验收入库材料的计划成本}} \times 100\%$$

$$\text{月初材料成本差异率} = \frac{\text{月初结存材料的成本差异}}{\text{月初结存材料的计划成本}} \times 100\%$$

采用计划成本法核算，可以简化存货的日常核算手续，并且有利于考核采购部门的工作业绩。

（八）存货的期末计量

（1）资产负债表日，存货应当按照成本与可变现净值孰低计量，即当期末存货的成本低于可变现净值时，存货仍按成本计量；当期末存货的可变现净值低于成本时，存货则按可变现净值计量，同时按照可变现净值低于成本的差额计提存货跌价准备，计入当期损益。其中，成本，是指期末存货的实际成本；可变现净值，是指在日常活动中，存货的估计售价减去至完工时估计将要发生的成本、估计的销售费用以及相关税费后的金额。

（2）确定存货的可变现净值，应以确凿的证据为基础，考虑持有存货的目的，并考虑资产负债表日后事项的影响。

（3）资产负债表日，企业应当首先确定存货的可变现净值。存货可变现净值的确定应当以资产负债表日的状况为基础，既不能提前确定，也不能延后确定，并且在每一个资产负债表日都应当重新确定。在确定存货可变现净值的基础上，将存货可变现净值与存货成本进行比较，确定本期存货可变现净值低于成本的差额，然后再将本期存货可变现净值低于成本的差额与"存货跌价准备"科目原有的余额进行比较，按下列公式计算确定本期应计提（或转回）的存货跌价准备金额：

$$\text{某期应计提的存货跌价准备} = \text{当期可变现净值低于成本的差额} - \text{"存货跌价准备"科目原有余额}$$

（4）已经计提了跌价准备的存货，用于生产经营的，一般可不结转相应的存货跌价准备，待期末计提存货跌价准备时一并调整；用于销售、非货币性资产交换、债务重组、企业合并对价的，在转出存货账面余额的同时，应结转相应的存货跌价准备。

（5）可变现净值为零的存货，应当将其账面余额全部转销，同时转销相应的存货跌价准备。

（九）存货清查

在进行存货清查盘点时，如果发现存货盘盈或盘亏，应于期末前查明原因，并根据企业的管理权限，报经股东大会或董事会，或经理（厂长）会议或类似机构批准后，在期末结账前处理完毕。

（1）存货发生盘盈，应按其重置成本作为入账价值，待查明原因，按管理权限报经批准处理后，冲减当期管理费用。

（2）存货发生盘亏，应将其账面价值予以转销，待查明原因，按管理权限报经批准处理后，根据造成盘亏的原因，分别按以下情况进行会计处理：

① 属于定额内自然损耗造成的短缺，计入管理费用。

② 属于收发计量差错和管理不善等原因造成的短缺或毁损，将扣除可收回的保险公司和过失人赔款以及残料价值后的净损失，计入管理费用。其中，因管理不善造成被盗、丢失、霉烂变质的存货，相应的进项税额不得从销项税额中抵扣，应当予以转出。

③ 属于自然灾害等非常原因造成的毁损，将扣除可收回的保险公司和过失人赔款以及残料价值后的净损失，计入营业外支出。

如果盘盈或盘亏的存货在期末结账前尚未经批准，在对外提供财务报告时，应先按上述方法进行会计处理，并在财务报表附注中做出说明。如果其后批准处理的金额与已处理的金额不一致，应当调整当期财务报表相关项目的年初数。

（十）存货的列报

在资产负债表中，存货应当作为一个单独的报表项目，按照会计核算所确定的账面价值列示其金额。该金额应当反映成本与可变现净值孰低的计量要求。

企业应当按照《企业会计准则第1号——存货》的要求，在附注中披露与存货有关的信息。

四、练习题

（一）单项选择题

1.企业下列科目的期末余额不应列示于资产负债表"存货"项目下

的是（　　）。

　　A.在途物资　　　　　　　　B.工程物资

　　C.委托加工物资　　　　　　D.生产成本

　　2.企业外购存货发生的下列支出中，通常不应计入采购成本的是（　　）。

　　A.运输途中保险费　　　　　B.运输途中的合理损耗

　　C.入库前的挑选整理费用　　D.市内零星货物运杂费

　　3.企业购进存货支付的运杂费，应当计入（　　）。

　　A.销售费用　　　　　　　　B.管理费用

　　C.其他业务成本　　　　　　D.存货成本

　　4.企业购进存货支付的增值税如果不允许抵扣，应当计入（　　）。

　　A.销售费用　　　　　　　　B.管理费用

　　C.存货成本　　　　　　　　D.其他业务成本

　　5.如果购入的存货超过正常信用条件延期支付价款、合同中存在重大融资成分的，企业所购存货的入账价值应当是（　　）。

　　A.合同约定的购买价款　　　B.合同约定的购买价款的现值

　　C.相同存货的重置成本　　　D.相同存货的可变现净值

　　6.企业购入存货超过正常信用条件延期支付价款、合同中存在重大融资成分的，登记入账的未确认融资费用在分期摊销时，应当计入（　　）。

　　A.存货成本　　　　　　　　B.管理费用

　　C.财务费用　　　　　　　　D.营业外支出

　　7.企业购入存货超过正常信用条件延期支付价款、合同中存在重大融资成分的，登记入账的未确认融资费用在分期摊销时应当采用（　　）。

　　A.直线法　　　　　　　　　B.实际利率法

　　C.分次摊销法　　　　　　　D.年数总和法

　　8.下列原因造成的外购存货短缺中，应将短缺金额计入有关存货采购成本的是（　　）。

　　A.运输途中的合理损耗　　　B.自然灾害造成的毁损

　　C.运输途中的存货被盗　　　D.意外事故造成的毁损

9.企业购进存货发生短缺，经查属于意外事故造成的存货毁损，扣除保险公司及相关责任人赔款后的净损失应当计入（　　）。

A.资产处置损益　　　　　　　B.管理费用

C.营业外支出　　　　　　　　D.存货成本

10.企业委托加工存货所支付的下列款项中，不可能计入委托加工存货成本的是（　　）。

A.支付的加工费　　　　　　　B.支付的往返运杂费

C.支付的增值税　　　　　　　D.支付的消费税

11.企业委托其他单位加工物资，下列项目中，不计入委托加工物资成本的是（　　）。

A.发出原材料的成本　　　　　B.承担的运费

C.业务人员的差旅费　　　　　D.支付的加工费

12.需要缴纳消费税的委托加工存货，收回后用于继续加工应税消费品的，支付由受托加工方代收代缴的消费税时，应借记的会计科目是（　　）。

A.委托加工物资　　　　　　　B.税金及附加

C.应交税费　　　　　　　　　D.其他业务成本

13.需要缴纳消费税的委托加工存货，收回后直接用于出售的，支付由受托加工方代收代缴的消费税时，应借记的会计科目是（　　）。

A.委托加工物资　　　　　　　B.税金及附加

C.应交税费　　　　　　　　　D.其他业务成本

14.企业以固定资产换入一批原材料，该原材料的成本以公允价值为基础进行计量。换出固定资产的公允价值高于其账面价值的差额，计入（　　）。

A.资产处置损益　　　　　　　B.其他业务收入

C.其他收益　　　　　　　　　D.营业外收入

15.企业以库存商品换入一批原材料，该原材料的成本以公允价值为基础进行计量。换出的库存商品应按确定的交易价格确认（　　）。

A.主营业务收入　　　　　　　B.营业外收入

C.其他收益　　　　　　　　　D.资产处置损益

16.企业以长期股权投资换入一批商品，支付商品运杂费1 600元，其中，可抵扣的增值税税额为90元。换出股权投资的账面余额为80 000元，已计提长期股权投资减值准备20 000元，公允价值为62 000元；换入商品可抵扣的增值税进项税额为7 150元。换入商品的成本以公允价值为基础进行计量，其入账成本为（　　）。

A.56 360元　　　　　　　　　B.56 450元

C.63 510元　　　　　　　　　D.63 600元

17.企业以长期股权投资换入一批原材料，支付运杂费2 000元，该原材料的成本以公允价值为基础进行计量。换出股权投资的账面余额为90 000元，已计提长期股权投资减值准备20 000元，公允价值为75 000元。换出长期股权投资应确认的投资收益为（　　）。

A.3 000元　　　　　　　　　B.5 000元

C.-15 000元　　　　　　　　D.-17 000元

18.企业通过债务重组取得存货，发生的债务重组损失应当计入（　　）。

A.存货成本　　　　　　　　B.其他收益

C.投资收益　　　　　　　　D.营业外支出

19.企业通过债务重组取得的存货，其入账成本应当为可直接归属于该存货的相关税费加（　　）。

A.放弃债权的账面价值　　　B.放弃债权的公允价值

C.受让存货的账面价值　　　D.受让存货的公允价值

20.企业通过债务重组取得一批A材料，公允价值（不含增值税）为50 000元，可抵扣的进项税额为6 500元；重组债权的账面余额为80 000元，已计提减值准备15 000元，公允价值为60 000元。该企业取得A材料的入账成本为（　　）。

A.50 000元　　　　　　　　B.53 500元

C.58 500元　　　　　　　　D.60 000元

21.企业的债务人以一批原材料抵偿债务，该企业放弃债权的公允价值高于账面价值的差额，应当计入（　　）。

A.营业外收入　　　　　　　B.公允价值变动收益

C.其他收益　　　　　　　　D.投资收益

22.接受投资者投资取得的存货，其入账价值应当是（　　）。

A.投入存货的原账面余额　　　B.投入存货的原账面价值

C.投资各方协商确认的价值　　　D.该存货的可变现净值

23.存货计价采用先进先出法，在存货价格上涨的情况下，将会使企业（　　）。

A.高估期末存货、低估当期利润

B.高估期末存货、高估当期利润

C.低估期末存货、低估当期利润

D.低估期末存货、高估当期利润

24.企业以一批库存原材料抵偿债务，获得的债务重组收益应当计入（　　）。

A.其他收益　　　　　　　　　B.营业外收入

C.其他业务收入　　　　　　　D.资产处置损益

25.甲公司应付乙公司货款293 800元，经协商，乙公司同意甲公司以一批产成品抵债。用于抵债的产成品账面成本为240 000元，计税价格为250 000元，增值税销项税额为32 500元。甲公司应确认的债务重组收益为（　　）。

A.11 300元　　　　　　　　　B.21 300元

C.43 800元　　　　　　　　　D.53 800元

26.企业生产车间领用的管理用低值易耗品，其成本应计入（　　）。

A.制造费用　　　　　　　　　B.销售费用

C.管理费用　　　　　　　　　D.其他业务成本

27.随同商品出售并单独计价的包装物，其成本应计入（　　）。

A.生产成本　　　　　　　　　B.制造费用

C.销售费用　　　　　　　　　D.其他业务成本

28.随同商品出售但不单独计价的包装物，其成本应计入（　　）。

A.制造费用　　　　　　　　　B.销售费用

C.其他业务成本　　　　　　　D.营业外支出

29.企业出租周转材料收取的押金，因承租方逾期未退回周转材料而予以没收，对该项没收押金的会计处理是（　　）。

A.冲减管理费用　　　　　　　B.冲减财务费用

C.作为其他业务收入　　　　　D.作为营业外收入

30.企业摊销的出租周转材料成本，应当计入（　　）。

A.销售费用　　　　　　　　B.管理费用

C.其他业务成本　　　　　　D.营业外支出

31.企业摊销的出借周转材料成本，应当计入（　　）。

A.销售费用　　　　　　　　B.管理费用

C.其他业务成本　　　　　　D.营业外支出

32.企业领用的出租包装物，如果金额不大，可将其成本直接计入（　　）。

A.销售费用　　　　　　　　B.管理费用

C.制造费用　　　　　　　　D.其他业务成本

33.甲公司的存货采用计划成本核算。该公司购入一批原材料，实际买价10 000元，增值税专用发票上注明的增值税税额为1 300元，发生超支差异200元。"原材料"科目应记录的存货金额为（　　）。

A.11 300元　　　　　　　　B.10 200元

C.10 000元　　　　　　　　D.9 800元

34.企业本月月初结存原材料的计划成本为50 000元，"材料成本差异——原材料"科目为贷方余额2 000元；本月购进原材料的计划成本为450 000元，实际成本为440 000元。该企业本月材料成本差异率（原材料）为（　　）。

A.超支1.6%　　　　　　　　B.节约1.6%

C.超支2.4%　　　　　　　　D.节约2.4%

35.企业本月月初结存原材料的计划成本为50 000元，"材料成本差异——原材料"科目为借方余额1 000元；本月购进原材料的计划成本为450 000元，实际成本为442 000元。本月材料成本差异率（原材料）为（　　）。

A.超支1.4%　　　　　　　　B.节约1.4%

C.超支1.8%　　　　　　　　D.节约1.8%

36.企业本月月初结存原材料的计划成本为50 000元，"材料成本差异——原材料"科目为借方余额2 000元；本月购进原材料的计划成本为450 000元，实际成本为458 000元。本月材料成本差异率（原材料）为（　　）。

A.超支 1.2%   B.节约 1.2%

C.超支 2%   D.节约 2%

37.企业的存货采用计划成本核算。某年年末，结存存货的计划成本 50 000 元，计提的存货跌价准备为 6 000 元，材料成本差异为借方余额 2 000 元。该企业本年度资产负债表上"存货"项目应填列的金额为（　　　）。

A.42 000 元   B.44 000 元

C.46 000 元   D.50 000 元

38.企业的存货采用计划成本核算。某年年末，结存存货计划成本 80 000 元，计提存货跌价准备 10 000 元，材料成本差异为贷方余额 5 000 元。该企业本年度资产负债表上"存货"项目应填列的金额为（　　　）。

A.65 000 元   B.70 000 元

C.75 000 元   D.80 000 元

39.在资产负债表上，企业的存货应当按照（　　　）。

A.账面成本列示   B.公允价值列示

C.可变现净值列示   D.成本与可变现净值孰低列示

40.某年年末，甲公司 A 商品的账面成本为 90 000 元，可变现净值为 85 000 元。计提存货跌价准备前，"存货跌价准备——A 商品"科目原有贷方余额为 7 500 元。甲公司本年 A 商品应计提的存货跌价准备金额为（　　　）。

A.-5 000 元   B.-2 500 元

C.2 500 元   D.5 000 元

41.某年年末，甲公司 B 商品的账面成本为 80 000 元，可变现净值为 76 000 元。计提存货跌价准备前，"存货跌价准备——B 商品"科目原有贷方余额为 2 000 元。甲公司本年 B 商品应计提的存货跌价准备金额为（　　　）。

A.-4 000 元   B.-2 000 元

C.2 000 元   D.4 000 元

42.企业的某项存货如果已经计提了跌价准备，则该存货的账面价值是指（　　　）。

A.入账成本   B.现行市价

C.公允价值   D.可变现净值

43.当某项存货因霉烂变质导致其可变现净值为零时，应将其账面价值全部转销，计入（   ）。

A.管理费用   B.资产减值损失

C.营业外支出   D.资产处置损益

44.企业在清查存货时发现存货盘亏，但无法查明原因，应当计入（   ）。

A.财务费用   B.管理费用

C.其他业务成本   D.营业外支出

45.存货因计量差错造成的盘亏，应当计入（   ）。

A.销售费用   B.管理费用

C.制造费用   D.生产成本

46.因自然灾害造成的存货毁损，其净损失应当计入（   ）。

A.资产处置损益   B.管理费用

C.其他业务成本   D.营业外支出

47.企业盘盈的存货，报经批准处理后应当（   ）。

A.冲减销售费用   B.冲减管理费用

C.作为其他业务收入   D.作为营业外收入

48.企业在存货清查中发现存货盘亏，下列原因导致的盘亏中，相应的增值税税额不允许抵扣的是（   ）。

A.定额内自然损耗   B.收发计量差错造成的短缺

C.管理不善造成存货丢失   D.自然灾害造成存货毁损

（二）多项选择题

1.下列资产项目中，属于企业存货的有（   ）。

A.在途物资   B.工程物资

C.委托加工物资   D.特准储备物资

E.发出商品

2.下列会计科目的期末余额，应在资产负债表"存货"项目下列示的有（   ）。

A.在途物资   B.委托代销商品

C.委托加工物资　　　　　　　D.发出商品

E.生产成本

3.企业发生的下列支出中，应计入增值税一般纳税人原材料采购成本的有（　　）。

A.运输途中的合理损耗　　　　B.国外运杂费

C.国内运杂费　　　　　　　　D.进口关税

E.进口增值税

4.增值税一般纳税人购入原材料过程中发生的下列支出，应计入原材料采购成本的有（　　）。

A.采购人员差旅费　　　　　　B.运杂费

C.运输途中合理损耗　　　　　D.增值税

E.入库前挑选整理费

5.企业自制存货发生的下列支出中，不应计入存货加工成本的有（　　）。

A.定额内废品损失　　　　　　B.超定额废品损失

C.一般仓储费用　　　　　　　D.自然灾害造成的损失

E.季节性和修理期间的停工损失

6.企业委托其他单位加工应税消费品，加工完成后直接用于销售，下列项目中应计入该委托加工物资成本的有（　　）。

A.发出原材料的成本　　　　　B.支付的运杂费

C.支付的加工费　　　　　　　D.支付的消费税

E.支付的增值税

7.企业委托其他单位加工应税消费品，加工完成后继续用于生产应税消费品，下列项目中应计入该委托加工物资成本的有（　　）。

A.发出原材料的成本　　　　　B.支付的运杂费

C.支付的加工费　　　　　　　D.支付的消费税

E.支付的增值税

8.根据《企业会计准则》的规定，发出存货时可以采用的计价方法有（　　）。

A.个别计价法　　　　　　　　B.先进先出法

C.月末一次加权平均法　　　　D.移动加权平均法

E.后进先出法

9.关于发出存货的计价方法，下列说法中正确的有（　　）。

A.个别计价法的实物流转与价值流转一致

B.物价上涨时，先进先出法会高估利润

C.月末一次加权平均法可以随时结转存货成本

D.移动加权平均法可以随时结转存货成本

E.存货计价方法对损益计算有直接影响

10.企业在下列情况下发出的存货中，应按计税价格计算增值税销项税额的有（　　）。

A.用于在建工程　　　　　　B.用于职工福利

C.用于抵偿债务　　　　　　D.作为企业合并的对价

E.用于非货币性资产交换

11.企业下列用途领用的包装物中，应将其成本计入其他业务成本的有（　　）。

A.用于出租　　　　　　　　B.用于出借

C.生产领用　　　　　　　　D.随产品出售并单独计价

E.随产品出售但不单独计价

12.企业下列用途领用的周转材料中，应将其成本计入销售费用的有（　　）。

A.用于出租　　　　　　　　B.用于出借

C.生产领用　　　　　　　　D.随产品出售并单独计价

E.随产品出售但不单独计价

13.存货采用计划成本核算时，下列说法中正确的有（　　）。

A.超支差异指计划成本超过实际成本的差额

B.超支差异指计划成本低于实际成本的差额

C.节约差异指计划成本超过实际成本的差额

D.节约差异指计划成本低于实际成本的差额

E."材料成本差异"科目借方余额为超支差异

14.企业在存货盘点时发现的下列盘亏或毁损中，报经批准处理后，应将盘亏净损失计入营业外支出的有（　　）。

A.管理不善造成的被盗　　　B.意外事故造成的毁损

C.自然灾害造成的毁损　　　　D.管理不善造成的霉烂变质

E.收发计量差错造成的盘亏

15.企业期末进行存货盘点时，发生的下列存货盘亏或毁损中，应将净损失计入管理费用的有（　　　）。

A.定额内自然损耗　　　　　　B.收发计量差错造成的盘亏

C.管理不善造成的丢失　　　　D.管理不善造成的霉烂变质

E.自然灾害造成的毁损

（三）判断题

1.企业为固定资产建造工程购买的材料，期末如果尚未领用，应在资产负债表的"存货"项目下列示。　　　　　　　　　　　（　　　）

2.在资产负债表中，"存货"项目包括材料采购、原材料、周转材料、库存商品、委托加工物资、委托代销商品、生产成本等科目的期末余额。　　　　　　　　　　　　　　　　　　　　　　　　　（　　　）

3.企业为生产产品而购入的材料，属于存货；为建造固定资产而购入的材料，不属于存货。　　　　　　　　　　　　　　　　　（　　　）

4.对于生产和销售机器设备的企业来说，机器设备属于存货；对于使用机器设备进行生产的企业来说，机器设备属于固定资产。（　　　）

5.企业建造房屋的目的如果是为了对外出售，应将其列为存货。

（　　　）

6.在分期收款销售方式下，如果销货方在分期收款期限内仍保留商品的法定所有权，则表明购货方并未取得对所购商品的控制权。

（　　　）

7.不同行业的企业，虽然经济业务的内容各不相同，但存货的具体构成是相同的。　　　　　　　　　　　　　　　　　　　　（　　　）

8.工业企业在采购存货过程中发生的运输费、装卸费、保险费以及其他可归属于存货采购成本的费用，均应计入存货采购成本。（　　　）

9.一般来说，市内零星货物运杂费、采购人员的差旅费、采购机构的经费以及供应部门经费等，都不应计入存货的采购成本。（　　　）

10.存货的初始计量应以取得存货的实际成本为基础，实际成本具体指存货的采购成本。　　　　　　　　　　　　　　　　　（　　　）

11.现购方式下，如果存货已运达企业并验收入库但结算凭证尚未

到达，企业在收到存货时可先不进行会计处理。　　　　（　　）

12.现购方式下，如果货款已经支付但存货尚未运达企业，企业在支付货款时可先不进行会计处理。　　　　　　　　　　　（　　）

13.如果购入存货超过正常信用条件延期支付价款、合同中存在重大融资成分，企业购入的存货应按合同价款的现值金额入账。（　　）

14.如果购入存货超过正常信用条件延期支付价款、合同中存在重大融资成分，未确认融资费用通常采用直线法分期摊销，计入各期财务费用。　　　　　　　　　　　　　　　　　　　　　　（　　）

15.存货采购过程中发生的仓储费用以及在生产过程中为使存货达到下一个生产阶段所必需的仓储费用，应当计入存货成本。（　　）

16.企业在存货采购过程中发生了存货短缺、毁损等情况，报经批准处理后，应计入有关存货的采购成本。　　　　　　　（　　）

17.企业在存货采购过程中发生了存货短缺，经查，属于运输途中的合理损耗，应计入当期管理费用。　　　　　　　　　（　　）

18.企业在存货采购过程中发生了存货短缺，经查，属于自然灾害造成的存货毁损，报经批准处理后，应将净损失计入存货成本。
　　　　　　　　　　　　　　　　　　　　　　　　　（　　）

19.需要缴纳消费税的委托加工存货，由受托加工方代收代缴的消费税，均应计入委托加工存货成本。　　　　　　　　　（　　）

20.存货在加工和销售环节发生的一般仓储费用，不计入存货成本。
　　　　　　　　　　　　　　　　　　　　　　　　　（　　）

21.委托加工存货收回后直接用于销售，由受托加工方代收代缴的消费税应计入委托加工存货成本。　　　　　　　　　　　（　　）

22.企业以非货币性资产交换取得的存货，应以换出资产的账面价值为基础确定换入存货的入账价值。　　　　　　　　　（　　）

23.非货币性资产交换以公允价值为基础进行计量时，换出资产的公允价值与其账面价值之间的差额，均应计入资产处置损益。（　　）

24.非货币性资产交换以账面价值为基础进行计量时，无论是否发生了补价，均不确认损益。　　　　　　　　　　　　　（　　）

25.企业进行非货币性资产交换时收到的补价，应当计入营业外收入。　　　　　　　　　　　　　　　　　　　　　　　（　　）

26.企业通过非货币性资产交换取得的资产，其入账成本通常应以换出资产的公允价值（或账面价值）为基础确定。 （　）

27.债务人以存货抵偿债务，债权人对受让的存货应以放弃债权的公允价值加上使存货达到当前位置和状态所发生的相关税费为成本入账。 （　）

28.企业通过债务重组取得存货，放弃债权的公允价值与其账面价值之间的差额，应当计入营业外支出。 （　）

29.如果高估期末存货的价值，则会引起本期收益的高估；如果低估期末存货的价值，则会引起本期收益的低估。 （　）

30.发出存货的计价方法一旦选定，前后各期应当保持一致，不得变更。 （　）

31.个别计价法的特点是成本流转与实物流转完全一致，因此，在会计实务中应用得最为广泛。 （　）

32.采用先进先出法进行存货计价，在物价上涨期间，会高估当期利润和存货价值。 （　）

33.企业作为合并对价支付的商品，应作为商品销售处理，按该商品的公允价值确认销售收入，同时，按该商品的账面价值结转销售成本。 （　）

34.企业抵偿债务转出的商品，应作为商品销售处理，按该商品的公允价值确认销售收入，同时，按该商品的账面价值结转销售成本。
（　）

35.企业以库存商品换入固定资产，换出的库存商品应作为销售处理，按其公允价值确认销售收入，并按其账面价值结转销售成本。
（　）

36.企业随同商品出售但不单独计价的周转材料，其账面价值应计入销售费用；随同商品出售并单独计价的周转材料，其账面价值应计入其他业务成本。 （　）

37.企业没收的出借周转材料押金，应计入营业外收入。 （　）

38.企业用于出租的周转材料，收取的租金应当作为其他业务收入。
（　）

39.五五摊销法是指在购入周转材料时先摊销其账面价值的一半，

待领用时再摊销其账面价值的另一半的一种摊销方法。 （　　）

40.五五摊销法与分次摊销法的核算原理是相同的，只是前者分两次摊销、后者分若干次摊销而已。 （　　）

41.存货采用计划成本法核算，在资产负债表中应按计划成本反映存货的价值。 （　　）

42.存货采用计划成本法核算，计划成本高于实际成本的差异，称为超支差异。 （　　）

43.存货采用计划成本法核算，计划成本低于实际成本的差异，称为节约差异。 （　　）

44.存货采用计划成本法核算，企业对取得的存货均应通过"材料采购"科目进行计价对比、确定存货成本差异。 （　　）

45.企业计提的存货跌价准备和固定资产减值准备，均应计入资产减值损失。 （　　）

46.我国《企业会计准则》要求，存货的期末计价应采用成本与可变现净值孰低法。其中，"成本"是指存货的重置成本。 （　　）

47.企业某期计提的存货跌价准备金额，为该期期末存货的可变现净值低于成本的差额。 （　　）

48.可变现净值不是指存货的预计售价或合同价，而是指存货的预计未来净现金流入量。 （　　）

49.企业持有存货的目的不同，可变现净值的确定方法也就有所不同。 （　　）

50.产成品的可变现净值，应按产成品的估计售价减去至完工时估计将要发生的成本、估计的销售费用和相关税费后的金额确定。 （　　）

51.已经计提了跌价准备的存货，在销售转出时，应同时结转相应的存货跌价准备。 （　　）

52.企业在存货清查中发现盘亏，报经批准处理后，应当计入管理费用。 （　　）

53.企业在存货清查中发现盘盈，报经批准处理后，应当冲减管理费用。 （　　）

54.企业因收发计量差错造成的库存存货盘亏，应计入产品生产成本。 （　　）

55.企业因管理不善而造成库存存货霉烂变质，应将净损失计入营业外支出。　　　　　　　　　　　　　　　　　（　）

56.企业外购存货运输途中发生的自然损耗，应计入采购成本；库存存货发生的自然损耗，应计入管理费用。　　　　　（　）

（四）计算及账务处理题

1.某年6月，星海公司采用现购方式购入一批原材料，增值税专用发票上注明的材料价款为10 000元，增值税税额为1 300元。

要求：按照下列不同情况，分别编制星海公司购入原材料的会计分录。

（1）原材料已验收入库，款项也已支付。

（2）款项已经支付，但材料尚在运输途中。

①6月15日，支付款项。

②6月20日，材料运抵企业并验收入库。

（3）材料已验收入库，但发票账单尚未到达企业。

①6月22日，材料运抵企业并验收入库，但发票账单尚未到达。

②6月28日，发票账单到达企业，支付货款。

（4）材料已验收入库，但发票账单尚未到达企业。

①6月25日，材料运抵企业并验收入库，但发票账单尚未到达。

②6月30日，发票账单仍未到达，对该批材料估价10 500元入账。

③7月1日，用红字冲回上月末估价入账分录。

④7月5日，发票账单到达企业，支付货款。

2.星海公司采用现购方式购入一批包装物，增值税专用发票上注明的包装物价款为50 000元，增值税税额为6 500元。款项已通过银行转账支付，包装物尚未运达。

要求：编制星海公司购入包装物的下列会计分录。

（1）已支付货款但包装物尚未运达。

（2）包装物运达企业并验收入库。

3.某年7月25日，星海公司采用现购方式购入的一批低值易耗品已运达企业并已验收入库，但发票账单尚未到达；7月31日，发票账单仍未到达，星海公司对该批低值易耗品估价60 000元入账；8月5日，发票账单到达企业，增值税专用发票上列明的低值易耗品价款为58 000元，增值税税额为7 540元，供货方代垫运杂费300元，其中，可抵扣的增值税税额为 18 元，款项已通过银行转账支付。

要求：编制星海公司购入低值易耗品的下列会计分录。

（1）7 月 25 日，购入的低值易耗品验收入库。

（2）7 月 31 日，对低值易耗品暂估价值入账。

（3）8 月 1 日，编制红字记账凭证冲回估价入账分录。

（4）8 月 5 日，收到结算凭证并支付货款。

4.星海公司向乙公司预付货款 56 500 元，订购一批原材料。

要求：编制星海公司采用预付款方式购进原材料的下列会计分录。

（1）预付货款。

（2）原材料验收入库。

① 假定乙公司交付材料的价款为 50 000，增值税税额为 6 500 元。

② 假定乙公司交付材料的价款为 60 000 元，增值税税额为 7 800 元，星海公司补付货款 11 300 元。

③ 假定乙公司交付材料的价款为 48 000 元，增值税税额为 6 240 元，星海公司收到乙公司退回的货款 2 260 元。

5.星海公司从乙公司赊购一批原材料，增值税专用发票上注明的原材料价款为 50 000 元，增值税税额为 6 500 元。根据购货合同约定，材料赊购期限为 30 天，现金折扣条件为"2/10，1/20，N/30"，计算现金折扣时不考虑增值税。

要求：采用总价法编制星海公司赊购原材料的下列会计分录。

（1）赊购原材料。

（2）支付货款。

① 假定 10 天内支付货款。

② 假定 20 天内支付货款。

③ 假定超过 20 天支付货款。

6.某年 1 月 1 日，星海公司采用分期付款方式向 B 公司购入一批原材料，合同约定的购买价款为 360 000 元，增值税进项税额为 46 800 元。根据合同约定，星海公司应于每年年末等额支付价款（包括相应的增值税税额），分 3 年付清，B 公司于分期收取货款的同时，为华联公司开具相应的增值税专用发票。该项赊购超过正常信用条件、合同中存在重大融资成分，星海公司选择 6% 作为折现率。

要求：做出星海公司采用分期付款方式购入原材料的下列会计处理（涉及计算的，计算结果均保留整数）。

（1）计算材料的入账成本和融资费用（3期、6%的年金现值系数为2.673012）。

（2）采用实际利率法编制融资费用分摊表（表式参见主教材）。

（3）编制购入原材料的会计分录。

（4）编制支付合同款并分摊融资费用的会计分录。

7.某年1月1日，星海公司采用分期付款方式购入一批原材料，合同约定的购买价款为500万元，增值税进项税额为65万元。根据合同约定，星海公司应于购货时支付20%的价款（包括相应的增值税税额），其余价款于每年年末等额支付（包括相应的增值税税额），分4年付清，销货方于收取价款的同时，为华联公司开具相应的增值税专用发票。该项购货存在重大融资成分，星海公司选择7%作为折现率。

要求：做出星海公司采用分期付款方式购入原材料的下列会计处理（涉及计算的，计算结果均保留整数）。

（1）计算材料的入账成本和融资费用（4期、7%的年金现值系数为3.387211）。

（2）采用实际利率法编制融资费用分摊表（表式参见主教材）。

（3）编制购入原材料的会计分录。

（4）编制支付合同款并分摊融资费用的会计分录。

8.星海公司购入原材料10 000件，单位价格为25元，增值税专用发票上注明的增值税税额为32 500元，款项已通过银行转账支付，但材料尚在运输途中。待所购材料运达企业后，验收时发现短缺200件，原因待查。

要求：编制星海公司购入原材料的下列会计分录。

（1）支付货款，材料尚在运输途中。

（2）材料运达企业，验收时发现短缺，原因待查，其余材料入库。

（3）短缺原因查明，分别按下列不同情况进行会计处理：

① 假定为运输途中的合理损耗。

② 假定为供货方发货时少付，经协商，由其补足少付的材料。

③ 假定为运输单位责任，经协商，由运输单位全额赔偿（包括增值税税额）。

④ 假定为已运抵企业但尚未验收入库前被盗造成，由保险公司负责赔偿 4 600 元。

9. 星海公司委托甲公司加工一批包装物，发出 A 材料的实际成本为 50 000 元，支付加工费 10 000 元，支付运杂费 200 元，支付增值税 1 300 元。

要求：编制星海公司委托加工包装物的下列会计分录。

（1）发出 A 材料，委托甲公司加工包装物。

（2）支付加工费和运杂费。

（3）支付由甲公司代收代缴的增值税。

（4）包装物加工完成，验收入库。

10. 星海公司委托甲公司加工一批 C 材料（为应税消费品），支付由甲公司代收代缴的消费税 5 000 元。

要求：编制下列不同情况下星海公司支付消费税的会计分录：

（1）假定 C 材料收回后用于连续生产应税消费品。

（2）假定 C 材料收回后用于直接销售。

11. 星海公司应收乙公司销货款 282 500 元，因乙公司不能如期偿还，经双方协商，乙公司以一批 A 材料抵债。A 材料的公允价值为 220 000 元，可抵扣的增值税进项税额为 28 600 元，星海公司支付 A 材料运杂费 1 200 元，其中，可抵扣的增值税税额为 90 元。星海公司应收乙公司销货款的公允价值为 245 000 元。

要求：分别编制下列不同情况下，星海公司接受抵债取得原材料的会计分录。

（1）假定星海公司未计提坏账准备。

（2）假定星海公司已计提 30 000 元的坏账准备。

（3）假定星海公司已计提 40 000 元的坏账准备。

12. 星海公司以其持有的对 A 子公司的部分长期股权投资换入乙公司一批商品。换出股权投资的账面余额为 260 000 元，已计提跌价准备 50 000 元，换出该部分股权投资后，对 A 公司仍然具有控制权；星海公司支付商品运杂费 2 500 元；其中，可抵扣的增值税税额为 180 元；换入商品可抵扣的增值税进项税额为 24 180 元，不涉及补价。

要求：分别编制下列不同情况下，星海公司以长期股权投资换入商品的会计分录。

（1）假定星海公司以账面价值为基础确定换入存货的成本。

（2）假定星海公司以公允价值为基础确定换入存货的成本，长期股权投资的公允价值为208 000元。

13.星海公司以其生产的产成品换入乙公司一批原材料。星海公司换出产成品的账面成本为150 000元，公允价值为180 000元，增值税税额为23 400元；乙公司换出原材料的账面成本和公允价值均为190 000元，增值税税额为24 700元，换入的产成品作为库存商品入账。星海公司向乙公司支付补价11 300元。

要求：分别编制下列不同情况下，星海公司和乙公司非货币性资产交换的会计分录。

（1）星海公司以产成品换入原材料的会计分录。

① 假定星海公司以公允价值为基础确定换入存货的成本。

② 假定星海公司以账面价值为基础确定换入存货的成本。

（2）乙公司以原材料换入产成品的会计分录。

① 假定乙公司以公允价值为基础确定换入存货的成本。

② 假定乙公司以账面价值为基础确定换入存货的成本。

14.某年4月份，星海公司的甲材料购进、发出和结存情况见表3-1。

表3-1 　　　　　　　　　　　　　**原材料明细账** 　　　　　　　　计量单位：千克

原材料名称及规格：甲材料 　　　　　　　　　　　　　　　　　　　金额单位：元

20××年		凭证编号	摘要	收入			发出			结存		
月	日			数量	单价	金额	数量	单价	金额	数量	单价	金额
4	1		期初结存							1 000	50	50 000
	5		购进	1 200	55	66 000				2 200		
	8		发出				1 500			700		
	15		购进	1 600	54	86 400				2 300		
	18		发出				1 000			1 300		
	25		购进	800	56	44 800				2 100		
	28		发出				1 200			900		
4	30		本月合计	3 600		197 200	3 700			900		

要求：分别采用先进先出法、全月一次加权平均法和移动加权平均法计算星海公司甲材料本月发出和期末结存的实际成本。

15.星海公司某月领用原材料的实际成本为 600 000 元，其中，基本生产领用 350 000 元，辅助生产领用 150 000 元，车间一般耗用 80 000元，管理部门领用 20 000 元。

要求：编制星海公司生产经营领用原材料的会计分录。

16.星海公司以一批库存商品与 D 公司持有的 A 公司股权进行交换。星海公司换出库存商品的账面余额为 200 000 元，公允价值为 240 000元，增值税税额为 31 200 元；D 公司换出 A 公司股权的账面价值和公允价值均为 300 000 元，D 公司将其指定为以公允价值计量且其变动计入其他综合收益的金融资产，成本为 280 000 元，持有期间累计确认其他综合收益 20 000 元；星海公司向 D 公司支付补价 28 800 元，换入的 A 公司股权划分为交易性金融资产。星海公司和 D 公司均以公允价值为基础确定换入资产的成本。

要求：分别编制星海公司和 D 公司的下列会计分录。

（1）星海公司以库存商品换入 A 公司股权的会计分录。

（2）D 公司以 A 公司股权换入库存商品的会计分录。

17.星海公司生产领用一批原材料，账面成本为 28 000 元。

要求：编制生产领用原材料的会计分录。

18.星海公司某月领用一批包装物，实际成本 1 500 元。

要求：编制下列不同情况下星海公司领用包装物的会计分录。

（1）假定该包装物为生产产品领用。

（2）假定该包装物随同产品一并销售但不单独计价。

（3）假定该包装物随同产品一并销售但单独计价。

19.星海公司领用一批包装物，出借给客户使用。包装物实际成本为 50 000 元，收取押金 56 500 元。包装物报废时，残料作价 200 元入库。

要求：编制下列不同情况下星海公司领用出借包装物的会计分录。

（1）包装物的成本采用一次转销法摊销。

① 领用包装物。

② 包装物报废，残料作价入库。

（2）包装物的成本采用五五摊销法摊销。

① 领用包装物，摊销其价值的50%。

② 包装物报废，摊销剩余50%的价值，并转销已提摊销额。

③ 包装物报废，残料作价入库。

（3）包装物押金的会计处理。

① 收取包装物押金。

② 假定客户如期退还包装物，星海公司退还押金。

③ 假定客户逾期未退还包装物，星海公司没收押金。

20.星海公司领用一批实际成本为72 000元的包装物，出租给客户使用，收取押金80 000元。包装物每月租金11 300元，按月从押金中扣除。星海公司对该批包装物的成本采用五五摊销法摊销。

要求：编制星海公司出租包装物的下列会计分录。

（1）领用包装物。

（2）收取包装物押金。

（3）按月从押金中扣除租金。

21.星海公司生产车间领用一批低值易耗品，实际成本为36 000元。低值易耗品报废时，将残料出售，收取价款300元，存入银行。

要求：编制下列不同情况下，星海公司领用低值易耗品的会计分录。

（1）低值易耗品的成本采用一次转销法摊销。

① 领用低值易耗品。

② 低值易耗品报废，将残料出售。

（2）低值易耗品的成本采用五五摊销法摊销。

① 领用低值易耗品并摊销其价值的50%。

② 低值易耗品报废，摊销剩余50%的价值，并转销已提摊销额。

③ 将报废低值易耗品残料出售。

22.星海公司的存货采用计划成本法核算。某月15日，购进一批原材料，增值税专用发票上列明的材料价款为50 000元，增值税税额为6 500元。货款已通过银行转账支付，材料也已验收入库。

要求：编制星海公司购进原材料的下列会计分录。

（1）支付货款。

（2）材料验收入库。

① 假定材料的计划成本为 49 000 元。

② 假定材料的计划成本为 52 000 元。

23.4 月初，星海公司结存原材料的计划成本为 50 000 元，材料成本差异为节约 3 000 元。4 月份，购进原材料的实际成本为 247 000 元，计划成本为 230 000 元；本月领用原材料的计划成本为 250 000 元，其中生产领用 235 000 元，车间一般消耗 12 000 元，管理部门耗用 3 000 元。

要求：做出星海公司发出原材料的下列会计处理。

（1）按计划成本领用原材料。

（2）计算本月材料成本差异率。

（3）分摊材料成本差异。

（4）计算月末结存原材料的实际成本。

24.星海公司的产成品采用计划成本法核算。某年 6 月，星海公司月初结存产成品的计划成本为 500 000 元，产品成本差异为超支 14 000 元；本月生产完工入库的产成品实际成本为 2 493 000 元，计划成本为 2 600 000 元；本月发出产成品的计划成本为 2 800 000 元，其中，对外销售的产成品计划成本为 2 500 000 元（售价为 3 000 000 元，增值税销项税额为 390 000 元，款项已全部收存银行），在建工程领用的产成品计划成本为 300 000 元。

要求：做出星海公司发出产成品的下列会计处理。

（1）编制销售产成品并结转产品销售成本的会计分录。

（2）编制在建工程领用产成品的会计分录。

（3）计算本月产品成本差异率。

（4）分摊产品成本差异。

（5）计算产成品在资产负债的“存货”项目中应填列的金额。

25.某年 1 月，星海公司管理部门领用一批低值易耗品，计划成本为 45 000 元，采用五五摊销法摊销，本月材料成本差异率为节约的 2%；当年 12 月，该批低值易耗品报废，将残料作价 1 000 元入库，当月材料成本差异率为超支 1%。

要求：编制星海公司领用低值易耗品的下列会计分录。

（1）领用低值易耗品并摊销其价值的 50%。

（2）领用当月月末，分摊材料成本差异。

（3）低值易耗品报废，摊销剩余50%的价值，并转销已提摊销额。

（4）将报废低值易耗品残料作价入库。

（5）报废当月月末，分摊材料成本差异。

26.星海公司委托甲公司加工一批低值易耗品，发出A材料的计划成本为80 000元，月初材料成本差异率为超支2.5%；支付加工费30 000元，支付运杂费500元，支付增值税3 900元。该批委托加工的低值易耗品计划成本为115 000元。

要求：编制星海公司委托加工低值易耗品的下列会计分录。

（1）发出A材料，委托甲公司加工低值易耗品。

（2）支付加工费和运杂费。

（3）支付由甲公司代收代缴的增值税。

（4）低值易耗品加工完成，验收入库。

27.星海公司的存货按成本与可变现净值孰低计量。某年12月31日，A商品的账面成本为11 000元，可变现净值为10 000元。

要求：编制下列不同假定情况下，计提存货跌价准备的会计分录。

（1）假定计提存货跌价准备前，"存货跌价准备"科目无余额。

（2）假定计提存货跌价准备前，"存货跌价准备"科目已有贷方余额400元。

（3）假定计提存货跌价准备前，"存货跌价准备"科目已有贷方余额1 200元。

28.星海公司将A商品按50 000元的价格售出，增值税销项税额为6 500元。A商品账面成本为60 000元，已计提存货跌价准备12 000元。

要求：编制下列会计分录。

（1）确认销售A商品的收入。

（2）结转A商品销售成本和已计提的存货跌价准备。

29.星海公司应付H公司货款565 000元。因星海公司发生财务困难，经双方协商，星海公司以一批A材料抵偿债务。用于抵债的A材料的账面余额为600 000元，已计提存货跌价准备120 000元，按计税价格计算的增值税销项税额为63 700元。

要求：编制星海公司以原材料抵偿债务的会计分录。

30.星海公司的主要产品是A产品和B产品。2×24年12月31日计提存货跌价准备前，A产品和B产品的账面价值见表3-2。

表3-2

库存商品账面价值明细表

2×24年12月31日

金额单位：元

存货项目	存货类别	账面余额				跌价准备	账面价值
		计量单位	数量	单位成本	金额		
库存商品	A产品	台	6	6 500	39 000	0	39 000
库存商品	B产品	台	9	2 500	22 500	500	22 000

有关A产品和B产品期末计量的其他资料如下（产品售价均不包含增值税）：

（1）A产品每台的市场售价为7 600元，每台平均销售费用及税金600元。

（2）2×24年12月15日，星海公司与M公司签订了一份销售合同，合同约定2×25年1月10日，星海公司按每台7 500元的价格向M公司提供A产品8台。

（3）B产品每台的市场售价为2 800元，每台平均销售费用及税金为400元。

（4）2×24年12月20日，星海公司与N公司签订了一份销售合同，合同约定，2×25年1月5日，星海公司按每台2 850元的价格向N公司提供B产品5台。

要求：根据以上资料，进行下列会计处理。

（1）分别计算A产品和B产品的可变现净值，据以判断是否发生了减值。

（2）如果产品发生了减值，确定当期应当计提的存货跌价准备金额，并编制计提存货跌价准备的会计分录。

（3）分别说明A产品和B产品在2×24年12月31日资产负债表的"存货"项目中应列示的金额。

31.星海公司的库存甲材料专门用于生产A产品，库存乙材料专门用于生产B产品。2×24年12月31日计提存货跌价准备前，甲材料和乙材料的账面价值见表3-3。

表3-3

原材料账面价值明细表

2×24年12月31日

金额单位：元

存货项目	存货类别	账面余额				跌价准备	账面价值
		计量单位	数量	单位成本	金额		
原材料	甲材料	千克	600	22	13 200	0	13 200
原材料	乙材料	千克	800	12	9 600	0	9 600

有关甲材料和乙材料期末计量的其他资料如下（市场价格均不包含增值税）：

（1）库存甲材料可生产4台A产品，将甲材料加工成A产品平均每台耗用人工及制造费用3 000元；库存乙材料可生产8台B产品，将乙材料加工成B产品平均每台耗用人工及制造费用1 500元。

（2）销售A产品，平均每台销售费用及税金为500元；销售B产品，平均每台销售费用及税金为200元。

（3）2×24年12月31日，甲材料的市场价格下降为每千克19元，导致用其生产的A产品每台的市场售价下降为7 200元；乙材料的市场价格下降为每千克10元，导致用其生产的B产品每台的市场售价下降为2 800元。

（4）星海公司没有签订有关A产品和B产品的销售合同。

要求：根据以上资料，进行下列会计处理。

（1）分别计算A产品和B产品的生产成本和可变现净值，据以判断甲材料和乙材料是否发生了减值。

（2）如果原材料发生了减值，计算该原材料的可变现净值，并确定该原材料当期应当计提的存货跌价准备金额。

（3）编制计提存货跌价准备的会计分录。

（4）分别说明甲材料和乙材料在2×24年12月31日资产负债表的"存货"项目中应列示的金额。

32.星海公司的库存甲材料专门用于生产A产品。2×24年12月31日计提存货跌价准备前，甲材料的账面价值见表3-4。

表3-4 　　　　　　　　　　**甲材料账面价值明细表**

2×24年12月31日　　　　　　　　　　　金额单位：元

存货项目	存货类别	账面余额				跌价准备	账面价值
		计量单位	数量	单位成本	金额		
原材料	甲材料	千克	1 600	20	32 000	0	32 000

有关甲材料期末计量的其他资料如下（市场价格均不包含增值税）：

（1）生产A产品，每台平均耗用甲材料200千克，每台平均耗用人工成本及制造费用共计3 500元。

（2）2×24年12月31日，甲材料的市场价格下降为每千克18元，导致用其生产的A产品每台的市场售价下降为7 800元。星海公司销售A产品，每台平均支出销售费用及税金400元。

（3）由于A产品没有盈利能力，星海公司决定缩减A产品的产量，为了减少存货占用资金，拟将专门用于生产A产品的甲材料售出1 000千克，甲材料目前市场价格为每千克18元，销售甲材料预计会发生销售费用及税金500元。剩余的600千克甲材料（可生产3台A产品）继续用于生产A产品。

（4）星海公司没有签订有关A产品的销售合同。

要求：根据以上资料，进行下列会计处理。

（1）计算A产品的生产成本和可变现净值，据以判断继续用于生产A产品的甲材料是否发生了减值。

（2）计算拟出售的甲材料可变现净值，并比较其账面成本，据以判断该部分甲材料是否发生了减值。

（3）计算甲材料的减值金额。

（4）编制计提存货跌价准备的会计分录。

（5）说明甲材料在2×24年12月31日资产负债表的"存货"项目中应列示的金额。

33.星海公司对存货按成本与可变现净值孰低计量。

要求：编制星海公司计提甲商品跌价准备的下列会计分录。

（1）2×20年12月31日，甲商品的账面成本为120 000元，可变现净值为100 000元,"存货跌价准备"科目期初无余额。

(2) 2×21年12月31日,甲商品的账面成本为150 000元,可变现净值为135 000元,本年计提存货跌价准备前,"存货跌价准备"科目已有贷方余额6 000元。

(3) 2×22年12月31日,甲商品的账面成本为100 000元,可变现净值为95 000元,本年计提存货跌价准备前,"存货跌价准备"科目已有贷方余额8 000元。

(4) 2×23年12月31日,甲商品的账面成本为110 000元,可变现净值为115 000元,本年计提存货跌价准备前,"存货跌价准备"科目已有贷方余额2 000元。

(5) 2×24年12月31日,甲商品的账面成本为160 000元,可变现净值为155 000元。

34.星海公司在存货清查中发现盘盈一批A材料,市场价格为2 000元。

要求:编制星海公司存货盘盈的下列会计分录。

(1) 发现材料盘盈。

(2) 报经批准处理。

35.星海公司在存货清查中发现盘亏一批B材料,账面成本为3 000元,相应的增值税税额为390元。

要求:编制星海公司存货盘亏的下列会计分录。

(1) 发现材料盘亏。

(2) 查明原因,报经批准处理。

① 假定属于定额内自然损耗。

② 假定属于管理不善造成的毁损,由过失人赔偿1 000元,款项尚未收取;残料作价200元入库。

③ 假定属于自然灾害造成的毁损,由保险公司赔偿2 500元,款项尚未收取;取得残料处置收入200元,已存入银行。

五、案例分析题

【案例1】计划成本法

1.星海公司是一家工业企业,为增值税一般纳税人,适用13%的增值税税率，存货采用计划成本法核算。为简化核算，该公司对购进存货的经济业务，平时只在付款时编制结算货款的会计分录，月末，再汇总编制收入存货和结转存货成本差异的会计分录；该公司单独设置"包装物"和"低值易耗品"科目，并分别按原材料、包装物和低值易耗品核算材料成本差异并计算材料成本差异率。

2.2×24年11月30日，星海公司结存原材料、包装物和低值易耗品的账面余额见表3-5。

表3-5　　　　原材料、包装物和低值易耗品的账面余额

2×24年11月30日　　　　　　　　金额单位：元

存货项目	存货类别	计量单位	数量	计划成本		材料成本差异		实际成本
				单位成本	金额	差异额	差异率	
原材料	甲材料	千克	66 000	20.00	1 320 000	—	—	—
原材料	乙材料	千克	28 000	15.00	420 000	—	—	—
小计	—	—	—		1 740 000	-52 200	-3%	1 687 800
包装物	纸箱	个	200	5.00	1 000	—	—	—
包装物	铁桶	个	30	40.00	1 200	—	—	—
小计	—	—	—		2 200	+268	+12%	2 468
低值易耗品	A工具	件	15	120.00	1 800	—	—	—
低值易耗品	B工具	件	75	28.00	2 100	—	—	—
小计	—	—	—		3 900	-54	-1.4%	3 846
合计	—	—	—		1 746 100	-51 986	—	1 694 114

注：表3-5中，"-"号表示节约差异，"+"号表示超支差异，下同。

3.2×24年12月，星海公司购入原材料、包装物和低值易耗品的业务如下：

（1）12月1日，购进甲材料85 000千克，增值税专用发票上列明的材料价款为1 768 000元，增值税税额为229 840元。货款已通过银行转账支付，材料也已验收入库。

（2）12月5日，购进乙材料36 000千克，材料已验收入库，但尚未收到结算凭证。

（3）12月7日，购进包装物（纸箱）400个，增值税专用发票上列明的包装物价款为1 900元，增值税税额为247元。货款已通过银行转账支付，包装物也已验收入库。

（4）12月8日，购进低值易耗品（A工具）25件，增值税专用发票上列明的低值易耗品价款为3 000元，增值税税额为390元。货款已通过银行转账支付，低值易耗品也已验收入库。

（5）12月10日，购进甲材料90 000千克，材料已验收入库，但尚未收到结算凭证。

（6）12月12日，购进低值易耗品（B工具）100件，增值税专用发票上列明的低值易耗品价款为2 660元，增值税税额为345.80元。货款已通过银行转账支付，低值易耗品尚未运达企业。

（7）12月14日，收到12月5日购进乙材料的结算凭证，增值税专用发票上列明的材料价款为567 000元，增值税税额为73 710元，货款通过银行转账支付。

（8）12月15日，购进乙材料40 000千克，增值税专用发票上列明的材料价款为588 000元，增值税税额为76 440元。货款已通过银行转账支付，材料尚未运达企业。

（9）12月18日，收到12月10日购进甲材料的结算凭证，增值税专用发票上列明的材料价款为1 928 600元，增值税税额为250 718元，货款通过银行转账支付。

（10）12月19日，收到12月12日购进的低值易耗品（B工具）并验收入库。

（11）12月20日，购进甲材料80 000千克，增值税专用发票上列明的材料价款为1 680 000元，增值税税额为218 400元。货款已通过银行转账支付，材料尚未运达企业。

（12）12月22日，收到12月15日购进的乙材料并验收入库。

（13）12月25日，购进乙材料25 000千克，材料已验收入库，但尚未收到结算凭证。

（14）12月26日，收到12月20日购进的甲材料并验收入库。

（15）12月29日，购进甲材料50 000千克，增值税专用发票上列明的材料价款为970 000元，增值税税额为126 100元。货款已通过银行转账支付，材料尚未运达企业。

（16）12月31日，未收到12月25日购进乙材料的结算凭证，将乙材料按计划成本375 000元估价入账。

4.2×24年12月，星海公司领用原材料的业务如下：

（1）基本生产领用甲材料280 000千克，乙材料70 000千克。

（2）辅助生产领用甲材料5 000千克，乙材料12 000千克。

（3）生产车间一般性耗用乙材料600千克。

（4）自制生产设备领用甲材料6 000千克，领用乙材料2 000千克。

（5）管理部门领用乙材料400千克。

5.星海公司用于出租或出借的包装物以及领用的低值易耗品，均采用一次转销法核销成本。2×24年12月，星海公司有关包装物及低值易耗品的业务如下：

（1）基本生产车间领用纸箱320个，销售产品时领用纸箱160个。

（2）出借给远大公司铁桶25个，收取押金1 200元。

（3）出借给新力公司铁桶20个，新力公司逾期未归还，没收包装物押金1 000元。

（4）用于出借的10个铁桶报废，将残料售出，收取价款20元，存入银行。

（5）基本生产车间领用A工具26件，领用B工具70件；辅助生产车间领用A工具5件，领用B工具40件；自制固定资产工程领用B工具20件。

（6）基本生产车间报废A工具20件，将残料售出，收取价款150元；报废B工具50件，将残料售出，收取价款50元。辅助生产车间报废A工具5件，将残料售出，收取价款30元；报废B工具40件，将残料售出，收取价款60元。出售报废低值易耗品收取的价款，均已存入银行。

6.2×24年12月31日，原材料、包装物及低值易耗品均未发生价值减损。

根据以上资料，要求：

（1）编制星海公司2×24年12月购入原材料、包装物和低值易耗品的会计分录。

（2）编制星海公司2×24年12月"收货凭证汇总表"，汇总已结算并已验收入库的存货实际成本和计划成本，并编制存货验收入库和结转存货成本差异的会计分录。"收货凭证汇总表"的格式见表3-6。

表3-6　　　　　　　　　　　　收货凭证汇总表

2×24年12月

金额单位：元

付款日期	收货日期	存货名称	数量	计量单位	实际成本	计划成本	成本差异

（3）分别计算星海公司2×24年12月原材料、包装物和低值易耗品的成本差异率。

（4）编制星海公司2×24年12月"发出存货汇总表"，汇总本月发出原材料的计划成本和成本差异，并编制发出原材料和分摊材料成本差异的会计分录。"发出存货汇总表"的格式见表3-7。

表3-7　　　　　　　　　　　　发出存货汇总表

2×24年12月

单位：元

存货名称 领用部门	甲材料		乙材料		合　计	
	计划成本	成本差异	计划成本	成本差异	计划成本	成本差异
合　计						

（5）编制星海公司 2×24 年 12 月有关领用包装物和低值易耗品的会计分录。

（6）登记星海公司 2×24 年 12 月"原材料——甲材料""包装物——纸箱""低值易耗品——A 工具"明细账（其余存货明细账略）。存货明细账的格式见表 3-8。

表3-8　　　　　　　　　　存货明细账

存货类别：　　　　　　　　计划单价：

存货编号：　　　　　　　　最高存量：　　　　　　　　金额单位：元

存货名称及规格：　　　　　最低存量：　　　　　　　　计量单位：

年		凭证编号	摘要	收入数量	发出数量	结存	
月	日					数量	金额

（7）登记星海公司 2×24 年 12 月原材料存货成本差异、包装物存货成本差异和低值易耗品存货成本差异明细账。存货成本差异明细账的格式见表 3-9。

表3-9　　　　　　　　　　存货成本差异明细账

明细科目：　　　　　　　　2×24年12月　　　　　　　　金额单位：元

年		凭证编号	摘要	本月收入			成本差异率	本月发出			月末结存		
月	日			计划成本	成本差异			计划成本	成本差异		计划成本	成本差异	
					超支	节约			超支	节约		超支	节约

（8）比照表3-5的格式，编制星海公司2×24年12月31日原材料、包装物和低值易耗品账面余额表，并说明在资产负债表上应列示的金额。

【案例分析】

1. 星海公司2×24年12月购入原材料、包装物和低值易耗品的会计分录。

（1）12月1日，购进甲材料85 000千克，货款已结算，材料也已验收入库。

借：材料采购——甲材料　　　　　　　　　1 768 000
　　应交税费——应交增值税（进项税额）　　 229 840
　　贷：银行存款　　　　　　　　　　　　　　　　　1 997 840

（2）12月5日，购进乙材料36 000千克，材料已验收入库，但尚未收到结算凭证。

暂不作会计分录。

（3）12月7日，购进包装物（纸箱）400个，货款已结算，包装物也已验收入库。

借：材料采购——包装纸箱　　　　　　　　　1 900
　　应交税费——应交增值税（进项税额）　　　 247
　　贷：银行存款　　　　　　　　　　　　　　　　　2 147

（4）12月8日，购进低值易耗品（A工具）25件，货款已结算，低值易耗品也已验收入库。

借：材料采购——A工具　　　　　　　　　　 3 000
　　应交税费——应交增值税（进项税额）　　　 390
　　贷：银行存款　　　　　　　　　　　　　　　　　3 390

（5）12月10日，购进甲材料90 000千克，材料已验收入库，但尚未收到结算凭证。

暂不作会计分录。

（6）12月12日，购进低值易耗品（B工具）100件，货款已结算，低值易耗品尚未运达企业。

借：材料采购——B工具　　　　　　　　　　 2 660
　　应交税费——应交增值税（进项税额）　　 345.80

贷：银行存款　　　　　　　　　　　　　　3 005.80

　　（7）12月14日，收到12月5日购进乙材料的结算凭证，货款通过银行转账支付。

　　借：材料采购——乙材料　　　　　　　567 000
　　　　应交税费——应交增值税（进项税额）　73 710
　　　贷：银行存款　　　　　　　　　　　　640 710

　　（8）12月15日，购进乙材料40 000千克，货款已结算，材料尚未运达企业。

　　借：材料采购——乙材料　　　　　　　588 000
　　　　应交税费——应交增值税（进项税额）　76 440
　　　贷：银行存款　　　　　　　　　　　　664 440

　　（9）12月18日，收到12月10日购进甲材料的结算凭证，货款通过银行转账支付。

　　借：材料采购——甲材料　　　　　　1 928 600
　　　　应交税费——应交增值税（进项税额）　250 718
　　　贷：银行存款　　　　　　　　　　　2 179 318

　　（10）12月19日，收到12月12日购进的低值易耗品（B工具）并验收入库。

　　暂不作会计分录。

　　（11）12月20日，购进甲材料80 000千克，货款已结算，材料尚未运达企业。

　　借：材料采购——甲材料　　　　　　1 680 000
　　　　应交税费——应交增值税（进项税额）　218 400
　　　贷：银行存款　　　　　　　　　　　1 898 400

　　（12）12月22日，收到12月15日购进的乙材料并验收入库。

　　暂不作会计分录。

　　（13）12月25日，购进乙材料25 000千克，材料已验收入库，但尚未收到结算凭证。

　　暂不作会计分录。

　　（14）12月26日，收到12月20日购进的甲材料并验收入库。

　　暂不作会计分录。

（15）12月29日，购进甲材料50 000千克，货款已结算，材料尚未运达企业。

借：材料采购——甲材料 970 000

应交税费——应交增值税（进项税额） 126 100

贷：银行存款 1 096 100

（16）12月31日，未收到12月25日购进乙材料的结算凭证，按计划成本估价入账。

借：原材料——乙材料 375 000

贷：应付账款——暂估应付账款 375 000

2.编制星海公司2×24年12月"收货凭证汇总表"，汇总已结算并已验收入库的存货实际成本和计划成本，并编制存货验收入库和结转存货成本差异的会计分录。

（1）2×24年12月"收货凭证汇总表"见表3-10。

（2）存货验收入库和结转存货成本差异的会计分录。

①原材料。

借：原材料——甲材料 5 100 000

——乙材料 1 140 000

贷：材料采购 6 240 000

借：材料成本差异——原材料 291 600

贷：材料采购 291 600

表3-10 　　　　　　　　　　收货凭证汇总表

2×24年12月 　　　　　　　　　　　　　　　　金额单位：元

付款日期	收货日期	存货名称	数量	计量单位	实际成本	计划成本	材料成本差异
12月1日	12月1日	甲材料	85 000	千克	1 768 000	1 700 000	+68 000
12月18日	12月10日	甲材料	90 000	千克	1 928 600	1 800 000	+128 600
12月20日	12月26日	甲材料	80 000	千克	1 680 000	1 600 000	+80 000
小　计			255 000	千克	5 376 600	5 100 000	+276 600

付款日期	收货日期	存货名称	数量	计量单位	实际成本	计划成本	材料成本差异
12月14日	12月5日	乙材料	36 000	千克	567 000	540 000	+27 000
12月15日	12月22日	乙材料	40 000	千克	588 000	600 000	−12 000
小 计			76 000	千克	1 155 000	1 140 000	+15 000
合 计			—	—	6 531 600	6 240 000	+291 600
12月7日	12月7日	纸箱	400	个	1 900	2 000	−100
合 计			400	个	1 900	2 000	−100
12月8日	12月8日	A工具	25	件	3 000	3 000	0
12月12日	12月19日	B工具	100	件	2 660	2 800	−140
合 计			—	—	5 660	5 800	−140
总 计			—	—	6 539 160	6 247 800	+291 360

②包装物。

借：包装物——纸箱   2 000

 贷：材料采购   2 000

借：材料采购   100

 贷：材料成本差异——包装物   100

③低值易耗品。

借：低值易耗品——A工具   3 000

     ——B工具   2 800

 贷：材料采购   5 800

借：材料采购   140

 贷：材料成本差异——低值易耗品   140

3.计算星海公司2×24年12月原材料、包装物和低值易耗品的成本差异率。

$$原材料成本差异率=\frac{-52\,200+291\,600}{1\,740\,000+6\,240\,000}\times100\%=3\%$$

$$包装物成本差异率=\frac{268-100}{2\,200+2\,000}\times100\%=4\%$$

$$低值易耗品成本差异率=\frac{-54-140}{3\,900+5\,800}\times100\%=-2\%$$

4.编制星海公司2×24年12月"发出存货汇总表",汇总本月发出原材料的计划成本和成本差异,并编制发出原材料和分摊材料成本差异的会计分录。

(1)"发出存货汇总表"见表3-11。

表3-11

发出存货汇总表

2×24年12月

单位:元

领用部门 \ 存货名称	甲材料		乙材料		合　计	
	计划成本	成本差异	计划成本	成本差异	计划成本	成本差异
基本生产	5 600 000	+168 000	1 050 000	+31 500	6 650 000	+199 500
辅助生产	100 000	+3 000	180 000	+5 400	280 000	+8 400
生产车间			9 000	+270	9 000	+270
在建工程	120 000	+3 600	30 000	+900	150 000	+4 500
管理部门			6 000	+180	6 000	+180
合　计	5 820 000	+174 600	1 275 000	+38 250	7 095 000	+212 850

(2)发出原材料的会计分录。

借:生产成本——基本生产成本　　　　　　6 650 000

　　　　　　——辅助生产成本　　　　　　280 000

　　制造费用　　　　　　　　　　　　　　9 000

　　在建工程　　　　　　　　　　　　　　150 000

　　管理费用　　　　　　　　　　　　　　6 000

　　贷:原材料——甲材料　　　　　　　　　　5 820 000

　　　　　　——乙材料　　　　　　　　　　　1 275 000

（3）分摊原材料成本差异的会计分录。

借：生产成本——基本生产成本　　　　　　　　　199 500

　　　　　　　——辅助生产成本　　　　　　　　　8 400

　　制造费用　　　　　　　　　　　　　　　　　270

　　在建工程　　　　　　　　　　　　　　　　　4 500

　　管理费用　　　　　　　　　　　　　　　　　180

　　贷：材料成本差异——原材料　　　　　　　　212 850

5.星海公司2×24年12月有关领用包装物和低值易耗品的会计分录。

（1）基本生产车间领用纸箱320个，销售产品时领用纸箱160个。

①领用包装物。

借：生产成本——基本生产成本　　　　　　　　　1 600

　　销售费用　　　　　　　　　　　　　　　　　800

　　贷：包装物——纸箱　　　　　　　　　　　　2 400

②分摊包装物成本差异。

借：生产成本——基本生产成本　　　　　　　　　64

　　销售费用　　　　　　　　　　　　　　　　　32

　　贷：材料成本差异——包装物　　　　　　　　96

（2）出借铁桶25个并收取押金。

①领用包装物。

借：销售费用　　　　　　　　　　　　　　　　　1 000

　　贷：包装物——铁桶　　　　　　　　　　　　1 000

②收取包装物押金。

借：银行存款　　　　　　　　　　　　　　　　　1 200

　　贷：其他应付款——远大公司　　　　　　　　1 200

③分摊包装物成本差异。

借：销售费用　　　　　　　　　　　　　　　　　40

　　贷：材料成本差异——包装物　　　　　　　　40

（3）没收出借铁桶的押金。

借：其他应付款——新力公司　　　　　　　　　　1 000

　　贷：其他业务收入　　　　　　　　　　　　　884.96

　　　　应交税费——应交增值税（销项税额）　　115.04

（4）出借的铁桶报废，残料售出。

借：银行存款   20

 贷：销售费用   20

（5）领用低值易耗品并分摊成本差异。

①领用低值易耗品。

借：制造费用——基本生产车间   5 080

    ——辅助生产车间   1 720

 在建工程   560

 贷：低值易耗品——A工具   3 720

     ——B工具   3 640

②分摊低值易耗品成本差异。

借：制造费用——基本生产车间   101.60

    ——辅助生产车间   34.40

 在建工程   11.20

 贷：材料成本差异——低值易耗品   147.20

（6）低值易耗品报废，将残料售出。

借：银行存款   290

 贷：制造费用——基本生产车间   200

    ——辅助生产车间   90

  6.登记星海公司2×24年12月"原材料——甲材料""包装物——纸箱""低值易耗品——A工具"明细账。

（1）"原材料——甲材料"明细账见表3-12。

表3-12   **存货明细账**

存货类别：原材料   计划单价：20元/千克

存货编号：   最高存量：   金额单位：元

存货名称及规格：甲材料 最低存量：   计量单位：千克

2×24年		凭证编号	摘要	收入数量	发出数量	结存	
月	日					数量	金额
12	1		月初结存			66 000	1 320 000
			购进	255 000		321 000	
			发出		291 000	30 000	
12	31		本月合计	255 000	291 000	30 000	600 000

（2）"包装物——纸箱"明细账见表3-13。

表3-13　　　　　　　　　　　存货明细账

存货类别：包装物　　　　　计划单价：5元/个

存货编号：　　　　　　　　最高存量：　　　　　　　　金额单位：元

存货名称及规格：纸箱　　　最低存量：　　　　　　　　计量单位：个

2×24年		凭证编号	摘要	收入数量	发出数量	结存	
月	日					数量	金额
12	1		月初结存			200	1 000
			购进	400		600	
			发出		480	120	
12	31		本月合计	400	480	120	600

（3）"低值易耗品——A工具"明细账见表3-14。

表3-14　　　　　　　　　　　存货明细账

存货类别：低值易耗品　　　计划单价：120元/件

存货编号：　　　　　　　　最高存量：　　　　　　　　金额单位：元

存货名称及规格：A工具　　最低存量：　　　　　　　　计量单位：件

2×24年		凭证编号	摘要	收入数量	发出数量	结存	
月	日					数量	金额
12	1		月初结存			15	1 800
			购进	25		40	
			发出		31	9	
12	31		本月合计	25	31	9	1 080

7.登记星海公司2×24年12月原材料存货成本差异、包装物存货成本差异和低值易耗品存货成本差异明细账。

（1）"原材料"存货成本差异明细账见表3-15。

（2）"包装物"存货成本差异明细账见表3-16。

表3-15

明细科目：原材料

存货成本差异明细账

2×24年12月

金额单位：元

2×24年		凭证编号	摘要	本月收入			成本差异率	本月发出			月末结存		
月	日			计划成本	成本差异 超支	节约		计划成本	成本差异 超支	节约	计划成本	成本差异 超支	节约
12	1		月初结存								1 740 000		52 200
			购进	6 240 000	291 600		3%						
			发出					7 095 000	212 850		885 000	26 550	
12	31		本月合计	6 240 000	291 600		3%	7 095 000	212 850		885 000	26 550	

表3-16

明细科目：包装物

存货成本差异明细账

2×24年12月

金额单位：元

2×24年		凭证编号	摘要	本月收入			成本差异率	本月发出			月末结存		
月	日			计划成本	成本差异 超支	节约		计划成本	成本差异 超支	节约	计划成本	成本差异 超支	节约
12	1		月初结存								2 200	268	
			购进	2 000		100	4%						
			发出					3 400	136		800	32	
12	31		本月合计	2 000		100	4%	3 400	136		800	32	

（3）"低值易耗品"存货成本差异明细账见表3-17。

表3-17 　　　　　　　　　　**存货成本差异明细账**

明细科目：低值易耗品　　　　　　2×24年12月　　　　　　　金额单位：元

2×24年		凭证编号	摘要	本月收入			成本差异率	本月发出			月末结存		
月	日			计划成本	成本差异			计划成本	成本差异		计划成本	成本差异	
					超支	节约			超支	节约		超支	节约
12	1		月初结存								3 900		54
			购进	5 800		140	-2%						
			发出					7 360		147.2	2 340		46.8
12	31		本月合计	5 800		140	-2%	7 360		147.2	2 340		46.8

8.星海公司2×24年12月31日原材料、包装物和低值易耗品账面余额表见表3-18。

表3-18 　　　　**原材料、包装物和低值易耗品账面余额表**

2×24年12月31日 　　　　　　　　　　金额单位：元

存货项目	存货类别	计量单位	数量	计划成本		材料成本差异		实际成本
				单位成本	金额	差异额	差异率	
原材料	甲材料	千克	30 000	20.00	600 000	—	—	—
原材料	乙材料	千克	44 000	15.00	660 000	—	—	—
小计	—	—	—		1 260 000	26 550	3%	1 286 550
包装物	纸箱	个	120	5.00	600	—	—	—
包装物	铁桶	个	5	40.00	200	—	—	—
小计					800	32	4%	832
低值易耗品	A工具	件	9	120.00	1 080			

存货项目	存货类别	计量单位	数量	计划成本		材料成本差异		实际成本
				单位成本	金额	差异额	差异率	
低值易耗品	B工具	件	45	28.00	1 260	—	—	—
小计	—	—	—	—	2 340	-46.80	-2%	2 293.20
合计	—	—	—	—	1 263 140	26 535.20	—	1 289 675.20

在 2×24 年 12 月 31 日资产负债表的"存货"项目中，原材料、包装物和低值易耗品应列示的金额为 1 289 675.20 元。

【案例2】存货的期末计量

星海公司是一家设备制造企业，为增值税一般纳税人，适用 13% 的增值税税率。该企业的存货按实际成本核算，存货计价采用先进先出法，领用存货时不结转已计提的存货跌价准备，年末计提存货跌价准备时一并调整。

星海公司生产 A 型设备和 B 型设备两种产品，生产 A 型设备的主要材料是甲材料，生产 B 型设备的主要材料是乙材料。2×24 年 11 月 30 日，甲材料、乙材料、A 型设备和 B 型设备的账面价值见表 3-19。

表3-19　　　　　原材料及库存商品账面价值明细表

2×24年11月30日　　　　　　　　　金额单位：元

存货项目	存货类别	账面余额				跌价准备	账面价值
		计量单位	数量	单位成本	金额		
原材料	甲材料	千克	7 500	20.00	150 000	0	150 000
原材料	乙材料	千克	9 000	12.50	112 500	7 200	105 300
库存商品	A型设备	台	3	61 500	184 500	0	184 500
库存商品	B型设备	台	7	24 500	171 500	5 600	165 900
合　计	—	—	—	—	618 500	12 800	605 700

2×24 年 12 月，星海公司根据有关存货收发凭证，登记的甲材料、乙材料、A 型设备和 B 型设备明细账如下：

（1）甲材料明细账见表3-20。

表3-20　　　　　　　　　　**存货明细账**

存货类别：原材料

存货编号：　　　　　　　　　最高存量：　　　　　　　　　金额单位：元

存货名称及规格：甲材料　　　最低存量：　　　　　　　　　计量单位：千克

2×24年		凭证编号	摘要	收入			发出			结存		
月	日			数量	单价	金额	数量	单价	金额	数量	单价	金额
12	1	略	月初结存							7 500	20.00	150 000
	6		购进	12 000	20.50	246 000				19 500		
	8		购进	9 000	21.00	189 000				28 500		
	9		购进	15 000	22.50	337 500				43 500		
	20		购进	7 500	21.80	163 500				51 000		
	31		生产领用				45 000		955 200	6 000		
12	31		本月合计	43 500		936 000	45 000		955 200	6 000	21.80	130 800

（2）乙材料明细账见表3-21。

表3-21　　　　　　　　　　**存货明细账**

存货类别：原材料

存货编号：　　　　　　　　　最高存量：　　　　　　　　　金额单位：元

存货名称及规格：乙材料　　　最低存量：　　　　　　　　　计量单位：千克

2×24年		凭证编号	摘要	收入			发出			结存		
月	日			数量	单价	金额	数量	单价	金额	数量	单价	金额
12	1	略	月初结存							9 000	12.50	112 500
	2		购进	8 000	12.40	99 200				17 000		
	5		购进	6 000	10.60	63 600				23 000		
	22		购进	16 000	13.40	214 400				39 000		
	27		工程领用				1 000	12.50	12 500	38 000		
	31		生产领用				20 000		241 600	18 000		
12	31		本月合计	30 000		377 200	21 000		254 100	18 000	13.09	235 600

（3）A 型设备明细账见表3-22。

表3-22　　　　　　　　**存货明细账**

存货类别：库存商品

存货编号：　　　　　　　　最高存量：　　　　　　　　金额单位：元

存货名称及规格：A 型设备　　　最低存量：　　　　　　　计量单位：台

2×24年		凭证编号	摘要	收入			发出			结存		
月	日			数量	单价	金额	数量	单价	金额	数量	单价	金额
12	1	略	月初结存							3	61 500	184 500
	5		工程领用				1	61 500	61 500	2		
	31		完工入库	30	63 340	1 900 200				32		
	31		销售				26		1 643 160	6		
12	31		本月合计	30		1 900 200	27		1 704 660	6	63 340	380 040

（4）B 型设备明细账见表3-23。

表3-23　　　　　　　　**存货明细账**

存货类别：库存商品

存货编号：　　　　　　　　最高存量：　　　　　　　　金额单位：元

存货名称及规格：B型设备　　　最低存量：　　　　　　　计量单位：台

2×24年		凭证编号	摘要	收入			发出			结存		
月	日			数量	单价	金额	数量	单价	金额	数量	单价	金额
12	1	略	月初结存							7	24 500	171 500
	31		完工入库	20	24 080	481 600				27		
	31		销售				18		436 380	9		
12	31		本月合计	20		481 600	18		436 380	9	24 080	216 720

星海公司甲材料、乙材料、A 型设备和 B 型设备期末计量的有关资料如下（销售价格均不含增值税）：

（1）生产 A 型设备，每台平均耗用甲材料1 500千克，每台平均耗用其他材料、人工及制造费用31 500元；生产 B 型设备，每台平均耗用乙材料1 000千克，每台平均耗用其他材料、人工及制造费用12 000元。

（2）销售A型设备，每台平均销售费用及税金3 800元；销售B型设备，每台平均销售费用及税金1 300元。

（3）2×24年12月15日，星海公司与信达公司签订了一份销售合同。合同约定，2×25年1月10日，星海公司按每台73 000元的价格向信达公司提供A型设备8台。

（4）2×24年12月20日，星海公司与海丰公司签订了一份销售合同。合同约定，2×25年1月5日，星海公司按每台25 000元的价格向海丰公司提供B型设备7台。

（5）2×24年12月31日，甲材料的市场价格下降为每千克19元，导致用其生产的A型设备每台的市场售价下降为72 500元；乙材料的市场价格下降为每千克12元，导致用其生产的B型设备每台的市场售价下降为24 600元。

（6）由于B型设备的盈利水平较低，星海公司决定缩减B型设备的产量，为了减少存货占用的资金，拟将专门用于生产B型设备的乙材料售出12 000千克，预计会发生销售费用及税金5 000元。

根据以上资料，要求：

1.逐一分析星海公司2×24年12月31日结存的甲材料、乙材料、A型设备和B型设备是否发生了减值。

2.对已经发生了减值的存货，确定当期应当计提的存货跌价准备金额，编制计提存货跌价准备的会计分录。

3.分别说明各项存货在资产负债表上列示的金额。

4.比照表3-19的格式，编制星海公司2×24年12月31日甲材料、乙材料、A型设备和B型设备的账面价值表。

【案例分析】

1.A型设备。

根据2×24年12月15日星海公司与信达公司签订的销售合同，信达公司订购了8台A型设备，而星海公司库存的A型设备只有6台，小于销售合同订购的数量。因此，库存A型设备应当以销售合同约定的售价73 000元为其可变现净值的计量基础。计算如下：

库存A型设备的可变现净值=（73 000-3 800）×6=415 200（元）

库存A型设备的账面成本=380 040元

上述计算表明，A型设备的可变现净值高于账面成本，没有发生减值，因此，不需要计提存货跌价准备。在2×24年12月31日资产负债表的"存货"项目中，A型设备应按其账面成本380 040元列示。

2.甲材料。

由于信达公司订购了8台A型设备，而星海公司库存的A型设备只有6台，尚需再生产2台才能满足信达公司的订货。因此，星海公司库存的可生产4台A型设备的甲材料，应当分别以A型设备的合同售价73 000元和市场售价72 500元作为其可变现净值的计量基础。在对甲材料进行减值测试时，应首先测定A型设备是否发生了减值。计算如下：

将甲材料生产成A型设备的生产成本=（1 500×21.80+31 500）×4=256 800（元）

用甲材料生产的A型设备的可变现净值=（2×73 000+2×72 500）-3 800×4

=275 800（元）

上述计算表明，用甲材料生产的A型设备的可变现净值高于其生产成本，因此，甲材料的可变现净值一定高于其账面成本，未发生减值。在2×24年12月31日资产负债表的"存货"项目中，甲材料应按账面成本130 800元列示。

3.B型设备。

根据2×24年12月20日星海公司与海丰公司签订的销售合同，海丰公司订购了B型设备7台，而星海公司库存的B型设备为9台，大于销售合同订购的数量。因此，在确定B型设备的可变现净值时，应分别以销售合同约定的B型设备单位售价25 000元和B型设备的市场售价24 600元为计量基础。计算如下：

库存B型设备的可变现净值=（25 000×7+24 600×2）-1 300×9=212 500（元）

库存B型设备的账面成本=216 720元

上述计算表明，B型设备的可变现净值低于账面成本，因此，B型设备的价值应当按可变现净值212 500元计量。年末，B型设备应当计提的存货跌价准备金额及会计处理如下：

B型设备应当计提的跌价准备=（216 720-212 500）-5 600=-1 380（元）

借：存货跌价准备——B型设备　　　　　　　　　1 380

　　贷：资产减值损失　　　　　　　　　　　　　　　　1 380

年末计提存货跌价准备之后，"存货跌价准备——B型设备"科目的贷方余额为4 220元（即5 600-1 380或216 720-212 500）。在2×24年12月31日资产负债表的"存货"项目中，B型设备应按其可变现净值212 500元列示。

4.乙材料。

虽然海丰公司订购了7台B型设备，但星海公司库存的B型设备有9台，因此在库存的乙材料中，除了准备出售的12 000千克应当以每千克12元的市场价格作为可变现净值的计量基础外，其余准备继续用于生产B型设备的乙材料应按B型设备的市场售价24 600元作为可变现净值的计量基础。计算如下：

（1）用于生产B型设备的6 000千克乙材料的计量。

将乙材料生产成B型设备的生产成本=（1 000×13.09+12 000）×6=150 540（元）

用乙材料生产的B型设备的可变现净值=（24 600-1 300）×6=139 800（元）

上述计算表明，用乙材料生产的B型设备的可变现净值低于生产成本，说明用于生产B型设备的乙材料应按可变现净值计量，计算如下：

乙材料的可变现净值=139 800-12 000×6=67 800（元）

（2）准备出售的12 000千克乙材料的计量。

乙材料的可变现净值=12×12 000-5 000=139 000（元）

乙材料的账面成本=13.09×12 000=157 080（元）

上述计算表明，打算出售的乙材料可变现净值低于其账面成本，因此也应按可变现净值计量。

（3）库存乙材料跌价准备金额的计算及会计处理。

由于准备继续用于生产B型设备的乙材料和准备出售的乙材料可变现净值均低于账面成本，因此库存乙材料需要计提存货跌价准备。年末，库存乙材料跌价准备金额的计算及会计处理如下：

库存乙材料的可变现净值=67 800+139 000=206 800（元）

库存乙材料的账面成本=235 600元

库存乙材料应计提的跌价准备=（235 600-206 800）-7 200=21 600（元）

借：资产减值损失　　　　　　　　　　　　　21 600

　　贷：存货跌价准备——乙材料　　　　　　　　　　21 600

年末计提存货跌价准备之后，"存货跌价准备——乙材料"科目贷方余额为28 800元（即7 200+21 600或235 600-206 800）。在2×24年12月31日资产负债表的"存货"项目中，乙材料应按其可变现净值206 800元列示。

5.星海公司2×24年12月31日甲材料、乙材料、A型设备和B型设备账面价值见表3-24。

表3-24　　　　　　　　　原材料及库存商品账面价值

2×24年12月31日　　　　　　　金额单位：元

存货项目	存货类别	账面余额				跌价准备	账面价值
		计量单位	数量	单位成本	金额		
原材料	甲材料	千克	6 000	21.80	130 800	0	130 800
原材料	乙材料	千克	18 000	13.09	235 600	28 800	206 800
库存商品	A型设备	台	6	63 340	380 040	0	380 040
库存商品	B型设备	台	9	24 080	216 720	4 220	212 500
合　计	—	—	—	—	963 160	33 020	930 140

在2×24年12月31日资产负债表的"存货"项目中，甲材料、乙材料、A型设备和B型设备应列示的总金额为930 140元。

六、练习题参考答案

（一）单项选择题

1.B　2.D　3.D　4.C　5.B　6.C　7.B　8.A　9.C　10.C　11.C　12.C　13.A　14.A　15.A　16.A　17.B　18.C　19.B　20.B　21.D　22.C　23.B　24.A　25.B　26.A　27.D　28.B　29.C　30.C　31.A　32.D　33.D　34.D　35.B　36.C　37.C　38.A　39.D　40.B　41.C　42.D　43.A　44.B　45.B　46.D　47.B　48.C

（二）多项选择题

1.ACE　2.ABCDE　3.ABCD　4.BCE　5.BCD　6.ABCD　7.ABC　8.ABCD　9.ABDE　10.BCDE　11.AD　12.BE　13.BCE　14.BC　15.ABCD

（三）判断题

1.×　2.√　3.√　4.√　5.√　6.×　7.×　8.√　9.√　10.×　11.√　12.×　13.√　14.×

15.√　16.×　17.×　18.×　19.×　20.√　21.√　22.×　23.×　24.√　25.×　26.√　27.√

28.×　29.√　30.×　31.×　32.√　33.×　34.×　35.×　36.√　37.×　38.√　39.×　40.√

41.×　42.×　43.×　44.×　45.√　46.×　47.×　48.√　49.√　50.×　51.√　52.×　53.√

54.×　55.×　56.√

（四）计算及账务处理题

1.不同情况下外购存货的会计分录。

（1）原材料已验收入库，款项也已支付。

借：原材料	10 000	
应交税费——应交增值税（进项税额）	1 300	
贷：银行存款		11 300

（2）款项已经支付，但材料尚在运输途中。

①6月15日，支付款项。

借：在途物资	10 000	
应交税费——应交增值税（进项税额）	1 300	
贷：银行存款		11 300

②6月20日，材料运抵企业并验收入库。

借：原材料	10 000	
贷：在途物资		10 000

（3）材料已验收入库，但发票账单未到达企业。

①6月22日，材料运抵企业并验收入库，但发票账单尚未到达。

不作会计处理。

②6月28日，发票账单到达企业，支付货款。

借：原材料	10 000	
应交税费——应交增值税（进项税额）	1 300	
贷：银行存款		11 300

（4）材料已验收入库，但发票账单未到达企业。

①6月25日，材料运抵企业并验收入库，但发票账单尚未到达。

不作会计处理。

②6月30日，发票账单仍未到达，对该批材料估价10 500元入账。

借：原材料	10 500	
贷：应付账款——暂估应付账款		10 500

③7月1日，用红字冲回上月月末估价入账分录。

借：原材料	10 500	
贷：应付账款——暂估应付账款		10 500

④7月5日，发票账单到达企业，支付货款。

借：原材料   10 000

  应交税费——应交增值税（进项税额） 1 300

  贷：银行存款   11 300

2.购入包装物的会计分录。

（1）已支付货款但包装物尚未运达。

借：在途物资   50 000

  应交税费——应交增值税（进项税额） 6 500

  贷：银行存款   56 500

（2）包装物运达企业并验收入库。

借：周转材料   50 000

  贷：在途物资   50 000

3.购入低值易耗品的会计分录。

（1）7月25日，购入的低值易耗品验收入库。

暂不作会计处理。

（2）7月31日，对低值易耗品暂估价值入账。

借：周转材料   60 000

  贷：应付账款——暂估应付账款   60 000

（3）8月1日，编制红字记账凭证冲回估价入账分录。

借：周转材料   60 000

  贷：应付账款——暂估应付账款   60 000

（4）8月5日，收到结算凭证并支付货款。

借：周转材料   58 282

  应交税费——应交增值税（进项税额） 7 558

  贷：银行存款   65 840

4.采用预付款方式购进原材料的会计分录。

（1）预付货款。

借：预付账款——乙公司   56 500

  贷：银行存款   56 500

（2）原材料验收入库。

①假定乙公司交付材料的价款为50 000元，增值税税额为6 500元。

借：原材料   50 000

  应交税费——应交增值税（进项税额） 6 500

  贷：预付账款——乙公司   56 500

②假定乙公司交付材料的价款为60 000元，增值税税额为7 800元，星海公司补付货款11 300元。

借：原材料	60 000	
应交税费——应交增值税（进项税额）	7 800	
贷：预付账款——乙公司		67 800
借：预付账款——乙公司	11 300	
贷：银行存款		11 300

③假定乙公司交付材料的价款为48 000元，增值税税额为6 240元，星海公司收到乙公司退回的货款2 260元。

借：原材料	48 000	
应交税费——应交增值税（进项税额）	6 240	
贷：预付账款——乙公司		54 240
借：银行存款	2 260	
贷：预付账款——乙公司		2 260

5.赊购原材料的会计分录（附有现金折扣条件）。

（1）赊购原材料。

借：原材料	50 000	
应交税费——应交增值税（进项税额）	6 500	
贷：应付账款——乙公司		56 500

（2）支付货款。

①假定10天内支付货款。

现金折扣=50 000×2%=1 000（元）

实际付款金额=56 500-1 000=55 500（元）

借：应付账款——乙公司	56 500	
贷：银行存款		55 500
原材料		1 000

②假定20天内支付货款。

现金折扣=50 000×1%=500（元）

实际付款金额=56 500-500=56 000（元）

借：应付账款——乙公司	56 500	
贷：银行存款		56 000
原材料		500

③假定超过20天支付货款。

借：应付账款——乙公司	56 500	

贷：银行存款　　　　　　　　　　　　　　　　　56 500

6.采用分期付款方式购入原材料的会计处理。

（1）计算材料的入账成本和融资费用。

每年应付合同价款=$\dfrac{360\,000}{3}$=120 000（元）

每年应付增值税进项税额=$\dfrac{46\,800}{3}$=15 600（元）

合同价款的现值（原材料入账成本）=120 000×2.673012=320 761（元）

融资费用=360 000-320 761=39 239（元）

（2）采用实际利率法编制融资费用分摊表，见表3-25。

表3-25　　　　　　　**融资费用分摊表（实际利率法）**　　　　　　单位：元

日　　期	分期应付款	应分摊融资费用	应付本金减少额	应付本金余额
①	②	③=期初⑤×6%	④=②-③	期末⑤=期初⑤-④
购货时				320 761
第1年年末	120 000	19 246	100 754	220 007
第2年年末	120 000	13 200	106 800	113 207
第3年年末	120 000	6 793	113 207	0
合　　计	360 000	39 239	320 761	—

（3）编制购入原材料的会计分录。

借：原材料　　　　　　　　　　　　　　　　　320 761

　　未确认融资费用　　　　　　　　　　　　　　39 239

　　贷：长期应付款　　　　　　　　　　　　　　　　360 000

（4）编制支付合同款并分摊融资费用的会计分录。

①第1年年末，支付合同款并分摊融资费用。

借：长期应付款　　　　　　　　　　　　　　　120 000

　　应交税费——应交增值税（进项税额）　　　　15 600

　　贷：银行存款　　　　　　　　　　　　　　　　135 600

借：财务费用　　　　　　　　　　　　　　　　19 246

　　贷：未确认融资费用　　　　　　　　　　　　　19 246

②第2年年末，支付合同款并分摊融资费用。

借：长期应付款　　　　　　　　　　　　　　　120 000

　　应交税费——应交增值税（进项税额）　　　　15 600

贷：银行存款				135 600
借：财务费用			13 200	
贷：未确认融资费用				13 200

③第3年年末，支付合同款并分摊融资费用。

借：长期应付款			120 000	
应交税费——应交增值税（进项税额）			15 600	
贷：银行存款				135 600
借：财务费用			6 793	
贷：未确认融资费用				6 793

7.采用分期付款方式购入原材料的会计处理。

（1）计算材料的入账成本和融资费用。

每年分期支付的合同价款 $=\dfrac{5\ 000\ 000 - 5\ 000\ 000 \times 20\%}{4} = 1\ 000\ 000$（元）

每年分期支付的合同价款现值 $= 1\ 000\ 000 \times 3.387211 = 3\ 387\ 211$（元）

原材料入账成本 $= 5\ 000\ 000 \times 20\% + 3\ 387\ 211 = 4\ 387\ 211$（元）

融资费用 $= 5\ 000\ 000 - 4\ 387\ 211 = 612\ 789$（元）

（2）采用实际利率法编制融资费用分摊表，见表3-26。

表3-26　　　　　　　　融资费用分摊表（实际利率法）　　　　　　单位：元

日　期	分期应付款	应分摊融资费用	应付本金减少额	应付本金余额
①	②	③=期初⑤×7%	④=②-③	期末⑤=期初⑤-④
购货时				3 387 211
第1年年末	1 000 000	237 105	762 895	2 624 316
第2年年末	1 000 000	183 702	816 298	1 808 018
第3年年末	1 000 000	126 561	873 439	934 579
第4年年末	1 000 000	65 421	934 579	0
合　计	4 000 000	612 789	3 387 211	—

（3）编制购入原材料的会计分录。

借：原材料	4 387 211
应交税费——应交增值税（进项税额）	130 000
未确认融资费用	612 789

贷：长期应付款   4 000 000

  银行存款   1 130 000

（4）编制支付合同款并分摊融资费用的会计分录。

①第1年年末，支付合同款并分摊融资费用。

借：长期应付款   1 000 000

  应交税费——应交增值税（进项税额）   130 000

  贷：银行存款   1 130 000

借：财务费用   237 105

  贷：未确认融资费用   237 105

②第2年年末，支付合同款并分摊融资费用。

借：长期应付款   1 000 000

  应交税费——应交增值税（进项税额）   130 000

  贷：银行存款   1 130 000

借：财务费用   183 702

  贷：未确认融资费用   183 702

③第3年年末，支付合同款并分摊融资费用。

借：长期应付款   1 000 000

  应交税费——应交增值税（进项税额）   130 000

  贷：银行存款   1 130 000

借：财务费用   126 561

  贷：未确认融资费用   126 561

④第4年年末，支付合同款并分摊融资费用。

借：长期应付款   1 000 000

  应交税费——应交增值税（进项税额）   130 000

  贷：银行存款   1 130 000

借：财务费用   65 421

  贷：未确认融资费用   65 421

8.外购原材料发生短缺的会计分录。

（1）支付货款，材料尚在运输途中。

借：在途物资   250 000

  应交税费——应交增值税（进项税额）   32 500

  贷：银行存款   282 500

（2）材料运达企业，验收时发现短缺，原因待查，其余材料入库。

短缺存货金额=200×25=5 000（元）

入库存货金额=250 000-5 000=245 000（元）

借：原材料　　　　　　　　　　　　　　　　　　　　　245 000

　　待处理财产损溢——待处理流动资产损溢　　　　　　　　5 000

　　　贷：在途物资　　　　　　　　　　　　　　　　　　　　　250 000

（3）短缺原因查明，分别按下列情况进行会计处理：

①假定为运输途中的合理损耗。

借：原材料　　　　　　　　　　　　　　　　　　　　　　　　5 000

　　　贷：待处理财产损溢——待处理流动资产损溢　　　　　　　5 000

②假定为供货方发货时少付，经协商，由其补足少付的材料。

借：应付账款——××供货方　　　　　　　　　　　　　　　　5 000

　　　贷：待处理财产损溢——待处理流动资产损溢　　　　　　　5 000

收到供货方补付的材料时：

借：原材料　　　　　　　　　　　　　　　　　　　　　　　　5 000

　　　贷：应付账款——××供货方　　　　　　　　　　　　　　　5 000

③假定为运输单位责任，经协商，由运输单位全额赔偿。

借：其他应收款——××运输单位　　　　　　　　　　　　　　5 650

　　　贷：待处理财产损溢——待处理流动资产损溢　　　　　　　5 000

　　　　　应交税费——应交增值税（进项税额转出）　　　　　　650

收到运输单位的赔款时：

借：银行存款　　　　　　　　　　　　　　　　　　　　　　　5 650

　　　贷：其他应收款——××运输单位　　　　　　　　　　　　　5 650

④假定为已运抵企业但尚未验收入库前被盗造成，由保险公司负责赔偿4 600元。

借：其他应收款——××保险公司　　　　　　　　　　　　　　4 600

　　管理费用　　　　　　　　　　　　　　　　　　　　　　　1 050

　　　贷：待处理财产损溢——待处理流动资产损溢　　　　　　　5 000

　　　　　应交税费——应交增值税（进项税额转出）　　　　　　650

收到保险公司的赔款时：

借：银行存款　　　　　　　　　　　　　　　　　　　　　　　4 600

　　　贷：其他应收款——××保险公司　　　　　　　　　　　　　4 600

9.委托加工包装物的会计分录。

（1）发出A材料，委托甲公司加工包装物。

借：委托加工物资　　　　　　　　　　　　　　　　　　　　50 000

　　　贷：原材料——A材料　　　　　　　　　　　　　　　　　50 000

（2）支付加工费和运杂费。

借：委托加工物资   10 200

 贷：银行存款   10 200

（3）支付由甲公司代收代缴的增值税。

借：应交税费——应交增值税（进项税额）   1 300

 贷：银行存款   1 300

（4）包装物加工完成，验收入库。

包装物实际成本=50 000+10 200=60 200（元）

借：周转材料   60 200

 贷：委托加工物资   60 200

10.委托加工应税消费品，支付消费税的会计处理。

（1）假定C材料收回后用于连续生产应税消费品。

借：应交税费——应交消费税   5 000

 贷：银行存款   5 000

（2）假定C材料收回后用于直接销售。

借：委托加工物资   5 000

 贷：银行存款   5 000

11.不同情况下接受抵债取得原材料的会计分录。

（1）假定星海公司未计提坏账准备。

增值税进项税额=28 600+90=28 690（元）

原材料入账成本=245 000+1 200-28 690=217 510（元）

应确认投资损益=245 000-282 500=-37 500（元）

借：原材料   217 510

  应交税费——应交增值税（进项税额）   28 690

  投资收益   37 500

 贷：应收账款——乙公司   282 500

  银行存款   1 200

（2）假定星海公司已计提30 000元的坏账准备。

应确认投资损益=245 000-（282 500-30 000）=-7 500（元）

借：原材料   217 510

  应交税费——应交增值税（进项税额）   28 690

  坏账准备   30 000

  投资收益   7 500

贷：应收账款——乙公司　　　　　　　　　　　　　　282 500

　　　　银行存款　　　　　　　　　　　　　　　　　　1 200

（3）假定星海公司已计提40 000元的坏账准备。

应确认投资损益=245 000-（282 500-40 000）=2 500（元）

借：原材料　　　　　　　　　　　　　　　217 510

　　应交税费——应交增值税（进项税额）　 28 690

　　坏账准备　　　　　　　　　　　　　　 40 000

　　贷：应收账款——乙公司　　　　　　　　　　　　 282 500

　　　　银行存款　　　　　　　　　　　　　　　　　　1 200

　　　　投资收益　　　　　　　　　　　　　　　　　　2 500

12.不同情况下以长期股权投资换入商品的会计分录。

（1）假定星海公司以账面价值为基础确定换入存货的成本。

增值税进项税额=24 180+180=24 360（元）

换入商品的入账成本=260 000-50 000+2 500-24 360=188 140（元）

借：库存商品　　　　　　　　　　　　　　188 140

　　应交税费——应交增值税（进项税额）　 24 360

　　长期股权投资减值准备　　　　　　　　 50 000

　　贷：长期股权投资　　　　　　　　　　　　　　　260 000

　　　　银行存款　　　　　　　　　　　　　　　　　　2 500

（2）假定星海公司以公允价值为基础确定换入存货的成本，长期股权投资的公允价值为208 000元。

换入商品的入账成本=208 000+2 500-24 360=186 140（元）

借：库存商品　　　　　　　　　　　　　　186 140

　　应交税费——应交增值税（进项税额）　 24 360

　　长期股权投资减值准备　　　　　　　　 50 000

　　投资收益　　　　　　　　　　　　　　 2 000

　　贷：长期股权投资　　　　　　　　　　　　　　　260 000

　　　　银行存款　　　　　　　　　　　　　　　　　　2 500

13.不同情况下非货币性资产交换的会计分录。

（1）星海公司以产成品换入原材料的会计分录。

①假定星海公司以公允价值为基础确定换入存货的成本。

换入原材料入账成本=180 000+23 400+11 300-24 700=190 000（元）

换出库存商品的交易
价格(不含增值税)　　=（190 000+24 700-11 300）÷（1+13%）=180 000（元）

借：原材料   190 000
　　应交税费——应交增值税（进项税额）   24 700
　　贷：主营业务收入   180 000
　　　应交税费——应交增值税（销项税额）   23 400
　　　银行存款   11 300
借：主营业务成本   150 000
　　贷：库存商品   150 000
②假定星海公司以账面价值为基础确定换入存货的成本。
换入原材料入账成本=150 000+23 400+11 300-24 700=160 000（元）
借：原材料   160 000
　　应交税费——应交增值税（进项税额）   24 700
　　贷：库存商品   150 000
　　　应交税费——应交增值税（销项税额）   23 400
　　　银行存款   11 300
（2）乙公司以原材料换入产成品的会计分录。
①假定乙公司以公允价值为基础确定换入存货的成本。
换入产成品入账成本=190 000+24 700-11 300-23 400=180 000（元）
换出原材料的交易价值(不含增值税)=（180 000+23 400+11 300）÷（1+13%）=190 000（元）
借：库存商品   180 000
　　应交税费——应交增值税（进项税额）   23 400
　　银行存款   11 300
　　贷：其他业务收入   190 000
　　　应交税费——应交增值税（销项税额）   24 700
借：其他业务成本   190 000
　　贷：原材料   190 000
②假定乙公司以账面价值为基础确定换入存货的成本。
换入产成品入账成本=190 000+24 700-11 300-23 400=180 000（元）
借：库存商品   180 000
　　应交税费——应交增值税（进项税额）   23 400
　　银行存款   11 300
　　贷：原材料   190 000
　　　应交税费——应交增值税（销项税额）   24 700

14.存货计价方法的应用。

（1）先进先出法。

4月8日发出甲材料成本=1 000×50+500×55=77 500（元）

4月18日发出甲材料成本=700×55+300×54=54 700（元）

4月28日发出甲材料成本=1 200×54=64 800（元）

4月份发出甲材料成本合计=77 500+54 700+64 800=197 000（元）

4月末结存甲材料成本=50 000+197 200−197 000

$$=100×54+800×56$$

$$=50 200（元）$$

（2）全月一次加权平均法。

加权平均单位成本=$\dfrac{50\ 000 + 197\ 200}{1\ 000 + 3\ 600}$=53.74（元/千克）

4月末结存甲材料成本=900×53.74=48 366（元）

4月份发出甲材料成本=（50 000+197 200）−48 366=198 834（元）

（3）移动加权平均法。

4月5日购进后移动平均单位成本=$\dfrac{50\ 000 + 6\ 6000}{1\ 000 + 1\ 200}$=52.73（元/千克）

4月8日结存甲材料成本=700×52.73=36 911（元）

4月8日发出甲材料成本=（50 000+66 000）−36 911=79 089（元）

4月15日购进后移动平均单位成本=$\dfrac{36\ 911 + 86\ 400}{700 + 1\ 600}$=53.61（元/千克）

4月18日结存甲材料成本=1 300×53.61=69 693（元）

4月18日发出甲材料成本=（36 911+86 400）−69 693=53 618（元）

4月25日购进后移动平均单位成本=$\dfrac{69\ 693 + 44\ 800}{1300 + 800}$=54.52（元/千克）

4月28日结存甲材料成本=900×54.52=49 068（元）

4月28日发出甲材料成本=（69 693+44 800）−49 068=65 425（元）

4月末结存甲材料成本=900×54.52=49 068（元）

15.生产经营领用原材料的会计分录。

借：生产成本——基本生产成本　　　　　　　　　　　　350 000

　　　　　　——辅助生产成本　　　　　　　　　　　　150 000

　　制造费用　　　　　　　　　　　　　　　　　　　　 80 000

　　管理费用　　　　　　　　　　　　　　　　　　　　 20 000

　　贷：原材料　　　　　　　　　　　　　　　　　　　　　　　600 000

16.非货币性资产交换的会计分录。

（1）星海公司以库存商品换入A公司股权的会计分录。

换入A公司股权入账成本=240 000+31 200+28 800=300 000（元）

$$换出库存商品的交易价格（不含增值税）=（300 000-28 800）÷（1+13\%）=240 000（元）$$

借：交易性金融资产 300 000

 贷：主营业务收入 240 000

  应交税费——应交增值税（销项税额） 31 200

  银行存款 28 800

借：主营业务成本 200 000

 贷：库存商品 200 000

（2）D公司以A公司股权换入库存商品的会计分录。

换入商品的入账成本=300 000-28 800-31 200=240 000（元）

借：库存商品 240 000

 应交税费——应交增值税（进项税额） 31 200

 银行存款 28 800

 贷：其他权益工具投资——成本 280 000

      ——公允价值变动 20 000

借：其他综合收益 20 000

 贷：盈余公积 2 000

  利润分配——未分配利润 18 000

17.生产领用原材料的会计分录。

借：生产成本——基本生产成本 28 000

 贷：原材料 28 000

18.领用包装物的会计分录。

（1）假定该包装物为生产产品领用。

借：生产成本 1 500

 贷：周转材料 1 500

（2）假定该包装物随同产品一并销售但不单独计价。

借：销售费用 1 500

 贷：周转材料 1 500

（3）假定该包装物随同产品一并销售但单独计价。

借：其他业务成本 1 500

 贷：周转材料 1 500

19.出借包装物的会计分录。

（1）包装物的成本采用一次转销法摊销。

①领用包装物。

借：销售费用   50 000

  贷：周转材料   50 000

②包装物报废，残料作价入库。

借：原材料   200

  贷：销售费用   200

（2）包装物的成本采用五五摊销法摊销。

①领用包装物，摊销其价值的50%。

借：周转材料——在用   50 000

  贷：周转材料——在库   50 000

借：销售费用   25 000

  贷：周转材料——摊销   25 000

②包装物报废，摊销剩余50%的价值，并转销已提摊销额。

借：销售费用   25 000

  贷：周转材料——摊销   25 000

借：周转材料——摊销   50 000

  贷：周转材料——在用   50 000

③包装物报废，残料作价入库。

借：原材料   200

  贷：销售费用   200

（3）包装物押金的会计处理。

①收取包装物押金。

借：银行存款   56 500

  贷：其他应付款   56 500

②假定客户如期退还包装物，星海公司退还押金。

借：其他应付款   56 500

  贷：银行存款   56 500

③假定客户逾期未退还包装物，星海公司没收押金。

借：其他应付款   56 500

  贷：其他业务收入   50 000

    应交税费——应交增值税（销项税额）   6 500

20.出租包装物的会计分录。

（1）领用包装物。

借：周转材料——在用   72 000

贷：周转材料——在库		72 000
借：其他业务成本	36 000	
贷：周转材料——摊销		36 000

（2）收取包装物押金。

借：银行存款	80 000	
贷：其他应付款		80 000

（3）按月从押金中扣除租金。

借：其他应付款	11 300	
贷：其他业务收入		10 000
应交税费——应交增值税（销项税额）		1 300

21.生产领用低值易耗品的会计分录。

（1）低值易耗品的成本采用一次转销法摊销。

①领用低值易耗品。

借：制造费用	36 000	
贷：周转材料		36 000

②低值易耗品报废，将残料出售。

借：银行存款	300	
贷：制造费用		300

（2）低值易耗品的成本采用五五摊销法摊销。

①领用低值易耗品并摊销其价值的50%。

借：周转材料——在用	36 000	
贷：周转材料——在库		36 000
借：制造费用	18 000	
贷：周转材料——摊销		18 000

②低值易耗品报废，摊销剩余50%的价值，并转销已提摊销额。

借：制造费用	18 000	
贷：周转材料——摊销		18 000
借：周转材料——摊销	36 000	
贷：周转材料——在用		36 000

③将报废低值易耗品残料出售。

借：银行存款	300	
贷：制造费用		300

22.购进原材料的会计分录（计划成本法）。

（1）支付货款。

借：材料采购 50 000

  应交税费——应交增值税（进项税额） 6 500

  贷：银行存款 56 500

（2）材料验收入库。

①假定材料的计划成本为49 000元。

借：原材料 49 000

  贷：材料采购 49 000

借：材料成本差异 1 000

  贷：材料采购 1 000

②假定材料的计划成本为52 000元。

借：原材料 52 000

  贷：材料采购 52 000

借：材料采购 2 000

  贷：材料成本差异 2 000

23.发出原材料的会计处理（计划成本法）。

（1）按计划成本领用原材料。

借：生产成本 235 000

  制造费用 12 000

  管理费用 3 000

  贷：原材料 250 000

（2）计算本月材料成本差异率。

$$材料成本差异率=\frac{-3\,000+17\,000}{50\,000+230\,000}\times100\%=5\%$$

（3）分摊材料成本差异。

生产成本=235 000×5%=11 750（元）

制造费用=12 000×5%=600（元）

管理费用=3 000×5%=150（元）

借：生产成本 11 750

  制造费用 600

  管理费用 150

  贷：材料成本差异 12 500

（4）计算月末结存原材料的实际成本。

"原材料"科目期末余额=（50 000+230 000）−250 000=30 000（元）

"材料成本差异"科目期末余额=（−3 000+17 000）−12 500=1 500（元）

结存原材料实际成本=30 000+1 500=31 500（元）

24.发出产成品的会计处理（计划成本法）。

（1）编制销售产成品并结转产品销售成本的会计分录。

借：银行存款 3 390 000

　　贷：主营业务收入 3 000 000

　　　　应交税费——应交增值税（销项税额） 390 000

借：主营业务成本 2 500 000

　　贷：库存商品 2 500 000

（2）编制在建工程领用产成品的会计分录。

借：在建工程 300 000

　　贷：库存商品 300 000

（3）计算本月产品成本差异率。

产品成本差异率=$\frac{14\ 000-107\ 000}{500\ 000+2\ 600\ 000}×100\%=-3\%$

（4）分摊产品成本差异。

销售成本应负担产品成本差异=2 500 000×（-3%）=-75 000（元）

在建工程应负担产品成本差异=300 000×（-3%）=-9 000（元）

借：主营业务成本 75 000

　　在建工程 9 000

　　　贷：产品成本差异 84 000

（5）计算产成品在资产负债表的"存货"项目中应填列的金额。

产成品期末余额=500 000+2 600 000-2 800 000=300 000（元）

产成品成本差异期末余额=14 000+（-107 000）-（-84 000）=-9 000（元）

产成品在资产负债表中应填列的金额（实际成本）=300 000-9 000=291 000（元）

25.领用低值易耗品的会计处理（计划成本法）。

（1）领用低值易耗品并摊销其价值的50%。

借：周转材料——在用 45 000

　　贷：周转材料——在库 45 000

借：管理费用 22 500

　　贷：周转材料——摊销 22 500

（2）领用当月月末，分摊材料成本差异。

低值易耗品应负担成本差异=22 500×（-2%）=-450（元）

借：管理费用 450

　　贷：材料成本差异 450

（3）低值易耗品报废，摊销剩余50%的价值，并转销已提摊销额。

借：管理费用　　　　　　　　　　　　　　　　　22 500

　　贷：周转材料——摊销　　　　　　　　　　　　　　　22 500

借：周转材料——摊销　　　　　　　　　　　　　　45 000

　　贷：周转材料——在用　　　　　　　　　　　　　　　45 000

（4）将报废低值易耗品的残料作价入库。

借：原材料　　　　　　　　　　　　　　　　　　1 000

　　贷：管理费用　　　　　　　　　　　　　　　　　　　1 000

（5）报废当月月末，分摊材料成本差异。

低值易耗品应负担成本差异=22 500×1%=225（元）

借：管理费用　　　　　　　　　　　　　　　　　　225

　　贷：材料成本差异　　　　　　　　　　　　　　　　　225

26.委托加工低值易耗品的会计分录（计划成本法）。

（1）发出A材料，委托甲公司加工低值易耗品。

借：委托加工物资　　　　　　　　　　　　　　82 000

　　贷：原材料——A材料　　　　　　　　　　　　　　　80 000

　　　　材料成本差异　　　　　　　　　　　　　　　　2 000

（2）支付加工费和运杂费。

借：委托加工物资　　　　　　　　　　　　　　30 500

　　贷：银行存款　　　　　　　　　　　　　　　　　　30 500

（3）支付由甲公司代收代缴的增值税。

借：应交税费——应交增值税（进项税额）　　　　3 900

　　贷：银行存款　　　　　　　　　　　　　　　　　　3 900

（4）低值易耗品加工完成，验收入库。

低值易耗品的实际成本=82 000+30 500=112 500（元）

借：周转材料　　　　　　　　　　　　　　　　115 000

　　贷：委托加工物资　　　　　　　　　　　　　　　112 500

　　　　材料成本差异　　　　　　　　　　　　　　　　2 500

27.不同假定情况下计提存货跌价准备的会计分录。

（1）假定计提存货跌价准备前，"存货跌价准备"科目无余额。

A商品计提的跌价准备=11 000-10 000=1 000（元）

借：资产减值损失　　　　　　　　　　　　　　1 000

　　贷：存货跌价准备　　　　　　　　　　　　　　　　1 000

（2）假定计提存货跌价准备前，"存货跌价准备"科目已有贷方余额400元。

A商品计提的跌价准备=1 000-400=600（元）

借：资产减值损失 600

  贷：存货跌价准备 600

（3）假定计提存货跌价准备前，"存货跌价准备"科目已有贷方余额1 200元。

A商品计提的跌价准备=1 000-1 200=-200（元）

借：存货跌价准备 200

  贷：资产减值损失 200

28.销售商品并结转销售成本和已计提的存货跌价准备。

（1）确认销售A商品的收入。

借：银行存款 56 500

  贷：主营业务收入 50 000

    应交税费——应交增值税（销项税额） 6 500

（2）结转A商品销售成本和已计提的存货跌价准备。

借：主营业务成本 48 000

  存货跌价准备 12 000

  贷：库存商品——A商品 60 000

29.以原材料抵偿债务的会计分录。

借：应付账款——H公司 565 000

  存货跌价准备 120 000

  贷：原材料——A材料 600 000

    应交税费——应交增值税（销项税额） 63 700

    其他收益——债务重组收益 21 300

30.产成品跌价准备的计提。

（1）分别计算A产品和B产品的可变现净值，据以判断是否发生了减值。

A产品的可变现净值=（7 500-600）×6=41 400（元）

判断：由于A产品的账面成本为39 000元，因此，A产品没有发生减值。

B产品的可变现净值=（2 850-400）×5+（2 800-400）×4=21 850（元）

判断：由于B产品的账面成本为22 500元，此前已计提存货跌价准备500元，其账面价值为22 000元，因此，B产品又进一步发生了减值。

（2）如果产品发生了减值，确定当期应当计提的存货跌价准备金额，并编制计提存货跌价准备的会计分录。

  B产品应计提的存货跌价准备金额=22 500-21 850-500=150（元）

借：资产减值损失 150

贷：存货跌价准备——B产品   150

（3）分别说明A产品和B产品在2×24年12月31日资产负债表的"存货"项目中应列示的金额。

在2×24年12月31日资产负债表的"存货"项目中，A产品应按其账面成本39 000元列示，B产品应按其可变现净值21 850元列示。

31.原材料跌价准备的计提。

（1）分别计算A产品和B产品的生产成本和可变现净值，据以判断甲材料和乙材料是否发生了减值。

将甲材料加工成A产品的生产成本=13 200+3 000×4=25 200（元）

用甲材料加工的A产品的可变现净值=（7 200-500）×4=26 800（元）

判断：由于用甲材料加工的A产品的可变现净值高于其生产成本，因此，用于生产A产品的甲材料没有发生减值。

将乙材料加工成B产品的生产成本=9 600+1 500×8=21 600（元）

用乙材料加工的B产品的可变现净值=（2 800-200）×8=20 800（元）

判断：由于用乙材料加工的B产品的可变现净值低于其生产成本，表明用于生产B产品的乙材料发生了减值。

（2）如果原材料发生了减值，计算该原材料的可变现净值，并确定该原材料当期应当计提的存货跌价准备金额。

乙材料的可变现净值=（2 800-200-1 500）×8=8 800（元）

乙材料应计提的存货跌价准备金额=9 600-8 800=800（元）

（3）编制计提存货跌价准备的会计分录。

借：资产减值损失   800

　贷：存货跌价准备——乙材料   800

（4）分别说明甲材料和乙材料在2×24年12月31日资产负债表的"存货"项目中应列示的金额。

在2×24年12月31日资产负债表的"存货"项目中，甲材料应按其账面成本13 200元列示，乙材料应按其可变现净值8 800元列示。

32.原材料（部分用于出售、部分继续生产产品）跌价准备的计提。

（1）计算A产品的生产成本和可变现净值，据以判断继续用于生产A产品的甲材料是否发生了减值。

将甲材料加工成A产品的生产成本=20×600+3×3 500=22 500（元）

用甲材料加工的A产品的可变现净值=（7 800-400）×3=22 200（元）

判断：由于用甲材料加工的A产品的可变现净值低于其生产成本，表明用于生产A产品的甲材料发生了减值。

（2）计算拟出售的甲材料可变现净值，并比较其账面成本，据以判断该部分甲材料是否发生了减值。

拟出售的甲材料可变现净值=18×1 000-500=17 500（元）

拟出售的甲材料账面成本=20×1 000=20 000（元）

判断：拟出售的甲材料可变现净值低于其账面成本，因此，该部分甲材料也发生了减值。

（3）计算甲材料的减值金额。

继续生产A产品的甲材料可变现净值=（7 800-400-3 500）×3=11 700（元）

继续生产A产品的甲材料减值金额=20×600-11 700=300（元）

拟出售的甲材料减值金额=20 000-17 500=2 500（元）

全部甲材料减值金额=300+2 500=2 800（元）

（4）编制计提存货跌价准备的会计分录。

借：资产减值损失　　　　　　　　　　　　　　　　　　　2 800

　　贷：存货跌价准备——甲材料　　　　　　　　　　　　　　　2 800

（5）说明甲材料在2×24年12月31日资产负债表的"存货"项目中应列示的金额。

在2×24年12月31日资产负债表的"存货"项目中，甲材料应按其可变现净值29 200元（11 700+17 500）列示。

33.存货按成本与可变现净值孰低计量的会计处理。

（1）2×20年12月31日。

甲商品计提的跌价准备=120 000-100 000=20 000（元）

借：资产减值损失　　　　　　　　　　　　　　　　　　20 000

　　贷：存货跌价准备　　　　　　　　　　　　　　　　　　　20 000

（2）2×21年12月31日。

甲商品的减值金额=150 000-135 000=15 000（元）

甲商品计提的跌价准备=15 000-6 000=9 000（元）

借：资产减值损失　　　　　　　　　　　　　　　　　　　9 000

　　贷：存货跌价准备　　　　　　　　　　　　　　　　　　　9 000

（3）2×22年12月31日。

甲商品的减值金额=100 000-95 000=5 000（元）

甲商品计提的跌价准备=5 000-8 000=-3 000（元）

借：存货跌价准备　　　　　　　　　　　　　　　　　　　3 000

　　贷：资产减值损失　　　　　　　　　　　　　　　　　　　3 000

（4）2×23年12月31日。

借：存货跌价准备　　　　　　　　　　　　　　　　　　　2 000

贷：资产减值损失　　　　　　　　　　　　　　　　　　　　2 000

（5）2×24年12月31日。

甲商品计提的跌价准备=160 000－155 000=5 000（元）

借：资产减值损失　　　　　　　　　　　　　　　　　5 000

　　贷：存货跌价准备　　　　　　　　　　　　　　　　　　　5 000

34.存货盘盈的会计分录。

（1）发现材料盘盈。

借：原材料——A材料　　　　　　　　　　　　　　　2 000

　　贷：待处理财产损溢——待处理流动资产损溢　　　　　　　2 000

（2）报经批准处理。

借：待处理财产损溢——待处理流动资产损溢　　　　2 000

　　贷：管理费用　　　　　　　　　　　　　　　　　　　　　2 000

35.存货盘亏的会计分录。

（1）发现材料盘亏。

借：待处理财产损溢——待处理流动资产损溢　　　　3 000

　　贷：原材料——B材料　　　　　　　　　　　　　　　　　3 000

（2）查明原因，报经批准处理。

①假定属于定额内自然损耗。

借：管理费用　　　　　　　　　　　　　　　　　　　3 000

　　贷：待处理财产损溢——待处理流动资产损溢　　　　　　　3 000

②假定属于管理不善造成的毁损。

借：其他应收款——××过失人　　　　　　　　　　　1 000

　　原材料　　　　　　　　　　　　　　　　　　　　　200

　　管理费用　　　　　　　　　　　　　　　　　　　2 190

　　贷：待处理财产损溢——待处理流动资产损溢　　　　　　　3 000

　　　　应交税费——应交增值税（进项税额转出）　　　　　　390

③假定属于自然灾害造成的毁损。

借：其他应收款——应收保险赔款　　　　　　　　　　2 500

　　银行存款　　　　　　　　　　　　　　　　　　　　200

　　营业外支出——非常损失　　　　　　　　　　　　　300

　　贷：待处理财产损溢——待处理流动资产损溢　　　　　　　3 000

第四章 金融资产

一、学习要求与素养提升

通过本章学习，了解金融资产的概念与分类；掌握各类金融资产初始计量与后续计量的不同要求，处置金融资产的会计处理，金融资产的重分类；重点掌握金融资产取得、确认持有收益、期末计量的会计处理，确定预期信用损失的三阶段模型以及计提金融资产损失准备的会计处理。

实施创新驱动发展战略，落实创新助力经济高质量增长，离不开金融的支持。金融创新工具是实体经济的发动机，是经济高速发展的助推剂，不仅可以为经济发展注入活力，也可以带来金融功能的深化和健全。金融工具的不断创新，也对财务会计理论和实践提出了挑战。这就要求会计人员必须与时俱进，改变会计观念、丰富会计理论、创新会计方法。

二、预习要览

（一）关键概念

金融资产	交易性金融资产
债权投资	应收款项
其他债权投资	其他权益工具投资
初始入账金额	交易费用
应收股利	应收利息
投资收益	公允价值变动损益
摊余成本	实际利率法
利息调整	预期信用损失
预期信用损失法	

（二）关键问题

1.什么是金融资产？如何分类？

2.什么是以摊余成本计量的金融资产？

3.什么是以公允价值计量且其变动计入其他综合收益的金融资产？

4.什么是以公允价值计量且其变动计入当期损益的金融资产？

5.在资产负债表中，交易性金融资产的价值应如何反映？

6.如何确认债权投资的利息收益？

7.什么是实际利率法？如何确定实际利率？

8.在资产负债表中，应如何反映其他债权投资的价值？

9.交易性金融资产与其他债权投资公允价值变动的会计处理有何不同？

10.什么是已发生信用减值？什么是预期信用损失？

11.如何确定债权投资的预期信用损失？

12.如何对应收款项进行减值的会计处理？

13.什么是账龄分析法？账龄分析法与应收款项余额百分比法有何异同？

14.如何对其他债权投资进行减值的会计处理？

15.其他债权投资减值的会计处理有何特点？

三、本章重点与难点

☐ 金融资产的分类与重分类

☐ 取得交易性金融资产的会计处理

☐ 交易性金融资产公允价值变动的会计处理

☐ 取得债权投资的会计处理

☐ 债权投资利息收入的确认方法

☐ 应收票据和应收账款的会计处理

☐ 取得其他债权投资的会计处理

☐ 其他债权投资利息收入及公允价值变动的会计处理

☐ 取得其他权益工具投资的会计处理

☐ 其他权益工具投资公允价值变动的会计处理

☐ 处置金融资产的会计处理

□ 确定预期信用损失的三阶段模型
□ 债权投资损失准备的计提方法
□ 应收款项损失准备的计提方法
□ 其他债权投资损失准备的计提方法

（一）金融资产及其分类

（1）金融资产通常是指企业的库存现金、银行存款、应收账款、应收票据、贷款、其他应收款项、股权投资、债权投资和衍生金融工具形成的资产等。

（2）企业应当根据其管理金融资产的业务模式和金融资产的合同现金流量特征，将取得的金融资产在初始确认时划分为以摊余成本计量的金融资产、以公允价值计量且其变动计入其他综合收益的金融资产和以公允价值计量且其变动计入当期损益的金融资产三类。

（二）交易性金融资产

（1）企业应设置"交易性金融资产"科目，核算为交易而持有的债券投资、股票投资、基金投资等交易性金融资产的公允价值，并按照交易性金融资产的类别和品种，分别按照"成本""公允价值变动"等进行明细核算。

（2）交易性金融资产应当按照取得时的公允价值作为初始入账金额，相关的交易费用在发生时直接计入当期损益。企业取得交易性金融资产所支付的价款中，如果包含已宣告但尚未发放的现金股利或已到付息期但尚未领取的债券利息，应当单独确认为应收项目，不计入交易性金融资产的初始入账金额。

（3）企业在持有交易性金融资产期间所获得的现金股利或债券利息（不包括取得交易性金融资产时支付的价款中包含的已宣告但尚未发放的现金股利或已到付息期但尚未领取的债券利息），应当确认为投资收益。

（4）交易性金融资产应按资产负债表日的公允价值反映，公允价值的变动计入当期损益。

（5）处置交易性金融资产时，以实际收到的处置价款减去所处置交易性金融资产账面余额后的金额，作为处置损益。

（三）债权投资

（1）企业应当设置"债权投资"科目，核算以摊余成本计量的债权投资，并按照债权投资的类别和品种，分别"成本""利息调整""应计利息"等进行明细核算。

（2）债权投资应当按取得时的公允价值与相关交易费用之和作为初始入账金额。如果实际支付的价款中包含已到付息期但尚未领取的债券利息，应单独确认为应收项目，不构成债权投资的初始入账金额。

（3）债权投资在持有期间应当按照摊余成本计量，并采用实际利率法计算确认当期利息收入，计入投资收益。实际利率应当在取得债权投资时确定，在该债权投资预期存续期间或适用的更短期间内保持不变。

（4）企业处置债权投资时，应将所取得的价款与该投资账面价值之间的差额计入投资收益。债权投资已计提损失准备的，在出售时还应同时结转损失准备。

（四）应收款项

（1）一般企业对外销售商品或提供劳务形成的应收债权，通常按从购货方应收的合同或协议价款作为初始入账金额。

（2）企业收回或处置应收款项时，应将取得的价款与该应收款项账面价值之间的差额计入当期损益。

（3）应收账款是指企业在正常经营活动中，由于销售商品或提供劳务等而应向购货或接受劳务单位收取的款项，主要包括企业出售商品、材料、提供劳务等应向有关债务人收取的价款及代购货方垫付的运杂费等。

（4）应收票据是指企业持有的还没有到期、尚未兑现的商业票据。商业汇票按承兑人不同，可以分为商业承兑汇票和银行承兑汇票；按是否计息可分为不带息商业汇票和带息商业汇票。

（五）其他债权投资

（1）企业应当设置"其他债权投资"科目，核算持有的以公允价值计量且其变动计入其他综合收益的债权投资，并按照其他债权投资的类别和品种，分别"成本""利息调整""应计利息""公允价值变动"等进行明细核算。

（2）其他债权投资应当以取得该金融资产的公允价值和相关交易费

用之和作为初始入账金额。如果支付的价款中包含已到付息期但尚未领取的利息或已宣告但尚未发放的现金股利，应单独确认为应收项目，不构成其他债权投资的初始入账金额。

（3）其他债权投资在持有期间应当采用实际利率法确认当期利息收入，计入投资收益。

（4）其他债权投资的价值应按资产负债表日的公允价值反映，公允价值的变动计入其他综合收益。

（5）处置其他债权投资时，应将取得的处置价款与该金融资产账面余额之间的差额计入投资收益；同时，将原直接计入其他综合收益的累计公允价值变动对应处置部分的金额转出，计入投资收益。

（六）其他权益工具投资

（1）企业应当设置"其他权益工具投资"科目，核算持有的指定为以公允价值计量且其变动计入其他综合收益的非交易性权益工具投资，并按照其他权益工具投资的类别和品种，分别"成本"和"公允价值变动"进行明细核算。

（2）其他权益工具投资应当按取得时的公允价值和相关交易费用之和作为初始入账金额。如果支付的价款中包含已宣告但尚未发放的现金股利，则应单独确认为应收项目，不构成其他权益工具投资的初始入账金额。

（3）其他权益工具投资在持有期间获得的现金股利，计入投资收益。

（4）其他权益工具投资的价值应按资产负债表日的公允价值反映，公允价值的变动计入其他综合收益。

（5）处置其他权益工具投资时，应将取得的处置价款与该金融资产账面余额之间的差额，计入留存收益；同时，该金融资产原计入其他综合收益的累计利得或损失对应处置部分的金额应当从其他综合收益中转出，计入留存收益。

（七）金融资产的重分类

（1）金融资产的重分类包括：①以摊余成本计量的金融资产重分类为以公允价值计量且其变动计入当期损益的金融资产或者重分类为以公允价值计量且其变动计入其他综合收益的金融资产；②以公允价值计量

且其变动计入其他综合收益的金融资产重分类为以摊余成本计量的金融资产或者重分类为以公允价值计量且其变动计入当期损益的金融资产；③以公允价值计量且其变动计入当期损益的金融资产重分类为以摊余成本计量的金融资产或者重分类为以公允价值计量且其变动计入其他综合收益的金融资产。

（2）企业指定为以公允价值计量且其变动计入当期损益的金融资产和指定为以公允价值计量且其变动计入其他综合收益的非交易性权益工具投资，由于该指定一经做出不得撤销，因此，不能进行上述重分类。

（3）企业改变其管理金融资产的业务模式时，应当对所有受影响的相关金融资产进行重分类。企业对金融资产进行重分类，应当自重分类日起采用未来适用法进行相关会计处理，不得对以前已经确认的利得、损失（包括减值损失或利得）或利息进行追溯调整。

（八）金融资产减值

（1）企业应当在每个资产负债表日评估相关金融资产的信用风险自初始确认后是否已显著增加以及是否已发生信用减值，按照预期信用损失的三阶段模型，分别下列情形计量其损失准备、确认预期信用损失及其变动：①初始确认后信用风险并未显著增加的金融资产；②初始确认后信用风险已显著增加但并未发生信用减值的金融资产；③初始确认后信用风险已显著增加且已发生信用减值的金融资产。

（2）资产负债表日，企业应当以预期信用损失为基础，对摊余成本计量的金融资产（包括债权投资和应收款项）和以公允价值计量且其变动计入其他综合收益的债权投资（即其他债权投资）计提损失准备。

（3）企业应当对以摊余成本计量的债权投资的信用风险自初始确认后是否已显著增加进行评估，并按照预期信用损失的三阶段模型计量其损失准备、确认预期信用损失

（4）对于企业向客户转让商品或提供服务等交易形成的应收款项，可以采用简化的方法，始终按照相当于整个存续期内预期信用损失的金额计量其损失准备，不必采用预期信用损失的三阶段模型。由于应收款项通常属于短期债权，预计未来现金流量与其现值相差很小，在确定应收款项预期信用损失金额时，可以不对预计未来现金流量进行折现。

（5）企业对于持有的以公允价值计量且其变动计入其他综合收益的

其他债权投资，应当运用预期信用损失三阶段模型，在其他综合收益中确认其损失准备，并将减值损失或利得计入当期损益，且不应减少该金融资产在资产负债表中列示的账面价值。

（九）金融资产的列报

在资产负债表中，交易性金融资产、应收票据、应收账款、债权投资、其他债权投资、其他权益工具投资等金融资产，均应作为单独的报表项目，以账面价值分别列示其金额。

企业应当根据《企业会计准则第37号——金融工具列报》的要求，在附注中完整地披露与金融工具有关的会计信息。

四、练习题

（一）单项选择题

1.关于金融资产，下列说法中错误的是（ ）。

A.股权投资不能分类为以摊余成本计量的金融资产

B.债权投资可以重分类为交易性金融资产

C.企业的应收账款和应收票据属于金融资产

D.企业的预付账款属于金融资产

2.以摊余成本计量的债权投资与以公允价值计量且其变动计入其他综合收益的其他债权投资最根本的区别是（ ）。

A.持有时间不同　　　　　　B.投资风险不同

C.合同现金流量特征不同　　D.业务模式不同

3.企业取得交易性金融资产的主要目的是（ ）。

A.利用闲置资金短期获利　　B.控制对方的经营政策

C.向对方提供财务援助　　　D.分散经营风险

4.企业购入股票并分类为以公允价值计量且其变动计入当期损益的金融资产，初始入账金额是指（ ）。

A.股票的面值

B.股票的公允价值

C.实际支付的全部价款

D.股票的公允价值与交易税费之和

5.2×24年3月1日，A公司支付价款650万元（含已宣告但尚未发放的现金股利30万元）购入甲公司股票并分类为以公允价值计量且其变动计入当期损益的金融资产，另外支付交易税费2万元；2×24年4月30日，收到购买股票价款中所包含的现金股利；2×24年12月31日，甲公司股票的公允价值为600万元。2×24年12月31日，甲公司股票在资产负债表中列示的金额为（   ）。

A.600万元   B.620万元

C.622万元   D.652万元

6.企业取得交易性金融资产支付的手续费等相关交易费用，应当计入（   ）。

A.初始入账金额   B.投资损益

C.财务费用   D.管理费用

7.企业以每股3.60元的价格购入G公司股票20 000股并分类为以公允价值计量且其变动计入当期损益的金融资产，支付交易税费300元。股票的买价中包括了每股0.20元的已宣告但尚未派发的现金股利。G公司股票的初始入账金额为（   ）。

A.68 000元   B.68 300元

C.72 000元   D.72 300元

8.2×24年1月1日，A公司购入甲公司于2×23年1月1日发行的面值为100万元、期限为5年、票面利率为6%、于每年12月31日付息的债券并分类为以公允价值计量且其变动计入当期损益的金融资产，实际支付购买价款108万元（包括已到付息期的债券利息6万元，交易税费0.2万元）。甲公司债券的初始入账金额为（   ）。

A.100万元   B.101.8万元

C.102万元   D.107.8万元

9.2×24年1月1日，A公司购入乙公司于当日发行的面值为200万元、期限为3年、票面利率为8%、于每年12月31日付息的债券并分类为以公允价值计量且其变动计入当期损益的金融资产，实际支付购买价款210万元（包括交易税费0.5万元）。乙公司债券的初始入账金额为（   ）。

A.200万元   B.200.5万元

C.209.5万元   D.210万元

10.企业购入股票支付的价款中如果包含已宣告但尚未领取的现金股利，应当（　　　）。

A.计入初始入账金额　　　　　　B.作为其他应收款

C.作为应收股利　　　　　　　　D.计入投资收益

11.企业在持有交易性金融资产期间获得的现金股利，应当（　　　）。

A.计入投资收益　　　　　　　　B.冲减初始入账金额

C.计入其他收益　　　　　　　　D.冲减财务费用

12.企业在持有交易性金融资产期间，公允价值的变动应当计入（　　　）。

A.投资收益　　　　　　　　　　B.公允价值变动损益

C.其他收益　　　　　　　　　　D.其他综合收益

13.资产负债表日，交易性金融资产的价值应按（　　　）。

A.初始入账金额计量　　　　　　B.可变现净值计量

C.公允价值计量　　　　　　　　D.成本与市价孰低计量

14.企业将持有的交易性金融资产（股票）售出，实际收到出售价款80 000元。出售日，该交易性金融资产的账面价值为75 000元，已记入"应收股利"科目但尚未收取的现金股利为2 000元。出售该交易性金融资产时确认的处置损益为（　　　）。

A.2 000元　　　　　　　　　　B.3 000元

C.5 000元　　　　　　　　　　D.7 000元

15.2×24年4月1日，A公司支付价款206万元（含已宣告但尚未发放的现金股利6万元）购入甲公司股票并分类为以公允价值计量且其变动计入当期损益的金融资产，另外支付交易费用0.5万元；2×24年4月30日，收到购买股票价款中所包含的现金股利；2×24年12月31日，甲公司股票的公允价值为280万元。A公司购入的甲公司股票对其2×24年度损益的影响金额为（　　　）。

A.79.5万元　　　　　　　　　　B.80万元

C.85.5万元　　　　　　　　　　D.86万元

16.2×23年4月1日，A公司支付价款305万元（含已宣告但尚未发放的现金股利5万元）购入甲公司股票并分类为以公允价值计量且其变动计入当期损益的金融资产，另外支付交易费用1万元；2×23年4月30

日，收到购买股票价款中所包含的现金股利；2×23年12月31日，甲公司股票的公允价值为360万元；2×24年2月20日，A公司将甲公司股票售出，实际收到价款380万元。A公司通过投资甲公司股票获得的投资净收益为（　　）。

A.74万元　　　　　　　　　　B.75万元

C.79万元　　　　　　　　　　D.80万元

17.2×24年1月1日，A公司购入甲公司于2×23年1月1日发行的面值为500万元、期限为5年、票面利率为6%、于每年12月31日付息的债券并分类为以公允价值计量且其变动计入当期损益的金融资产，实际支付购买价款550万元（包括已到付息期的债券利息30万元，交易税费1万元）；2×24年1月10日，收到购买价款中包含的甲公司债券利息30万元；2×24年12月31日，甲公司债券的公允价值为540万元。2×24年12月31日，甲公司股票在资产负债表上列示的金额为（　　）。

A.500万元　　　　　　　　　　B.520万元

C.540万元　　　　　　　　　　D.550万元

18.2×23年1月1日，A公司购入甲公司于2×22年1月1日发行的面值为600万元、期限为4年、票面利率为6%、于每年12月31日付息的债券并分类为以公允价值计量且其变动计入当期损益的金融资产，实际支付购买价款650万元（包括已到付息期的债券利息36万元，交易税费2万元）；2×23年1月10日，收到购买价款中包含的甲公司债券利息36万元；2×23年12月31日，甲公司债券的公允价值为620万元。A公司购入的甲公司债券对其2×24年度损益的影响金额为（　　）。

A.6万元　　　　　　　　　　B.8万元

C.42万元　　　　　　　　　　D.44万元

19.2×23年1月1日，A公司购入甲公司于2×22年1月1日发行的面值为200万元、期限为5年、票面利率为6%、于每年12月31日付息的债券并分类为以公允价值计量且其变动计入当期损益的金融资产，实际支付购买价款215万元（包括已到付息期的债券利息12万元，交易税费0.5万元）；2×23年1月10日，收到购买价款中包含的甲公司债券利息12万元；2×23年12月31日，甲公司债券的公允价值为204万元；2×24年1月10日，收到甲公司债券2×23年度利息12万元；2×24年3月1日，将甲公司债券售出，实际收到价款207万元。A公司通过投资甲公司债券获得的投资净收益为（　　　）。

A.4万元 　　　　　　　　　　B.4.5万元

C.16万元 　　　　　　　　　　D.16.5万元

20.企业购入债券并分类为以摊余成本计量的金融资产，该债券的初始入账金额应为（　　　）。

A.债券面值 　　　　　　　　　B.债券面值加相关交易费用

C.债券公允价值 　　　　　　　D.债券公允价值加相关交易费用

21.2×24年1月1日，A公司购入甲公司于2×23年1月1日发行的面值为1 500万元、期限为4年、票面利率为6%、于每年12月31日付息的债券并分类为以摊余成本计量的金融资产，实际支付购买价款1 600万元（包括已到付息期的债券利息90万元，交易税费5万元）。该债券的初始入账金额为（　　　）。

A.1 500万元 　　　　　　　　B.1 505万元

C.1 510万元 　　　　　　　　D.1 600万元

22.企业购入债券并分类为以摊余成本计量的金融资产，支付的价款中所包含的已到付息期但尚未领取的利息应当作为（　　　）。

A.利息调整 　　　　　　　　　B.应收利息

C.初始入账金额 　　　　　　　D.投资收益

23.企业购入债券并分类为以摊余成本计量的金融资产，该债券初始入账金额与其面值的差额，在取得债券时应当作为（　　　）。

A.财务费用 　　　　　　　　　B.投资收益

C.应计利息 　　　　　　　　　D.利息调整

24.企业于2×24年1月1日，支付53 250元（含已到付息期的债券利息）的价款购入面值为50 000元、2×23年1月1日发行、票面利率为6%、期限为4年、于每年12月31日付息的债券并分类为以摊余成本计量的金融资产。应记入"债权投资——成本"科目的金额为（　　　）。

A.50 000元 　　　　　　　　B.50 250元

C.53 000元 　　　　　　　　D.53 250元

25.企业于2×24年1月1日，支付85 200元（含已到付息期的债券利息）的价款购入面值为80 000元、2×23年1月1日发行、票面利率为 5%、期限为 4 年、于每年 12 月 31 日付息的债券并分类为以摊余成本计量的金融资产。应记入"债权投资——利息调整"科目的金额为（　　）。

A.5 200 元　　　　　　　　　B.4 000 元

C.2 000 元　　　　　　　　　D.1 200 元

26.2×24 年 1 月 1 日，A 公司购入甲公司于 2×23 年 1 月 1 日发行的面值为 1 500 万元、期限为 5 年、票面利率为 6%、于每年 12 月 31 日付息的债券并分类为以摊余成本计量的金融资产，实际支付购买价款 1 535 万元（包括已到付息期的债券利息 90 万元，交易税费 5 万元）。该债券的初始入账金额为（　　）。

A.1 440 万元　　　　　　　　B.1 445 万元

C.1 530 万元　　　　　　　　D.1 535 万元

27.2×24 年 1 月 1 日，A 公司购入甲公司于 2×23 年 1 月 1 日发行的面值为 1 000 万元、期限为 4 年、票面利率为 6%、于每年 12 月 31 日付息的债券并分类为以摊余成本计量的金融资产，实际支付购买价款 1 087 万元（包括已到付息期的债券利息 60 万元，交易税费 5 万元），购入债券时确定的实际利率为 5%；2×24 年 1 月 10 日，收到购买价款中包含的甲公司债券利息 60 万元。2×24 年 12 月 31 日，A 公司确认投资收益并摊销利息调整后，甲公司债券的账面余额为（　　）。

A.1 013.10 万元　　　　　　　B.1 013.35 万元

C.1 018.10 万元　　　　　　　D.1 018.35 万元

28.2×24 年 1 月 1 日，A 公司购入甲公司于 2×23 年 1 月 1 日发行的面值为 2 000 万元、期限为 4 年、票面利率为 6%、于每年 12 月 31 日付息的债券并分类为以摊余成本计量的金融资产，实际支付购买价款 2 175 万元（包括已到付息期的债券利息 120 万元，交易税费 10 万元），购入债券时确定的实际利率为 5%；2×24 年 1 月 10 日，收到购买价款中包含的甲公司债券利息 120 万元。2×24 年 12 月 31 日，A 公司确认的债券利息收入为（　　）。

A.102.25 万元　　　　　　　B.102.75 万元

C.108.25 万元　　　　　　　D.108.75 万元

29.2×24 年 1 月 1 日，A 公司购入甲公司于 2×23 年 1 月 1 日发行的面值为 1 000 万元、期限为 4 年、票面利率为 6%、于每年 12 月 31 日付息的债券并分类为以摊余成本计量的金融资产，实际支付购买价款 1 087 万元（包括已到付息期的债券利息 60 万元，交易税费 5 万元），购入债券时确定的实际利率为 5%；2×24 年 1 月 10 日，收到购买价款中包含的甲公司债券利息 60 万元。2×24 年 12 月 31 日，A 公司确认投资收益并摊销利息调整后，"债权投资——利息调整"的科目余额为（　　）。

A.13.10 万元　　　　　　　　　　B.13.35 万元

C.18.10 万元　　　　　　　　　　D.18.35 万元

30.2×24 年 1 月 1 日，A 公司购入甲公司于 2×23 年 1 月 1 日发行的面值为 1 000 万元、期限为 5 年、票面利率为 6%、于每年 12 月 31 日付息的债券并分类为以摊余成本计量的金融资产，实际支付购买价款 1 026 万元（包括已到付息期的债券利息 60 万元，交易税费 5 万元），购入债券时确定的实际利率为 7%；2×24 年 1 月 10 日，收到购买价款中包含的甲公司债券利息 60 万元。2×24 年 12 月 31 日，A 公司确认投资收益并摊销利息调整后，甲公司债券的账面余额为（　　）。

A.968.27 万元　　　　　　　　　　B.968.62 万元

C.973.27 万元　　　　　　　　　　D.973.62 万元

31.2×24 年 1 月 1 日，A 公司购入甲公司于 2×23 年 1 月 1 日发行的面值为 2 000 万元、期限为 5 年、票面利率为 6%、于每年 12 月 31 日付息的债券并分类为以摊余成本计量的金融资产，实际支付购买价款 2 052 万元（包括已到付息期的债券利息 120 万元，交易税费 10 万元），购入债券时确定的实际利率为 7%；2×24 年 1 月 10 日，收到购买价款中包含的甲公司债券利息 120 万元。2×24 年 12 月 31 日，A 公司确认的债券利息收入为（　　）。

A.120 万元　　　　　　　　　　B.134.54 万元

C.135.24 万元　　　　　　　　　　D.140 万元

32.2×24 年 1 月 1 日，A 公司购入甲公司于 2×23 年 1 月 1 日发行的面值为 1 000 万元、期限为 5 年、票面利率为 6%、于每年 12 月 31 日付息的债券并分类为以摊余成本计量的金融资产，实际支付购买价款 1 026 万元（包括已到付息期的债券利息 60 万元，交易税费 5 万元），购入债券时确定的实际利率为 7%；2×24 年 1 月 10 日，收到购买价款中包含的甲公司债券利息60万元。2×24年12月31日，A公司确认投资收益并摊销利息调整后，"应付债券——利息调整"的科目余额为（　　）。

  A.26.38万元   B.26.73万元

  C.31.38万元   D.31.73万元

33.企业持有的下列金融资产中，投资对象既可以是股票，又可以是债券的是（　　）。

  A.交易性金融资产   B.债权投资

  C.其他债权投资   D.其他权益工具投资

34.2×24年1月1日，企业支付9 580元的价款购入当日发行的面值为10 000元、票面利率为5%、期限为5年、于每年年末付息一次的债券并分类为以摊余成本计量的金融资产。假定取得债券时的实际利率为6%，2×24年12月31日，该企业确认的利息收入为（　　）。

  A.479元   B.574.8元

  C.500元   D.600元

35.企业于发行日按69 700元的价格购入面值为70 000元、票面利率为5%、期限为3年、到期一次还本付息的债券并分类为以摊余成本计量的金融资产。该投资到期时的账面价值为（　　）。

  A.69 700元   B.70 000元

  C.80 200元   D.80 500元

36.资产负债表日，其他权益工具投资的账面价值是指（　　）。

  A.股票的入账成本   B.股票的面值

  C.股票的公允价值   D.股票的可变现净值

37.企业按低于面值的成本购入债券并分类为以摊余成本计量的金融资产，如果该债券在持有期间没有计提损失准备，也没有收回部分本金，其摊余成本是指（　　）。

  A.债券面值加尚未摊销的利息调整

  B.债券面值减尚未摊销的利息调整

  C.债券面值加已经摊销的利息调整

  D.债券面值减已经摊销的利息调整

38.企业"债权投资"科目某年年末的余额为60 000元，其中，将于1年内到期的投资为10 000元。该企业为债权投资计提了损失准备

5 000元。在本年度的资产负债表中，"债权投资"项目应列示的金额为（　　）。

A.45 000元　　　　　　　　　B.50 000元

C.55 000元　　　　　　　　　D.60 000元

39.企业2×23年12月31日资产负债表中，"债权投资"项目的金额为3 000万元。2×24年度收回已到期的债权投资800万元，另有500万元的债权投资将于2×25年度内到期。该企业2×24年年末计提债权投资损失准备50万元，债权投资损失准备累计已计提200万元。该企业债权投资的初始成本等于面值。2×24年12月31日资产负债表中，"债权投资"项目应填列的金额为（　　）。

A.1 500万元　　　　　　　　B.1 650万元

C.2 300万元　　　　　　　　D.2 450万元

40.甲公司于债券发行日购入面值50 000元、票面利率6%、期限3年、分期付息、到期一次还本的债券并分类为以摊余成本计量的金融资产，初始入账金额为50 800元。该债券在持有期间确认的利息收入总额为（　　）。

A.8 200元　　　　　　　　　B.9 000元

C.9 200元　　　　　　　　　D.9 800元

41.甲公司于债券发行日购入面值20 000元、票面利率5%、期限5年、分期付息、到期一次还本的债券并分类为以摊余成本计量的金融资产，初始入账金额为19 200元。该债券在持有期间确认的利息收入总额为（　　）。

A.4 200元　　　　　　　　　B.5 000元

C.5 200元　　　　　　　　　D.5 800元

42.商业承兑汇票到期，如果债务人无力支付票款，债权人应将应收票据的账面余额转入（　　）。

A.应收账款　　　　　　　　　B.其他应收款

C.预收账款　　　　　　　　　D.预付账款

43.企业结算款项收到的下列票据中，应通过"应收票据"科目核算的是（　　）。

A.银行汇票　　　　　　　　　B.银行本票

C.商业汇票   D.支票

44.如果贴现的应收票据到期债务人未能如期付款，申请贴现企业不负有任何还款责任，则申请贴现企业贴现票据时的会计处理是（　　）。

A.作为出售债权处理

B.作为逾期贷款处理

C.作为以票据为质押取得借款处理

D.作为对债务人的应收账款处理

45.如果贴现的应收票据到期，债务人未能如期付款，申请贴现的企业负有向银行还款的责任，则申请贴现的企业贴现票据时的会计处理是（　　）。

A.作为出售债权处理

B.作为逾期贷款处理

C.作为以票据为质押取得借款处理

D.作为对债务人的应收账款处理

46.企业销售货物时代购货方垫付的运杂费，在未收回货款之前，应作为（　　）。

A.应收账款   B.预付账款

C.其他应收款   D.预收账款

47.在销售附有现金折扣的情况下，如果销货方采用总价法核算，则对于购货方取得的现金折扣，应当（　　）。

A.计入销售费用   B.计入管理费用

C.冲减其他收益   D.冲减销售收入

48.下列项目中，不通过"其他应收款"科目核算的是（　　）。

A.为职工垫付的房租   B.应收保险公司的赔款

C.代购货方垫付的运杂费   D.存出保证金

49.关于其他债权投资与交易性金融资产，下列表述中正确的是（　　）。

A.二者的投资对象均可以是股票

B.二者均以公允价值进行计量

C.二者的公允价值变动均计入当期损益

D.二者的公允价值变动均计入其他综合收益

50.企业以每股4.80元的价格购入G公司股票10 000股并指定为以公允价值计量且其变动计入其他综合收益的金融资产,支付交易税费200元。股票的买价中包括了每股0.20元已宣告但尚未派发的现金股利。该股票的初始入账金额为(   )。

A.46 000元 B.46 200元

C.48 000元 D.48 200元

51.2×24年6月1日,A公司购入甲公司于2×24年1月1日发行的面值为1 500万元、期限为4年、票面利率为5%、于每年12月31日付息的债券并分类为以公允价值计量且其变动计入其他综合收益的金融资产,购买日的公允价值为1 530万元,另支付交易税费5万元。该债券的初始入账金额为(   )。

A.1 500万元 B.1 505万元

C.1 530万元 D.1 535万元

52.2×24年1月1日,A公司购入甲公司于2×23年1月1日发行的面值为1 200万元、期限为5年、票面利率为6%、于每年12月31日付息的债券并分类为以公允价值计量且其变动计入其他综合收益的金融资产,实际支付的购买价款为1 176万元,其中,购买日的公允价值为1 100万元,已到付息期的债券利息为72万元,交易税费为4万元,购入债券时确定的实际利率为8%。2×24年1月10日,收到购买价款中包含的甲公司债券利息72万元。2×24年12月31日,甲公司债券的公允价值为1 080万元。甲公司债券在2×24年12月31日资产负债表上应列示的金额为(   )。

A.1 080万元 B.1 100万元

C.1 104万元 D.1 200万元

53.企业将债权投资重分类为其他债权投资,其他债权投资的入账金额应当是(   )。

A.债券的初始成本 B.债券的摊余成本

C.债券的公允价值 D.债券的票面价值

54.企业将债权投资重分类为其他债权投资,该项投资重分类日的账面价值与其公允价值的差额,应当计入(   )。

A.公允价值变动损益 B.投资收益

C.营业外收入　　　　　　　　　D.其他综合收益

55.A公司应收甲单位货款20 000元。经双方协商，甲单位以其持有的每股市价为1.90元的股票10 000股及现金1 000元抵债；A公司将收到的股票指定为以公允价值计量且其变动计入其他综合收益的金融资产。A公司已为该项应收账款计提坏账准备200元。该项股票投资的初始入账金额为（　　　）。

A.18 800元　　　　　　　　　　B.19 000元

C.19 800元　　　　　　　　　　D.20 000元

56.根据《企业会计准则》的要求，企业购入债券并分类为以公允价值计量且其变动计入其他综合收益的金融资产，其初始入账金额与债券面值的差额，应当（　　　）。

A.直接计入当期损益　　　　　　B.直接计入其他综合收益

C.采用实际利率法分期摊销　　　D.采用直线法分期摊销

57.企业在持有其他权益工具投资期间获得的现金股利，应当计入（　　　）。

A.投资收益　　　　　　　　　　B.留存收益

C.其他收益　　　　　　　　　　D.其他综合收益

58.2×24年1月1日，A公司购入甲公司于2×23年1月1日发行的面值为1 200万元、期限为5年、票面利率为6%、于每年12月31日付息的债券并分类为以公允价值计量且其变动计入其他综合收益的金融资产，实际支付的购买价款为1 176万元，其中，购买日的公允价值为1 100万元，已到付息期的债券利息为72万元，交易税费为4万元，购入债券时确定的实际利率为8%。2×24年1月10日，收到购买价款中包含的甲公司债券利息72万元。2×24年12月31日，甲公司债券的公允价值为1 080万元，2×24年12月31日，A公司确认的债券利息收益为（　　　）。

A.66.24万元　　　　　　　　　　B.72万元

C.88.32万元　　　　　　　　　　D.96万元

59.2×24年1月1日，A公司购入甲公司于2×23年1月1日发行的面值为1 200万元、期限为5年、票面利率为6%、于每年12月31日付息的债券并分类为以公允价值计量且其变动计入其他综合收益的金融资产，实际支付的购买价款为1 176万元，其中，购买日的公允价值为1 100万元，已到付息期的债券利息为72万元，交易税费为4万元，购入债券时确定的实际利率为8%。2×24年1月10日，收到购买价款中包含的甲公司债券利息72万元。2×24年12月31日，甲公司债券的公允价值为1 080万元，A公司确认债券利息收益并摊销利息调整后，"其他债权投资——利息调整"科目的余额为（　　）。

    A.79.68万元   B.84万元

    C.112.32万元   D.116万元

60.其他债权投资期末公允价值的变动应当计入（　　）。

    A.公允价值变动损益   B.投资收益

    C.其他综合收益   D.留存收益

61.2×24年1月1日，A公司购入甲公司于2×23年1月1日发行的面值为1 200万元、期限为5年、票面利率为6%、于每年12月31日付息的债券并分类为以公允价值计量且其变动计入其他综合收益的金融资产，实际支付的购买价款为1 176万元，其中，购买日的公允价值为1 100万元，已到付息期的债券利息为72万元，交易税费为4万元，购入债券时确定的实际利率为8%。2×24年1月10日，收到购买价款中包含的甲公司债券利息72万元。2×24年12月31日，甲公司债券的公允价值为1 080万元，A公司确认的公允价值变动损失为（　　）。

    A.7.68万元   B.20万元

    C.24万元   D.40.32万元

62.关于其他债权投资的会计处理，下列各项中不应确认为当期投资收益的是（　　）。

    A.持有期间的利息收入

    B.出售时原计入其他综合收益的贷方差额

    C.出售时收到的价款高于其账面余额的差额

    D.资产负债表日公允价值高于账面价值的差额

63.如果以摊余成本计量的债权投资计提了损失准备，则其账面价值是指（　　）。

    A.债券面值   B.账面余额

    C.摊余成本   D.预计可收回的本息之和

64.已经计提了损失准备的以摊余成本计量的债权投资，如果以后价值又得以恢复，应当（　　　）。

A.计入投资收益　　　　　　　　B.恢复投资的账面价值

C.计入其他综合收益　　　　　　D.不进行账务处理

65.某企业年末应收账款余额为 200 000 元，违约损失率为 5%，计提坏账准备前，"坏账准备"科目有借方余额 1 000 元。该企业当年应计提的坏账准备金额为（　　　）。

A.1 000 元　　　　　　　　　　B.9 000 元

C.10 000 元　　　　　　　　　 D.11 000 元

66.甲公司应收账款年末余额为 800 000 元，违约损失率为 5%；在计提坏账准备前，"坏账准备"科目有贷方余额 5 000 元。甲公司于当年计提坏账准备后，其应收账款的账面价值为（　　　）。

A.760 000 元　　　　　　　　　B.765 000 元

C.795 000 元　　　　　　　　　D.800 000 元

67.某企业违约损失率为 5%。2×22 年年末应收账款余额为 2 000 000 元，计提坏账准备前，"坏账准备"科目无余额；2×23 年确认不能收回的账款金额为 30 000 元，年末应收账款余额为 4 000 000 元；2×24 年收回已转销的坏账 20 000 元，年末应收账款余额为 3 500 000 元。该企业 2×22 年至 2×24 年 3 年内通过计提坏账准备确认的信用减值损失累计金额为（　　　）。

A.175 000 元　　　　　　　　　B.185 000 元

C.205 000 元　　　　　　　　　D.230 000 元

68.根据《企业会计准则》的规定，企业确实无法收回的应收账款应当（　　　）。

A.转为其他应收款　　　　　　　B.计入资产处置损益

C.冲减已计提的坏账准备　　　　D.计入营业外支出

69.已计提损失准备的其他债权投资，如果以后期间损失准备又发生转回，则应按转回的金额（　　　）。

A.调增其他债权投资账面价值　　B.调增其他综合收益

C.冲减资产减值损失　　　　　　D.冲减信用减值损失

70.其他债权投资确认的预期信用损失，应当计入（　　　）。

A.投资收益　　　　　　　　　B.公允价值变动损益

C.信用减值损失　　　　　　　D.资产减值损失

71.采用公允价值对金融资产进行后续计量，体现了会计信息质量要求中的（　　　）。

A.可靠性　　　　　　　　　　B.相关性

C.实质重于形式　　　　　　　D.重要性

72.企业持有的下列金融资产中，不计提损失准备的是（　　　）。

A.交易性金融资产　　　　　　B.债权投资

C.其他债权投资　　　　　　　D.应收款项

73.资产负债表日，下列金融资产中应按摊余成本计量的是（　　　）。

A.交易性金融资产　　　　　　B.债权投资

C.其他债权投资　　　　　　　D.其他权益工具投资

74.企业为持有的金融资产计提损失准备，体现了（　　　）。

A.实际成本原则　　　　　　　B.配比原则

C.谨慎性原则　　　　　　　　D.实质重于形式原则

（二）多项选择题

1.资产负债表日，应按公允价值计量的金融资产有（　　　）。

A.交易性金融资产　　　　　　B.债权投资

C.应收款项　　　　　　　　　D.其他债权投资

E.其他权益工具投资

2.企业对有关交易性金融资产的下列交易或事项进行会计处理时，会涉及"投资收益"科目的有（　　　）。

A.取得投资时支付的交易费用

B.取得投资时支付的价款中包含的现金股利

C.持有期间获得的现金股利

D.持有期间获得的股票股利

E.持有期间发生的公允价值变动损益

3."交易性金融资产"科目下应设置的明细科目有"（　　　）"。

A.成本　　　　　　　　　　　B.公允价值变动

C.利息调整　　　　　　　　　D.损益调整

E.应计利息

4."交易性金融资产"科目核算为交易目的而持有的（　　　）。

A.股票投资　　　　　　　　　B.债券投资

C.基金投资　　　　　　　　　D.认购权证

E.认沽权证

5."债权投资"科目下应设置的明细科目有（　　　）。

A.成本　　　　　　　　　　　B.公允价值变动

C.利息调整　　　　　　　　　D.损益调整

E.应计利息

6.以摊余成本计量的债权投资的初始入账金额高于其面值的情况下，在持有期间按实际利率法确认的各期利息收入金额（　　　）。

A.相等　　　　　　　　　　　B.不相等

C.递增　　　　　　　　　　　D.递减

E.递增或递减

7.关于以摊余成本计量的债权投资的会计处理，下列表述中正确的有（　　　）。

A.债权投资应按面值和票面利率确认投资收益

B.债权投资应按账面余额和实际利率确认投资收益

C.债权投资期末应按摊余成本计量

D.债权投资不需要计提损失准备

E.未计提损失准备的债权投资账面余额等于摊余成本

8.企业发生的下列往来款项中，应作为其他应收款核算的有（　　　）。

A.租入包装物支付的押金

B.企业内部周转使用的备用金

C.代职工垫付的水电费

D.销售产品代购货方垫付的运杂费

E.应收的保险公司赔款

9.关于企业的预付账款，下列说法中正确的有（　　　）。

A.预付账款属于购货往来　　　B.预付账款属于销货往来

C.预付账款是债权　　　　　　D.预付账款是债务

E.预付账款不属于金融资产

10."其他债权投资"科目下应设置的明细科目有"（　　　）"。

A.成本　　　　　　　　　B.公允价值变动

C.利息调整　　　　　　　D.损益调整

E.应计利息

11."其他权益工具投资"科目下应设置的明细科目有"（　　　）"。

A.成本　　　　　　　　　B.公允价值变动

C.利息调整　　　　　　　D.损益调整

E.应计利息

12.资产负债表日，应当计提损失准备的金融资产有（　　　）。

A.交易性金融资产　　　　B.债权投资

C.应收款项　　　　　　　D.其他债权投资

E.其他权益工具投资

13.关于金融资产的损失准备，下列各项表述中正确的有（　　　）。

A.交易性金融资产不计提损失准备

B.以公允价值计量的金融资产不计提损失准备

C.金融资产计提的损失准备一律计入信用减值损失

D.其他权益工具投资不计提损失准备

E.金融资产计提的损失准备均可以转回

（三）判断题

1.根据《企业会计准则》的规定，以交易为目的取得的衍生金融资产不通过"交易性金融资产"科目核算。　　　　　　　　　　（　　）

2.企业在初始确认时将某项金融资产分类为以公允价值计量且其变动计入当期损益的金融资产后，如果管理金融资产的业务模式发生了改变，可以重分类为其他类金融资产。　　　　　　　　　　　　（　　）

3.企业取得交易性金融资产时支付的交易费用，应当计入交易性金融资产的初始入账金额。　　　　　　　　　　　　　　　　（　　）

4.交易性金融资产应当按照取得时的公允价值和相关交易费用之和作为初始入账金额。　　　　　　　　　　　　　　　　　　（　　）

5.企业取得交易性金融资产时支付的价款中包含的已宣告但尚未发放的现金股利，应当单独确认为应收项目。　　　　　　　　（　　）

6.企业在持有交易性金融资产期间所获得的现金股利或债券利息，应当冲减交易性金融资产的初始入账金额。　　　　　　　　（　　）

7.资产负债表日，交易性金融资产应按公允价值计量，且公允价值的变动计入当期投资损益。　　　　　　　　　　　　（　　）

8.资产负债表日，无论交易性金融资产的公允价值大于还是小于账面价值，其差额均计入当期损益。　　　　　　　　　　（　　）

9.交易性金融资产不需要计提损失准备。　　　　　　　　（　　）

10.以摊余成本计量的债权投资到期前，如果企业管理金融资产的业务模式发生了变化，可以重分类为其他债权投资或者交易性金融资产。　　　　　　　　　　　　　　　　　　　　（　　）

11.企业购入的债券和股票，均可以分类为以公允价值计量且其变动计入当期损益的金融资产。　　　　　　　　　　　　（　　）

12.企业取得以摊余成本计量的债权投资时支付的相关税费应当计入债权投资的初始入账金额。　　　　　　　　　　　　（　　）

13.以摊余成本计量的债权投资应当按取得时的公允价值作为初始入账金额，支付的相关交易费用应当计入当期损益。　　　（　　）

14."利息调整"是指债权投资的初始入账金额与其面值之间的差额。　　　　　　　　　　　　　　　　　　　　　　　　（　　）

15.如果债权投资的初始入账金额高于其面值，则各期确认的投资收益大于当期的应收利息。　　　　　　　　　　　　　（　　）

16.如果债权投资的初始入账金低于其面值，则各期确认的投资收益大于当期的应收利息。　　　　　　　　　　　　　　（　　）

17.企业摊销利息调整金额，可能导致债权投资的账面余额逐期减少，也可能导致债权投资的账面余额逐期增加。　　　　（　　）

18.如果债权投资的初始入账金额低于其面值，则利息调整的摊销会导致债权投资账面余额逐期减少。　　　　　　　　　（　　）

19.如果债权投资的初始入账金额高于其面值，则利息调整的摊销会导致债权投资账面余额逐期增加。　　　　　　　　　（　　）

20.如果债权投资的初始入账金额等于其面值，则各期确认的投资收益等于当期的应收利息。　　　　　　　　　　　　　（　　）

21.企业应在收到开出、承兑的商业汇票时，按商业汇票的票面金额对应收票据计价入账。　　　　　　　　　　　　　　（　　）

22.商业汇票到期时，如果因债务人无力支付票款而发生退票，应

将应收票据转为其他应收款。 （　）

23.企业计提的带息应收票据利息应计入财务费用。 （　）

24.如果企业贴现的应收票据到期债务人未能如期付款，申请贴现企业不负有任何还款责任，则申请贴现企业应将票据贴现作为以票据为质押取得借款处理。 （　）

25.如果企业贴现的应收票据到期债务人未能如期付款，申请贴现企业负有向银行还款的责任，则申请贴现企业应将票据贴现作为出售债权处理。 （　）

26.企业代购货单位垫付的包装费、运杂费等，也通过"应收账款"科目核算。 （　）

27.企业应当定期或者至少于每年年度终了时，对应收款项进行检查，如果不存在表明应收款项信用损失已实际发生的客观证据，不应计提损失准备。 （　）

28.采用账龄分析法计提坏账准备的会计处理方法与应收款项余额百分比法相同，只是计算的坏账准备金额比应收款项余额百分比法更合理。 （　）

29.虽然预付账款与应收账款同属于债权，但预付账款不属于金融资产，而应收账款属于金融资产。 （　）

30.预付账款属于企业的应收款项，但不属于金融资产。 （　）

31.企业内部周转使用的备用金，可单独设置"备用金"科目核算，但在资产负债表上应列入"其他应收款"项目合并反映，不单设报表项目。 （　）

32.其他应收款尽管也有发生信用损失的可能，但不需要计提损失准备。 （　）

33.企业取得交易性金融资产支付的相关交易费用应计入当期损益，而取得其他债权投资支付的相关交易费用应当计入该债权投资的初始入账金额。 （　）

34.以摊余成本计量的金融资产的投资对象可以是股票，也可以是债券。 （　）

35.其他债权投资应当按照取得时的公允价值和相关交易费用之和作为初始入账金额。 （　）

36.其他权益工具投资持有期间被投资单位宣告发放现金股利,投资企业在满足股利收入确认条件时,应确认为投资收益。　　　（　　）

37.以公允价值计量且其变动计入其他综合收益的金融资产如为分期付息、一次还本债券,资产负债表日按票面利率计算确定的应收未收利息,通过"应收利息"科目核算。　　　（　　）

38.以摊余成本计量的金融资产如为到期一次还本付息债券,资产负债表日按票面利率计算确定的应收未收利息,应增记债权投资的账面余额。　　　（　　）

39.以公允价值计量且其变动计入其他综合收益的金融资产的利息收入,应当采用实际利率法确认。　　　（　　）

40.企业取得的其他债权投资,在持有期间应按公允价值计量,且公允价值的变动计入所有者权益。　　　（　　）

41.交易性金融资产与其他债权投资均按公允价值计量,但公允价值的变动前者计入当期损益,后者计入所有者权益。　　　（　　）

42.企业处置其他债权投资时,应将已计入其他综合收益的公允价值累计变动额转入公允价值变动损益。　　　（　　）

43.企业处置其他权益工具投资时,应将已计入其他综合收益的公允价值累计变动额转入留存收益。　　　（　　）

44.企业处置其他债权投资时,累计公允价值变动应转入投资损益;处置其他权益工具投资时,累计公允价值变动应转入留存收益。（　　）

45.由于其他债权投资在持有期间按公允价值计量,因而不计提损失准备。　　　（　　）

（四）计算及账务处理题

1.2×24年3月25日,星海公司按每股3.50元的价格购入每股面值1元的A公司股票10 000股并分类为以公允价值计量且其变动计入当期损益的金融资产,支付交易税费250元。股票购买价格中包含每股0.10元已宣告但尚未领取的现金股利,该现金股利于2×24年4月10日发放。

要求:编制星海公司有关A公司股票的下列会计分录。

（1）2×24年3月25日,购入股票。

（2）2×24年4月10日,收到现金股利。

2.2×24 年 4 月 5 日，星海公司按 248 000 元的价格购入面值为 200 000 元、2×21 年 1 月 1 日发行、期限为 5 年、票面利率为 5%、到期一次还本付息的 A 公司债券并分类为以公允价值计量且其变动计入当期损益的金融资产，支付交易税费 800 元。

要求：编制星海公司购入 A 公司债券的会计分录。

3.2×24 年 2 月 25 日，星海公司以 46 800 元的价格购入 A 公司债券并分类为以公允价值计量且其变动计入当期损益的金融资产，支付相关税费 200 元。该债券于 2×22 年 7 月 1 日发行，面值为 45 000 元，期限为 5 年，票面利率为 4%，于每年 7 月 1 日付息一次，到期还本。2×24 年 12 月 1 日，星海公司将债券转让，收到转让价款 46 000 元。

要求：编制星海公司有关 A 公司债券的下列会计分录。

（1）2×24 年 2 月 25 日，购入债券。

（2）2×24 年 7 月 5 日，收到债券利息。

（3）2×24 年 12 月 1 日，转让债券。

4.2×24 年 1 月 20 日，星海公司按每股 3.80 元的价格购入每股面值 1 元的 B 公司股票 50 000 股并分类为以公允价值计量且其变动计入当期损益的金融资产，支付交易税费 1 200 元。2×24 年 3 月 5 日，B 公司宣告分派每股 0.20 元的现金股利，并于 2×24 年 4 月 10 日发放。2×24 年 9 月 20 日，星海公司将该股票转让，取得转让收入 220 000 元。

要求：编制星海公司有关 B 公司股票的下列会计分录。

（1）2×24 年 1 月 20 日，购入股票。

（2）2×24 年 3 月 5 日，B 公司宣告分派现金股利。

（3）2×24 年 4 月 10 日，收到现金股利。

（4）2×24 年 9 月 20 日，转让股票。

5.2×24 年 12 月 31 日，星海公司分类为以公允价值计量且其变动计入当期损益的金融资产的 C 公司股票账面余额为 680 000 元。

要求：编制下列不同情况下，星海公司对 C 公司股票按公允价值计量的会计分录。

（1）假定 C 公司股票期末公允价值为 520 000 元。

（2）假定 C 公司股票期末公允价值为 750 000 元。

6.2×23 年 11 月 10 日，星海公司以每股 6.50 元的价格购入 B 公司每股面值 1 元的普通股 10 000 股并分类为以公允价值计量且其变动计入当期损益的金融资产，支付税金和手续费 500 元。2×23 年 12 月 31 日，B 公司股票每股公允价值为 7.50 元。2×24 年 3 月 5 日，B 公司宣告 2×23 年度股利分配方案，每股分派现金股利 0.10 元，并于 4 月 20 日派发。2×24 年 4 月 5 日，将 B 公司股票出售，收到出售价款 82 000 元。

要求：编制星海公司有关 B 公司股票的下列会计分录。

（1）2×23 年 11 月 10 日，购入股票。

（2）2×23 年 12 月 31 日，确认公允价值变动损益。

（3）2×24 年 3 月 5 日，B 公司宣告分派现金股利。

（4）2×24 年 4 月 5 日，将 B 公司股票出售。

7.2×24 年 1 月 5 日，星海公司购入 A 公司债券并分类为以摊余成本计量的债权投资，实际支付的全部价款为 55 000 元（包括 2×23 年度已到付息期但尚未支付的债券利息和相关税费）。A 公司债券于 2×23 年 1 月 1 日发行，面值 50 000 元，期限 5 年，票面利率 6%，每年 12 月 31 日付息一次，到期还本。

要求：编制星海公司取得该债权投资的会计分录。

8.2×24 年 1 月 5 日，星海公司购入 A 公司债券并分类为以摊余成本计量的债权投资，实际支付的全部价款为 52 000 元（包括 2×23 年度已到付息期但尚未支付的债券利息和相关税费）。A 公司债券于 2×23 年 1 月 1 日发行，面值 50 000 元，期限 5 年，票面利率 6%，每年 12 月 31 日付息一次，到期还本。

要求：编制星海公司取得该债权投资的会计分录。

9.2×22 年 1 月 1 日，星海公司支付价款 526 730 元（包括相关税费），购入当日发行的面值为 500 000 元、期限为 3 年、票面利率为 8%、于每年 12 月 31 日付息、到期还本的 A 公司债券并分类为以摊余成本计量的债权投资。星海公司在取得债券时确定的实际利率为 6%。

要求：做出星海公司有关该债权投资的下列会计处理。

（1）编制购入债券的会计分录。

（2）采用实际利率法编制债券利息收入与账面余额计算表（表式参

见主教材）。

（3）编制各年年末确认债券利息收益的会计分录。

（4）编制债券到期收回面值的会计分录。

10.2×22年1月1日，星海公司支付价款197 300元（含2×21年度已到付息期但尚未支付的债券利息和相关税费）购入于2×21年1月1日发行、面值200 000元、期限4年、票面利率4%、于每年12月31日付息一次、到期还本的B公司债券并分类为以摊余成本计量的债权投资。星海公司在取得债券时确定的实际利率为6%。

要求：做出星海公司有关该债券投资的下列会计处理。

（1）编制购入债券的会计分录。

（2）采用实际利率法编制债券利息收入与账面余额计算表（表式参见主教材）。

（3）编制各年年末确认债券利息收益的会计分录。

（4）编制债券到期收回面值的会计分录。

11.2×20年1月1日，星海公司支付价款560 000元购入当日发行的面值为500 000元、期限为5年、票面利率为8%、于每年的12月31日付息一次、到期还本的甲公司债券并分类为以摊余成本计量的债权投资。

要求：做出星海公司有关该债券投资的下列会计处理。

（1）编制购入债券的会计分录。

（2）计算债券实际利率并编制债券利息收入与账面余额计算表（表式参见主教材，5期、5%的复利现值系数为0.783526，年金现值系数为4.329477；5期、6%的复利现值系数为0.747258，年金现值系数为4.212364）。

（3）编制各年年末确认债券利息收益的会计分录。

（4）编制到期收回债券面值的会计分录。

12.2×22年1月1日，星海公司支付价款205 000元（含已到付息期但尚未支付的利息）购入于2×21年1月1日发行、面值200 000元、期限4年、票面利率4%、于每年的12月31日付息一次、到期还本的乙公司债券并分类为以摊余成本计量的债权投资。

要求：做出星海公司有关该债券投资的下列会计处理。

（1）编制购入债券的会计分录。

（2）计算债券实际利率并编制债券利息收入与账面余额计算表（表式参见主教材，3期、5%的复利现值系数为0.863838，年金现值系数为2.723248）。

（3）编制各年年末确认债券利息收益的会计分录。

（4）编制到期收回债券面值的会计分录。

13. 2×20年1月1日，星海公司购入D公司当日发行的面值为200 000元、期限为5年、票面利率为6%、于每年12月31日付息的债券并分类为以摊余成本计量的债权投资，实际支付的购买价款（包括交易费用）为208 660元，购买日确定的实际利率为5%。根据合同约定，发行债券公司在遇到特定情况时可以将债券赎回，且不需要为提前赎回支付额外款项。2×22年1月1日，星海公司预计D公司将会在本年年末收回80 000元的面值。

要求：做出星海公司有关该债券投资的下列会计处理。

（1）2×20年1月1日，编制购入债券的会计分录。

（2）采用实际利率法编制利息收入与账面余额计算表（表式参见主教材）。

（3）编制2×20年12月31日和2×21年12月31日确认利息收入和摊销利息调整的会计分录。

（4）2×22年1月1日，调整账面余额（1期、5%的复利现值系数为0.952381；2期、5%的复利现值系数为0.907029；3期、5%的复利现值系数为0.863838）。

（5）采用实际利率法编制调整后利息收入与账面余额计算表（表式参见主教材）。

（6）2×22年12月31日，编制收回部分债券面值的会计分录。

（7）编制调整后各年确认利息收入和摊销利息调整的会计分录。

（8）债券到期，编制收回债券面值的会计分录。

14. 2×20年1月1日，星海公司购入G公司当日发行的面值为500 000元、期限为5年、票面利率为8%、到期一次还本付息（利息不计复利）的债券并分类为以摊余成本计量的债权投资，实际支付的购买价款（包括交易费用）为 397 200 元。

要求：做出星海公司有关该债券投资的下列会计处理。

（1）编制购入债券的会计分录。

（2）计算债券的实际利率（5 期、12% 的复利现值系数为 0.567427）。

（3）采用实际利率法编制利息收入与账面余额计算表（表式参见主教材）。

（4）编制各年确认利息收入和摊销利息调整的会计分录。

（5）编制债券到期收回债券本息的会计分录。

15. 2×23 年 9 月 1 日，星海公司收到 B 公司开出的一张面值为 20 000 元、期限为 6 个月的商业汇票，用以抵偿以前所欠账款。

要求：编制有关应收票据的下列会计分录。

（1）2×23 年 9 月 1 日，收到商业汇票。

（2）2×24 年 3 月 1 日，收回票款。

16. 星海公司向 C 公司销售一批商品，售价 50 000 元，增值税销项税额 6 500 元。C 公司开出、承兑一张票面金额为 56 500 元、期限为 5 个月的商业汇票。

要求：编制有关应收票据的下列会计分录。

（1）收到商业汇票。

（2）商业汇票到期，星海公司未收回票款。

17. 2×24 年 7 月 20 日，星海公司将持有的 6 月 10 日开出、面值为 80 000 元、期限为 120 天的商业汇票向银行申请贴现，收到贴现金额 78 000 元。星海公司与银行签订的协议中规定，贴现票据到期时如果债务人未能如期付款，星海公司不负任何还款责任。

要求：编制有关该票据贴现的会计分录。

18. 2×24 年 9 月 10 日，星海公司将持有的 8 月 10 日开出、票面金额为 60 000 元、期限为 5 个月的商业汇票向银行申请贴现，收到贴现金额 58 800 元。星海公司与银行签订的协议中规定，贴现票据到期时如果债务人未能如期付款，星海公司负有连带还款责任。

要求：编制有关该票据贴现的会计分录。

（1）贴现商业汇票。

（2）贴现票据到期。

① 假定债务人如期付款。

② 假定债务人未能如期付款，星海公司代债务人付款。

③ 假定债务人和星海公司均无力付款，银行作为逾期贷款处理。

19.2×24年2月1日，星海公司将持有的一张2×23年12月1日开出、面值为50 000元、期限为6个月的商业汇票背书转让，取得一批价值为45 000元、增值税税额为5 850元的原材料，并以银行存款向供货单位补付差价850元。

要求：编制票据转让的会计分录。

20.2×24年6月20日，星海公司赊销给C公司一批商品，售价80 000元，增值税税额10 400元，代垫运杂费1 000元。合同约定，C公司于2×24年7月20日付款。

要求：编制有关应收账款的下列会计分录。

（1）2×24年6月20日，赊销商品。

（2）2×24年7月20日，收回货款。

21.星海公司根据购货合同规定，预付给F公司货款20 000元用于购买原材料。F公司提供所购原材料后，开出发票账单，增值税专用发票上所列的货款金额为18 000元，增值税税额为2 340元，星海公司向F公司补付货款340元。

要求：编制有关预付账款的会计分录。

（1）向F公司预付货款。

（2）F公司提供所购原材料并开来发票账单。

（3）向F公司补付货款。

22.星海公司行政部门赵明因公出差，预借差旅费1 500元，根据实际支出，经会计部门审核，予以报销。

要求：编制下列会计分录。

（1）赵明预借差旅费。

（2）赵明出差回来，据实报销。

① 假定实际支出1 600元。

② 假定实际支出1 200元。

23.星海公司对业务部门实行定额备用金制度。经核定，业务部门备用金定额为 2 000 元，会计部门开出现金支票，支付备用金定额。根据业务部门的实际支出，经会计部门审核后予以报销，同时开出现金支票，补足其备用金定额。

要求：编制有关备用金的会计分录。

（1）向业务部门支付备用金定额。

（2）业务部门报销支出并补足其备用金定额。

① 假定实际支出 2 500 元。

② 假定实际支出 1 800 元。

24.2×24 年 4 月 20 日，星海公司按每股 6.50 元的价格购入每股面值 1 元的 B 公司股票 20 000 股并指定为以公允价值计量且其变动计入其他综合收益的权益工具投资，支付交易税费 600 元。股票购买价格中包含每股 0.30 元已宣告但尚未领取的现金股利，该现金股利于 2×24 年 5 月 10 日发放。

要求：编制星海公司购入其他权益工具投资的下列会计分录。

（1）2×24 年 4 月 20 日，购入股票。

（2）2×24 年 5 月 10 日，收到现金股利。

25.2×22 年 1 月 1 日，星海公司支付价款 526 730 元（包括相关税费）购入当日发行的面值为 500 000 元、期限为 3 年、票面利率为 8%、于每年 12 月 31 日付息一次、到期还本的 A 公司债券并分类为以公允价值计量且其变动计入其他综合收益的债权投资。星海公司在取得债券时确定的实际利率为 6%。2×22 年 12 月 31 日，A 公司债券的公允价值（不含应收利息）为 520 000 元；2×23 年 9 月 1 日，星海公司将 A 公司债券出售，取得转让收入 546 000 元。

要求：做出星海公司有关该其他债权投资的下列会计处理。

（1）编制购入债券的会计分录。

（2）采用实际利率法编制债券利息收入与账面余额计算表（表式参见主教材）。

（3）编制 2×22 年 12 月 31 日确认债券利息收益的会计分录。

（4）编制 2×22 年 12 月 31 日确认公允价值变动的会计分录。

（5）编制 2×23 年 9 月 1 日出售债券的会计分录。

26.星海公司每年年末对以公允价值计量的金融资产按公允价值计量。2×24 年 12 月 31 日，该公司指定为其他权益工具投资的 A 公司股票按公允价值计量前的账面价值为 850 000 元，公允价值为 780 000 元；划分为其他债权投资的甲公司债券按公允价值计量前的账面价值为 250 000 元，公允价值为 252 000 元。

要求：编制星海公司确认金融资产公允价值变动的会计分录。

（1）A 公司股票公允价值变动。

（2）甲公司债券公允价值变动。

27.2×23 年 1 月 10 日，星海公司以每股 6.50 元的价格购入 B 公司每股面值 1 元的普通股 10 000 股并指定为以公允价值计量且其变动计入其他综合收益的权益工具投资，支付税金和手续费 500 元。2×23 年 4 月 5 日，B 公司宣告 2×23 年度股利分配方案，每股分派现金股利 0.10 元，并于 4 月 25 日派发。2×23 年 12 月 31 日，B 公司股票每股公允价值为 7.50 元。2×24 年 9 月 25 日，将 B 公司股票出售，收到出售价款 86 000 元。

要求：编制星海公司有关该项其他权益工具投资的下列会计分录。

（1）2×23 年 1 月 10 日，购入股票。

（2）2×23 年 4 月 5 日，B 公司宣告分派现金股利。

（3）2×23 年 4 月 25 日，收到 B 公司分派的现金股利。

（4）2×23 年 12 月 31 日，确认公允价值变动。

（5）2×24 年 9 月 25 日，将 B 公司股票出售。

28.星海公司估计的应收账款违约损失率为 5%。2×23 年年末，应收账款账面余额为 300 000 元，"坏账准备"科目无余额；2×24 年 6 月，确认应收 A 单位的账款 12 600 元已无法收回；2×24 年年末，应收账款账面余额为 320 000 元。

要求：根据上述资料，编制该公司有关坏账准备的下列会计分录。

（1）2×23 年年末，计提坏账准备。

（2）2×24 年 6 月，转销应收 A 单位的账款。

（3）2×24 年年末，计提坏账准备。

29.星海公司估计的应收账款违约损失率为5%。2×23年年末，应收账款账面余额为300 000元，"坏账准备"科目无余额；2×24年6月，确认应收A单位的账款16 500元已无法收回；2×24年年末，应收账款账面余额为320 000元。

要求：根据上述资料，编制该公司有关坏账准备的下列会计分录。

（1）2×23年年末，计提坏账准备。

（2）2×24年6月，转销应收A单位的账款。

（3）2×24年年末，计提坏账准备。

30.星海公司估计的应收账款违约损失率为5%。2×23年年末，应收账款账面余额为300 000元，"坏账准备"科目无余额；2×24年6月，确认应收A单位的账款2 000元已无法收回；2×24年年末，应收账款账面余额为250 000元。

要求：根据上述资料，编制该公司有关坏账准备的会计分录。

（1）2×23年年末，计提坏账准备。

（2）2×24年6月，转销应收A单位的账款。

（3）2×24年年末，计提坏账准备。

31.星海公司估计的应收账款违约损失率为5%。2×23年年末，应收账款账面余额为300 000元，"坏账准备"科目无余额；2×24年6月，确认应收A单位的账款13 300元已无法收回；2×24年10月，收回以前期间已作为坏账予以转销的B单位账款17 500元。2×24年年末，应收账款账面余额为360 000元。

要求：根据下列资料，编制该公司有关坏账准备的下列会计分录。

（1）2×23年年末，计提坏账准备。

（2）2×24年6月，转销应收A单位的账款。

（3）2×24年10月，收回B单位账款。

（4）2×24年年末，计提坏账准备。

32.2×20年1月1日，星海公司从活跃市场上购入当日发行的面值为150 000元、期限为5年、票面利率为7.5%、于每年12月31日付息一次、到期还本的H公司债券并分类为以摊余成本计量的债权投资，初始入账金额为162 810元，初始确认时确定的实际利率为5.5%。星海公司在初始确认时采用实际利率法编制的利息收入与账面余额计算表见表4-1。

表4-1 利息收入与账面余额计算表 金额单位：元

日 期	应收利息	实际利率（%）	利息收入	利息调整摊销	账面余额
2×20年1月1日					162 810
2×20年12月31日	11 250	5.5	8 955	2 295	160 515
2×21年12月31日	11 250	5.5	8 828	2 422	158 093
2×22年12月31日	11 250	5.5	8 695	2 555	155 538
2×23年12月31日	11 250	5.5	8 555	2 695	152 843
2×24年12月31日	11 250	5.5	8 407	2 843	150 000
合 计	56 250	—	43 440	12 810	—

星海公司2×20年至2×24年各年年末，对H公司债券信用风险的评估的结果以及预期信用损失金额的估计，见表4-2。

表4-2 预期信用损失评估表 单位：元

日 期	信用风险变动程度	预期信用损失
2×20年12月31日	信用风险并未显著增加	500
2×21年12月31日	信用风险已显著增加但并未发生信用减值	15 000
2×22年12月31日	信用风险已显著增加但并未发生信用减值	20 000
2×23年12月31日	信用风险已显著增加且已发生信用减值	65 000
2×24年12月31日	信用风险已显著增加且已发生信用减值	75 000

星海公司如期收回H公司债券各年的利息，但到期时只收回50%的面值。

要求：做出星海公司有关该债权投资的下列会计处理。

（1）2×20年1月1日，购入H公司债券。

（2）各年年末确认利息收入、确认预期信用损失以及收回债券利息。

（3）债券到期，收回50%的面值。

33.2×20年1月1日，星海公司从活跃市场上购入当日发行的面值为500 000元、期限为5年、票面利率为7%、于每年12月31日付息一次、到期还本的N公司债券，并分类为以公允价值计量且其变动计入其他综合收益的债权投资，初始入账金额为521 060元，初始确认时确定的实际利率为6%。星海公司在初始确认时采用实际利率法编制的利息收入与账面余额计算表见表4-3。

表4-3　　　　　　　　利息收入与账面余额计算表　　　　金额单位：元

日　　期	应收利息	实际利率（%）	利息收入	利息调整摊销	账面余额
2×20年1月1日					521 060
2×20年12月31日	35 000	6	31 264	3 736	517 324
2×21年12月31日	35 000	6	31 039	3 961	513 363
2×22年12月31日	35 000	6	30 802	4 198	509 165
2×23年12月31日	35 000	6	30 550	4 450	504 715
2×24年12月31日	35 000	6	30 285	4 715	500 000
合　　计	175 000	—	153 940	21 060	—

星海公司持有的N公司债券2×20年至2×24年各年年末的公允价值依次为518 000元、450 000元、395 000元、290 000元、250 000元。

星海公司2×20年至2×24年各年年末，对N公司债券信用风险的评估结果以及预期信用损失金额的估计，见表4-4。

表4-4　　　　　　　　预期信用损失评估表　　　　单位：元

日期	信用风险变动程度	预期信用损失
2×20年12月31日	信用风险并未显著增加	1 500
2×21年12月31日	信用风险已显著增加但并未发生信用减值	45 000
2×22年12月31日	信用风险已显著增加且已发生信用减值	100 000
2×23年12月31日	信用风险已显著增加且已发生信用减值	200 000
2×24年12月31日	信用风险已显著增加且已发生信用减值	250 000

星海公司如期收回N公司债券各年的利息，但到期时只收回50%的面值。

要求：做出星海公司有关该债权投资的下列会计处理。

（1）2×20年1月1日，购入N公司债券。

（2）各年年末确认利息收入、确认公允价值变动、确认预期信用损失以及收回债券利息。

（3）债券到期，收回50%的面值。

五、案例分析题

1.星海公司从2×23年度开始，利用闲置资金从二级市场上购入股票、债券并划分为交易性金融资产，于每年年末按公允价值进行后续计量。

2.2×23年度，星海公司发生的有关交易性金融资产的业务如下：

（1）2×23年1月25日，按每股4.60元的价格购入A公司股票10 000股，并支付交易税费140元。A公司于2×23年3月25日，宣告分派每股0.20元的现金股利，并于2×23年4月20日发放。

（2）2×23年3月20日，按每股5.40元的价格购入B公司股票15 000股，并支付交易税费250元。股票购买价格中包含每股0.30元已宣告但尚未领取的现金股利，该现金股利于2×23年4月15日发放。

（3）2×23年4月5日，按每股4.80元的价格购入C公司股票50 000股，并支付交易税费720元。股票购买价格中包含每股0.20元已宣告但尚未领取的现金股利，该现金股利于2×23年4月25日发放。

（4）2×23年1月1日，按面值购入当日发行的甲公司债券200 000元，并支付交易税费400元。甲公司债券期限为5年，票面利率为4%，于每年12月31日付息，到期还本。

（5）2×23年7月1日，按82 500元的价格（含债券利息）购入乙公司债券，并支付交易税费160元。乙公司债券于2×22年1月1日发行，面值为80 000元，期限为5年，票面利率为5%，每年1月1日及7月1日各付息一次，到期还本。购入债券时，2×23年1月1日至7月1日的债券利息尚未领取。

（6）2×23年7月1日，按512 800元的价格（含债券利息）购入丙公司债券，并支付交易税费1 000元。丙公司债券于2×21年1月1日发行，面值为500 000元，期限为6年，票面利率为5%，每年12月31日付息，到期还本。

（7）2×23年9月20日，转让B公司股票10 000股和C公司股票30 000股，扣除交易税费后，实际收到转让价款180 000元。

（8）2×23年10月15日，按每股3.20元的价格购入D公司股票25 000股，并支付交易税费240元。

（9）2×23年11月25日，按每股6.20元的价格购入B公司股票30 000股，并支付交易税费560元。

（10）2×23年12月1日，转让面值为100 000元的甲公司债券和面值为200 000元的丙公司债券，扣除交易费用后，实际收到转让价款321 620元。

3.2×23年12月31日，星海公司持有的交易性金融资产市价资料见表4-5。

表4-5　　　　　　　　**交易性金融资产市价表**

2×23年12月31日　　　　　　　　　　　　单位：元

投资项目	面值	期末市价
一、股票：		
1.A公司股票	10 000	48 000
2.B公司股票	35 000	196 000
3.C公司股票	20 000	118 000
4.D公司股票	25 000	80 000
二、债券：		
1.甲公司债券	100 000	98 200
2.乙公司债券	80 000	81 100
3.丙公司债券	300 000	308 100

注：表4-5中，债券的市价均指不包括应收利息的价格（下同）。

4.星海公司2×24年度有关交易性金融资产的业务如下：

（1）2×24年1月5日，收到甲公司和乙公司债券利息；2×24年1月8日，收到丙公司债券利息。

（2）2×24年1月10日，转让A公司股票10 000股，扣除交易税费后，实际收到转让价款55 620元。

（3）2×24年3月20日，收到C公司分派的股票股利10 000股。

（4）2×24年3月10日，D公司宣告2×23年度股利分配方案，决议每股派发现金股利0.30元，每股派发股票股利1股，并于2×24年4月15日发放。2×24年3月25日，按每股4.50元的价格购入D公司股票15 000股，并支付交易税费200元。

（5）B公司于2×24年3月28日宣告2×23年度股利分配方案，决议每股派发现金股利0.20元，并于2×24年4月20日发放。

（6）2×24年6月5日，将持有的乙公司债券全部转让，扣除交易费用后，实际收到转让价款82 600元。

（7）2×24年7月20日，转让B公司股票21 000股，扣除交易税费后，实际收到转让价款99 600元。

（8）2×24年9月10日，转让D公司股票60 000股，扣除交易税费后，实际收到转让价款105 000元。

（9）2×24年10月25日，按每股6.20元的价格购入E公司股票15 000股，并支付交易税费280元。

（10）2×24年11月15日，转让面值为100 000元的丙公司债券，扣除交易费用后，实际收到转让价款106 900元。

（11）2×24年12月20日，购入面值为50 000元的丁公司债券，支付购买价款52 600元，另支付交易费用100元。丁公司债券于2×22年1月1日发行，期限为6年，票面利率为5%，每年12月31日付息一次、到期还本。

（12）2×24年12月25日，按每股6.60元的价格购入E公司股票20 000股，并支付交易税费400元。

5.2×24年12月31日，星海公司持有的交易性金融资产市价资料，见表4-6。

表4-6 　　　　　　　　**交易性金融资产市价表**

2×24年12月31日　　　　　　　　　　　　单位：元

投资项目	面值	期末市价
一、股票：		
1.B公司股票	14 000	82 000
2.C公司股票	30 000	98 000
3.D公司股票	20 000	34 000
4.E公司股票	35 000	237 000
二、债券：		
1.甲公司债券	100 000	98 500
2.丙公司债券	200 000	200 900
3.丁公司债券	50 000	50 200

根据以上资料，要求：

（1）编制星海公司2×23年度有关交易性金融资产的会计分录。

（2）编制星海公司2×23年12月31日交易性金融资产公允价值变动计算表，据以确认公允价值变动损益。交易性金融资产公允价值变动计算表的格式见表4-7。

表4-7 　　　　　　**交易性金融资产公允价值变动计算表**

2×23年12月31日　　　　　　　　　　　　单位：元

项　　目	面值	调整前账面余额	期末公允价值	公允价值变动损益	调整后账面余额
一、股票：					
A公司股票					
B公司股票					
C公司股票					
D公司股票					
小计					

项　目	面值	调整前 账面余额	期末 公允价值	公允价值 变动损益	调整后 账面余额
二、债券：					
甲公司债券					
乙公司债券					
丙公司债券					
小　计					
合　计					

（3）确认2×23年度债券利息收益。

（4）编制星海公司2×24年度有关交易性金融资产的会计分录。

（5）编制星海公司2×24年12月31日交易性金融资产公允价值变动计算表（表式参见表4-7），据以确认公允价值变动损益。

（6）确认2×24年度债券利息收益。

【案例分析】

1.编制星海公司2×23年度有关交易性金融资产的会计分录。

（1）购入A公司股票10 000股，并收到现金股利。

①2×23年1月25日，购入股票。

初始入账金额=4.60×10 000=46 000（元）

借：交易性金融资产——A公司股票（成本）　　46 000

　　投资收益　　　　　　　　　　　　　　　　　140

　　　贷：银行存款　　　　　　　　　　　　　　　　　46 140

②2×23年3月25日，A公司宣告分派现金股利。

应收现金股利=0.20×10 000=2 000（元）

借：应收股利——A公司　　　　　　　　　　　2 000

　　　贷：投资收益　　　　　　　　　　　　　　　　　2 000

③2×23年4月20日，收到现金股利。

借：银行存款　　　　　　　　　　　　　　　　2 000

　　　贷：应收股利——A公司　　　　　　　　　　　　　2 000

（2）购入B公司股票15 000股，并收到现金股利。

①2×23年3月20日，购入股票。

初始入账金额=（5.40-0.30）×15 000=76 500（元）

应收现金股利=0.30×15 000=4 500（元）

 借：交易性金融资产——B公司股票（成本）   76 500

   应收股利——B公司   4 500

   投资收益   250

  贷：银行存款   81 250

②2×23年4月15日，收到现金股利。

 借：银行存款   4 500

  贷：应收股利——B公司   4 500

（3）购入C公司股票50 000股，并收到现金股利。

①2×23年4月5日，购入股票。

初始入账金额=（4.80-0.20）×50 000=230 000（元）

应收现金股利=0.20×50 000=10 000（元）

 借：交易性金融资产——C公司股票（成本）   230 000

   应收股利——C公司   10 000

   投资收益   720

  贷：银行存款   240 720

②2×23年4月25日，收到现金股利。

 借：银行存款   10 000

  贷：应收股利——C公司   10 000

（4）2×23年1月1日，购入面值为200 000元的甲公司债券。

 借：交易性金融资产——甲公司债券（成本）   200 000

   投资收益   400

  贷：银行存款   200 400

（5）购入面值为80 000元的乙公司债券，并收到债券利息。

①2×23年7月1日，购入债券。

应收利息=$\dfrac{80\,000 \times 5\%}{2}$=2 000（元）

初始入账金额=82 500-2 000=80 500（元）

借：交易性金融资产——乙公司债券（成本）　　　80 500

　　　应收利息——乙公司　　　　　　　　　　　　2 000

　　　投资收益　　　　　　　　　　　　　　　　　　160

　　贷：银行存款　　　　　　　　　　　　　　　　　　　82 660

②收到债券利息。

借：银行存款　　　　　　　　　　　　　　　　2 000

　　贷：应收利息——乙公司　　　　　　　　　　　　　　2 000

（6）2×23年7月1日，购入面值为500 000元的丙公司债券。

借：交易性金融资产——丙公司债券（成本）　　512 800

　　　投资收益　　　　　　　　　　　　　　　　1 000

　　贷：银行存款　　　　　　　　　　　　　　　　　　513 800

（7）2×23年9月20日，转让B公司股票10 000股和C公司股票30 000股。

转让的B公司股票账面余额=76 500×$\frac{10\,000}{15\,000}$=51 000（元）

转让的C公司股票账面余额=230 000×$\frac{30\,000}{50\,000}$=138 000（元）

股票转让损益=180 000-（51 000+138 000）=-9 000（元）

借：银行存款　　　　　　　　　　　　　　　180 000

　　　投资收益　　　　　　　　　　　　　　　9 000

　　贷：交易性金融资产——B公司股票（成本）　　　51 000

　　　　　　　　　　　——C公司股票（成本）　　138 000

（8）2×23年10月15日，购入D公司股票25 000股。

初始入账金额=3.20×25 000=80 000（元）

借：交易性金融资产——D公司股票（成本）　　80 000

　　　投资收益　　　　　　　　　　　　　　　　240

　　贷：银行存款　　　　　　　　　　　　　　　　　80 240

（9）2×23年11月25日，购入B公司股票30 000股。

初始入账金额=6.20×30 000=186 000（元）

借：交易性金融资产——B公司股票（成本）　　186 000

　　　投资收益　　　　　　　　　　　　　　　　560

贷：银行存款   186 560

（10）2×23年12月1日，转让面值为100 000元的甲公司债券和面值为200 000元的丙公司债券。

转让的甲公司债券账面余额 $=200\,000\times\dfrac{100\,000}{200\,000}=100\,000$（元）

转让的丙公司债券账面余额 $=512\,800\times\dfrac{200\,000}{50\,000}=205\,120$（元）

债券转让损益 $=321\,620-（100\,000+205\,120）=16\,500$（元）

借：银行存款   321 620

  贷：交易性金融资产——甲公司债券（成本）   100 000

              ——丙公司债券（成本）   205 120

     投资收益   16 500

2.编制星海公司2×23年12月31日交易性金融资产公允价值变动计算表，据以确认公允价值变动损益。

（1）编制交易性金融资产公允价值变动计算表，见表4-8。

（2）确认公允价值变动损益。

借：交易性金融资产——A公司股票（公允价值变动）2 000

              ——C公司股票（公允价值变动）26 000

              ——乙公司债券（公允价值变动）   600

              ——丙公司债券（公允价值变动）   420

  贷：交易性金融资产——B公司股票（公允价值变动）   15 500

              ——甲公司债券（公允价值变动）   1 800

     公允价值变动损益   11 720

表4-8   **交易性金融资产公允价值变动计算表**

2×23年12月31日   单位：元

项目	面值	调整前账面余额	期末公允价值	公允价值变动损益	调整后账面余额
一、股票：					
A公司股票	10 000	46 000	48 000	2 000	48 000
B公司股票	35 000	211 500	196 000	-15 500	196 000

项目	面值	调整前账面余额	期末公允价值	公允价值变动损益	调整后账面余额
C公司股票	20 000	92 000	118 000	26 000	118 000
D公司股票	25 000	80 000	80 000	0	80 000
小计	90 000	429 500	442 000	12 500	442 000
二、债券：					
甲公司债券	100 000	100 000	98 200	-1 800	98 200
乙公司债券	80 000	80 500	81 100	600	81 100
丙公司债券	300 000	307 680	308 100	420	308 100
小计	480 000	488 180	487 400	-780	487 400
合计	—	917 680	929 400	11 720	929 400

3.确认2×23年度债券利息收益。

甲公司债券应收利息=100 000×4%=4 000（元）

借：应收利息——甲公司　　　　　　　　　　　　　　4 000

　　贷：投资收益　　　　　　　　　　　　　　　　　　　　　4 000

乙公司债券应收利息=80 000×5%×$\frac{6}{12}$=2 000（元）

借：应收利息——乙公司　　　　　　　　　　　　　　2 000

　　贷：投资收益　　　　　　　　　　　　　　　　　　　　　2 000

丙公司债券应收利息=300 000×5%=15 000（元）

借：应收利息——丙公司　　　　　　　　　　　　　　15 000

　　贷：投资收益　　　　　　　　　　　　　　　　　　　　　15 000

4.编制星海公司2×24年度有关交易性金融资产的会计分录。

（1）收到债券利息。

①2×24年1月5日，收到甲公司和乙公司债券利息。

借：银行存款　　　　　　　　　　　　　　　　　　　6 000

贷：应收利息——甲公司 4 000

　　　　　　——乙公司 2 000

②2×24年1月8日，收到丙公司债券利息。

借：银行存款 15 000

　　贷：应收利息——丙公司 15 000

（2）2×24年1月10日，转让A公司股票10 000股。

处置损益=55 620-48 000=7 620（元）

借：银行存款 55 620

　　贷：交易性金融资产——A公司股票（成本） 46 000

　　　　　　　　　　——A公司股票（公允价值变动） 2 000

　　　　投资收益 7 620

（3）2×24年3月20日，收到C公司分派的股票股利10 000股。

在备查簿中登记增加的C公司股票：

C公司股票=20 000+10 000=30 000（股）

（4）D公司宣告2×23年度股利分配方案，购入D公司股票15 000股，并收到股利。

①2×24年3月10日，D公司宣告2×23年度股利分配方案。

应收股利=0.30×25 000=7 500（元）

借：应收股利——D公司 7 500

　　贷：投资收益 7 500

②2×24年3月25日，购入D公司股票。

初始入账金额=（4.50-0.30）×15 000=63 000（元）

应收股利=0.30×15 000=4 500（元）

借：交易性金融资产——D公司股票（成本） 63 000

　　应收股利——D公司 4 500

　　投资收益 200

　　贷：银行存款 67 700

③2×24年4月15日，收到现金股利和股票股利。

应收股利=7 500+4 500=12 000（元）

借：银行存款 12 000

　　贷：应收股利——D公司 12 000

同时，在备查簿中登记增加的D公司股票：

D公司股票=（25 000+15 000）+40 000=80 000（股）

（5）B公司分配2×23年度现金股利。

①2×24年3月28日，宣告2×23年度股利分配方案。

应收现金股利=0.20×35 000=7 000（元）

借：应收股利——B公司   7 000

  贷：投资收益   7 000

②2×24年4月20日，收到分派的现金股利。

借：银行存款   7 000

  贷：应收股利——B公司   7 000

（6）2×24年6月5日，将持有的乙公司债券全部转让。

债券转让损益=82 600-81 100=1 500（元）

借：银行存款   82 600

  贷：交易性金融资产——乙公司债券（成本）   80 500

       ——乙公司债券（公允价值变动） 600

    投资收益   1 500

（7）2×24年7月20日，转让B公司股票21 000股。

转让的B公司股票账面余额=$196\,000×\dfrac{21\,000}{35\,000}$=117 600（元）

 其中：成本=$211\,500×\dfrac{21\,000}{35\,000}$=126 900（元）

    公允价值变动=$(-15\,500)×\dfrac{21\,000}{35\,000}$=-9 300（元）

    股票转让损益=99 600-117 600=-18 000（元）

借：银行存款   99 600

  投资收益   18 000

  交易性金融资产——B公司股票（公允价值变动）9 300

  贷：交易性金融资产——B公司股票（成本） 126 900

（8）2×24年9月10日，转让D公司股票60 000股。

转让的D公司股票账面成本=$(80\,000+63\,000)×\dfrac{60\,000}{80\,000}$=107 250（元）

股票转让损益=105 000-107 250=-2 250（元）

借：银行存款   105 000

    投资收益   2 250

    贷：交易性金融资产——D公司股票（成本）   107 250

（9）2×24年10月25日，购入E公司股票15 000股。

初始入账金额=6.20×15 000=93 000（元）

借：交易性金融资产——E公司股票（成本）   93 000

    投资收益   280

    贷：银行存款   93 280

（10）2×24年11月15日，转让面值为100 000元的丙公司债券。

转让的丙公司债券账面余额=308 100$\times\dfrac{100\ 000}{300\ 000}$=102 700（元）

其中：成本=307 680$\times\dfrac{100\ 000}{300\ 000}$=102 560（元）

公允价值变动=420$\times\dfrac{100\ 000}{300\ 000}$=140（元）

债券转让损益=106 900−102 700=4 200（元）

借：银行存款   106 900

    贷：交易性金融资产——丙公司债券（成本）   102 560

    ——丙公司债券（公允价值变动）   140

    投资收益   4 200

（11）2×24年12月20日，购入面值为50 000元的丁公司债券。

借：交易性金融资产——丁公司债券（成本）   52 600

    投资收益   100

    贷：银行存款   52 700

（12）2×24年12月25日，购入E公司股票20 000股。

初始入账金额=6.60×20 000=132 000（元）

借：交易性金融资产——E公司股票（成本）   132 000

    投资收益   400

    贷：银行存款   132 400

5.编制星海公司2×24年12月31日交易性金融资产公允价值变动计算表，据以确认公允价值变动损益。

（1）编制交易性金融资产公允价值变动计算表，见表4-9。

表4-9　　　　　　　交易性金融资产公允价值变动计算表

2×24年12月31日　　　　　　　　　　　　　　单位：元

项目	面值	调整前账面余额	期末公允价值	公允价值变动损益	调整后账面余额
股票：					
B公司股票	14 000	78 400	82 000	3 600	82 000
C公司股票	30 000	118 000	98 000	-20 000	98 000
D公司股票	20 000	35 750	34 000	-1 750	34 000
E公司股票	35 000	225 000	237 000	12 000	237 000
小计	99 000	457 150	451 000	-6 150	451 000
债券：					
甲公司债券	100 000	98 200	98 500	300	98 500
丙公司债券	200 000	205 400	200 900	-4 500	200 900
丁公司债券	50 000	52 600	50 200	-2 400	50 200
小计	350 000	356 200	349 600	-6 600	349 600
合计	—	813 350	800 600	-12 750	800 600

（2）确认公允价值变动损益

借：交易性金融资产——B公司股票（公允价值变动）　3 600

　　　　　　　　——E公司股票（公允价值变动）12 000

　　　　　　　　——甲公司债券（公允价值变动）　300

　　公允价值变动损益　　　　　　　　　　　　　　12 750

　　贷：交易性金融资产——C公司股票（公允价值变动）　20 000

　　　　　　　　　——D公司股票（公允价值变动）　1 750

　　　　　　　　　——丙公司债券（公允价值变动）　4 500

　　　　　　　　　——丁公司债券（公允价值变动）　2 400

（3）确认2×24年度债券利息收益。

甲公司债券应收利息=100 000×4%=4 000（元）

借：应收利息——甲公司	4 000
贷：投资收益	4 000

丙公司债券应收利息=200 000×5%=10 000（元）

借：应收利息——丙公司	10 000
贷：投资收益	10 000

丁公司债券应收利息=50 000×5%=2 500（元）

借：应收利息——丁公司	2 500
贷：投资收益	2 500

六、练习题参考答案

（一）单项选择题

1.D　2.D　3.A　4.B　5.A　6.B　7.A　8.B　9.C　10.C　11.A　12.B　13.C　14.B
15.A　16.C　17.C　18.C　19.C　20.D　21.C　22.B　23.D　24.A　25.D　26.B　27.D
28.B　29.D　30.D　31.C　32.A　33.A　34.B　35.D　36.C　37.B　38.A　39.D　40.A
41.D　42.A　43.C　44.A　45.C　46.A　47.D　48.C　49.B　50.B　51.D　52.A　53.C
54.D　55.B　56.C　57.A　58.C　59.A　60.C　61.D　62.D　63.C　64.B　65.D　66.A
67.B　68.C　69.D　70.C　71.B　72.A　73.B　74.C

（二）多项选择题

1.ADE　2.AC　3.AB　4.ABC　5.ACE　6.BD　7.BCE　8.ABCE　9.ACE
10.ABCE　11.AB　12.BCD　13.ACDE

（三）判断题

1.√　2.√　3.×　4.×　5.√　6.×　7.×　8.√　9.√　10.√　11.√　12.√　13.×　14.√
15.×　16.√　17.√　18.×　19.×　20.√　21.√　22.×　23.√　24.×　25.×　26.√　27.×
28.√　29.√　30.√　31.√　32.×　33.√　34.×　35.√　36.√　37.√　38.√　39.√　40.√
41.√　42.×　43.√　44.√　45.×

（四）计算及账务处理题

1.购入交易性金融资产（股票）。

（1）2×24年3月25日，购入股票。

初始入账金额=（3.50-0.10）×10 000=34 000（元）

应收股利=0.10×10 000=1 000（元）

借：交易性金融资产——A公司股票（成本）	34 000
应收股利	1 000
投资收益	250

  贷：银行存款 35 250

（2）2×24年4月10日，收到现金股利。

  借：银行存款 1 000

   贷：应收股利 1 000

2.购入交易性金融资产（债券）。

  借：交易性金融资产——A公司债券（成本） 248 000

    投资收益 800

   贷：银行存款 248 800

3.交易性金融资产的购入、持有、转让（债券）。

（1）2×24年2月25日，购入债券。

  借：交易性金融资产——A公司债券（成本） 46 800

    投资收益 200

   贷：银行存款 47 000

（2）2×24年7月5日，收到债券利息。

债券利息=45 000×4%=1 800（元）

  借：银行存款 1 800

   贷：投资收益 1 800

（3）2×24年12月1日，转让债券。

  借：银行存款 46 000

    投资收益 800

   贷：交易性金融资产——A公司债券（成本） 46 800

4.交易性金融资产的购入、持有、转让（股票）。

（1）2×24年1月20日，购入股票。

初始入账金额=3.80×50 000=190 000（元）

  借：交易性金融资产——B公司股票（成本） 190 000

    投资收益 1 200

   贷：银行存款 191 200

（2）2×24年3月5日，B公司宣告分派现金股利。

应收股利=0.20×50 000=10 000（元）

  借：应收股利 10 000

   贷：投资收益 10 000

（3）2×24年4月10日，收到现金股利。

  借：银行存款 10 000

   贷：应收股利 10 000

（4）2×24年9月20日，转让股票。

借：银行存款　　　　　　　　　　　　　　　　220 000

　　贷：交易性金融资产——B公司股票（成本）　　　　190 000

　　　　投资收益　　　　　　　　　　　　　　　　　30 000

5.交易性金融资产公允价值变动。

（1）假定C公司股票期末公允价值为520 000元。

公允价值变动=520 000-680 000=-160 000（元）

借：公允价值变动损益　　　　　　　　　　　　160 000

　　贷：交易性金融资产——C公司股票（公允价值变动）　160 000

（2）假定C公司股票期末公允价值为750 000元。

公允价值变动=750 000-680 000=70 000（元）

借：交易性金融资产——C公司股票（公允价值变动）　70 000

　　贷：公允价值变动损益　　　　　　　　　　　　　70 000

6.交易性金融资产的购入、持有、转让（股票）。

（1）2×23年11月10日，购入股票。

借：交易性金融资产——B公司股票（成本）　　　65 000

　　投资收益　　　　　　　　　　　　　　　　　　500

　　贷：银行存款　　　　　　　　　　　　　　　　65 500

（2）2×24年12月31日，确认公允价值变动损益。

借：交易性金融资产——B公司股票（公允价值变动）　10 000

　　贷：公允价值变动损益　　　　　　　　　　　　　10 000

（3）2×24年3月5日，B公司宣告分派现金股利。

借：应收股利　　　　　　　　　　　　　　　　　1 000

　　贷：投资收益　　　　　　　　　　　　　　　　　1 000

（4）2×24年4月5日，将B公司股票出售。

借：银行存款　　　　　　　　　　　　　　　　　82 000

　　贷：交易性金融资产——B公司股票（成本）　　　65 000

　　　　　　　　——B公司股票（公允价值变动）　10 000

　　　　应收股利　　　　　　　　　　　　　　　　1 000

　　　　投资收益　　　　　　　　　　　　　　　　6 000

7.购入债权投资（初始入账金额大于面值）。

应收利息=50 000×6%=3 000（元）

初始入账金额=55 000-3 000=52 000（元）

借：债权投资——A公司债券（成本）　　　　　　　　　　50 000

　　　　　　——A公司债券（利息调整）　　　　　　　2 000

　　应收利息　　　　　　　　　　　　　　　　　　　　3 000

　贷：银行存款　　　　　　　　　　　　　　　　　　　　　　55 000

8.购入债权投资（初始入账金额小于面值）。

应收利息=50 000×6%=3 000（元）

初始入账金额=52 000-3 000=49 000（元）

借：债权投资——A公司债券（成本）　　　　　　　　　50 000

　　应收利息　　　　　　　　　　　　　　　　　　　　3 000

　贷：债权投资——A公司债券（利息调整）　　　　　　　　　1 000

　　银行存款　　　　　　　　　　　　　　　　　　　　　　52 000

9.债权投资的购入、利息收入确认（初始入账金额大于面值）。

（1）编制购入债券的会计分录。

借：债权投资——A公司债券（成本）　　　　　　　　　500 000

　　　　　　——A公司债券（利息调整）　　　　　　　26 730

　贷：银行存款　　　　　　　　　　　　　　　　　　　　　526 730

（2）采用实际利率法编制债券利息收入与账面余额计算表，见表4-10（表中所有数字均保留整数）。

（3）编制各年年末确认债券利息收益的会计分录。

①2×22年12月31日。

借：应收利息　　　　　　　　　　　　　　　　　　　　40 000

　贷：债权投资——A公司债券（利息调整）　　　　　　　　　8 396

　　投资收益　　　　　　　　　　　　　　　　　　　　　　31 604

表4-10　　　　　　　**债券利息收入与账面余额计算表**　　　　　　金额单位：元

计息日期	应收利息	实际利率（%）	利息收入	利息调整摊销	账面余额
2×22年1月1日					526 730
2×22年12月31日	40 000	6	31 604	8 396	518 334
2×23年12月31日	40 000	6	31 100	8 900	509 434
2×24年12月31日	40 000	6	30 566	9 434	500 000
合　计	120 000	—	93 270	26 730	—

收到债券利息时：

借：银行存款   40 000

 贷：应收利息   40 000

②2×23年12月31日。

借：应收利息   40 000

 贷：债权投资——A公司债券（利息调整）   8 900

  投资收益   31 100

收到债券利息时：

借：银行存款   40 000

 贷：应收利息   40 000

③2×24年12月31日。

借：应收利息   40 000

 贷：债权投资——A公司债券（利息调整）   9 434

  投资收益   30 566

收到债券利息时：

借：银行存款   40 000

 贷：应收利息   40 000

（4）编制债券到期收回面值的会计分录。

借：银行存款   500 000

 贷：债权投资——A公司债券（成本）   500 000

10.债权投资的购入、利息收入确认（初始入账金额小于面值）。

（1）编制购入债券的会计分录。

债券利息=200 000×4%=8 000（元）

初始入账金额=197 300-8 000=189 300（元）

借：债权投资——B公司债券（成本）   200 000

 应收利息   8 000

 贷：债权投资——B公司债券（利息调整）   10 700

  银行存款   197 300

（2）采用实际利率法编制债券利息收入与账面余额计算表，见表4-11（表中所有数字均保留整数）。

（3）编制各年年末确认债券利息收益的会计分录。

①2×22年12月31日。

借：应收利息   8 000

 债权投资——B公司债券（利息调整）   3 358

 贷：投资收益   11 358

表4-11　　　　　　　　**债券利息收入与账面余额计算表**　　　　　　金额单位：元

计息日期	应收利息	实际利率（%）	利息收入	利息调整摊销	账面余额
2×22年1月1日					189 300
2×22年12月31日	8 000	6	11 358	3 358	192 658
2×23年12月31日	8 000	6	11 559	3 559	196 217
2×24年12月31日	8 000	6	11 783	3 783	200 000
合　计	24 000	—	34 700	10 700	—

收到债券利息时：

借：银行存款 8 000

　贷：应收利息 8 000

②2×23年12月31日。

借：应收利息 8 000

　债权投资——B公司债券（利息调整） 3 559

　贷：投资收益 11 559

收到债券利息时：

借：银行存款 8 000

　贷：应收利息 8 000

③2×24年12月31日。

借：应收利息 8 000

　债权投资——B公司债券（利息调整） 3 783

　贷：投资收益 11 783

收到债券利息时：

借：银行存款 8 000

　贷：应收利息 8 000

（4）编制债券到期收回面值的会计分录。

借：银行存款 200 000

　贷：债权投资——B公司债券（成本） 200 000

11.债权投资购入至到期收回（初始入账金额大于面值）。

（1）购入债券的会计分录。

借：债权投资——甲公司债券（成本） 500 000

　　　　　——甲公司债券（利息调整） 60 000

贷：银行存款　　　　　　　　　　　　　　　　　　560 000

（2）计算债券实际利率并编制债券利息收入与账面余额计算表。

①计算实际利率。

先以6%作为折现率进行测算：

债券年利息额=500 000×8%=40 000（元）

利息和面值的现值=40 000×4.212364+500 000×0.747258=542 124（元）

再以5%作为折现率进行测算：

利息和面值的现值=40 000×4.329477+500 000×0.783526=564 942（元）

因此，实际利率介于5%和6%之间。使用插值法估算实际利率如下：

实际利率=5%+（6%-5%）× $\dfrac{564\,942-560\,000}{564\,942-542\,124}$ = 5.22%

②采用实际利率法编制的利息收入与账面余额计算表，见表4-12。

表4-12　　　　　　　债券利息收入与账面余额计算表　　　　金额单位：元

计息日期	应收利息	实际利率（%）	利息收入	利息调整摊销	账面余额
2×20年1月1日					560 000
2×20年12月31日	40 000	5.22	29 232	10 768	549 232
2×21年12月31日	40 000	5.22	28 670	11 330	537 902
2×22年12月31日	40 000	5.22	28 078	11 922	525 980
2×23年12月31日	40 000	5.22	27 456	12 544	513 436
2×24年12月31日	40 000	5.22	26 564	13 436	500 000
合　计	200 000	—	140 000	60 000	—

（3）编制各年年末确认债券利息收益的会计分录。

①2×20年12月31日，确认利息收入并摊销溢价。

借：应收利息　　　　　　　　　　　　　　　　　　40 000

　贷：投资收益　　　　　　　　　　　　　　　　　29 232

　　　债权投资——甲公司债券（利息调整）　　　　10 768

收到债券利息时：

借：银行存款　　　　　　　　　　　　　　　　　　40 000

　贷：应收利息　　　　　　　　　　　　　　　　　40 000

②2×21年12月31日，确认利息收入并摊销溢价。

借：应收利息　　　　　　　　　　　　　　　　　　　　40 000

　　贷：投资收益　　　　　　　　　　　　　　　　　　　28 670

　　　　债权投资——甲公司债券（利息调整）　　　　　　11 330

收到债券利息时：

借：银行存款　　　　　　　　　　　　　　　　　　　　40 000

　　贷：应收利息　　　　　　　　　　　　　　　　　　　40 000

③2×22年12月31日，确认利息收入并摊销溢价。

借：应收利息　　　　　　　　　　　　　　　　　　　　40 000

　　贷：投资收益　　　　　　　　　　　　　　　　　　　28 078

　　　　债权投资——甲公司债券（利息调整）　　　　　　11 922

收到债券利息时：

借：银行存款　　　　　　　　　　　　　　　　　　　　40 000

　　贷：应收利息　　　　　　　　　　　　　　　　　　　40 000

④2×23年12月31日，确认利息收入并摊销溢价。

借：应收利息　　　　　　　　　　　　　　　　　　　　40 000

　　贷：投资收益　　　　　　　　　　　　　　　　　　　27 456

　　　　债权投资——甲公司债券（利息调整）　　　　　　12 544

收到债券利息时：

借：银行存款　　　　　　　　　　　　　　　　　　　　40 000

　　贷：应收利息　　　　　　　　　　　　　　　　　　　40 000

⑤2×24年12月31日，确认利息收入并摊销溢价。

借：应收利息　　　　　　　　　　　　　　　　　　　　40 000

　　贷：投资收益　　　　　　　　　　　　　　　　　　　26 564

　　　　债权投资——甲公司债券（利息调整）　　　　　　13 436

收到债券利息时：

借：银行存款　　　　　　　　　　　　　　　　　　　　40 000

　　贷：应收利息　　　　　　　　　　　　　　　　　　　40 000

（4）编制到期收回债券面值的会计分录。

借：银行存款　　　　　　　　　　　　　　　　　　　500 000

　　贷：债权投资——甲公司债券（成本）　　　　　　　　500 000

12.债权投资从购入至到期收回（初始入账金额小于面值）。

（1）购入债券的会计分录。

债券利息=200 000×4%=8 000（元）

借：债权投资——乙公司债券（成本）   200 000

  应收利息   8 000

 贷：债权投资——乙公司债券（利息调整）   3 000

   银行存款   205 000

（2）计算债券实际利率并编制债券利息收入与账面余额计算表。

①计算实际利率。

先以5%作为折现率进行测算：

利息和面值的现值=8 000×2.723248+200 000×0.863838=194 554（元）

因此，实际利率介于4%和5%之间。使用插值法估算实际利率如下：

实际利率=4%+（5%-4%）×$\dfrac{200\,000 - 197\,000}{200\,000 - 194\,554}$=4.55%

②采用实际利率法编制的利息收入与账面余额计算表，见表4-13。

表4-13   **债券利息收入与账面余额计算表**   金额单位：元

计息日期	应收利息	实际利率（%）	利息收入	利息调整摊销	账面余额
2×22 年 1 月 1 日					197 000
2×22 年 12 月 31 日	8 000	4.55	8 964	964	197 964
2×23 年 12 月 31 日	8 000	4.55	9 007	1 007	198 971
2×24 年 12 月 31 日	8 000	4.55	9 029	1 029	200 000
合　计	24 000	—	27 000	3 000	—

（3）编制各年年末确认债券利息收益的会计分录。

①2×22 年 12 月 31 日，确认利息收入并摊销溢价。

借：应收利息   8 000

  债权投资——乙公司债券（利息调整）   964

 贷：投资收益   8 964

收到债券利息时：

借：银行存款   8 000

 贷：应收利息   8 000

②2×23 年 12 月 31 日，确认利息收入并摊销溢价。

借：应收利息   8 000

  债权投资——乙公司债券（利息调整）   1 007

贷：投资收益   9 007

收到债券利息时：

借：银行存款   8 000

  贷：应收利息   8 000

③2×24年12月31日，确认利息收入并摊销溢价。

借：应收利息   8 000

  债权投资——乙公司债券（利息调整） 1 029

  贷：投资收益   9 029

收到债券利息时：

借：银行存款   8 000

  贷：应收利息   8 000

（4）编制到期收回债券面值的会计分录。

借：银行存款   200 000

  贷：债权投资——乙公司债券（成本） 200 000

13.可提前赎回债券的会计处理。

（1）2×20年1月1日，编制购入债券的会计分录。

借：债权投资——D公司债券（成本） 200 000

      ——D公司债券（利息调整） 8 660

  贷：银行存款   208 660

（2）采用实际利率法编制利息收入与账面余额计算表，见表4-14。

表4-14   **债券利息收入与账面余额计算表**   金额单位：元

日期	应收利息	实际利率（%）	利息收入	利息调整摊销	账面余额
2×20年1月1日					208 660
2×20年12月31日	12 000	5	10 433	1 567	207 093
2×21年12月31日	12 000	5	10 355	1 645	205 448
2×22年12月31日	12 000	5	10 272	1 728	203 720
2×23年12月31日	12 000	5	10 186	1 814	201 906
2×24年12月31日	12 000	5	10 094	1 906	200 000
合 计	60 000	—	51 340	8 660	—

（3）编制2×20年12月31日和2×21年12月31日确认利息收入和摊销利息调整的会计分录。

①2×20年12月31日。

借：应收利息   12 000

 贷：投资收益   10 433

  债权投资——D公司债券（利息调整）   1 567

收到债券利息时：

借：银行存款   12 000

 贷：应收利息   12 000

②2×21年12月31日。

借：应收利息   12 000

 贷：投资收益   10 355

  债权投资——D公司债券（利息调整）   1 645

收到债券利息时：

借：银行存款   12 000

 贷：应收利息   12 000

（4）2×22年1月1日，调整账面余额。

调整后账面余额=80 000×0.952381+12 000×0.952381+7 200×0.907029+7 200×0.863838+120 000×0.863838=204 030（元）

账面余额调整额=205 448-204 030=1 418（元）

借：投资收益   1 418

 贷：债权投资——D公司债券（利息调整）   1 418

（5）采用实际利率法编制调整后利息收入与账面余额计算表，见表4-15。

表4-15   **利息收入与账面余额计算表**   金额单位：元

计息日期	应收利息	实际利率（%）	利息收入	利息调整摊销	账面余额
2×22年1月1日					204 030
2×22年12月31日	12 000	5	10 202	1 798	122 232
2×23年12月31日	7 200	5	6 112	1 088	121 144
2×24年12月31日	7 200	5	6 056	1 144	120 000
合 计	26 400	—	22 370	4 030	—

（6）2×22年12月31日，编制收回部分债券面值的会计分录。

借：银行存款　　　　　　　　　　　　　　　　　　　80 000
　　贷：债权投资——D公司债券（成本）　　　　　　　　　　　80 000

（7）编制调整后各年确认利息收入和摊销利息调整的会计分录。

① 2×22年12月31日。

借：应收利息　　　　　　　　　　　　　　　　　　　12 000
　　贷：投资收益　　　　　　　　　　　　　　　　　　　　　10 202
　　　　债权投资——D公司债券（利息调整）　　　　　　　　　1 798

收到债券利息时：

借：银行存款　　　　　　　　　　　　　　　　　　　12 000
　　贷：应收利息　　　　　　　　　　　　　　　　　　　　　12 000

②2×23年12月31日。

借：应收利息　　　　　　　　　　　　　　　　　　　7 200
　　贷：投资收益　　　　　　　　　　　　　　　　　　　　　6 112
　　　　债权投资——D公司债券（利息调整）　　　　　　　　　1 088

收到债券利息时：

借：银行存款　　　　　　　　　　　　　　　　　　　7 200
　　贷：应收利息　　　　　　　　　　　　　　　　　　　　　7 200

③2×24年12月31日。

借：应收利息　　　　　　　　　　　　　　　　　　　7 200
　　贷：投资收益　　　　　　　　　　　　　　　　　　　　　6 056
　　　　债权投资——D公司债券（利息调整）　　　　　　　　　1 144

收到债券利息时：

借：银行存款　　　　　　　　　　　　　　　　　　　7 200
　　贷：应收利息　　　　　　　　　　　　　　　　　　　　　7 200

（8）债券到期，编制收回债券面值的会计分录。

借：银行存款　　　　　　　　　　　　　　　　　　　120 000
　　贷：债权投资——D公司债券（成本）　　　　　　　　　　　120 000

14.到期一次还本付息债券的会计处理。

（1）2×20年1月1日，购入G公司债券。

借：债权投资——G公司债券（成本）　　　　　　　　500 000
　　贷：银行存款　　　　　　　　　　　　　　　　　　　　　397 200
　　　　债权投资——G公司债券（利息调整）　　　　　　　　　102 800

（2）计算债券的实际利率。

先将12%作为折现率进行测算：

债券年利息额=500 000×8%=40 000（元）

利息和面值的现值=（500 000+40 000×5）×0.567427≈397 200（元）

因此，该债券的实际利率为12%。

（3）采用实际利率法编制利息收入与账面余额计算表，见表4-16。

表4-16　　　　　利息收入与账面余额计算表（实际利率法）　　　金额单位：元

计息日期	应收利息	实际利率（%）	利息收入	利息调整摊销	账面余额
2×20年1月1日					397 200
2×20年12月31日	40 000	12	47 664	7 664	444 864
2×21年12月31日	40 000	12	53 384	13 384	498 248
2×22年12月31日	40 000	12	59 790	19 790	558 038
2×23年12月31日	40 000	12	66 965	26 965	625 003
2×24年12月31日	40 000	12	74 997	34 997	700 000
合　计	200 000	—	302 800	102 800	—

（4）编制各年确认利息收入和摊销利息调整的会计分录。

①2×20年12月31日。

借：债权投资——G公司债券（应计利息）　　　　　　40 000

　　　　——G公司债券（利息调整）　　　　　　7 664

　　贷：投资收益　　　　　　　　　　　　　　　　　　47 664

②2×21年12月31日。

借：债权投资——G公司债券（应计利息）　　　　　　40 000

　　　　——G公司债券（利息调整）　　　　　　13 384

　　贷：投资收益　　　　　　　　　　　　　　　　　　53 384

③2×22年12月31日。

借：债权投资——G公司债券（应计利息）　　　　　　40 000

　　　　——G公司债券（利息调整）　　　　　　19 790

　　贷：投资收益　　　　　　　　　　　　　　　　　　59 790

④2×23年12月31日。

借：债权投资——G公司债券（应计利息）　　　　　　40 000

　　　　——G公司债券（利息调整）　　　　　　26 965

贷：投资收益	66 965

⑤2×24年12月31日。

借：债权投资——G公司债券（应计利息）	40 000
——G公司债券（利息调整）	34 997
贷：投资收益	74 997

（5）债券到期，收回债券本息。

借：银行存款	700 000
贷：债权投资——G公司债券（成本）	500 000
——G公司债券（应计利息）	200 000

15.以商业汇票抵偿以前所欠账款。

（1）2×23年9月1日，收到商业汇票。

借：应收票据	20 000
贷：应收账款——B公司	20 000

（2）2×24年3月1日，收回票款。

借：银行存款	20 000
贷：应收票据	20 000

16.销售商品收到票据。

（1）收到商业汇票。

借：应收票据	56 500
贷：主营业务收入	50 000
应交税费——应交增值税（销项税额）	6 500

（2）商业汇票到期，星海公司未收回票款。

借：应收账款——C公司	56 500
贷：应收票据	56 500

17.应收票据贴现（不附追索权）。

借：银行存款	78 000
财务费用	2 000
贷：应收票据	80 000

18.应收票据贴现（附追索权）。

（1）贴现商业汇票。

借：银行存款	58 800
财务费用	1 200
贷：短期借款	60 000

或者：

借：银行存款   58 800

      短期借款——利息调整   1 200

     贷：短期借款——成本   60 000

（2）贴现票据到期。

①假定债务人如期付款。

借：短期借款   60 000

     贷：应收票据   60 000

②假定债务人未能如期付款，星海公司代债务人付款。

借：短期借款   60 000

     贷：银行存款   60 000

借：应收账款——××债务人   60 000

     贷：应收票据   60 000

③假定债务人和星海公司均无力付款，银行作为逾期贷款处理。

借：应收账款——××债务人   60 000

     贷：应收票据   60 000

19.应收票据转让。

借：原材料   45 000

     应交税费——应交增值税（进项税额）   5 850

     贷：应收票据   50 000

        银行存款   850

20.赊销商品。

（1）2×24年6月20日，赊销商品。

借：应收账款——C公司   91 400

     贷：主营业务收入   80 000

        应交税费——应交增值税（销项税额）

                                         10 400

        银行存款   1 000

（2）2×24年7月20日，收回货款。

借：银行存款   91 400

     贷：应收账款——C公司   91 400

21.预付款购货。

（1）向F公司预付货款。

借：预付账款——F公司   20 000

     贷：银行存款   20 000

（2）F公司提供所购原材料并开来发票账单。

借：原材料　　　　　　　　　　　　　　　　　　　18 000

　　应交税费——应交增值税（进项税额）　　　　　2 340

　　贷：预付账款——F公司　　　　　　　　　　　　　　20 340

（3）向F公司补付货款。

借：预付账款——F公司　　　　　　　　　　　　　340

　　贷：银行存款　　　　　　　　　　　　　　　　　　340

22.备用金（随借随用、用后报销）。

（1）赵明预借差旅费。

借：其他应收款——赵明　　　　　　　　　　　　1 500

　　贷：库存现金　　　　　　　　　　　　　　　　　1 500

（2）赵明出差回来，据实报销。

①假定实际支出1 600元。

借：管理费用——差旅费　　　　　　　　　　　　1 600

　　贷：其他应收款——赵明　　　　　　　　　　　　　1 500

　　　　库存现金　　　　　　　　　　　　　　　　　　100

②假定实际支出1 200元。

借：管理费用——差旅费　　　　　　　　　　　　1 200

　　库存现金　　　　　　　　　　　　　　　　　　300

　　贷：其他应收款——赵明　　　　　　　　　　　　　1 500

23.备用金（定额备用金制）。

（1）向业务部门支付备用金定额。

借：其他应收款——备用金（业务部门）　　　　　2 000

　　贷：银行存款　　　　　　　　　　　　　　　　　2 000

（2）业务部门报销支出并补足其备用金定额。

①假定实际支出2 500元。

借：管理费用　　　　　　　　　　　　　　　　　2 500

　　贷：银行存款　　　　　　　　　　　　　　　　　2 500

②假定实际支出1 800元。

借：管理费用　　　　　　　　　　　　　　　　　1 800

　　贷：银行存款　　　　　　　　　　　　　　　　　1 800

24.购入其他权益工具投资。

（1）2×24年4月20日，购入股票。

初始入账金额=（6.50-0.30）×20 000+600=124 600（元）

应收现金股利=0.30×20 000=6 000（元）

借：其他权益工具投资——B公司股票（成本）　　　　124 600

　　应收股利　　　　　　　　　　　　　　　　　　　　6 000

　　贷：银行存款　　　　　　　　　　　　　　　　　　　　130 600

（2）2×24年5月10日，收到发放的现金股利。

借：银行存款　　　　　　　　　　　　　　　　　　　6 000

　　贷：应收股利　　　　　　　　　　　　　　　　　　　　6 000

25.其他债权投资的购入、持有、转让。

（1）编制购入债券的会计分录。

借：其他债权投资——A公司债券（成本）　　　　　500 000

　　　　　　　　——A公司债券（利息调整）　　　　26 730

　　贷：银行存款　　　　　　　　　　　　　　　　　　　526 730

（2）采用实际利率法编制债券利息收入与账面余额计算表，见表4-17。

表4-17　　　　　　债券利息收入与账面余额计算表　　　金额单位：元

计息日期	应收利息	实际利率（%）	利息收入	利息调整摊销	账面余额
2×22年1月1日					526 730
2×22年12月31日	40 000	6	31 604	8 396	518 334
2×23年12月31日	40 000	6	31 100	8 900	509 434
2×24年12月31日	40 000	6	30 566	9 434	500 000
合　计	120 000	—	93 270	26 730	—

（3）编制2×22年12月31日确认债券利息收益的会计分录。

借：应收利息　　　　　　　　　　　　　　　　　　40 000

　　贷：其他债权投资——A公司债券（利息调整）　　　　8 396

　　　投资收益　　　　　　　　　　　　　　　　　　　　31 604

收到债券利息时：

借：银行存款　　　　　　　　　　　　　　　　　　40 000

　　贷：应收利息　　　　　　　　　　　　　　　　　　　40 000

（4）编制2×22年12月31日确认公允价值变动的会计分录。

公允价值变动=520 000-518 334=1 666（元）

借：其他债权投资——A公司债券（公允价值变动）　　1 666

　　贷：其他综合收益——其他债权投资公允价值变动　　　1 666

（5）编制2×23年9月1日出售债券的会计分录。

借：银行存款　　　　　　　　　　　　　　　　　　546 000

贷：其他债权投资——A公司债券（成本）	500 000
——A公司债券（利息调整）	18 334
——A公司债券（公允价值变动）	1 666
投资收益	26 000
借：其他综合收益——其他债权投资公允价值变动	1 666
贷：投资收益	1 666

26.其他金融工具投资公允价值变动。

（1）A公司股票公允价值变动。

股票公允价值变动=780 000-850 000=-70 000（元）

借：其他综合收益——其他权益工具投资公允价值变动	70 000
贷：其他权益工具投资——A公司股票（公允价值变动）	70 000

（2）甲公司债券公允价值变动。

债券公允价值变动=252 000-250 000=2 000（元）

借：其他债权投资——甲公司债券（公允价值变动）	2 000
贷：其他综合收益——其他债权投资公允价值变动	2 000

27.其他权益工具投资的购入、持有、转让。

（1）2×23年1月10日，购入股票。

借：其他权益工具投资——B公司股票（成本）	65 500
贷：银行存款	65 500

（2）2×23年4月5日，B公司宣告分派现金股利。

借：应收股利	1 000
贷：投资收益	1 000

（3）2×23年4月25日，收到B公司分派的现金股利。

借：银行存款	1 000
贷：应收股利	1 000

（4）2×23年12月31日，确认公允价值变动。

借：其他权益工具投资——B公司股票（公允价值变动）	9 500
贷：其他综合收益——其他权益工具投资公允价值变动	9 500

（5）2×24年9月25日，将B公司股票出售。

借：银行存款	86 000
贷：其他权益工具投资——B公司股票（成本）	65 500
——B公司股票（公允价值变动）	9 500
盈余公积	1 100
利润分配——未分配利润	9 900

借：其他综合收益——其他权益工具投资公允价值变动　　　　9 500

　　贷：盈余公积　　　　　　　　　　　　　　　　　　　　　　　　950

　　　　利润分配——未分配利润　　　　　　　　　　　　　　　　8 550

28.坏账损失的会计处理。

（1）2×23年年末，计提坏账准备。

应计提坏账准备=300 000×5% =15 000（元）

借：信用减值损失　　　　　　　　　　　　　　　　　　　　　15 000

　　贷：坏账准备　　　　　　　　　　　　　　　　　　　　　　15 000

（2）2×24年6月，转销应收A单位的账款。

借：坏账准备　　　　　　　　　　　　　　　　　　　　　　　12 600

　　贷：应收账款——A单位　　　　　　　　　　　　　　　　　12 600

（3）2×24年年末，计提坏账准备。

应计提坏账准备 = 320 000×5%−2 400 = 13 600（元）

借：信用减值损失　　　　　　　　　　　　　　　　　　　　　13 600

　　贷：坏账准备　　　　　　　　　　　　　　　　　　　　　　13 600

29.坏账损失的会计处理。

（1）2×23年年末，计提坏账准备。

应计提坏账准备=300 000×5% = 15 000（元）

借：信用减值损失　　　　　　　　　　　　　　　　　　　　　15 000

　　贷：坏账准备　　　　　　　　　　　　　　　　　　　　　　15 000

（2）2×24年6月，转销应收A单位的账款。

借：坏账准备　　　　　　　　　　　　　　　　　　　　　　　16 500

　　贷：应收账款——A单位　　　　　　　　　　　　　　　　　16 500

（3）2×24年年末，计提坏账准备。

应计提坏账准备 = 320 000×5%+1 500 =17 500（元）

借：信用减值损失　　　　　　　　　　　　　　　　　　　　　17 500

　　贷：坏账准备　　　　　　　　　　　　　　　　　　　　　　17 500

30.坏账损失的会计处理。

（1）2×23年年末，计提坏账准备。

应计提坏账准备=300 000×5% =15 000（元）

借：信用减值损失　　　　　　　　　　　　　　　　　　　　　15 000

　　贷：坏账准备　　　　　　　　　　　　　　　　　　　　　　15 000

（2）2×24年6月，转销应收A单位的账款。

借：坏账准备　　　　　　　　　　　　　　　　　　　　　　　2 000

貸：应收账款——A单位   2 000

（3）2×24年年末，计提坏账准备。

应计提坏账准备 = 250 000×5%-13 000 =-500（元）

借：坏账准备   500

　贷：信用减值损失   500

31.坏账损失的会计处理。

（1）2×23年年末，计提坏账准备。

应计提坏账准备=300 000×5% = 15 000（元）

借：信用减值损失   15 000

　贷：坏账准备   15 000

（2）2×24年6月，转销应收A单位的账款。

借：坏账准备   13 300

　贷：应收账款——A单位   13 300

（3）2×24年10月，收回B单位账款。

借：应收账款——B单位   17 500

　贷：坏账准备   17 500

借：银行存款   17 500

　贷：应收账款——B单位   17 500

（4）2×24年年末，计提坏账准备。

应计提坏账准备 = 360 000×5%-19 200 =-1 200（元）

借：坏账准备   1 200

　贷：信用减值损失   1 200

32.计提债权投资损失准备。

（1）2×20年1月1日，购入H公司债券。

借：债权投资——H公司债券（成本）   150 000

　　　　　——H公司债券（利息调整）   12 810

　贷：银行存款   162 810

（2）2×20年12月31日。

①确认利息收入。

借：应收利息   11 250

　贷：债权投资——H公司债券（利息调整）   2 295

　　投资收益   8 955

②确认预期信用损失。

借：信用减值损失   500

貸：债权投资减值准备   500

③收到债券利息。

借：银行存款   11 250

  贷：应收利息   11 250

（3）2×21年12月31日。

①确认利息收入。

借：应收利息   11 250

  贷：债权投资——H公司债券（利息调整）   2 422

    投资收益   8 828

②确认预期信用损失

本年应计提损失准备=15 000-500=14 500（元）

借：信用减值损失   14 500

  贷：债权投资减值准备   14 500

③收到债券利息。

借：银行存款   11 250

  贷：应收利息   11 250

（4）2×22年12月31日。

①确认利息收入。

借：应收利息   11 250

  贷：债权投资——H公司债券（利息调整）   2 555

    投资收益   8 695

②确认预期信用损失。

本年应计提损失准备=20 000-15 000=5 000（元）

借：信用减值损失   5 000

  贷：债权投资减值准备   5 000

③收到债券利息。

借：银行存款   11 250

  贷：应收利息   11 250

（5）2×23年12月31日。

①确认利息收入。

借：应收利息   11 250

  贷：债权投资——H公司债券（利息调整）   2 695

    投资收益   8 555

②确认预期信用损失。

本年应计提损失准备=65 000-20 000=45 000（元）

借：信用减值损失   45 000

  贷：债权投资减值准备   45 000

③收到债券利息。

借：银行存款   11 250

  贷：应收利息   11 250

（6）2×24年12月31日。

①确认利息收入。

由于星海公司上期期末判断自初始确认后至上期期末，H公司债券的信用风险已显著增加，且有客观证据表明已发生信用减值，因此，本期H公司债券利息收入的确认应当采用净额法。但由于H公司债券已经到期，债券利息如数收回，没有发生信用损失，因此仍按总额法确认债券利息收入，将尚未摊销的利息调整金额全部摊销完毕。

借：应收利息   11 250

  贷：债权投资——H公司债券（利息调整）   2 843

    投资收益   8 407

②确认预期信用损失。

本年应计提损失准备=75 000-65 000=10 000（元）

借：信用减值损失   10 000

  贷：债权投资减值准备   10 000

③收到债券利息。

借：银行存款   11 250

  贷：应收利息   11 250

（7）债券到期，收回50%的面值。

借：银行存款   75 000

  债权投资减值准备   75 000

  贷：债权投资——H公司债券（成本）   150 000

33.计提其他债权投资损失准备。

（1）2×20年1月1日，购入N公司债券。

借：其他债权投资——N公司债券（成本） 500 000

      ——N公司债券（利息调整） 21 060

  贷：银行存款   521 060

（2）2×20年12月31日。

①确认利息收入。

借：应收利息   35 000

 贷：投资收益   31 264

   其他债权投资——N公司债券（利息调整）   3 736

②确认公允价值变动。

本期公允价值变动=518 000-517 324=676（元）

借：其他债权投资——N公司债券（公允价值变动）   676

 贷：其他综合收益——其他债权投资公允价值变动   676

调整后N公司债券账面价值=517 324+676=518 000（元）

③确认预期信用损失。

借：信用减值损失   1 500

 贷：其他综合收益——信用减值准备   1 500

④如数收到2×20年度债券利息。

借：银行存款   35 000

 贷：应收利息   35 000

（3）2×21年12月31日。

①确认利息收入。

借：应收利息   35 000

 贷：投资收益   31 039

   其他债权投资——N公司债券（利息调整）   3 961

摊销利息调整后N公司债券账面价值=518 000-3 961=514 039（元）

②确认公允价值变动。

本期公允价值变动=450 000-514 039=-64 039（元）

借：其他综合收益——其他债权投资公允价值变动   64 039

 贷：其他债权投资——N公司债券（公允价值变动）   64 039

调整后N公司债券账面价值=514 039-64 039=450 000（元）

③确认预期信用损失。

本年应计提损失准备=45 000-1 500=43 500（元）

借：信用减值损失   43 500

 贷：其他综合收益——信用减值准备   43 500

④如数收到2×21年度债券利息。

借：银行存款   35 000

 贷：应收利息   35 000

（4）2×22年12月31日。

①确认利息收入。

借：应收利息   35 000

  贷：投资收益   30 802

    其他债权投资——N公司债券（利息调整）   4 198

摊销利息调整后N公司债券账面价值=450 000-4 198=445 802（元）

②确认公允价值变动。

本期公允价值变动=395 000-445 802=-50 802（元）

借：其他综合收益——其他债权投资公允价值变动   50 802

  贷：其他债权投资——N公司债券（公允价值变动）   50 802

调整后N公司债券账面价值=445 802-50 802=395 000（元）

③确认预期信用损失。

本年应计提损失准备=100 000-45 000=55 000（元）

借：信用减值损失   55 000

  贷：其他综合收益——信用减值准备   55 000

④如数收到2×22年度债券利息。

借：银行存款   35 000

  贷：应收利息   35 000

（5）2×23年12月31日。

①确认利息收入。

本期N公司债券利息收入的确认应当采用净额法。

利息收入=（509 165-100 000）×6%=24 550（元）

借：应收利息   35 000

  贷：投资收益   24 550

    其他债权投资——N公司债券（利息调整）   10 450

摊销利息调整后N公司债券账面价值=395 000-10 450=384 550（元）

②确认公允价值变动。

本期公允价值变动=290 000-384 550=-94 550（元）

借：其他综合收益——其他债权投资公允价值变动   94 550

  贷：其他债权投资——N公司债券（公允价值变动）   94 550

调整后N公司债券账面价值=384 550-94 550=290 000（元）

③确认预期信用损失。

本年应计提损失准备=200 000-100 000=100 000（元）

借：信用减值损失   100 000

贷：其他综合收益——信用减值准备　　　　　　　　　　　　100 000

④如数收到2×23年度债券利息。

　　借：银行存款　　　　　　　　　　　　　　　　　　　　　35 000

　　　贷：应收利息　　　　　　　　　　　　　　　　　　　　　35 000

（6）2×24年12月31日。

①确认利息收入。

由于华联公司上期期末判断自初始确认后至上期期末，N公司债券的信用风险已显著增加，且有客观证据表明已发生信用减值，因此，本期N公司债券利息收入的确认仍应当采用净额法。但由于债券已经到期，且从结果来看，债券利息如数收回，利息部分并未发生信用损失，因此，应将"利息调整"明细科目结平。

"利息调整"明细科目借方余额=9 165-10 450=-1 285（元）

上式计算结果为负数，表明"利息调整"明细科目出现了贷方余额，应调整如下：

　　借：应收利息　　　　　　　　　　　　　　　　　　　　　35 000

　　　　其他债权投资——N公司债券（利息调整）　　　　　　　 1 285

　　　贷：投资收益　　　　　　　　　　　　　　　　　　　　　36 285

摊销利息调整后N公司债券账面价值=290 000+1 285=291 285（元）

②确认公允价值变动。

本期公允价值变动=250 000-291 285=-41 285（元）

　　借：其他综合收益——其他债权投资公允价值变动　　　　　　41 285

　　　贷：其他债权投资——N公司债券（公允价值变动）　　　　　41 285

调整后N公司债券账面价值=291 285-41 285=250 000（元）

③确认预期信用损失。

本年应计提损失准备=250 000-200 000=50 000（元）

　　借：信用减值损失　　　　　　　　　　　　　　　　　　　50 000

　　　贷：其他综合收益——信用减值准备　　　　　　　　　　　50 000

④如数收到2×24年度债券利息。

　　借：银行存款　　　　　　　　　　　　　　　　　　　　　35 000

　　　贷：应收利息　　　　　　　　　　　　　　　　　　　　　35 000

（7）债券到期，收回50%的面值。

　　借：银行存款　　　　　　　　　　　　　　　　　　　　 250 000

　　　　其他债权投资——N公司债券（公允价值变动）　　　　 250 000

　　　贷：其他债权投资——N公司债券（成本）　　　　　　　 500 000

　　借：其他综合收益——信用减值准备　　　　　　　　　　 250 000

　　　贷：其他综合收益——其他债权投资公允价值变动　　　　 250 000

第五章　长期股权投资

一、学习要求与素养提升

通过本章学习，了解构成长期股权投资的子公司投资、联营企业投资、合营企业投资的含义；掌握以非企业合并方式取得长期股权投资的会计处理，处置长期股权投资的会计处理；重点掌握企业合并形成的长期股权投资的会计处理、长期股权投资的成本法、长期股权投资的权益法、长期股权投资的转换。

股权投资对于企业实现可持续发展具有突出的经济意义，对于促进国家经济的增长、实现共同富裕具有重要的社会意义。任何企业在追求经济利益的同时，都应当注重其社会责任。在股权投资中，社会责任是不可忽视的一个重要考量因素。企业在进行投资决策时，除了需要了解目标企业的财务、法律、商业、技术、环境等方面的状况外，还需要了解目标企业在社会责任方面的履行情况，以更准确地评估目标企业的真实价值与潜力、识别和规避潜在的风险、优化和调整投资策略与方案，从而提高投资效益。

二、预习要览

（一）关键概念

长期股权投资	控制
共同控制	重大影响
控股合并	同一控制下企业合并
非同一控制下企业合并	直接合并费用
合并成本	初始投资成本
投资收益	成本法
权益法	损益调整

其他综合收益　　　　　　　　其他权益变动

（二）关键问题

1.企业持有的哪些权益性投资应划分为长期股权投资？

2.什么是同一控制下的企业合并？如何确定其初始投资成本？

3.什么是非同一控制下的企业合并？如何确定其初始投资成本？

4.同一控制下与非同一控制下企业合并会计处理的主要区别是什么？

5.如何确定以非货币性资产交换取得长期股权投资的初始投资成本？

6.如何确定通过债务重组取得长期股权投资的初始投资成本？

7.什么是成本法？其适用范围是什么？

8.成本法的核算要点有哪些？

9.成本法下如何确认投资收益？

10.什么是权益法？其适用范围是什么？

11.权益法的核算要点有哪些？

12.权益法下如何确认投资收益？

13.成本法与权益法会计处理的主要区别是什么？

14.在什么情况下成本法应转换为权益法核算？如何进行会计处理？

15.在什么情况下权益法应转换为成本法核算？如何进行会计处理？

16.在什么情况下长期股权投资应转换为以公允价值计量的金融资产？如何进行会计处理？

17.在什么情况下以公允价值计量的金融资产应转换为长期股权投资？如何进行会计处理？

18.如何确认长期股权投资的处置损益？

三、本章重点与难点

□ 通过企业合并方式取得长期股权投资的会计处理

□ 通过非企业合并方式取得长期股权投资的会计处理

□ 长期股权投资的成本法

□ 长期股权投资的权益法

□ 权益法下对被投资单位账面净损益的调整方法

□ 权益法下对超额亏损的会计处理

□ 长期股权投资的转换

（一）长期股权投资的初始计量

1.长期股权投资的内容

长期股权投资，是指投资方对被投资方能够实施控制或具有重大影响的权益性投资，以及对其合营企业的权益性投资。（1）能够实施控制的权益性投资，是指投资方对其子公司的权益性投资。其中，控制，是指投资方拥有对被投资方的权力，通过参与被投资方的相关活动而享有可变回报，并且有能力运用对被投资方的权力影响其回报金额。（2）具有重大影响的权益性投资，是指投资方对其联营企业的权益性投资。其中，重大影响，是指投资方对被投资方的财务和经营政策有参与决策的权力，但并不能够控制或者与其他方一起共同控制这些政策的制定。（3）对合营企业的权益性投资，是指投资方与其他合营方一同对被投资方实施共同控制且对被投资方净资产享有权利的权益性投资。其中，共同控制，是指按照相关约定对某项安排所共有的控制，并且该安排的相关活动必须经过分享控制权的参与方一致同意后才能决策。

2.企业合并形成的长期股权投资

（1）同一控制下企业合并形成的长期股权投资

合并方以支付现金、转让非现金资产或承担债务方式作为合并对价的，应当在合并日按照取得的被合并方所有者权益在最终控制方合并财务报表中的账面价值的份额确定长期股权投资的初始投资成本。初始投资成本大于支付的合并对价账面价值的差额，应计入资本公积（资本溢价或股本溢价）；初始投资成本小于支付的合并对价账面价值的差额，应冲减资本公积（仅限于资本溢价或股本溢价），资本公积的余额不足以冲减的，应依次冲减盈余公积、未分配利润。合并方为进行企业合并而发行债券或承担其他债务支付的手续费、佣金等，应当计入所发行债券及其他债务的初始确认金额。

合并方以发行权益性证券作为合并对价的，应当在合并日按照取得的被合并方所有者权益在最终控制方合并财务报表中的账面价值的份额确定长期股权投资的初始投资成本，按照发行的权益性证券面值总额确定股本。初始投资成本大于发行的权益性证券面值总额的差额，应当计入资本公积（股本溢价）；初始投资成本小于发行的权益性证券面值总额的差额，应当冲减资本公积（仅限于股本溢价），资本公积的余额不足以冲减的，应依次冲减盈余公积、未分配利润。合并方为进行企业合并而发行权益性证券发生的手续费、佣金等费用，应当抵减权益性证券的溢价发行收入，溢价发行收入不足以冲减的，冲减留存收益。

合并方为进行企业合并而发生的各项直接相关费用，如审计费用、评估费用、法律服务费用等，应当于发生时计入当期管理费用。

（2）非同一控制下企业合并形成的长期股权投资

购买方以支付现金、转让非现金资产或承担债务方式作为合并对价的，合并成本为购买方在购买日为取得对被购买方的控制权而付出的资产、发生或承担的负债的公允价值。购买方作为合并对价付出的资产，应当按照以公允价值处置该资产进行会计处理。其中，付出资产为固定资产、无形资产的，付出资产的公允价值与其账面价值的差额，计入资产处置损益；付出资产为金融资产的，付出资产的公允价值与其账面价值的差额，计入投资收益（或留存收益）；付出资产为存货的，按其公允价值确认收入，同时按其账面价值结转成本，涉及增值税的，还应进行相应的处理。此外，合并对价为以公允价值计量且其变动计入其他综合收益的金融资产的，该金融资产在持有期间因公允价值变动而形成的其他综合收益应同时转出，计入当期投资收益（或留存收益）。购买方为进行企业合并而发行债券支付的手续费、佣金等费用，应当计入所发行债券及其他债务的初始确认金额，不构成初始投资成本。

购买方以发行权益性证券作为合并对价的，合并成本为购买方在购买日为取得对被购买方的控制权而发行的权益性证券的公允价值。购买方为发行权益性证券而支付的手续费、佣金等费用，应当抵减权益性证券的溢价发行收入，溢价发行收入不足以冲减的，冲减留存收益，不构成初始投资成本。

购买方为进行企业合并而发生的各项直接相关费用，如审计费用、评估费用、法律服务费用等，应当于发生时计入当期管理费用。

3.以非企业合并方式取得的长期股权投资

除企业合并形成的对子公司的长期股权投资外，企业以支付现金、转让非现金资产、发行权益性证券等方式取得的对被投资方不具有控制权的长期股权投资，为非企业合并方式取得的长期股权投资，包括对合营企业的长期股权投资和对联营企业的长期股权投资。企业通过非企业合并方式取得的长期股权投资，应当根据不同的取得方式，按照实际支付的价款、转让非现金资产的公允价值、发行权益性证券的公允价值等分别确定其初始投资成本，确定入账的依据。

（二）长期股权投资的后续计量

1.长期股权投资的成本法

成本法，是指长期股权投资的价值通常按初始投资成本计量，除追加或收回投资外，一般不对长期股权投资的账面价值进行调整的一种会计处理方法。投资方能够对被投资方实施控制的长期股权投资，应当采用成本法核算。成本法的基本核算程序如下：

（1）设置"长期股权投资"科目，反映长期股权投资的初始投资成本。

（2）如果发生追加投资或收回投资等情况，应按追加或收回投资的成本增加或减少长期股权投资的账面价值。

（3）除取得投资时实际支付的价款或对价中包含的已宣告但尚未发放的现金股利或利润外，投资方应当按照被投资方宣告发放的现金股利或利润中属于本企业享有的部分确认投资收益；被投资方宣告分派股票股利，投资方应于除权日进行备忘记录；被投资方未分派股利，投资方不作任何会计处理。

2.长期股权投资的权益法

（1）采用权益法核算，在"长期股权投资"科目下应当设置"投资成本""损益调整""其他综合收益""其他权益变动"等明细科目，分别反映长期股权投资的初始投资成本以及因被投资方所有者权益发生变动而对长期股权投资账面价值进行调整的金额。

（2）在取得长期股权投资时，按照确定的初始投资成本入账。初始投资成本与应享有被投资方可辨认净资产公允价值份额之间的差额，应区别情况分别处理：

① 如果长期股权投资的初始投资成本大于取得投资时应享有被投资方可辨认净资产公允价值的份额，不需要按该差额调整已确认的初始投资成本。

②如果长期股权投资的初始投资成本小于投资时应享有被投资方可辨认净资产公允价值的份额，二者之间的差额计入取得投资当期的营业外收入，同时调整增加长期股权投资的账面价值。

（3）投资方取得长期股权投资后，应当按照被投资方实现的净利润或发生的净亏损中，投资方应享有或应分担的份额确认投资损益，同时相应调整长期股权投资的账面价值。投资方应当在被投资方账面净损益的基础上，考虑以下因素对被投资方净损益的影响并进行适当调整后，作为确认投资损益的依据：

①被投资方采用的会计政策及会计期间与投资方不一致的，应当按照投资方的会计政策及会计期间对被投资方的财务报表进行调整，并在此基础上确定被投资方的损益。

②以取得投资时被投资方各项可辨认资产等的公允价值为基础，对被投资方的净损益进行调整后，将其作为确认投资损益的依据。投资方在对被投资方实现的净损益进行调整时，应考虑重要性原则，不具有重要性的项目可不予调整。

③投资方与联营企业及合营企业之间发生的未实现内部交易损益按照持股比例计算归属于投资方的部分应当予以抵销，并在此基础上确认投资损益。投资方与被投资方发生的未实现内部交易损失属于所转让资产发生的减值损失，应当全额确认，不应予以抵销。

（4）在被投资方宣告分派现金股利或利润时，投资方按应获得的现金股利或利润抵减长期股权投资的账面价值；被投资方分派股票股利时，投资方不进行账务处理，但应于除权日在备查簿中登记增加的股份。

（5）在被投资方发生亏损、投资方按持股比例确认应分担的亏损份额时，应当以长期股权投资的账面价值以及其他实质上构成对被投资方净投资的长期权益减记至零为限，投资方负有承担额外损失义务的除外。

（6）被投资方确认其他综合收益及其变动，投资方应按持股比例计算应享有或分担的份额，调整长期股权投资的账面价值，同时计入其他综合收益。

（7）被投资方发生除净损益、分配利润以及确认其他综合收益以外所有者权益的其他变动，投资方应按持股比例计算应享有或分担的份额，调整长期股权投资的账面价值，同时计入资本公积（其他资本公积）。

（三）长期股权投资的转换

1.长期股权投资核算方法的转换

长期股权投资核算方法的转换，是指因持股比例发生变动而将长期股权投资的核算方法由成本法转换为权益法或者由权益法转换为成本法。

（1）成本法转换为权益法。投资方原持有的对被投资方具有控制的长期股权投资，因处置投资或者股权被动稀释导致持股比例下降，不再对被投资方具有控制但仍能够施加重大影响或与其他投资方一起实施共同控制的，长期股权投资的核算方法应当由成本法转换为权益法。对于处置投资导致的成本法转换为权益法，应当按照处置投资比例转销应终止确认的长期股权投资账面价值，并对剩余的长期股权投资账面价值按照权益法的核算要求进行追溯调整；对于股权被动稀释导致的成本法转换为权益法，应按照稀释后新的持股比例确认在被投资方因其他股东增资而增加的净资产中应享有的份额，同时应结转与持股比例的下降部分所对应的长期股权投资原账面价值，并将二者之间的差额计入当期损益（投资收益），结转后剩余长期股权投资的账面价值，按照权益法的核算要求进行追溯调整。

（2）权益法转换为成本法。投资方因追加投资等原因使原持有的对联营企业或合营企业的投资转变为对子公司的投资，长期股权投资的核算方法应当由权益法转换为成本法。转换核算方法时，应当根据追加投资所形成的企业合并类型，确定按照成本法核算的初始投资成本。

2.长期股权投资与以公允价值计量的金融资产之间的转换

长期股权投资与以公允价值计量的金融资产之间的转换，是指因追加投资或处置投资导致持股比例发生变动而将长期股权投资转换为以公允价值计量的金融资产或者将以公允价值计量的金融资产转换为长期股权投资，包括追加投资导致的以公允价值计量的金融资产转换为长期股权投资和处置投资导致的长期股权投资转换为以公允价值计量的金融资产两种情况。其中，以公允价值计量的金融资产是指以公允价值计量且其变动计入当期损益的权益工具投资和指定为以公允价值计量且其变动计入其他综合收益的非交易性权益工具投资。

（1）追加投资导致的以公允价值计量的金融资产转换为长期股权投资，具体又可分为追加投资形成控制而将以公允价值计量的金融资产转换为对子公司的长期股权投资和追加投资形成共同控制或重大影响而将以公允价值计量的金融资产转换为对合营企业或联营企业的长期股权投资两种情况。其中，企业因追加投资形成控制而将以公允价值计量的金融资产转换为对子公司的长期股权投资，应当根据追加投资所形成的企业合并类型，确定对子公司长期股权投资的初始投资成本；企业因追加投资形成共同控制或重大影响而将以公允价值计量的金融资产转换为对合营企业或联营企业的长期股权投资，应当按照原作为以公允价值计量的金融资产持有的被购买方股权投资公允价值与取得进一步股份新增投资成本之和，确定长期股权投资的初始投资成本。

（2）处置投资导致对被投资方不再具有控制、共同控制或重大影响而将剩余股权投资转换为以公允价值计量的金融资产，具体又可以分为将剩余股权投资转换为以公允价值计量且其变动计入当期损益的金融资产和将剩余股权投资指定为以公允价值计量且其变动计入其他综合收益的金融资产两种情况。处置投资导致的长期股权投资转换为以公允价值计量的金融资产，均应按转换日该金融资产的公允价值计量，公允价值与原采用成本法或权益法核算的股权投资账面价值之间的差额，应当计入当期投资收益。

（四）长期股权投资的处置

（1）长期股权投资的处置，主要指通过证券市场售出股权，也包括抵偿债务转出、非货币性资产交换转出以及因被投资方破产清算而被迫清算股权等情形。

（2）长期股权投资的处置损益，是指取得的处置收入扣除长期股权投资的账面价值和已确认但尚未收到的现金股利之后的差额。

（3）处置采用权益法核算的长期股权投资时，应当采用与被投资方直接处置相关资产或负债相同的基础，对相关的其他综合收益进行会计处理；同时，还应将原计入资本公积的其他权益变动金额转出，计入当期损益。

（4）在部分处置某项长期股权投资时，按该项投资的总平均成本确定处置部分的成本，并按相同的比例结转已计提的长期股权投资减值准备和相关的资本公积金额。

（五）长期股权投资的列报

在资产负债表中，长期股权投资应当作为一个单独的报表项目，按照成本法（对子公司的投资）或权益法（对联营企业和合营企业的投资）核算的账面价值列示其金额。

企业应当根据《企业会计准则第41号——在其他主体中权益的披露》的要求，在附注中披露与长期股权投资有关的信息。

四、练习题

（一）单项选择题

1.非同一控制下企业合并取得的长期股权投资，初始投资成本应当是（　　）。

A.支付合并对价的账面价值

B.支付合并对价的公允价值

C.支付合并对价的账面价值加直接合并费用

D.支付合并对价的公允价值加直接合并费用

2.非同一控制下企业合并形成的长期股权投资，初始投资成本小于投资时应享有被投资方可辨认净资产公允价值份额的差额，应当（　　）。

A.计入营业外收入　　　　B.计入投资收益

C.计入公允价值变动损益　　D.不作会计处理

3.同一控制下企业合并取得的长期股权投资，初始投资成本是指（　　）。

A.股权投资的公允价值

B.支付合并对价的账面价值

C.支付合并对价的公允价值

D.占被合并方所有者权益的份额

4.A公司和B公司为两个互不关联的独立企业，合并之前不存在任何关联方关系。A公司达成与B公司合并的协议，约定A公司以固定资产作为合并对价，取得B公司80%的股权。购买日，A公司投出固定资产的账面原价为1 500万元，已计提折旧350万元，已提取减值准备100万元，公允价值为1 000万元。在A公司和B公司的合并中，A公司支付审计费用、评估费用、法律服务费用等共计20万元。B公司购买日所有者权益账面价值为1 200万元。A公司该项长期股权投资的初始投资成本为（　　）。

A.960万元　　　　　　　　　　B.1 000万元

C.1 020万元　　　　　　　　　D.1 050万元

5.A公司和B公司为同一母公司所控制的两个子公司。A公司达成与B公司合并的协议，约定A公司以固定资产作为合并对价，取得B公司80%的股权。合并日，A公司投出固定资产的账面原价为1 500万元，已计提折旧350万元，已提取减值准备100万元，公允价值为1 000万元。在A公司和B公司的合并中，A公司支付审计费用、评估费用、法律服务费用等共计20万元。B公司合并日所有者权益在最终控制方合并财务报表中的账面价值为1 200万元。A公司该项长期股权投资的初始投资成本为（　　）。

A.960万元　　　　　　　　　　B.1 000万元

C.1 020万元　　　　　　　　　D.1 050万元

6.A公司和B公司是同为甲公司所控制的两个子公司。根据A公司达成的与B公司合并的协议，A公司以增发的权益性证券作为合并对价，取得B公司90%的股权。A公司增发的权益性证券为每股面值1元的普通股股票，共增发3 000万股，支付手续费及佣金等发行费用100万元。2×24年7月1日，A公司实际取得对B公司的控制权，当日B公司所有者权益在最终控制方合并财务报表中的账面价值总额为5 000万元。A公司该项长期股权投资的初始投资成本为（　　）。

A.4 500万元　　　　　　　　　B.4 600万元

C.5 000万元　　　　　　　　　D.5 100万元

7.A公司和B公司为两个独立的法人企业，合并之前不存在任何关联方关系。根据A公司达成的与B公司合并的协议，A公司以增发的权益性证券作为合并对价，取得B公司80%的股权。A公司增发的权益性证券为每股面值1元的普通股股票，共增发3 000万股，每股公允价值为2.50元，支付手续费及佣金等发行费用200万元。2×24年1月1日，

A公司实际取得对B公司的控制权，当日B公司可辨认净资产公允价值为9 000万元。A公司该项长期股权投资的初始投资成本为（　　　）。

A.7 200万元　　　　　　　　B.7 400万元

C.7 500万元　　　　　　　　D.7 700万元

8.合并方或购买方为进行企业合并而发生的各项直接相关费用，如审计费用、评估费用、法律服务费用等，应当于发生时（　　　）。

A.计入投资收益　　　　　　　B.计入管理费用

C.计入初始投资成本　　　　　D.冲减资本公积

9.企业以固定资产换入股票作为长期股权投资，在以公允价值计量的情况下，固定资产公允价值低于账面价值的差额，应当计入（　　　）。

A.投资收益　　　　　　　　　B.管理费用

C.营业外支出　　　　　　　　D.资产处置损益

10.同一控制下企业合并取得的长期股权投资，初始投资成本大于支付合并对价的账面价值的差额，应当计入（　　　）。

A.其他综合收益　　　　　　　B.投资收益

C.资本公积　　　　　　　　　D.留存收益

11.企业以非货币性资产交换取得的对联营企业的长期股权投资，在以公允价值为基础计量时，该股权投资的初始投资成本为（　　　）。

A.换出资产的账面价值　　　　B.换出资产的公允价值

C.股权投资的面值　　　　　　D.股权投资的账面价值

12.企业以产成品换入长期股权投资，换出产成品的交易符合收入确认的条件时，应按确定的交易价格确认收入，计入（　　　）。

A.主营业务收入　　　　　　　B.营业外收入

C.投资收益　　　　　　　　　D.资产处置损益

13.下列情况下持有的长期股权投资中，应当采用成本法核算的是（　　　）。

A.具有控制　　　　　　　　　B.具有共同控制

C.具有重大影响　　　　　　　D.具有共同控制或重大影响

14.长期股权投资采用成本法核算，投资方确认投资收益的依据是（　　　）。

A.被投资方实现的利润总额　　B.被投资方实现的净利润

C.被投资方可供分配的净利润　　D.被投资方分配的现金股利

15.长期股权投资采用成本法核算，投资方对收到的股票股利应当（　　）。

A.计入投资收益　　　　　　　B.冲减投资成本

C.增加资本公积　　　　　　　D.只作备忘登记

16.长期股权投资采用成本法核算，如果被投资方发生亏损且未分配股利，投资方应当（　　）。

A.冲减投资收益　　　　　　　B.冲减投资成本

C.冲减资本公积　　　　　　　D.不作会计处理

17.长期股权投资采用成本法核算，不会影响投资方利润表的事项是（　　）。

A.被投资方分派现金股利　　　B.被投资方分派股票股利

C.长期股权投资发生减值　　　D.部分处置长期股权投资

18.2×24年1月5日，A公司取得乙公司股票作为长期股权投资，投资成本为50 000万元，采用成本法核算。2×24年4月25日，乙公司宣告分派现金股利，A公司应享有2 000万元。2×24年12月31日，A公司为乙公司股票计提减值准备6 000万元。计提减值准备后，乙公司股票的账面价值为（　　）。

A.42 000万元　　　　　　　　B.44 000万元

C.48 000万元　　　　　　　　D.50 000万元

19.2×23年6月1日，A公司支付80 000万元价款（包括交易税费）购入乙公司股票作为长期股权投资，占乙公司股份的60%，采用成本法核算。2×23年度，乙公司实现净利润25 000万元。2×24年3月10日，乙公司宣告分派现金股利，A公司按其持股比例应享有9 000万元。确认应享有的现金股利后，对乙公司股权投资的账面价值为（　　）。

A.71 000万元　　　　　　　　B.80 000万元

C.86 000万元　　　　　　　　D.95 000万元

20.企业下列情况下持有的长期股权投资中，应当采用权益法核算的是（　　）。

A.具有控制或共同控制　　　　B.具有控制或重大影响

C.具有共同控制或重大影响　　D.具有控制

21.甲公司投资 3 000 万元（包括 10 万元的相关税费）持有 B 公司有表决权股份的 20%，能够对 B 公司施加重大影响，采用权益法核算。投资当时，B 公司可辨认净资产公允价值为 12 000 万元。甲公司在初始投资成本的基础上，应当（　　）。

A.调增投资成本 600 万元　　　　B.调减投资成本 600 万元

C.调减投资成本 590 万元　　　　D.不调整投资成本

22.甲公司投资 1 160 万元（包括 5 万元的相关税费），持有 B 公司有表决权股份的 20%，能够对 B 公司施加重大影响，采用权益法核算。投资当时，B 公司可辨认净资产公允价值为 6 000 万元。甲公司在初始投资成本的基础上，应当（　　）。

A.调减投资成本 40 万元　　　　B.调增投资成本 40 万元

C.调减投资成本 45 万元　　　　D.调增投资成本 45 万元

23.2×24 年 7 月 1 日，A 公司购入 D 公司股票 2 000 万股，实际支付购买价款 3 000 万元（包括交易税费 10 万元）。该股份占 D 公司普通股股份的 30%，能够对 D 公司施加重大影响，A 公司采用权益法核算。购买当日，D 公司可辨认净资产公允价值为 8 000 万元。A 公司确定的该项长期股权投资的成本为（　　）。

A.2 390 万元　　　　　　　　　B.2 400 万元

C.2 990 万元　　　　　　　　　D.3 000 万元

24.2×24 年 7 月 1 日，A 公司购入 B 公司股票 1 500 万股，实际支付购买价款 3 600 万元（包括交易税费 10 万元）。该股份占 B 公司普通股股份的 20%，能够对 B 公司施加重大影响，A 公司采用权益法核算。购买当日，B 公司可辨认净资产公允价值为 20 000 万元。A 公司确定的该项长期股权投资成本为（　　）。

A.3 590 万元　　　　　　　　　B.3 600 万元

C.3 990 万元　　　　　　　　　D.4 000 万元

25.长期股权投资采用权益法核算，投资方收到被投资方派发的股票股利时，应当（　　）。

A.计入投资收益　　　　　　　　B.冲减投资成本

C.增加资本公积　　　　　　　　D.只作备忘记录

26.长期股权投资采用权益法核算，被投资方发生的下列引起所有者权益变动的事项中，会导致投资方确认其他综合收益的情形是（　　　）。

A.取得利润

B.发生亏损

C.分派现金股利

D.确认其他债权投资公允价值变动

27.长期股权投资采用权益法核算，如果被投资方发生亏损，投资方对应负担的亏损额的会计处理是（　　　）。

A.冲减投资账面价值　　　　　B.冲减资本公积

C.计入营业外支出　　　　　　D.不作会计处理

28.长期股权投资采用权益法核算，在确认应分担的被投资方亏损额时，长期股权投资的账面价值不足以冲减的，应当（　　　）。

A.继续冲减其他长期权益账面价值

B.全部作为资产减值损失

C.冲减资本公积

D.计入营业外支出

29.长期股权投资采用权益法核算，对于被投资方除发生净损益、分配利润以及确认其他综合收益以外所有者权益的其他变动，投资方应当按照应享有或承担的部分，计入（　　　）。

A.投资收益　　　　　　　　　B.财务费用

C.资本公积　　　　　　　　　D.营业外收入

30.长期股权投资采用权益法核算，下列事项中不会影响股权投资账面价值的是（　　　）。

A.被投资方取得利润　　　　　B.被投资方发生亏损

C.被投资方派发现金股利　　　D.被投资方派发股票股利

31.长期股权投资采用权益法核算，如果初始投资成本小于投资时应享有被投资方可辨认净资产公允价值的份额，则其差额应当调整长期股权投资的初始投资成本，同时计入（　　　）。

A.投资收益　　　　　　　　　B.公允价值变动损益

C.资本公积　　　　　　　　　D.营业外收入

32.2×24年1月1日，A公司取得乙公司股票作为长期股权投资，投资成本为5 000万元，该投资占乙公司普通股股份的20%，能够对乙公司施加重大影响，采用权益法核算。2×24年3月25日，乙公司宣告分派现金股利，A公司按持股比例应享有200万元。2×24年度，乙公司实现净利润3 000万元，假定不考虑调整因素，A公司确认了应享有的收益份额后，乙公司股票的账面价值为（　　　）。

  A.4 800万元   B.5 000万元

  C.5 400万元   D.5 600万元

  33.2×23年1月1日，A公司取得乙公司股票作为长期股权投资，投资成本为5 000万元，该投资占乙公司普通股股份的20%，能够对乙公司施加重大影响，采用权益法核算。2×23年3月25日，乙公司宣告分派现金股利，A公司按持股比例应享有200万元。2×23年度，乙公司实现净利润3 000万元，假定不考虑调整因素。2×24年4月10日，乙公司宣告分派现金股利，A公司按持股比例应享有300万元。A公司确认该项应获得的现金股利之后，乙公司股票的账面价值为（　　　）。

  A.4 700万元   B.5 100万元

  C.5 300万元   D.5 700万元

  34.2×24年1月1日，A公司取得甲公司股票作为长期股权投资，投资成本为2 000万元，占甲公司有表决权股份的20%，采用权益法核算。投资当时，甲公司可辨认净资产的公允价值为12 000万元。2×24年3月25日，甲公司宣告分派现金股利，A公司应享有200万元。2×24年度，甲公司取得净利润3 000万元，假定不考虑调整因素，A公司确认了应享有的收益份额后，甲公司股票的账面价值为（　　　）。

  A.2 200万元   B.2 400万元

  C.2 600万元   D.2 800万元

  35.因处置投资导致成本法转换为权益法，转换核算方法时，对于处置后剩余长期股权投资的账面价值，应当（　　　）。

  A.作为权益法的初始投资成本

  B.按照公允价值重新计量

  C.按照未来现金流量现值重新计量

  D.按照权益法的要求追溯调整

  36.处置投资导致成本法转换为权益法，转换核算方法时，对于取得原投资后至处置投资交易日之间被投资方实现的净损益中投资方按剩余持股比例计算的应享有的份额，一方面应当调整长期股权投资的账面价值，另一方面应当根据具体情况，调整（　　）。

A.投资收益和营业外支出　　　　B.投资收益和资本公积

C.留存收益和资本公积　　　　D.留存收益和投资收益

37.甲公司追加投资 3 000 万元，使原持有的对联营企业的投资转换为对子公司的投资，股权投资的核算由权益法转换为成本法。原持有的长期股权投资采用权益法核算的账面价值为 2 800 万元。其中，"投资成本"明细科目为借方余额 2 000 万元，"损益调整"明细科目为借方余额 1 000 万元，"其他权益变动"明细科目为贷方余额 200 万元。假定该项合并为非同一控制下的企业合并，转换为成本法核算时确认的投资成本为（　　）。

A.4 800 万元　　　　　　　　B.5 000 万元

C.5 800 万元　　　　　　　　D.6 000 万元

38.甲公司因收回部分投资而将原采用权益法核算的长期股权投资转换为其他权益工具投资。转换前，剩余股权投资各明细账户的余额为"投资成本"借方余额 200 万元，"损益调整"借方余额 50 万元，"其他综合收益"贷方余额 20 万元。转换日，剩余股权投资的公允价值为 300 万元。其他权益工具投资的初始入账金额为（　　）。

A.200 万元　　　　　　　　B.230 万元

C.270 万元　　　　　　　　D.300 万元

39.2×23 年 1 月 1 日，A 公司支付价款 700 万元取得乙公司 10% 的股权并指定为以公允价值计量且其变动计入其他综合收益的金融资产。2×24 年 1 月 1 日，A 公司又支付价款 2 200 万元取得乙公司 20% 的股权，当日，乙公司可辨认净资产公允价值为 10 000 万元。取得该部分股权后，A 公司能够对乙公司施加重大影响，因而将原持有的乙公司的 10% 股权转换为长期股权投资。转换日，原持有的乙公司的 10% 股权的公允价值为 1 100 万元。A 公司对乙公司的长期股权投资采用权益法核算时确定的初始成本为（　　）。

A.2 700 万元　　　　　　　　B.2 900 万元

C.3 000 万元　　　　　　　　D.3 300 万元

40.2×22 年 1 月 1 日，A 公司支付价款 7 500 万元取得乙公司 90% 的股权并划分为长期股权投资，采用成本法核算，当日，乙公司可辨认净资产公允价值为7 800万元；2×24年7月1日，A公司转让乙公司60%的股权，收到价款6 000万元。转让乙公司60%的股权后，A公司对乙公司不再具有控制但仍能够施加重大影响，因而将剩余股权投资改用权益法核算。A公司在取得乙公司90%的股权后至处置60%的股权期间，乙公司实现净利润1 800万元，未分配现金股利；确认以公允价值计量且其变动计入其他综合收益的金融资产公允价值变动收益200万元。A公司将剩余乙公司股权投资由成本法转换为权益法核算时确定的账面价值为（　　　）。

A.2 500万元　　　　　　　　B.2 600万元

C.3 100万元　　　　　　　　D.3 200万元

（二）多项选择题

1.企业持有的下列权益性投资中，应划分为长期股权投资的有（　　　）。

A.具有控制的权益性投资

B.具有重大影响的权益性投资

C.对合营企业的权益性投资

D.对共同经营的权益性投资

E.以交易为目的取得的权益性投资

2.在非同一控制下的企业合并中，购买方以支付现金、转让非现金资产和发行权益性证券三种对价方式取得长期股权投资，构成合并成本的有（　　　）。

A.支付的现金金额　　　　　　B.转让的非现金资产账面价值

C.转让的非现金资产公允价值　D.支付的直接合并费用

E.发行的权益性证券公允价值

3.关于企业合并发生的审计费用、评估费用、法律服务费用等直接相关费用的处理，下列说法中正确的有（　　　）。

A.同一控制下的企业合并计入投资成本

B.同一控制下的企业合并计入管理费用

C.非同一控制下的企业合并计入投资成本

D.非同一控制下的企业合并计入管理费用

E.无论哪种类型的企业合并均计入管理费用

4.长期股权投资采用成本法核算，下列各项中不会导致调整股权投资账面价值的有（　　）。

A.被投资方派发现金股利　　　　B.被投资方派发股票股利

C.被投资方取得利润　　　　　　D.被投资方发生亏损

E.投资发生减值

5.长期股权投资采用成本法核算，关于持有股权投资期间的会计处理，下列各项中正确的有（　　）。

A.按获得的现金股利确认投资收益

B.按应享有的收益份额确认投资收益

C.被投资方无论盈亏均不需要对此进行相应处理

D.获得的股票股利不确认投资收益

E.投资发生减值应减记投资的账面价值

6.关于长期股权投资的后续计量，下列说法中正确的有（　　）。

A.对子公司的投资应采用权益法核算

B.对联营企业的投资应采用权益法核算

C.对合营企业的投资应采用权益法核算

D.对联营企业的投资应采用成本法核算

E.对子公司的投资应采用成本法核算

7.企业持有的长期股权投资在下列情况中，应当采用权益法核算的有（　　）。

A.具有控制　　　　　　　　　　B.具有共同控制

C.具有重大影响　　　　　　　　D.具有控制和共同控制

E.具有控制和重大影响

8.长期股权投资采用权益法核算，"长期股权投资"科目下应设置的明细科目有"（　　）"。

A.投资成本　　　　　　　　　　B.损益调整

C.公允价值变动　　　　　　　　D.其他综合收益

E.其他权益变动

9.长期股权投资采用权益法核算时，应当调整股权投资账面价值的情况有（　　）。

A.被投资方获得利润　　　　　B.被投资方发生亏损

C.被投资方分派现金股利　　　D.被投资方分派股票股利

E.被投资方确认其他综合收益

10.长期股权投资采用权益法核算时，下列说法中正确的有（　　　）。

A.投资时有可能调整初始投资成本

B.应按在被投资方实现的净利润中享有的份额确认投资收益

C.应于被投资方宣告分派现金股利时确认投资收益

D.被投资方宣告分派的现金股利应冲减投资账面价值

E.确认的应享有被投资方其他权益变动份额应计入资本公积

11.企业处置采用权益法核算的长期股权投资，会影响处置当期投资收益的因素有（　　　）。

A.股票的交易价格　　　　　B.股票的交易税费

C.股票的账面价值　　　　　D.应收未收的现金股利

E.原计入资本公积的相关金额

12.2×22年1月1日，A公司支付价款7 500万元取得乙公司90%的股权并划分为长期股权投资，采用成本法核算，当日，乙公司可辨认净资产公允价值为8 600万元；2×24年7月1日，A公司转让乙公司60%的股权，收到价款6 000万元。转让乙公司60%的股权后，A公司对乙公司不再具有控制但仍能够施加重大影响，因而将剩余股权投资改用权益法核算。A公司在取得乙公司90%的股权后至处置60%的股权期间，乙公司实现净利润1 800万元，其中，2×24年1月1日至2×24年7月1日实现净利润300万元，未分配现金股利；确认其他债权投资公允价值变动200万元。A公司将剩余乙公司股权投资由成本法转换为权益法核算时，应当（　　　）。

A.调增投资账面价值600万元　　B.调增投资账面价值680万元

C.调增留存收益450万元　　　　D.调增留存收益530万元

E.调增留存收益540万元

（三）判断题

1.投资方对被投资方具有控制、重大影响以及对其合营企业的权益性投资，应当划分为长期股权投资。　　　　　　　　　　　　　　（　　　）

2.同一控制下企业合并形成的长期股权投资，初始投资成本取决于

合并方作为合并对价付出资产的账面价值。（　　）

3.企业购入股票所支付的价款中，如果包含已宣告但尚未领取的现金股利，交易性金融资产应作为应收股利单独核算，长期股权投资应计入初始投资成本。（　　）

4.投资方为进行企业合并而发生的各项直接相关费用，如审计费用、评估费用、法律服务费用等，同一控制下企业合并应计入发生当期的管理费用，非同一控制下企业合并应计入发生当期的合并成本。（　　）

5.企业将本企业的产品作为非同一控制下企业合并的对价，应按其公允价值确认相应的销售收入，并按其账面价值结转销售成本。（　　）

6.非同一控制下的企业合并，购买方应当在购买日按照取得的被购买方可辨认净资产公允价值的份额确定长期股权投资的初始投资成本。（　　）

7.同一控制下的企业合并，合并方应当在合并日按照取得的被合并方可辨认净资产公允价值的份额确定长期股权投资的初始投资成本。（　　）

8.企业以发行权益性证券的方式取得的长期股权投资，应当按照所发行权益性证券的公允价值确定初始投资成本。（　　）

9.企业以非货币性资产交换方式取得的长期股权投资，应以换出资产的公允价值为基础确定初始投资成本。（　　）

10.投资方对子公司的投资应当采用成本法核算，对联营企业或合营企业的投资应当采用权益法核算。（　　）

11.企业通过债务重组取得的长期股权投资，应当以放弃债权的账面价值为基础确定受让股权的初始投资成本。（　　）

12.投资方能够对被投资方实施控制、共同控制或重大影响的长期股权投资，应当采用权益法核算。（　　）

13.长期股权投资采用成本法核算时，应按被投资方实现的净利润中投资方应当享有的份额确认投资收益。（　　）

14.长期股权投资采用成本法核算，获得的现金股利不一定都确认为投资收益。（　　）

15.长期股权投资采用成本法核算，投资方确认的投资收益应以被

投资方在接受投资后产生的累积净利润的分配额为限。　　　　（　　）

16.长期股权投资采用成本法核算，投资方应当在被投资方宣告分派现金股利时，按照应享有的份额确认投资收益。　　　　（　　）

17.长期股权投资采用权益法核算，应按照在被投资方的净收益中投资方应当享有的份额确认投资收益，分得的现金股利应冲减投资的账面价值。　　　　（　　）

18.长期股权投资采用权益法核算，应按被投资方当期分派的现金股利中投资方应当享有的份额确认投资收益。　　　　（　　）

19.长期股权投资采用权益法核算，投资方应当在被投资方宣告分派现金股利时，按照应享有的份额冲减投资账面价值。　　　　（　　）

20.长期股权投资采用权益法核算，如果初始投资成本大于投资时应享有的被投资方可辨认净资产公允价值的份额，应按其差额调整减少已确认的初始投资成本。　　　　（　　）

21.长期股权投资采用权益法核算，如果初始投资成本小于投资时应享有的被投资方可辨认净资产公允价值的份额，应按其差额调整增加已确认的初始投资成本。　　　　（　　）

22.长期股权投资采用权益法核算，如果初始投资成本小于投资时应享有被投资方可辨认净资产公允价值的份额，则其差额应当计入当期营业外收入。　　　　（　　）

23.长期股权投资采用权益法核算，被投资方确认其他综合收益时，投资方应按持股比例相应调整长期股权投资账面价值，同时计入投资收益。　　　　（　　）

24.长期股权投资采用权益法核算，处置投资时应将原计入资本公积项目的相关金额转出，计入处置投资当期投资损益。（　　）

25.长期股权投资的核算方法由权益法转换为成本法时，应以股权投资的公允价值作为成本法下的初始投资成本。　　　　（　　）

26.无论是追加投资还是处置投资，都可能导致成本法转换为权益法。　　　　（　　）

27.无论是追加投资还是处置投资，都可能导致权益法转换为成本法。　　　　（　　）

28.债权投资、其他债权投资和长期股权投资都可以计提减值准备，

但只有长期股权投资计提的减值准备不允许转回。   （   ）

29.长期股权投资如果已经计提了减值准备，其账面价值是指长期股权投资的账面余额减相应的减值准备。   （   ）

30.企业处置长期股权投资时，应同时结转已计提的长期股权投资减值准备。   （   ）

（四）计算及账务处理题

1.星海公司和D公司为两个互不关联的独立企业，合并之前不存在任何关联方关系。根据星海公司达成的与D公司合并的协议，星海公司以发行的权益性证券作为合并对价，取得D公司100%的股权。星海公司增发的权益性证券为每股面值1元的普通股股票，共增发2 500万股，每股公允价值3元，支付权益性证券发行费用90万元；星海公司另以银行存款支付直接合并费用60万元。

要求：编制星海公司通过非同一控制下的企业合并取得长期股权投资的会计分录。

2.星海公司和B公司为同一母公司所属的两个子公司。星海公司达成与B公司合并的协议，约定星海公司以固定资产和银行存款作为合并对价，取得B公司60%的股权。星海公司投出固定资产的账面原价为2 500万元，已计提折旧600万元，未计提固定资产减值准备，按计税价格计算的增值税税额为260万元；投出银行存款1 500万元。企业合并日，B公司所有者权益在最终控制方合并财务报表中的账面价值总额为6 000万元，星海公司"资本公积——股本溢价"科目余额为200万元。星海公司另以银行存款支付直接合并费用50万元。

要求：编制星海公司通过同一控制下的企业合并取得长期股权投资的下列会计分录。

（1）将参与合并的固定资产转入清理。

（2）确认企业合并取得的长期股权投资。

（3）支付直接合并费用。

3.星海公司和B公司为同一母公司所控制的两个子公司。根据星海公司达成的与B公司合并的协议，2×24年4月1日，星海公司以增发的权益性证券作为合并对价，取得B公司90%的股权。星海公司增发的权益性证券为每股面值1元的普通股股票，共增发2 500万股，支付发行费用60万元。星海公司另以银行存款支付直接合并费用30万元。2×24年4月1日，星海公司实际取得对B公司的控制权，当日B公司所有者权益在最终控制方合并财务报表中的账面价值总额为5 000万元。

要求：编制星海公司通过企业合并取得长期股权投资的会计分录。

4.星海公司和C公司为两个互不关联的独立企业，合并之前不存在任何关联方关系。星海公司达成与C公司合并的协议，约定星海公司以无形资产和发行的权益性证券作为合并对价，取得C公司80%的股权。星海公司付出无形资产的账面余额为1 000万元，累计摊销为300万元，公允价值为600万元，按计税价格计算的增值税税额为36万元；增发的权益性证券为每股面值1元的普通股，共发行1 500万股，每股公允价值为2.50元，支付发行费用75万元。在该项企业合并中，星海公司以银行存款支付审计费用、评估费用、法律服务费用等直接合并费用共计50万元。

要求：编制星海公司通过非同一控制下的企业合并取得长期股权投资的会计分录。

5.星海公司和C公司为两个互不关联的独立企业，合并之前不存在任何关联方关系。2×24年1月10日，星海公司达成与C公司合并的协议，约定星海公司以固定资产和银行存款作为合并对价，取得C公司100%的股权。星海公司投出银行存款的金额为120万元；投出固定资产的账面原价为650万元，已计提折旧为70万元，未计提固定资产减值准备，经评估，固定资产的公允价值为600万元，按计税价格计算的增值税税额为78万元。在星海公司和C公司的合并中，星海公司以银行存款支付审计费用、评估费用、法律服务费用等共计10万元。

要求：编制星海公司有关企业合并的下列会计分录。

（1）将参与合并的固定资产转入清理。

（2）确认通过企业合并取得的长期股权投资。

6.2×24年2月20日，星海公司以15 100万元的价款（包括相关税费）购入A公司每股面值1元的普通股10 000万股，股票的购买价款中包括每股0.10元已宣告但尚未支付的现金股利，该现金股利于2×24年3月25日派发。取得该项投资后，星海公司对A公司能够产生重大影响，星海公司将其划分为长期股权投资。

要求：编制星海公司取得长期股权投资的下列会计分录。

（1）2×24年2月20日，购入股票。

（2）2×24年3月25日，收到现金股利。

7.2×23年6月1日，星海公司购入B公司每股面值1元的普通股15 000万股，该股份占B公司全部普通股的80%，由于星海公司能够对B公司实施控制，星海公司将其划分为长期股权投资并采用成本法核算。2×23年度，B公司实现的净利润为6 750万元，2×24年3月5日，B公司宣告2×23年度股利分配方案，每股分派现金股利0.20元。

要求：编制星海公司确认应收股利的会计分录。

8.2×24年1月10日，星海公司从非关联方购入C公司每股面值1元的普通股6 000万股，实际支付购买价款（包括税金和手续费）18 500万元。由于星海公司能够对C公司实施控制，星海公司将其划分为长期股权投资并采用成本法核算。2×24年3月5日，C公司宣告2×23年度股利分配方案，每股分派现金股利0.10元。

要求：编制星海公司有关该项长期股权投资的下列会计分录。

（1）2×24年1月10日，购入股票。

（2）2×24年3月5日，C公司宣告分派现金股利。

9.2×20年6月10日，星海公司以5 600万元的价款（包括相关税费）取得D公司普通股股票2 000万股，该项投资占D公司普通股股份的60%，星海公司将其划分为长期股权投资并采用成本法核算。2×20年度，D公司实现净利润950万元，当年未进行股利分配；2×21年度，D公司实现净利润1 360万元；2×22年3月5日，D公司宣告2×21年度股利分配方案，每股分派现金股利0.20元；2×22年度，D公司发生亏损200万元，当年未进行股利分配；2×23年度，D公司实现净利润780万元；2×24年4月5日，D公司宣告2×23年度股利分配方案，每股分派现金股利0.10元。

要求：编制星海公司有关该项长期股权投资的下列会计分录。

（1）2×20年6月10日，取得D公司股票。

（2）2×22年3月5日，D公司宣告2×21年度股利分配方案。

（3）2×24年4月5日，D公司宣告2×23年度股利分配方案。

10.2×19年1月10日，星海公司以19 560万元的价款（包括交易税费）购入C公司每股面值1元的普通股6 000万股，该股票占C公司全部普通股的60%，星海公司将其划分为长期股权投资并采用成本法核算。

要求：编制星海公司有关该项长期股权投资的下列会计分录。

（1）2×19年1月10日，购入股票。

（2）2×19年3月5日，C公司宣告2×18年度股利分配方案，每股分派现金股利0.10元，并于4月10日派发。

① 2×19年3月5日，C公司宣告分派现金股利。

② 2×19年4月10日，收到现金股利。

（3）2×19年度，C公司盈利15 000 000元。2×20年2月15日，宣告2×19年度股利分配方案，每股分派现金股利0.20元，并于3月20日派发。

① 2×20年2月15日，C公司宣告分派现金股利。

② 2×20年3月20日，收到现金股利。

（4）2×20年度，C公司盈利18 000 000元。2×21年3月20日，宣告2×20年度股利分配方案，每股分派现金股利0.15元，并于4月15日派发。

① 2×21年3月20日，C公司宣告分派现金股利。

② 2×21年4月15日，收到现金股利。

（5）2×21年度，C公司亏损7 200 000元。2×22年3月5日，宣告2×21年度股利分配方案，每10股派送股票股利3股，并于4月15日派送。当年未分派现金股利。

（6）2×22年度，C公司盈利9 000 000元。2×23年2月25日，宣告2×22年度股利分配方案，每股分派现金股利0.15元，并于3月20日派发。

① 2×23年2月25日，C公司宣告分派现金股利。

② 2×23年3月20日，收到现金股利。

（7）2×23年度，C公司盈利12 000 000元。2×24年2月20日，宣告2×23年度股利分配方案，每股分派现金股利0.15元，并于3月15日派发。

① 2×24年2月20日，C公司宣告分派现金股利。

② 2×24年3月15日，收到现金股利。

11. 2×24年9月1日，星海公司以2 485万元的价款（包括相关税费）取得D公司普通股股票1 600万股，该股份占D公司普通股股份的25%。星海公司在取得股份后，派人参与了D公司的生产经营决策。因能够对D公司施加重大影响，星海公司将该项投资划分为长期股权投资并采用权益法核算。

要求：根据下列不同假定情况，编制星海公司取得长期股权投资的会计分录。

（1）假定投资当时，D公司可辨认净资产公允价值为9 000万元。

（2）假定投资当时，D公司可辨认净资产公允价值为10 000万元。

12. 2×23年1月1日，星海公司购入D公司股票2 000万股，占D公司普通股股份的30%。星海公司在取得股份后，派人参与了D公司的生产经营决策。因能够对D公司施加重大影响，星海公司将该项投资划分为长期股权投资并采用权益法核算。假定投资当时，D公司各项可辨认资产、负债的公允价值与其账面价值相同，星海公司与D公司的会计年度及采用的会计政策相同，双方未发生任何内部交易，星海公司按照D公司的账面净损益和持股比例计算确认投资损益。2×23年度，D公司报告净收益1 500万元；2×24年3月10日，D公司宣告2×23年度利润分配方案，每股分派现金股利0.15元；2×24年度，D公司报告净亏损600万元，当年未进行利润分配。

要求：编制星海公司持有该项股权投资期间的下列会计分录。

（1）确认2×23年度的投资收益。

（2）2×24年3月10日，确认应收股利。

（3）确认2×24年度的投资损失。

13. 2×18年1月5日，星海公司以每股1.50元的价格购入N公司每股面值1元的普通股16 000 000股，并支付税金和手续费120 000元，该股票占N公司全部普通股的20%。星海公司在取得股份后，派人参与了N公司的生产经营决策，因能够对N公司施加重大影响，星海公司将该项投资划分为长期股权投资并采用权益法核算。2×18年1月5日，N公司可辨认净资产公允价值为96 000 000元。假定投资当时，N公司各项可辨认资产、负债的公允价值与其账面价值相同，星海公司与N公司的会计年度及采用的会计政策相同，双方未发生任何内部交易，星海公司按照N公司的账面净损益和持股比例计算确认投资损益。

要求：编制星海公司有关该项长期股权投资的下列会计分录。

（1）2×18年1月5日，购入股票。

（2）2×18年度，N公司盈利35 000 000元。2×19年3月10日，N公司宣告2×18年度股利分配方案，每股分派现金股利0.15元，并于4月5日派发。

① 确认2×18年度投资收益。

② 2×19年3月10日，N公司宣告分派现金股利。

③ 2×19年4月5日，收到现金股利。

（3）2×19年度，N公司盈利42 000 000元。2×20年3月15日，宣告2×19年度股利分配方案，每股分派现金股利0.20元，并于4月20日派发。

① 确认2×19年度投资收益。

② 2×20年3月15日，N公司宣告分派现金股利。

③ 2×20年4月20日，收到现金股利。

（4）2×20年度，N公司亏损4 800 000元。用以前年度留存收益弥补亏损后，2×21年3月20日，宣告2×20年度股利分配方案，每股分派现金股利0.10元，并于4月25日派发。

① 确认2×20年度投资损失。

② 2×21年3月20日，N公司宣告分派现金股利。

③ 2×21年4月25日，收到现金股利。

（5）2×21年度，N公司亏损9 600 000元。2×22年3月5日，宣告2×21年度股利分配方案，每10股派送股票股利2股，并于4月10日派送。当年未分派现金股利。

① 确认2×21年度投资损失。

② 在备查簿中登记增加的股份。

（6）2×22年度，N公司盈利12 800 000元。2×23年2月25日，宣告2×22年度股利分配方案，每10股派送股票股利3股，并于3月20日派送。当年未分派现金股利。

① 确认2×22年度投资收益。

② 在备查簿中登记增加的股份。

（7）2×23年2月20日，N公司以1 500万元的成本取得F公司股票并指定为以公允价值计量且其变动计入其他综合收益的金融资产；2×23年12月31日，该项其他权益工具投资的公允价值为1 800万元。

（8）2×23年度，N公司盈利26 400 000元。2×24年3月5日，宣告2×23年度股利分配方案，每股分派现金股利0.15元，并于4月1日派发。

① 确认2×23年度投资收益。

② 2×24年3月5日，N公司宣告分派现金股利。

③ 2×24年4月1日，收到现金股利。

14.星海公司取得M公司25%的股份作为长期股权投资并采用权益法核算。2×24年12月31日，M公司当年取得的一项成本为1 500万元的其他权益工具投资，公允价值下跌至1 000万元。M公司已确认该项其他权益工具投资的公允价值变动。

要求：编制星海公司确认应享有M公司其他综合收益份额的会计分录。

15.星海公司取得D公司20%的股份作为长期股权投资并采用权益法核算。截至2×23年12月31日，该项股权投资的账面价值为3 000万元，其中，成本为2 000万元，损益调整为1 000万元。2×24年1月1日，星海公司再次以7 200万元的价款（包括交易税费）购入D公司45%的股份，当日，D公司所有者权益在最终控制方合并财务报表中的账面价值为16 000万元。至此，星海公司已累计持有D公司65%的股份，因能够对D公司实施控制，星海公司将该项股权投资改按成本法核算。

要求：编制星海公司在下列不同情况下转换核算方法的会计分录。

（1）假定该项合并为同一控制下的企业合并。

（2）假定该项合并为非同一控制下的企业合并。

16.2×22年1月1日，星海公司支付4 480万元的价款（包括交易税费）从非关联方购入N公司70%的股份，由于能够对N公司实施控制，星海公司将其划分为长期股权投资并采用成本法核算。2×24年7月1日，星海公司以4 000万元的价格将持有的N公司40%的股份转让，星海公司对N公司的持股比例下降至30%，不再具有控制但仍能够施加重大影响，星海公司将剩余股权投资改按权益法核算。自星海公司取得N公司70%的股份后至转让N公司40%的股份前，N公司实现净利润3 200万元（其中，2×24年1月1日至2×24年6月30日实现净利润600万元），2×22年度和2×23年度共计分配现金股利1 000万元；N公司因确认以公允价值计量且其变动计入其他综合收益的金融资产的公允价值变动而计入其他综合收益的金额为800万元。星海公司取得N公司70%的股份时，N公司可辨认净资产的公允价值为6 500万元，各项可辨认资产、负债的公允价值与其账面价值相同；取得N公司70%的股份后，双方未发生过任何内部交易；星海公司与N公司的会计年度及采用的会计政策相同。星海公司按照净利润的10%提取盈余公积。

要求：编制星海公司转让股份和转换核算方法的下列会计分录。

（1）2×24年7月1日，转让N公司40%的股份。

（2）2×24年7月1日，将剩余长期股权投资改按权益法核算：

① 调整剩余投资成本。

② 确认应享有净利润份额。

③ 确认应享有其他综合收益份额。

五、案例分析题

星海公司为了改变目前经营业务单一的局面，决定对宇通公司进行长期股权投资，以实现多元化经营，分散经营风险。星海公司对宇通公司股权投资业务的相关资料如下：

1.2×19年至2×21年，星海公司对宇通公司投资业务的相关资料。

（1）2×19年12月31日，以支付现金方式取得宇通公司10%的股份，该项股份交易的具体情况及其他有关资料如下：

① 2×19年11月5日，星海公司与东方公司签订了收购其持有的1 800万股宇通公司股票的协议，该股票占宇通公司股份总额的10%。根据协议规定，股票转让价格为3 600万元，款项于2×19年12月31日前一次支付，协议于签订当日生效。2×19年12月31日，星海公司向东方公司付清了购买股票的全部价款，并于当日办妥股票转让手续，支付股票交易税费18万元。

② 星海公司将取得的宇通公司10%的股份指定为以公允价值计量且其变动计入其他综合收益的金融资产。

③ 2×19年12月31日，宇通公司10%的股份的公允价值等于账面价值。

（2）2×20年9月30日，以非货币性资产交换方式取得宇通公司5%的股份，该项股份交易的具体情况及其他有关资料如下：

① 2×20年8月25日，星海公司与海利公司签订了收购其持有的900万股宇通公司股票的协议，这些股票占宇通公司股份总额的5%。根据协议规定，股票转让价格为1 800万元，星海公司以其拥有完全产权的一栋办公楼抵付股票转让价款，协议于签订当日生效。2×20年9月30日，星海公司与海利公司分别办理完毕股票转让手续和办公楼产权转让手续，星海公司以银行存款支付股票交易税费10万元。

② 星海公司的办公楼账面原价为2 200万元，累计折旧600万元，公允价值为1 800万元，增值税税额为162万元。

③ 星海公司将取得的宇通公司5%的股份仍指定为以公允价值计量且其变动计入其他综合收益的金融资产，至此，星海公司已累计持有宇通公司15%的股份。

④ 2×20年12月31日，宇通公司15%的股份的公允价值为5 500万元。

（3）2×21年6月30日，以接受抵债方式取得宇通公司3%的股份，该项股份交易的具体情况及其他有关资料如下：

① 星海公司应收鑫源公司货款1 200万元。因鑫源公司现金短缺，短期内难以偿还，经协商，双方于2×21年6月5日达成如下债务重组协议：鑫源公司以100万元的现金和公允价值为1 000万元的宇通公司股票540万股抵债，这些股票占宇通公司股份总额的3%。2×21年6月30日，双方办妥股票转让手续，星海公司支付交易税费5万元。债务重组日，星海公司应收鑫源公司货款的公允价值为1 070万元。

② 星海公司按应收账款余额的1%计提坏账准备。

③ 星海公司将取得的宇通公司3%的股份仍指定为以公允价值计量且其变动计入其他综合收益的金融资产，至此，星海公司已累计持有宇通公司18%的股份。

④ 2×21年12月31日，宇通公司18%的股份的公允价值为6 600万元。

（4）2×22年1月5日，以支付现金方式取得宇通公司12%的股份，该项股份交易的具体情况及其他有关资料如下：

① 2×21年12月10日，星海公司与渤海公司签订了收购其持有的2 160万股宇通公司股票的协议，这些股票占宇通公司股份总额的12%。根据协议规定，股票转让价格为4 400万元，款项于2×22年1月5日前一次付清，协议于签订当日生效。2×22年1月5日，星海公司向渤海公司付清购买股票的全部价款，并于当日办妥股票转让手续，支付股票交易税费20万元。

② 截至2×22年1月5日，星海公司已累计持有宇通公司30%的股份，能够对宇通公司施加重大影响，决定从2×22年1月5日起，将持有的宇通公司股份全部划分为长期股权投资并采用权益法核算。2×22年1月5日，宇通公司可辨认净资产公允价值为36 000万元，各项可辨认资产、负债的公允价值与其账面价值相同；星海公司与宇通公司未发生过任何内部交易，双方的会计年度及采用的会计政策相同。

③ 2×22年1月5日，星海公司原持有的宇通公司18%股份的公允价值仍为6 600万元。

2.2×22年至2×23年，星海公司对宇通公司投资业务的相关资料。

（1）2×22年4月15日，宇通公司宣告2×21年度股利分配方案，每股派发现金股利0.20元。股利于5月25日发放。

（2）2×22年度，宇通公司报告净收益6 200万元。2×23年4月5日，宇通公司宣告2×22年度股利分配方案，每股派发现金股利0.25元。股利于5月10日发放。

（3）2×23年3月15日，宇通公司以5 000万元的成本（等于债券面值）取得H公司债券并分类为以公允价值计量且其变动计入其他综合收益的金融资产；2×23年12月31日，H公司债券的公允价值为5 300万元。

（4）2×23年度，宇通公司报告净收益5 800万元。2×24年3月25日，宇通公司宣告2×23年度股利分配方案，每股派发现金股利0.10元。股利于4月20日发放。

3.2×24年，星海公司对宇通公司投资业务的相关资料。

由于市场情况发生变化，星海公司的主营业务出现了强劲的回升势头，对资金的需求激增。为了保证主营业务的资金需要，星海公司决定收回一部分对宇通公司的投资。

2×24年6月5日，星海公司与宏业公司达成股份转让协议，星海公司将所持宇通股份的3/4转让给宏业公司，共计4 050万股，占宇通公司股份总额的22.5%。根据股份转让协议，股票转让价格为8 950万元，款项于2×24年6月30日前一次支付，协议于签订当日生效。2×24年6月30日，宏业公司付清了购买股票的全部价款，双方于当日办妥股票转让手续，星海公司支付股票交易税费30万元。

完成上列股份转让后，剩余股份占宇通公司股份总额的7.5%，不再对宇通公司具有重大影响，因此，从2×24年7月1日起，星海公司将剩余的宇通公司股份转换为以公允价值计量且其变动计入当期损益的金融资产。转换日，剩余7.5%宇通公司股份的公允价值为3 000万元。

根据以上资料，要求：

（1）编制2×19年12月31日至2×21年12月31日，星海公司对宇通公司投资业务的有关会计分录。

（2）编制星海公司取得宇通公司12%的股份并将原持有的宇通公司18%的股份转换为长期股权投资的会计分录。

（3）编制2×22年1月5日后，星海公司采用权益法核算的有关会计分录。

（4）编制星海公司2×24年6月30日转让宇通公司部分股份并将剩余宇通公司股份转换为以公允价值计量且其变动计入当期损益的金融资产的有关会计分录。

【案例分析】

1.2×19年12月31日至2×21年12月31日，星海公司对宇通公司投资业务的有关会计分录如下：

（1）2×19年12月31日，星海公司购入宇通公司10%的股份。

初始入账金额=3 600+18=3 618（万元）

借：其他权益工具投资——宇通公司（成本）　36 180 000

　　贷：银行存款　　　　　　　　　　　　　　　　36 180 000

（2）2×20年9月30日，星海公司以非货币性资产交换方式换入宇通公司5%的股份。

①转销办公楼的账面价值。

借：固定资产清理 16 000 000

　　累计折旧 6 000 000

　　贷：固定资产 22 000 000

②以办公楼抵付股款，并支付股票交易税费。

初始入账金额=1 800+162+10=1 972（万元）

借：其他权益工具投资——宇通公司（成本）19 720 000

　　贷：固定资产清理 16 000 000

　　　　应交税费——应交增值税（销项税额） 1 620 000

　　　　银行存款 100 000

　　　　资产处置损益 2 000 000

③2×20年12月31日，确认持有的宇通公司的15%股份的公允价值变动。

宇通公司15%的股份的账面价值=3 618+1 972=5 590（万元）

公允价值变动收益=5 500-5 590=-90（万元）

借：其他综合收益 900 000

　　贷：其他权益工具投资——宇通公司（公允价值变动） 900 000

（3）2×21年6月30日，星海公司接受抵债取得宇通公司3%的股份。

①接受抵债取得宇通公司3%的股份。

初始入账金额=1 070-100+5=975（万元）

投资收益=1 070-（1 200-12）=-118（万元）

借：其他权益工具投资——宇通公司（成本） 9 750 000

　　银行存款 1 000 000

　　坏账准备 120 000

　　投资收益 1 180 000

　　贷：应收账款——鑫源公司 12 000 000

　　　　银行存款 50 000

②2×21年12月31日，确认持有的宇通公司18%的股份的公允价值

变动。

宇通公司18%的股份的账面价值=5 500+975=6 475（万元）

公允价值变动收益=6 600-6 475=125（万元）

借：其他权益工具投资——宇通公司（公允价值变动）

　　　　　　　　　　　　　　　　　　　　1 250 000

　　贷：其他综合收益　　　　　　　　　　　1 250 000

2.星海公司取得宇通公司12%的股份并将原持有的宇通公司18%的股份转换为长期股权投资的会计分录如下：

（1）2×22年1月5日，星海公司购入宇通公司12%的股份。

投资成本=4 400+20=4 420（万元）

借：长期股权投资——宇通公司（投资成本）44 200 000

　　贷：银行存款　　　　　　　　　　　　　44 200 000

（2）2×22年1月5日，星海公司将原持有的宇通公司18%的股份转换为长期股权投资。

其他权益工具投资（成本）=3 618+1 972+975=6 565（万元）

其他权益工具投资（公允价值变动）=-90+125=35（万元）

借：长期股权投资——宇通公司（投资成本）66 000 000

　　贷：其他权益工具投资——宇通公司（成本）　65 650 000

　　　　　　　　　　　　——宇通公司（公允价值变动）　350 000

借：其他综合收益　　　　　　　　　　　　350 000

　　贷：盈余公积　　　　　　　　　　　　　　35 000

　　　　利润分配——未分配利润　　　　　　　315 000

投资成本=6 600+4 420=11 020（万元）

应享有宇通公司可辨认净资产公允价值份额=36 000×30%=10 800（万元）

因此，不需要调整投资成本。

3.2×22年1月5日后，星海公司采用权益法核算的有关会计分录如下：

（1）宇通公司派发2×21年度现金股利。

①2×22年4月15日，宇通公司宣告派发现金股利。

累计持有宇通公司股份=1 800+900+540+2 160=5 400（万股）

现金股利=0.20×5 400=1 080（万元）

借：应收股利   10 800 000

  贷：长期股权投资——宇通公司（损益调整） 10 800 000

②2×22年5月25日，收到现金股利。

借：银行存款   10 800 000

  贷：应收股利   10 800 000

（2）宇通公司报告2×22年度净收益并分派2×22年度现金股利。

①确认2×22年度投资收益。

应享有收益份额=6 200×30%=1 860（万元）

借：长期股权投资——宇通公司（损益调整）18 600 000

  贷：投资收益   18 600 000

②2×23年4月5日，宇通公司宣告派发现金股利。

现金股利=0.25×5 400=1 350（万元）

借：应收股利   13 500 000

  贷：长期股权投资——宇通公司（损益调整） 13 500 000

③2×23年5月10日，收到现金股利。

借：银行存款   13 500 000

  贷：应收股利   13 500 000

（3）2×23年12月31日，确认在宇通公司其他综合收益中应享有的份额。

其他综合收益份额=（5 300-5 000）×30% =90（万元）

借：长期股权投资——宇通公司（其他综合收益） 900 000

  贷：其他综合收益   900 000

（4）宇通公司报告2×23年度净收益并派发2×23年度现金股利。

①确认2×23年度投资收益。

应享有收益份额=5 800×30%=1 740（万元）

借：长期股权投资——宇通公司（损益调整）17 400 000

  贷：投资收益   17 400 000

②2×24年3月25日，宇通公司宣告派发现金股利。

现金股利=0.10×5 400=540（万元）

借：应收股利   5 400 000

  贷：长期股权投资——宇通公司（损益调整） 5 400 000

③2×24年4月20日，收到现金股利。

借：银行存款　　　　　　　　　　　　　　　　5 400 000

　　贷：应收股利　　　　　　　　　　　　　　　　　　5 400 000

4.2×24年6月30日，星海公司转让宇通公司部分股份并将剩余宇通公司股份转换为以公允价值计量且其变动计入当期损益的金融资产的有关会计分录如下：

（1）转让宇通公司部分股份。

①转让前全部股份的账面价值。

"长期股权投资"科目余额=4 420+6 600-1 080+1 860-1 350+90+1 740-540

=11 740（万元）

其中："投资成本"明细科目余额=4 420+6 600=11 020（万元）

"损益调整"明细科目余额=-1 080+1 860-1 350+1 740-540=630（万元）

"其他综合收益"明细科目余额=90万元

②转让股份的账面价值。

转让股份的账面价值=11 740×$\frac{3}{4}$=8 805（万元）

其中：转让股份的投资成本=11 020×$\frac{3}{4}$=8 265（万元）

转让股份的损益调整=630×$\frac{3}{4}$=472.5（万元）

转让股份的其他综合收益=90×$\frac{3}{4}$=67.5（万元）

转让股份实际收到的价款=8 950-30=8 920（万元）

转让股份的损益=8 920-8 805=115（万元）

借：银行存款　　　　　　　　　　　　　　　89 200 000

　　贷：长期股权投资——宇通公司（投资成本）　　82 650 000

　　　　　　　　　　——宇通公司（损益调整）　　 4 725 000

　　　　　　　　　　——宇通公司（其他综合收益）　 675 000

　　　　投资收益　　　　　　　　　　　　　　　 1 150 000

借：其他综合收益　　　　　　　　　　　　　　675 000

　　贷：投资收益　　　　　　　　　　　　　　　　　 675 000

（2）将剩余宇通公司股份转换为以公允价值计量且其变动计入当期损益的金融资产。

剩余股份的账面余额=11 740-8 805=2 935（万元）

其中：剩余股份的投资成本=11 020-8 265=2 755（万元）

剩余股份的损益调整=630-472.5=157.5（万元）

剩余股份的其他综合收益=90-67.5=22.5（万元）

借：交易性金融资产——宇通公司（成本）　　　30 000 000

　　贷：长期股权投资——宇通公司（投资成本）　　　　27 550 000

　　　　　　　　　　　——宇通公司（损益调整）　　　　　1 575 000

　　　　　　　　　　　——宇通公司（其他综合收益）　　　　225 000

　　　　投资收益　　　　　　　　　　　　　　　　　　　　650 000

借：其他综合收益　　　　　　　　　　　225 000

　　贷：投资收益　　　　　　　　　　　　　　　225 000

六、练习题参考答案

（一）单项选择题

1.B　2.D　3.D　4.B　5.A　6.A　7.C　8.B　9.D　10.C　11.B　12.A　13.A　14.D
15.D　16.D　17.B　18.B　19.B　20.C　21.D　22.B　23.D　24.D　25.D　26.D　27.A
28.A　29.C　30.D　31.D　32.C　33.B　34.D　35.D　36.D　37.C　38.D　39.D　40.C

（二）多项选择题

1.ABC　2.ACE　3.BDE　4.ABCD　5.ACDE　6.BCE　7.BC　8.ABDE　9.ABCE
10.ABDE　11.ABCDE　12.BD

（三）判断题

1.√　2.×　3.×　4.×　5.√　6.×　7.×　8.×　9.×　10.√　11.×　12.×　13.×　14.√
15.×　16.√　17.√　18.×　19.√　20.×　21.√　22.√　23.×　24.√　25.×　26.×　27.×
28.√　29.√　30.√

（四）计算及账务处理题

1.非同一控制下的企业合并取得长期股权投资（发行权益证券）。

企业合并成本=3×2 500=7 500（万元）

借：长期股权投资——D公司　　　　　　　　　　75 000 000

　　贷：股本　　　　　　　　　　　　　　　　　　　25 000 000

　　　　资本公积——股本溢价　　　　　　　　　　　　50 000 000

借：资本公积——股本溢价　　　　　　　　　　　900 000

　　贷：银行存款　　　　　　　　　　　　　　　　　900 000

借：管理费用　　　　　　　　　　　　　　　　600 000

　　贷：银行存款　　　　　　　　　　　　　　　　　600 000

2.同一控制下的企业合并取得长期股权投资（付出现金、非现金资产）。

（1）将参与合并的固定资产转入清理。

借：固定资产清理 19 000 000

　　累计折旧 6 000 000

　　贷：固定资产 25 000 000

（2）确认企业合并取得的长期股权投资。

初始投资成本=6 000×60%=3 600（万元）

借：长期股权投资——B公司 36 000 000

　　资本公积——股本溢价 600 000

　　贷：固定资产清理 19 000 000

　　　　应交税费——应交增值税（销项税额） 2 600 000

　　　　银行存款 15 000 000

（3）支付直接合并费用。

借：管理费用 500 000

　　贷：银行存款 500 000

3.同一控制下的企业合并取得长期股权投资（发行权益证券）。

初始投资成本=5 000×90%=4 500（万元）

借：长期股权投资——B公司 45 000 000

　　贷：股本 25 000 000

　　　　资本公积 20 000 000

借：资本公积 600 000

　　贷：银行存款 600 000

借：管理费用 300 000

　　贷：银行存款 300 000

4.非同一控制下的企业合并取得长期股权投资（付出非现金资产、发行权益证券）。

合并成本=600+36+2.50×1 500=4 386（万元）

借：长期股权投资——C公司 43 860 000

　　累计摊销 3 000 000

　　资产处置损益 1 000 000

　　贷：无形资产 10 000 000

　　　　应交税费——应交增值税（销项税额） 360 000

　　　　股本 15 000 000

　　　　资本公积 22 500 000

借：资本公积   750 000

 贷：银行存款   750 000

借：管理费用   500 000

 贷：银行存款   500 000

5.非同一控制下的企业合并取得长期股权投资（付出现金、非现金资产）。

（1）将参与合并的固定资产转入清理。

借：固定资产清理   5 800 000

  累计折旧   700 000

 贷：固定资产   6 500 000

（2）确认通过企业合并取得的长期股权投资。

合并成本=600+78+120=798（万元）

固定资产增值收益=600−580=20（万元）

借：长期股权投资——C公司   7 980 000

 贷：固定资产清理   5 800 000

   应交税费——应交增值税（销项税额） 780 000

   资产处置损益   200 000

   银行存款   1 200 000

借：管理费用   100 000

 贷：银行存款   100 000

6.购入长期股权投资。

（1）2×24年2月20日，购入股票。

应收股利=0.10×10 000（万股）=1 000（万元）

初始投资成本=15 100−1 000=14 100（万元）

借：长期股权投资——A公司（投资成本） 141 000 000

  应收股利   10 000 000

 贷：银行存款   151 000 000

（2）2×24年3月25日，收到现金股利。

借：银行存款   10 000 000

 贷：应收股利   10 000 000

7.应收股利的确认（成本法）。

现金股利=0.20×15 000（万股）=3 000（万元）

借：应收股利   30 000 000

 贷：投资收益   30 000 000

8.购入股票、确认应收股利（成本法）。

（1）2×24年1月10日，购入股票。

借：长期股权投资——C公司　　　　　　　　185 000 000

　贷：银行存款　　　　　　　　　　　　　　　　　185 000 000

（2）2×24年3月5日，C公司宣告分派现金股利。

现金股利=0.10×6 000=600（万元）

借：应收股利　　　　　　　　　　　　　　　6 000 000

　贷：投资收益　　　　　　　　　　　　　　　　　6 000 000

9.购入股票和获得现金股利（成本法）。

（1）2×20年6月10日，取得D公司股票。

借：长期股权投资——D公司　　　　　　　　56 000 000

　贷：银行存款　　　　　　　　　　　　　　　　　56 000 000

（2）2×22年3月5日，D公司宣告2×21年度股利分配方案。

现金股利=0.20×2 000=400（万元）

借：应收股利　　　　　　　　　　　　　　　4 000 000

　贷：投资收益　　　　　　　　　　　　　　　　　4 000 000

（3）2×24年4月5日，D公司宣告2×23年度股利分配方案。

现金股利=0.10×2 000=200（万元）

借：应收股利　　　　　　　　　　　　　　　2 000 000

　贷：投资收益　　　　　　　　　　　　　　　　　2 000 000

10.长期股权投资（成本法）。

（1）2×19年1月10日，购入股票。

借：长期股权投资——C公司　　　　　　　　195 600 000

　贷：银行存款　　　　　　　　　　　　　　　　　195 600 000

（2）2×19年3月5日，C公司宣告2×18年度股利分配方案，每股分派现金股利0.10元，并于4月10日派发。

①2×19年3月5日，C公司宣告分派现金股利。

现金股利=0.10×6 000=600（万元）

借：应收股利　　　　　　　　　　　　　　　6 000 000

　贷：投资收益　　　　　　　　　　　　　　　　　6 000 000

②2×19年4月10日，收到现金股利。

借：银行存款　　　　　　　　　　　　　　　6 000 000

　贷：应收股利　　　　　　　　　　　　　　　　　6 000 000

（3）2×19年度，C公司盈利15 000 000元。2×20年2月15日，宣告2×19年度股利分配方案，每股分派现金股利0.20元，并于3月20日派发。

①2×20年2月15日，C公司宣告分派现金股利。

现金股利=0.20×6 000=1 200（万元）

借：应收股利	12 000 000
贷：投资收益	12 000 000

②2×20年3月20日，收到现金股利。

借：银行存款	12 000 000
贷：应收股利	12 000 000

（4）2×20年度，C公司盈利18 000 000元。2×21年3月20日，宣告2×20年度股利分配方案，每股分派现金股利0.15元，并于4月15日派发。

①2×21年3月20日，C公司宣告分派现金股利。

现金股利=0.15×6 000=900（万元）

借：应收股利	9 000 000
贷：投资收益	9 000 000

②2×21年4月15日，收到现金股利。

借：银行存款	9 000 000
贷：应收股利	9 000 000

（5）2×21年度，C公司亏损7 200 000元。2×22年3月5日，宣告2×21年度股利分配方案，每10股派送股票股利3股，并于4月15日派送。当年未分派现金股利。

在备查簿中登记增加的股份：

股票股利=0.3×6 000=1 800（万股）

共持有C公司股份=6 000+1 800=7 800（万股）

（6）2×22年度，C公司盈利9 000 000元。2×23年2月25日，宣告2×22年度股利分配方案，每股分派现金股利0.15元，并于3月20日派发。

①2×23年2月25日，C公司宣告分派现金股利。

现金股利=0.15×7 800=1 170（万元）

借：应收股利	11 700 000
贷：投资收益	11 700 000

②2×23年3月20日，收到现金股利。

借：银行存款	11 700 000
贷：应收股利	11 700 000

（7）2×23年度，C公司盈利12 000 000元。2×24年2月20日，宣告2×23年度股利分配方案，每股分派现金股利0.15元，并于3月15日派发。

①2×24年2月20日，C公司宣告分派现金股利。

现金股利=0.15×7 800（万股）=1 170（万元）

借：应收股利   11 700 000

　　贷：投资收益   11 700 000

②2×24年3月15日，收到现金股利。

借：银行存款   11 700 000

　　贷：应收股利   11 700 000

11.购入股票（权益法）。

（1）假定投资当时，D公司可辨认净资产公允价值为9 000万元。

应享有的D公司可辨认净资产公允价值份额=9 000×25%=2 250（万元）

借：长期股权投资——D公司（投资成本）   24 850 000

　　贷：银行存款   24 850 000

（2）假定投资当时，D公司可辨认净资产公允价值为10 000万元。

应享有的D公司可辨认净资产公允价值份额=10 000×25%=2 500（万元）

初始投资成本调整额=2 500-2 485=15（万元）

借：长期股权投资——D公司（投资成本）   24 850 000

　　贷：银行存款   24 850 000

借：长期股权投资——D公司（投资成本）   150 000

　　贷：营业外收入   150 000

12.投资收益的确认（权益法）。

（1）确认2×23年度的投资收益。

应享有的收益份额=1 500×30%=450（万元）

借：长期股权投资——D公司（损益调整）   4 500 000

　　贷：投资收益   4 500 000

（2）2×24年3月10日，确认应收股利。

现金股利=0.15×2 000=300（万元）

借：应收股利   3 000 000

　　贷：长期股权投资——D公司（损益调整）   3 000 000

（3）确认2×24年度的投资损失。

应分担的亏损份额=600×30%=180（万元）

借：投资收益   1 800 000

　　贷：长期股权投资——D公司（损益调整）   1 800 000

13.长期股权投资（权益法）。

（1）2×18年1月5日，购入股票。

初始投资成本=1.50×16 000 000+120 000=24 120 000（元）

应享有的N公司股东权益份额=96 000 000×20%=19 200 000（元）

借：长期股权投资——N公司（投资成本）　　　　　24 120 000

　　贷：银行存款　　　　　　　　　　　　　　　　　　　　24 120 000

（2）2×18年度，N公司盈利35 000 000元。2×19年3月10日，N公司宣告2×18年度股利分配方案，每股分派现金股利0.15元，并于4月5日派发。

①确认2×18年度投资收益。

应享有的收益份额=35 000 000×20% =7 000 000（元）

借：长期股权投资——N公司（损益调整）　　　　　7 000 000

　　贷：投资收益　　　　　　　　　　　　　　　　　　　　7 000 000

②2×19年3月10日，N公司宣告分派现金股利。

现金股利=0.15×16 000 000=2 400 000（元）

借：应收股利　　　　　　　　　　　　　　　　　　2 400 000

　　贷：长期股权投资——N公司（损益调整）　　　　　　　2 400 000

③2×19年4月5日，收到现金股利。

借：银行存款　　　　　　　　　　　　　　　　　　2 400 000

　　贷：应收股利　　　　　　　　　　　　　　　　　　　　2 400 000

（3）2×19年度，N公司盈利42 000 000元。2×20年3月15日，宣告2×19年度股利分配方案，每股分派现金股利0.20元，并于4月20日派发。

①确认2×19年度投资收益。

应享有的收益份额=42 000 000×20% =8 400 000（元）

借：长期股权投资——N公司（损益调整）　　　　　8 400 000

　　贷：投资收益　　　　　　　　　　　　　　　　　　　　8 400 000

②2×20年3月15日，N公司宣告分派现金股利。

现金股利 =0.20×16 000 000=3 200 000（元）

借：应收股利　　　　　　　　　　　　　　　　　　3 200 000

　　贷：长期股权投资——N公司（损益调整）　　　　　　　3 200 000

③2×20年4月20日，收到现金股利。

借：银行存款　　　　　　　　　　　　　　　　　　3 200 000

　　贷：应收股利　　　　　　　　　　　　　　　　　　　　3 200 000

（4）2×20年度，N公司亏损4 800 000元。用以前年度留存收益弥补亏损后，2×21年3月20日，宣告2×20年度股利分配方案，每股分派现金股利0.10元，并于4月25日派发。

①确认2×20年度投资损失。

应分担的亏损份额=4 800 000×20% =960 000（元）

借：投资收益   960 000

  贷：长期股权投资——N公司（损益调整）   960 000

②2×21年3月20日，N公司宣告分派现金股利。

现金股利 =0.10×16 000 000=1 600 000（元）

借：应收股利   1 600 000

  贷：长期股权投资——N公司（损益调整）   1 600 000

③2×21年4月25日，收到现金股利。

借：银行存款   1 600 000

  贷：应收股利   1 600 000

（5）2×21年度，N公司亏损9 600 000元。2×22年3月5日，宣告2×21年度股利分配方案，每10股派送股票股利2股，并于4月10日派送。当年未分派现金股利。

①确认2×21年度投资损失。

应分担的亏损份额=9 600 000×20% =1 920 000（元）

借：投资收益   1 920 000

  贷：长期股权投资——N公司（损益调整）   1 920 000

②在备查簿中登记增加的股份。

股票股利=0.2×16 000 000=3 200 000（股）

共持有N公司股份=16 000 000+3 200 000=19 200 000（股）

（6）2×22年度，N公司盈利12 800 000元。2×23年2月25日，宣告2×22年度股利分配方案，每10股派送股票股利3股，并于3月20日派送。当年未分派现金股利。

①确认2×22年度投资收益。

应享有的收益份额=12 800 000×20% =2 560 000（元）

借：长期股权投资——N公司（损益调整）   2 560 000

  贷：投资收益   2 560 000

②在备查簿中登记增加的股份。

股票股利=0.3×19 200 000=5 760 000（股）

共持有N公司股份=19 200 000+5 760 000=24 960 000（股）

（7）2×23年2月20日，N公司以1 500万元的成本取得F公司股票并指定为以公允价值计量且其变动计入其他综合收益的金融资产；2×23年12月31日，该项其他权益工具投资的公允价值为1 800万元。

应享有其他综合收益份额=3 000 000×20% =600 000（元）

借：长期股权投资——N公司（其他综合收益） 600 000

　　贷：其他综合收益 600 000

（8）2×23年度，N公司盈利26 400 000元。2×24年3月5日，宣告2×23年度股利分配方案，每股分派现金股利0.15元，并于4月1日派发。

①确认2×23年度投资收益。

应享有的收益份额=26 400 000×20%=5 280 000（元）

借：长期股权投资——N公司（损益调整） 5 280 000

　　贷：投资收益 5 280 000

②2×24年3月5日，N公司宣告分派现金股利。

现金股利=0.15×24 960 000=3 744 000（元）

借：应收股利 3 744 000

　　贷：长期股权投资——N公司（损益调整） 3 744 000

③2×24年4月1日，收到现金股利。

借：银行存款 3 744 000

　　贷：应收股利 3 744 000

14.确认其他综合收益（权益法）。

应享有的其他综合收益份额=500×25%=125（万元）

借：其他综合收益 1 250 000

　　贷：长期股权投资——M公司（其他综合收益） 1 250 000

15.权益法转换为成本法。

（1）假定该项合并为同一控制下的企业合并。

成本法下的初始投资成本=16 000×65%=10 400（万元）

借：长期股权投资——D公司 104 000 000

　　贷：长期股权投资——D公司（投资成本） 20 000 000

　　　　长期股权投资——D公司（损益调整） 10 000 000

　　　　银行存款 72 000 000

　　　　资本公积——股本溢价 2 000 000

（2）假定该项合并为非同一控制下的企业合并。

成本法下的初始投资成本=3 000+7 200=10 200（万元）

借：长期股权投资——D公司 102 000 000

　　贷：长期股权投资——D公司（投资成本） 20 000 000

　　　　长期股权投资——D公司（损益调整） 10 000 000

　　　　银行存款 72 000 000

16.成本法转换为权益法。

（1）2×24年7月1日，转让N公司40%的股份。

转让股份的账面价值=4 480×$\frac{40\%}{70\%}$=2 560（万元）

借：银行存款   40 000 000
 贷：长期股权投资——N公司   25 600 000
  投资收益   14 400 000

（2）2×24年7月1日，将剩余长期股权投资改按权益法核算：

①调整剩余投资成本。

剩余长期股权投资的成本=4 480 -2 560=1 920（万元）

剩余股份应享有N公司可辨认净资产公允价值份额=6 500×30%=1 950（万元）

应调整剩余投资成本=1 950-1 920=30（万元）

借：长期股权投资——N公司（投资成本） 19 500 000
 贷：长期股权投资——N公司   19 200 000
  盈余公积   30 000
  利润分配——未分配利润   270 000

②确认应享有净利润份额。

剩余股份应享有净利润份额=（3 200-1 000）×30%=660（万元）

其中：

应调整留存收益=（3 200-1 000-600）×30%=480（万元）

应计入当期损益=600×30%=180（万元）

借：长期股权投资——N公司（损益调整） 6 600 000
 贷：盈余公积   480 000
  利润分配——未分配利润   4 320 000
  投资收益   1 800 000

③确认应享有其他综合收益份额

应享有其他综合收益份额=800×30%=240（万元）

借：长期股权投资——N公司（其他综合收益） 2 400 000
 贷：其他综合收益   2 400 000

第六章 固定资产

一、学习要求与素养提升

通过本章的学习，应明确固定资产的基本概念、特征与分类，掌握固定资产的计价方法以及固定资产折旧的各种计算方法，同时还应熟练掌握企业通过不同的来源取得的固定资产业务以及关于固定资产的后续支出业务、固定资产处置业务的账务处理方法。

会计人应清醒认识到企业取得固定资产往往需要大额支出，因此在决策时要慎重；在后续计量时选择的方法要得当，使企业尽快收回资金，以增强企业的活力和竞争力；会计人应认识到固定资产作为企业重要的经济资源，要加强对其实物的管理，以保持其安全和完整。

二、预习要览

（一）关键概念

固定资产   原始价值

重置完全价值   净值

固定资产折旧   预计净残值

固定资产后续支出   固定资产处置

（二）关键问题

1.什么是固定资产？固定资产具有哪些特征？

2.固定资产的确认条件是什么？如何理解这些确认条件？

3.什么是原始价值？如何确定？

4.我国对固定资产折旧的范围是如何规定的？

5.加速折旧法有哪些特点？

6.什么是固定资产后续支出？其会计处理是如何规定的？

三、本章重点与难点

☐ 固定资产的确认与初始计量
☐ 固定资产折旧的计算方法
☐ 固定资产后续支出
☐ 固定资产处置

（一）固定资产的确认

固定资产的确认是指企业在什么时候和以多少金额将固定资产作为企业所拥有或控制的资源进行反映。一般来讲，固定资产只有在同时满足以下两个条件时，才能加以确认：

（1）该固定资产包含的经济利益很可能流入企业。这一条件要求企业必须要有一定的证据对所确认固定资产未来经济利益流入企业的确定程度做出可靠的估计，只有在企业确认通过该项资产很可能获得报酬时才确认为企业的固定资产。

（2）该固定资产的成本能够可靠地计量。这是资产确认的一个基本条件，也就是确定资产的价值量问题。如果企业对固定资产能够拥有和控制，那么其价值量在大多数情况下的确定并不是一件很困难的事情。如外购固定资产，在交易时就确定了它的大部分价值；自建的资产，可以根据企业购买的材料、发生的人工费和建造过程中的其他投入对其成本进行可靠的计量等。从取得固定资产的角度而言，固定资产成本的计量就是以货币为计量单位计算固定资产的价值额，包括企业最初取得固定资产的成本，即原始价值，以及在以后某个时点上重新取得同样固定资产的成本，即重置完全价值。

（二）不同来源固定资产的初始计量

1.外购的固定资产

企业外购的固定资产，其成本包括实际支付的买价、进口关税和其他税费，以及使固定资产达到预定可使用状态前所发生的可归属于该项资产的费用，如场地整理费、运输费、装卸费、安装费和专业人员服务费等。我国从2009年1月1日起对增值税的管理实行了生产型向消费型的转变，在征收增值税时，允许企业将外购固定资产所含增值税进项税额一次性全部扣除，所以企业外购固定资产增值税专用发票所列的应交增值税税额不能计入固定资产价值，而是作为进项税额单独核算。企业外购的固定资产，在投入使用前，有的需要安装，有的则不需要安装。购入不需要安装的固定资产，企业可以立即投入使用，因此，会计处理比较简单，只需按确认的入账价值直接增加企业的固定资产。企业购入的需要安装的固定资产，应先通过"在建工程"科目核算购置固定资产所支付的价款、运输费和安装成本等，待固定资产安装完毕并达到预定可使用状态后，再将"在建工程"科目归集的固定资产成本一次性转入"固定资产"科目。

采用一揽子购买方式购买固定资产的，支付的捆绑在一起的各项资产的总成本，应按每项资产的公允价值占各项资产公允价值总和的比重进行分配，以确定各项资产的入账价值。

2.企业自行建造的固定资产

企业自行建造的固定资产应将建造该项固定资产达到预定可使用状态前所发生的全部支出作为入账价值。自行建造的固定资产，从发生第一笔购置支出到固定资产完工交付使用，通常需要经历一段较长的建造期间。为了便于归集和计算固定资产的实际建造成本，企业应设置"在建工程"科目。本科目核算企业基建、更新改造等在建工程发生的支出。本科目应当按照"建筑工程""安装工程""在安装设备""待摊支出"以及单项工程进行明细核算。在建工程发生减值的，可以单独设置"在建工程减值准备"科目进行核算。自行建造的固定资产按营建方式的不同，可分为自营工程和出包工程。

其中，自营工程由于是利用自身的生产能力进行的固定资产建造工程，因此，固定资产的建造成本往往很难与产品的生产成本完全划分清楚。为了简化核算，企业通常只将固定资产建造工程中所发生的直接支出计入工程成本。按规定，其内容主要包括：消耗的工程物资、原材料、库存商品，负担的职工薪酬，辅助生产部门为工程提供的水、电、设备安装、修理、运输等劳务支出，以及工程发生的待摊支出（包括工程管理费、征地费、可行性研究费、临时设施费、公证费、监理费及应负担的税费等）。至于一些间接支出，如制造费用等并不分配计入固定资产建造工程成本。这种做法的理由主要是：第一，制造费用一般属于固定费用，不会因偶尔进行的固定资产建造工程而增加；第二，固定资产建造工程通常是在营业淡季进行的，如果将一部分制造费用计入工程成本，就会夸大当期正常营业的净收益；第三，固定资产建造工程通常是利用企业的闲置生产能力进行的，如果正常的营业活动并未因进行固定资产建造工程而受到影响，就没有理由使制造费用由固定资产建造工程负担。

企业以出包方式建造固定资产，其成本由建造该项固定资产达到预定可使用状态前所发生的必要支出构成，包括发生的建筑工程支出、安装工程支出，以及需分摊计入各固定资产价值的待摊支出。企业建筑工程、安装工程采用出包方式发包给建造承包商承建，对于发包企业而言，建筑工程支出、安装工程支出是构成在建工程成本的重要内容，结算的工程价款计入在建工程成本。而工程的具体支出，如人工费、材料费、机械使用费等由建造承包商核算，与发包企业没有关系。待摊支出是指在建设期间发生的，不能直接计入某项固定资产价值、而应由所建造固定资产共同负担的相关费用，包括为建造工程发生的管理费，征地费，可行性研究费，临时设施费，公证费，监理费，应负担的税金，符合资本化条件的借款费用，建设期间发生的工程物资盘亏、报废及毁损净损失，以及负荷联合试车费等。

企业的一个建设项目如果由建筑工程、安装工程、在安装设备等若干单项工程构成，建筑工程、安装工程均采用外包方式，固定资产的原始价值就主要由企业按合同规定根据工程的进度预付的工程款和最终结算的工程款构成。对于整体建设项目在进行过程中发生的待摊支出，由于各单项工程在折旧的计算上的不同特点，需要将待摊支出在各单项工程之间进行分配，以准确确定各项固定资产的原始价值。

3.投资转入的固定资产

投资转入的固定资产应按投资各方签订的合同或协议约定的价值和相关的税费作为固定资产的入账价值计价入账，合同或协议约定的价值不公允的除外。

4.债务重组取得的固定资产

债务重组是指在债务人发生财务困难的情况下，债权人按照其与债务人达成的协议或者法院的裁决做出让步的事项。债务重组的基本特征是债权人在债务重组过程中做出了让步，即债权人同意发生财务困难的债务人现在或将来以低于重组债务账面价值偿还债务，具体情形包括债权人减免债务人部分债务本金或者利息、降低债务人应付债务的利率等。对于债权人来讲，如果通过这种方式取得固定资产，其入账价值应当按照受让固定资产的公允价值确定，重组债权应当在满足金融资产终止确认条件时予以终止确认。重组债权的账面金额与受让的固定资产公允价值之间的差额作为债务重组损失，计入营业外支出。债权人已对债权计提减值准备的，应当先将该差额冲减减值准备，减值准备不足以冲减的部分，计入营业外支出；减值准备冲减该差额后仍有余额的，应该转回并抵减当期资产减值损失，受让固定资产涉及的增值税进项税额，如果债务重组协议规定债权人不向债务人另行支付，则增值税进项税额可以作为冲减重组债权账面余额处理；如债权人向债务人另行支付，则增值税进项税额不能作为冲减重组债权账面余额处理。

5.非货币性资产交换取得的固定资产

以非货币性资产交换方式取得的固定资产，其入账价值如何确定需要考虑两个因素。一是非货币性交换是否具有商业实质。满足下列条件之一的非货币性资产交换具有商业实质：（1）换入资产的未来现金流量在风险、时间分布或金额方面与换出资产显著不同；（2）使用换入资产所产生的预计未来现金流量现值与继续使用换出资产不同，且其差额与换入资产和换出资产的公允价值相比是重大的。二是换入或换出资产的公允价值能否可靠计量。

在考虑非货币性资产交换是否具有商业实质以及换入或换出资产的公允价值能否可靠计量的情况下，区分两种情况进行处理：

第一，非货币性资产交换具有商业实质，而且换入资产或换出资产公允价值能够可靠计量时，换入的固定资产应当以换出资产公允价值为基础，再加上应支付的相关税费之和作为换入固定资产成本（入账价值）。但是如果有确凿的证据表明换入固定资产的公允价值更为可靠，则应以换入固定资产的公允价值为基础进行计价。由于换出资产公允价值与换出资产账面价值的差额是通过非货币性资产交换实现的，因此，应作为交换损益计入当期损益。

涉及补价的非货币性资产交换业务，区分两种情况进行处理：一是换入固定资产方支付补价的，换入固定资产成本应按照换出资产的公允价值加上支付的补价（即换入资产的公允价值）和应支付的相关税费确定，换出资产公允价值与换出资产账面价值之间的差额，作为交换损益计入当期损益。二是换入固定资产方收到补价的，换入固定资产成本应按照换出资产的公允价值减去补价加上应支付的相关税费确定。换出资产公允价值与换出资产账面价值之间的差额，作为交换损益计入当期损益。

交换损益是指将换出资产视作按公允价值进行处置而产生的，金额上是指换出资产公允价值与其账面价值之间的差额。会计处理取决于交换资产的类型。其中换出资产为存货的，应当按照收入确认和计量的要求处理，交换损益计入营业利润，在利润表中作为营业利润的构成部分予以列示；换出资产为固定资产、无形资产的，交换损益计入资产处置损益；换出资产为长期股权投资的，交换损益计入投资收益。

第二，非货币性资产交换不具有商业实质，而且换入资产或换出资产公允价值不能可靠计量时，应当以换出资产的账面价值和应支付的相关税费之和作为换入固定资产的初始计量金额，换出资产终止确认时不确认损益。

涉及补价时，也要区分两种情况进行处理：如为换入固定资产方支付补价的，换入固定资产初始计量金额应当以换出资产账面价值加支付补价、应支付相关税费来确定；如为换入固定资产方收到补价的，换入固定资产初始计量金额应当以换出资产账面价值，减去收到的补价，并加上应支付的相关税费来确定。两种情况下换出资产终止确认时均不确认损益。

如果同时换入多项固定资产，应按照换入各项固定资产公允价值相对比例，将换出资产公允价值总额（涉及补价的，加上支付补价的公允价值或减去收到补价的公允价值）进行分摊，以分摊至各项换入固定资产的金额，加上应支付的相关税费，作为各项换入固定资产的成本进行初始计量。

6.接受捐赠的固定资产

接受捐赠的固定资产，应根据具体情况合理确定其入账价值。一般分为两种情况：

（1）捐赠方提供了有关凭据的，按凭据上标明的金额加应支付的相关税费，作为入账价值。

（2）捐赠方没有提供有关凭据的，按如下顺序确定其入账价值：

① 同类或类似固定资产存在活跃市场的，按同类或类似固定资产的市场价格估计的金额，加上应支付的相关税费，作为入账价值。

② 同类或类似固定资产不存在活跃市场的，按该接受捐赠固定资产预计未来现金流量的现值，加上应支付的相关税费，作为入账价值。

企业接受捐赠的固定资产在按照上述会计规定确定入账价值以后，按接受捐赠金额，计入营业外收入。

7.盘盈的固定资产

盘盈的固定资产入账价值的确定方法是：如果同类或类似固定资产存在活跃市场的，应按同类或类似固定资产的市场价格，减去按该项固定资产新旧程度估计价值损耗后的余额确定；如果同类或类似固定资产不存在活跃市场的，应按盘盈固定资产的预计未来现金流量的现值计价入账。盘盈的固定资产待报经批准处理后，应作为企业以前年度的差错，记入"以前年度损益调整"科目。

（三）固定资产折旧的计算方法

1.年限平均法

年限平均法也称直线法，它是以固定资产预计使用年限为分摊标准，将固定资产的应提折旧总额均衡分摊到使用各年的一种折旧方法。采用这种折旧方法，各年折旧额相等，不受固定资产使用频率或生产量多少的影响，因而也称固定费用法。这种方法的优点是计算过程简便易行，容易理解，是会计实务中应用得最广泛的一种方法。年限平均法的缺点是：①只注重固定资产的使用时间，而忽视使用状况，使固定资产无论物质磨损程度如何，都计提同样的折旧费用，这显然不合理；②固定资产各年的使用成本负担不均衡。一般来说，随着资产的使用变旧，所需要的修理、保养等费用将会逐年增加，而年限平均法确定的各年折旧费用是相同的，这就产生了固定资产使用早期负担费用偏低，而后期负担偏高的现象，从而违背了收入与费用相配比的原则。

2.工作量法

工作量法是以固定资产预计可完成的工作总量为分摊标准，根据各年实际完成的工作量计提折旧的一种方法。采用这种折旧方法，各年折旧额的大小随工作量的变动而变动，因而也称变动费用法。采用工作量法，不同的固定资产应按不同的工作量标准计算折旧，如机器设备应按工作小时计算折旧、运输工具应按行驶里程计算折旧、建筑施工机械应按工作台班时数计算折旧等。工作量法的优点和使用年限法一样，比较简单实用，而且工作量法以固定资产的工作量为分配固定资产成本的标准，使各年计提的折旧额与固定资产的使用程度成正比例关系，体现了收入与费用相配比的会计原则。工作量法的缺点是，它将有形损耗看作引起固定资产折旧的唯一因素，固定资产不使用则不计提折旧，而事实上，由于无形损耗的客观存在，固定资产即使不使用也会发生折旧；工作量法在计算固定资产前后期折旧时采用了一致的单位工作量的折旧额，而实际上是不一样的，因为固定资产在使用的过程中单位工作量所带来的经济效益是不一样的，因而折旧额也应该是不一样的。工作量法适用于使用情况很不均衡，使用的季节性较为明显的大型机器设备、大型施工机械，以及运输单位或其他企业专业车队的客、货运汽车等固定资产折旧的计算。计算过程用公式表示如下：

$$单位工作量折旧额 = \frac{原始价值 \times (1 - 预计净残值率)}{预计工作量总额}$$

年折旧额 = 某年实际完成的工作量 × 单位工作量折旧额

3. 双倍余额递减法

双倍余额递减法是以双倍的直线折旧率作为加速折旧率，乘以各年年初固定资产账面净值计算各年折旧额的一种方法。采用这种方法计算折旧，开始时不考虑固定资产的净残值，但在固定资产预计使用年限到期前两年，要进行计算方法的转换，即将双倍余额递减法转换为直线法，将未提足的折旧平均提取，此时要考虑固定资产的净残值。其计算过程用公式表示如下：

$$年折旧率 = \frac{1}{预计使用年限} \times 2 \times 100\%$$

某年的折旧额 = 该年年初固定资产账面净值 × 年折旧率

4. 年数总和法

年数总和法也叫年限积数法，是以计算折旧当年年初固定资产尚可使用年数作分子，以各年年初固定资产尚可使用年数的总和作分母，分别确定各年折旧率，然后用各年折旧率乘以应提折旧总额计算每年折旧的一种方法。计算过程用公式表示如下：

$$各年折旧率（R）= \frac{(n-t)+1}{\frac{n(n+1)}{2}}$$

$$每年的折旧额 =（C-S）\times \frac{(n-t)+1}{\frac{n(n+1)}{2}}$$

在这里，S 代表预计净残值，C 代表原始价值，n 代表预计使用年限，t 代表计提折旧的那一年。

（四）固定资产后续支出及会计处理原则

固定资产后续支出是指固定资产在投入使用以后期间发生的与固定资产使用效能直接相关的各种支出，如固定资产的增置、改良与改善、换新、修理、重新安装等业务发生的支出。其中应资本化处理的支出，应计入固定资产的价值，按照会计准则的规定，这一类支出必须符合固定资产确认的条件；固定资产的后续支出如果不符合固定资产确认的条件，要进行费用化处理，在后续支出发生时计入当期损益。

增置是指固定资产总体数量的增加，包括添置全新的资产项目和对原有资产项目进行改建、扩建、延伸、添加、补充等。主要表现在对原有固定资产进行实物的添加。增置不同于重置，重置是用新固定资产替换原有相同的旧固定资产，是对旧固定资产已收回投资的再利用，它不增加企业对固定资产的投资，从而不增加固定资产的总体数量。增置是在原有固定资产规模的基础上，通过追加固定资产投资而添置的全新固定资产，它增加了固定资产的总体规模，从而扩大了企业的生产经营规模。由于增置需要追加固定资产投资，因此，在会计概念上就将这项追加的投资看作固定资产使用中增加的一项资本性支出。新增固定资产在会计处理上和重置固定资产并无区别，因而不构成新的会计问题。但扩建固定资产则存在扩建后的固定资产如何计价的问题。一般来说，扩建固定资产都需要拆除一部分原有的结构或装置，以便添加新的结构或装置。从理论上说，既然拆除的结构或装置实物形态已不存在，其账面价值自然也就应从固定资产价值中减除。但是，拆除的结构或装置可能根本无法确定账面价值，因为要把固定资产的价值分解为各部分结构或装置的价值几乎是不可能的。因此，在会计实务中采取了一种变通的做法，即将拆除部分残料的实际变价收入视同为拆除部分的账面价值，从固定资产价值中扣除。这样，扩建后固定资产的价值是按照在原有固定资产账面价值的基础上，加上由于扩建而发生的支出，减去扩建过程中发生的变价收入的方法加以确定的。扩建固定资产时，首先要将固定资产账面价值转入在建工程，即注销固定资产的原价、累计折旧和减值准备，同时停止计提折旧；扩建支出和变价收入分别增加和减少工程成本；扩建工程完成，将"在建工程"科目余额转入"固定资产"科目（原已提折旧并不转入）。经过扩建后，固定资产无论在质量上还是在使用性能上与以前相比都发生了很大的变化，因此扩建后的固定资产在计算折旧时就应该重新确定使用寿命、预计净残值和折旧方法，然后根据确定的固定资产的价值作为原始价值和折旧方法计提该固定资产的折旧。

改良与改善是对现有固定资产质量的改进，目的是提高固定资产的适用性或使用效能。例如，零售商店为吸引客户而重新装修门面，工厂为提高资产的技术性能和使用效率而改造设备装置等。固定资产改良和改善的支出也要分为资本性后续支出和收益性后续支出两类。遵循的原则是，视其支出是否满足资本化的条件，即是否满足固定资产确认的条件，如果与该固定资产有关的经济利益很可能流入企业以及该固定资产的成本能够可靠地计量，则其支出应资本化处理，计入固定资产价值；否则，应费用化处理，计入当期损益。

固定资产换新是指以新的资产单元或部件替换废弃的资产单元或部件。换新从性质上来说是对资产质量的恢复，而不是对资产质量的提高，包括资产单元换新和部分换新。资产单元是指附属于一个固定资产项目，但具有相对独立性并具有可单独辨认其成本的某些结构、装置，如成套设备附属的电机、仪表等。对资产单元进行换新，会计处理时应将固定资产项目转入在建工程，对替换下来的旧资产单元应终止确认，并且其账面净值应从工程成本中扣除，同时作为损失计入营业外支出。部分换新是指对固定资产零配件、部件的替换。由于换新通常是伴随着固定资产修理而进行的，实务中不可能（也不需要）对哪些支出属于换新、哪些支出属于修理加以区分，因而在会计处理上可与固定资产修理一并进行。一般来说，大量换新是伴随固定资产大修理而进行的，可视同大修理进行核算；零星换新是伴随固定资产日常修理进行的，可视同日常修理进行核算。

固定资产由于使用、自然侵蚀、意外事故等原因会发生不同程度的损坏，影响其正常使用。为了恢复固定资产使用效能，保证固定资产经常处于完好状态，企业必须定期或不定期地对固定资产进行维护保养，并对损坏的部分进行及时的修复。固定资产的修理按其修理范围大小、费用支出多少、修理间隔时间长短等，分为日常修理和大修理两种。固定资产日常修理包括中、小修理，是保持和恢复固定资产正常工作状态所进行的经常性修理，它的特点是修理范围小、费用支出少、修理间隔时间短。固定资产大修理是保持和恢复固定资产正常工作状态所进行的定期修理和局部更新，它的特点是修理范围大、费用支出多、修理次数少、修理间隔时间长。固定资产进行日常修理和大修理，从作用上来讲，只是对固定资产使用性能的恢复和维持，因此一般情况下对固定资产修理期间所发生的修理费用也不再加以区分和采取不同方法进行处理，而是在发生的当期按照固定资产的用途和部门的不同计入当期损益中，不再进行资本化处理。企业生产车间（部门）和行政管理部门等发生的固定资产修理费用计入管理费用；企业专设销售机构固定资产的修理费用计入销售费用。但是如果企业对固定资产定期检查发生的大修理费用，有确凿的证据表明其符合固定资产确认的条件，可以计入固定资产的成本，即可以将支出资本化。

固定资产重新安装是为了创造新的生产环境和提高流水作业的合理性，以改善生产组织、提高生产效率、充分发挥资产潜力、降低产品成本、对机器设备等固定资产进行更合理的布局。重新安装的固定资产原始价值中已经包含了一笔初始安装成本，为了避免重复计价，应先将初始安装成本的账面净值从有关资产价值中减除，并作为该项资产的废弃损失，计入营业外支出，然后代之以重安装成本。重安装成本一般包括拆除地基、搬运机器以及新建地基等支出。如果固定资产的有关记录不能提供初始安装成本的数额，可按一定的方法加以合理估计，以防止重复计算其安装成本。对固定资产进行重安装，所涉及的各项业务，包括整个固定资产项目转入在建工程、发生新安装成本、终止确认旧的安装成本、确认重安装后的固定资产成本等，其会计处理应遵循的规定及账务处理程序可以参照资产单元换新的相关内容。

（五）固定资产处置会计处理

固定资产处置是指由于各种原因使企业固定资产需退出生产经营过程所做的处理活动。在企业固定资产的使用过程中，有时会出现固定资产退出生产经营过程的情况，如固定资产的出售、转让、报废、毁损、对外投资、非货币性资产交换、债务重组等。固定资产的处置涉及固定资产的终止确认问题。按照《企业会计准则第4号——固定资产》的规定，满足下列条件之一的，固定资产应当予以终止确认：

（1）该固定资产处于处置状态。固定资产处于处置状态是指固定资产不再用于生产商品、提供劳务、出租或经营管理，因此不再符合固定资产的定义，所以应予终止确认。

（2）该固定资产预期通过使用或处置不能产生经济利益。因为预期会给企业带来经济利益是资产的基本特征。因此当固定资产预期未来使用过程中或者处置时都不能为企业带来经济利益的情况下，就不再符合固定资产的定义和确认的条件，故也应予以终止确认。

固定资产在处置过程中会发生收益或损失，称为处置损益。它以处置固定资产所取得的各项收入与固定资产账面价值、发生的清理费用之间的差额来确定。其中，处置固定资产的收入包括出售价款、残料变价收入、保险及过失人赔款等项收入；清理费用包括处置固定资产时发生的拆卸、搬运、整理等项费用。

如果企业固定资产未被划分为持有待售类别而被出售、转让，以及因报废或毁损而处置的固定资产，发生的损益通过"固定资产清理"科目进行归集。固定资产转入清理时，按固定资产账面价值，借记"固定资产清理"科目，按已计提的累计折旧，借记"累计折旧"科目，按已计提的减值准备，借记"固定资产减值准备"科目，按固定资产账面余额，贷记"固定资产"科目；固定资产清理过程中发生的整理、拆卸、搬运等费用，借记"固定资产清理"科目，贷记"银行存款"等科目；企业收回出售固定资产的价款、残料价值和变价收入等，应冲减清理支出。按实际收到的出售价款以及残料变价收入等，借记"银行存款""原材料"等科目，贷记"固定资产清理""应交税费"等科目；企业计算或收到的应由保险公司或过失人赔偿的损失，应冲减清理支出，借记"其他应收款""银行存款"等科目，贷记"固定资产清理"科目。

四、练习题

（一）单项选择题

1.不属于企业生产经营主要设备的物品若作为固定资产，其单位价值应在（　　）元以上。

A.3 000
B.5 000

C.2 000
D.4 000

2.将固定资产分类为经营用和非经营用固定资产两大类的划分标准是（　　）。

A.使用情况
B.经济用途

C.使用性能
D.来源渠道

3.将固定资产分类为动力设备、运输设备、管理用具等的划分标准是（　　）。

A.使用情况
B.经济用途

C.使用性能
D.来源渠道

4.下列支出项目中，不应计入自营工程成本的是（　　）。

A.辅助生产部门为工程提供的水费、电费

B.工程领用外购材料进项税额

C.建设期间工程物资发生的盘亏

D.非正常原因造成工程报废净损失

5.不会影响固定资产折旧计算的因素是（　　）。

A.固定资产的原始价值
B.固定资产预计净残值

C.固定资产的性能
D.固定资产预计使用年限

6.下列固定资产中，不能计提折旧的是（　　）。

A.已计价入账的土地
B.大修理期间的固定资产

C.季节性停产的固定资产
D.未使用的固定资产

7.一般而言，下列固定资产后续支出中不属于资本性支出的是（　　）。

A.固定资产日常修理支出
B.固定资产重新安装支出

C.固定资产资产单元换新支出　　D.固定资产改建支出

8.重新安装固定资产时，转出的初始安装成本的账面净值应计入（　　）。

A.其他业务成本　　　　　　　B.营业外支出

C.管理费用　　　　　　　　　D.本年利润

9.企业购入一台需要安装的设备，实际支付买价20万元，增值税税额2.6万元；另支付运杂费0.3万元，途中保险费0.1万元；安装过程中，领用一批原材料，成本为4万元，售价为5万元，支付安装人员的工资2万元，该设备达到预定可使用状态时，其入账价值为（　　）万元。

A.30.40　　　　　　　　　　B.27.04

C.30.24　　　　　　　　　　D.26.4

10.企业接受海外捐赠的设备一台，同类新设备的市价为100万元，估计成新率为60%，预计尚可使用6年，预计净残值为6.3万元。支付关税5万元，国内运杂费1万元，设备已安装完毕，支付安装调试费2万元。该设备的入账价值是（　　）万元。

A.68　　　　　　　　　　　　B.108

C.101.7　　　　　　　　　　D.66

11.企业对生产线进行扩建。该生产线原价为800万元，已提折旧200万元。扩建生产线时领用原材料账面成本50万元，计税价格为70万元，增值税税率为13%，为扩建资产支付给职工的人工费为20万元，扩建时残料产生变价收入4万元，扩建支出符合固定资产确认条件。扩建后生产线新的价值应为（　　）万元。

A.872.5　　　　　　　　　　B.666

C.875.1　　　　　　　　　　D.672.5

12.下列各项固定资产中，应计提折旧的是（　　）。

A.未提足折旧提前报废的设备　B.闲置的设备

C.已提足折旧继续使用的设备　D.短期租赁租入的设备

13.企业大型生产线达到预定可使用状态前进行联合试车发生的费用，应计入（　　）。

A.长期待摊费用　　　　　　　B.营业外支出

C.在建工程   D.管理费用

14.企业将自产的一批应税消费品（非金银首饰）用于在建工程（厂房）。该批消费品成本为80万元，计税价格为100万元，该批消费品适用的增值税税率为13%，消费税税率为10%；将一批用于产品生产的材料用于工程，实际成本为10万元，计税价格为12万元，增值税税率为13%。在建工程成本应增加的金额为（   ）万元。

A.100   B.114.3

C.115   D.104.56

15.企业行政管理部门于2×21年12月10日增加一项固定资产，原始价值75 000元，预计使用5年，预计净残值率为4%，采用双倍余额递减法计算折旧。至2×23年年末，根据会计职业判断，该项固定资产发生减值，经计算，其可收回金额为21 000元。该项固定资产对企业2×23年损益的影响金额为（   ）元。

A.18 000   B.24 000

C.17 280   D.25 200

16.下列项目中，可以采用未来现金流量现值进行计价的是（   ）。

A.盘盈的固定资产

B.资产单元换新后固定资产

C.增置的固定资产

D.非货币性资产交换换入的固定资产

（二）多项选择题

1.固定资产的特征主要是指（   ）。

A.固定资产是有形资产

B.可供企业长期使用

C.不以投资和销售为目的而取得

D.具有可衡量的未来经济利益

E.固定资产的成本能够可靠地计量

2.按固定资产的使用情况，可以将固定资产划分为（   ）。

A.经营用固定资产   B.未使用固定资产

C.不需用固定资产   D.改建、扩建固定资产

E.出租固定资产

3.固定资产可选择的计量属性有（　　　）。

A.原始价值
B.重置完全价值
C.公允价值
D.未来现金流量现值
E.可变现净值

4.下列各支出项目中，应计入自营工程成本（厂房、建筑物）的有（　　　）。

A.工程领用生产产品用材料的进项税额
B.耗用自产产品的销项税额
C.工程物资发生的盘亏
D.工程物资发生的盘盈
E.购买工程物资支付的增值税进项税额

5.计算固定资产折旧额需要考虑的因素包括（　　　）。

A.固定资产原始价值
B.固定资产预计使用年限
C.固定资产的用途
D.固定资产预计净残值
E.固定资产的所有权

6.下列固定资产中应计提折旧的有（　　　）。

A.不需用的固定资产
B.已单独计价入账的土地
C.增置的固定资产
D.未使用的机器设备
E.改建、扩建中的固定资产

7.下列固定资产中不应计提折旧的有（　　　）。

A.处于改扩建中的固定资产
B.未使用的房屋、建筑物
C.已提足折旧仍继续使用的固定资产
D.重安装固定资产
E.持有待售固定资产

8.下列固定资产后续支出中需要资本化的有（　　　）。

A.固定资产日常修理支出
B.固定资产重安装支出
C.固定资产改建、扩建支出
D.固定资产单元换新支出
E.固定资产重置支出

9.下列固定资产折旧方法中，体现谨慎性会计原则的有（　　　）。

A.年数总和法
B.工作量法

C.年限平均法　　　　　　　　D.双倍余额递减法

E.递减折旧率法

10.下列业务中，需要通过"固定资产清理"科目进行处理的有（　　）。

A.固定资产重新安装　　　　B.固定资产出售

C.固定资产报废　　　　　　D.固定资产盘亏

E.固定资产毁损

11.下列业务中，可能需要通过"营业外支出"科目进行处理的有（　　）。

A.固定资产出租　　　　　　B.固定资产盘亏

C.固定资产单元换新　　　　D.固定资产出售

E.固定资产日常修理

12.下列各项业务中，不会引起固定资产账面价值发生变化的有（　　）。

A.计提固定资产折旧　　　　B.固定资产的扩建

C.固定资产租金收入　　　　D.固定资产单元换新

E.固定资产日常修理

13.下列各项中构成一般纳税企业固定资产价值的有（　　）。

A.进口固定资产支付的关税　　B.为取得固定资产而缴纳的契税

C.支付的耕地占用税　　　　D.购买设备支付的增值税

E.固定资产（车辆）购置税

14.下列各项中应记入"固定资产清理"科目借方的有（　　）。

A.因出售厂房而缴纳的增值税

B.因自然灾害损失的固定资产账面净值

C.因自然灾害损失的固定资产取得的赔款

D.支付清理固定资产人员的工资

E.固定资产残值收入

（三）判断题

1.不属于生产经营主要设备的物品，作为固定资产的使用年限应是5年以上。　　　　　　　　　　　　　　　　　　　　（　　）

2.固定资产未来给企业带来的经济利益是可以计量的。　（　　）

3.按使用情况，可将固定资产划分为经营用和非经营用固定资产两大类。   （   ）

    4.改扩建后的固定资产属于全新固定资产。   （   ）

    5.固定资产都是不动产。   （   ）

    6.辅助生产部门为工程提供的水电费应计入工程的成本。   （   ）

    7.工程完工后工程物资发生的盘盈应冲减工程成本。   （   ）

    8.如果土地已经单独估价入账，可以计提折旧。   （   ）

    9.年数总和法计提折旧可以使固定资产的使用成本各年保持大致
相同。   （   ）

    10.双倍余额递减法计算折旧开始时并不考虑预计的净残值。

                                               （   ）

    11.如果固定资产在当月1日增加，则当月就应计提折旧。   （   ）

    12.凡是涉及固定资产数量方面的支出，都属于资本性支出。   （   ）

    13.全新未使用的固定资产不能计提折旧。   （   ）

    14.如果固定资产大修理支出符合资本化条件，可以计入固定资产
价值。   （   ）

    15.固定资产出售或报废的净损益都应计入营业外收入或支出。

                                               （   ）

（四）计算及账务处理题

    1.诚信公司2×24年1月发生有关固定资产业务如下：

    （1）1月2日，诚信公司购入一台不需要安装的设备，发票上注明设备价款50 000元，应交增值税税额6 500元，支付运输费、保险费、包装费等合计2 300元。

    （2）1月8日，诚信公司购入一台需要安装的设备，增值税专用发票上注明设备价款70 000元，应交增值税税额9 100元，发生运输费、保险费、包装费等合计1 600元，已通过银行支付。该设备购入时就投入安装并支付安装成本950元。1月15日安装完毕，并已达到预定可使用状态。

    （3）1月11日，诚信公司因业务发展的需要与星海公司和兴华公司达成了投资协议。按投资协议的规定，星海公司以一座厂房作为投资投入本公司，经评估确认，该厂房评估确认价值为2 730 000元，增值税按简易计税方法计算。按协议可折换成每股面值为1元、数量为2 000 000股股票的股权。兴华公司以设备作为投资投入本公司，经评

估，确认设备的价值为 130 000 元，应交增值税销项税额 16 900 元。按协议可折换成每股面值为 1 元、数量为 100 000 股股票的股权。设备需要安装，安装时诚信公司支付安装成本 4 200 元。

（4）1 月 16 日，诚信公司经协商与兴华公司达成一项收款协议。协议规定，允许兴华公司以一辆三菱面包车和一辆福特轿车偿还其前欠货款，金额为 640 000 元。三菱面包车和福特轿车的公允价值分别为 200 000 元和 350 000 元，应交增值税 71 500 元。诚信公司对应收账款已计提了 5 000 元的坏账准备。

（5）1 月 20 日，诚信公司以一辆面包车换入一台数控机床，支付相关费用 5 600 元，收到对方支付的补价款 10 000 元。面包车原始价值 260 000 元，已提折旧 90 000 元，已计提减值准备 8 000 元，公允价值无法可靠地计量。

（6）1 月 25 日，诚信公司接收了一台他人捐赠的全新设备，捐赠者提供的有关价值凭证标明设备的价格为 100 000 元，应交增值税税额为 13 000 元，办理产权过户手续时支付相关税费 3 200 元。

（7）1 月 26 日，诚信公司对车间使用的固定资产进行日常修理，用银行存款支付修理费用 480 元。

（8）1 月 28 日，诚信公司对固定资产进行清查，结果是：盘盈一台仪器，市场价格 8 000 元，估计折旧 3 000 元；盘亏一台设备，原始价值 5 000 元，已计提折旧 2 000 元。

（9）1 月 31 日，诚信公司各车间、部门使用的固定资产应计提的折旧计算结果见表 6-1。

表6-1　　　　　　　　　　折旧费用计算结果　　　　　　　　单位：元

车间、部门	折旧额
行政管理部门	5 600
基本生产车间	12 800
专营销售机构	2 300
经营出租的固定资产	600
合　计	21 300

要求：根据上述经济业务编制会计分录。

2.星海公司2×24年1月因扩大生产规模，用自有资金进行了两项固定资产的建造，包括一项设备和一栋建筑物，二者皆用于产品生产。其中，关于设备的建造，公司采用自营的方式进行，时间从2×24年1月1日开始，当月月末结束；由于技术方面的原因，公司将建筑物的建造委托给大通公司负责，双方在1月10日签订了建造合同，合同规定工程应于3月末达到预定可使用状态。有关这两项工程成本支出的资料如下：

（1）2×24年1月5日，用银行存款购入工程物资1 356 000元，其中价款1 200 000元，应交增值税税额156 000元，用于设备建造，工程物资已验收入库。

（2）2×24年1月6日，工程开始，当日领用工程物资1 100 000元。

（3）2×24年1月12日，因工程需要而领用生产产品用库存材料一批，其实际成本为80 000元。

（4）2×24年1月18日，因工程需要而领用库存商品100件，实际单位成本540元，生产成本总额54 000元。

（5）2×24年1月20日，因工程需要而短期租赁一辆吊车，租赁期一天，支付租赁费900元。

（6）2×24年1月31日，经分配计算辅助生产部门为工程提供水、电费等支出共计12 000元，工程应负担直接人工费41 040元。

（7）2×24年1月28日，经现场清理，发现工程物资盘盈，其实际成本为2 000元。

（8）2×24年1月31日工程完工，并达到预定可使用状态，计算并结转工程成本。

（9）2×24年1月10日，公司与大通公司签订了工程承包合同，合同工程款300 000元，按合同的规定预付工程款200 000元。

（10）2×24年3月31日，大通公司如期完成工程建造，并交付星海公司，该工程达到预定可使用状态。星海公司按合同规定，开出转账支票一张结算剩余工程款100 000元。

要求：（1）计算自营工程成本。

（2）编制相关业务的会计分录。

3.诚信公司2×24年10月将生产车间一项固定资产进行改扩建，该项固定资产原价 150 000 元，已提折旧 30 000 元。改建中发生材料费 8 000 元。2×24 年 11 月 2 日改建完成，并达到预定可使用状态，改扩建后固定资产预计使用 10 年，预计净残值为 6 800 元。2×24 年 12 月 31 日，固定资产可收回金额 115 000 元，认定资产发生减值，减值后预计固定资产尚能使用 8 年，预计净残值为 3 000 元。改扩建前后固定资产均采用年限平均法计算折旧。

要求：计算改扩建后固定资产 2×24 年度的折旧额、减值额以及 2×25 年的折旧额，并进行相关业务的会计处理。

4.诚信公司一台设备，原始价值 160 000 元，预计使用年限 5 年，预计净残值率为 4%。

要求：（1）根据上述资料采用年限平均法计算固定资产的年折旧率、月折旧率、年折旧额、月折旧额。

（2）根据上述资料分别采用双倍余额递减法和年数总和法计算固定资产的年折旧率和年折旧额。

5.星海公司的一台大型精密仪器按工作量法计算折旧。其原始价值为 260 000 元，预计净残值率为 4%，预计可工作 31 200 小时。这台大型精密仪器共使用了 6 年，各年的实际工作时数分别为：第一年 6 900 小时，第二年 6 500 小时，第三年 6 300 小时，第四年 5 600 小时，第五年 4 000 小时，第六年 1 900 小时。

要求：根据上述资料计算该项固定资产各年的折旧额。

6.星海公司发生有关固定资产的业务如下：

（1）2×24 年 3 月 8 日，星海公司将一栋多年闲置不用的车间整体出售，出售的价款为 1 209 900 元，已通过银行收到款项。该项固定资产的原始价值为 1 880 000 元，累计折旧 750 000 元。支付整修费用 900 元。

（2）2×24 年 3 月 12 日，星海公司一台设备报废。该项设备原始价值为 56 000 元，累计折旧 53 760 元。报废时支付清理费用 260 元，变价收入（残料入库）720 元。

（3）2×24 年 3 月 19 日，星海公司一台设备因火灾烧毁。该设备原始价值为 68 000 元，累计折旧 21 000 元。清理现场时发生清理费用 500 元，收到保险公司赔款 30 000 元，残料变卖收入 800 元。

（4）于 2×21 年 12 月 2 日，星海公司购买了一台设备，原始价值为

800 000元，预计使用10年，净残值率为4%，按年数总和法计提折旧。2×23年4月20日，星海公司由于转产，该设备不再需用，遂与甲公司签订不可撤销销售协议，约定在2×23年年底将此设备转售给甲公司。2×23年4月20日，甲公司出价580 000元，应交增值税75 400元，预计处置费用30 000元，不考虑其他相关税费。2×23年4月20日，星海公司将该项设备转为持有待售固定资产。假如星海公司如期于2×23年年底按协议将此设备转售给甲公司。

要求：根据上述业务编制会计分录。

五、案例分析题

【案例1】为了给2×24年产品的生产创造更好的条件，以利于生产计划的圆满完成，诚信公司于2×23年对公司的固定资产顺利地进行了多项工作。这些工作包括以下几个方面：

（1）对一台加工设备进行大修理，12月底完成，实际发生大修理费用26 000元，用银行存款支付，此项支出不符合资本化确认条件。

（2）将一台设备上的附属独立装置拆卸下来，进行报废处理，同时又购买一个新的装置并安装在该台固定资产上。该设备的原始价值为240 000元，已提折旧85 000元，被拆卸装置的成本7 200元，企业购买新装置时支付款项7 910元，其中增值税进项税额910元。

（3）为腾出一定的空间，以安装新的设备，公司将一台2×23年5月购买的设备出售。该设备原始价值为38 000元，已提折旧14 100元，出售价款20 000元，应交增值税2 600元，款项已存入银行。

（4）为提高工作效率，公司将一台已提足折旧但尚可使用的设备转入报废清理。报废设备的原始价值为62 000元，已计提折旧59 520元。报废时发生清理费用300元，残值收入450元（残料）。

（5）一台数控机床由于使用性能有些下降，公司决定对其重新安装。该台机床的原始价值为320 000元，已提折旧108 800元，初始安装成本9 000元。安装完毕后，共发生新的安装成本9 600元。

（6）年末，公司经考核认定一项固定资产由于实体发生损坏导致其可收回金额大大降低。经计算，可收回金额为83 000元，该项固定资产账面净值为112 000元，已计提减值准备6 000元；已签订协议将一台设备1年内完成转让，企业将其转为待售固定资产，该设备原始价值127 000元，已提折旧103 000元，公允价值减去处置费用后的净额为20 000元。

问题：

1.上述业务中，哪些是属于资本性支出业务？为什么？构成公司资本性支出金额合计是多少？

2.各项业务对公司固定资产原始价值的影响金额是多少？

3.上述业务对公司最终损益的影响金额是多少？

4.编制各项经济业务的会计分录。

【案例分析】

1.根据固定资产后续支出会计处理的规定，固定资产后续支出要视其是否符合固定资产确认的条件，采取不同的会计处理方法。后续支出符合固定资产确认条件的，应予以资本化处理，计入固定资产的价值；后续支出不符合固定资产确认条件的，要进行费用化处理，在后续支出发生时计入当期损益。本案例固定资产支出业务中，属于资本性支出的业务包括安装附属独立装置业务以及固定资产的重新安装业务。安装附属独立装置业务属于固定资产的资产单元换新业务，资产单元具有相对独立性并具有可单独辨认其成本的特点，其支出一般作为资本性支出计入固定资产价值；固定资产的重新安装是为了创造新的生产环境和提高流水作业的合理性，可以起到改善生产组织、提高生产效率、充分发挥资产潜力、降低产品成本的作用，因此会计上同样把固定资产的重新安装业务作为固定资产的资本化支出业务，重新安装的支出应予以资本化，计入固定资产的价值。固定资产大修理业务支出由于不符合固定资产确认条件，因此应予以费用化处理，计入当期损益。实体发生损坏的固定资产，其可收回金额低于其账面价值，应计提减值准备。按规定，固定资产转入待售以后不再计提折旧，转入时应该按照账面价值与公允价值减去处置费用后的净额孰低的原则进行计量，账面价值高于净额的差额作为固定资产减值损失计入当期损益。

资本性支出金额合计=7 000+9 600=16 600（元）

2.对原始价值的影响金额=157 350+214 860-240 000-38 000-62 000-320 000

=-287 790（元）

3.对公司损益的影响金额=-26 000-4 650-3 900-2 330-5 940-27 000

$$=-69\ 820（元）$$

4.相关业务会计处理如下：

（1）大修理业务：

借：管理费用   26 000

  贷：银行存款   26 000

（2）资产单元换新：

①注销生产设备原价以及累计折旧：

借：在建工程   155 000

  累计折旧   85 000

  贷：固定资产   240 000

②购买新装置：

借：工程物资   7 000

  应交税费——应交增值税（进项税额）   910

  贷：银行存款   7 910

③安装新设备：

借：在建工程   7 000

  贷：工程物资   7 000

④终止确认旧装置：

旧装置累计折旧=$\dfrac{7\ 200}{240\ 000}$×85 000=2 550（元）

旧装置账面净值=7 200-2 550=4 650（元）

借：营业外支出   4 650

  贷：在建工程   4 650

⑤生产设备调试完毕，达到预定可使用状态。

生产设备入账价值=155 000+7 000-4 650=157 350（元）

借：固定资产   157 350

  贷：在建工程   157 350

（3）固定资产出售：

①注销原价和累计折旧：

借：固定资产清理   23 900

  累计折旧   14 100

贷：固定资产		38 000

②出售固定资产：

借：银行存款	22 600	
贷：固定资产清理		20 000
应交税费——应交增值税（销项税额）		2 600

③结转净损失：

借：资产处置损益	3 900	
贷：固定资产清理		3 900

（4）报废固定资产：

①注销原价和累计折旧：

借：固定资产清理	2 480	
累计折旧	59 520	
贷：固定资产		62 000

②支付清理费用：

借：固定资产清理	300	
贷：银行存款		300

③残料入库：

借：原材料	450	
贷：固定资产清理		450

④结转净损失：

借：营业外支出——非流动资产报废	2 330	
贷：固定资产清理		2 330

（5）固定资产重安装：

①固定资产转入安装，注销原价以及累计折旧：

借：在建工程	211 200	
累计折旧	108 800	
贷：固定资产		320 000

②发生的安装成本：

借：在建工程	9 600	
贷：银行存款		9 600

③注销旧的安装成本：

安装成本累计折旧$=\dfrac{9\,000}{320\,000}\times108\,800=3\,060$（元）

安装成本账面净值=9 000-3 060=5 940（元）

借：营业外支出   5 940

 贷：在建工程   5 940

④安装完毕，达到预定可使用状态：

固定资产入账价值=211 200+9 600-5 940=214 860（元）

借：固定资产   214 860

 贷：在建工程   214 860

（6）应计提的减值准备：

应计提的减值准备=（112 000-6 000-83 000）+（127 000-103 000-20 000）

        =27 000（元）

借：资产减值损失   27 000

 贷：固定资产减值准备   27 000

【案例2】实行矿山环境治理恢复基金，助力金山银山

目前，我国对于矿山环境治理恢复实行计提基金制度，相关省份根据国务院的规定制定了基金制度管理办法。比如山西省人民政府于2020年7月21日发布了《山西省矿山环境治理恢复基金管理办法》，对矿山环境治理恢复基金的提取、使用和监管做了规范。

假如某一矿山企业截至营业期止尚有30年时间，按照上述管理办法，假设30年共需要提取矿山环境治理恢复基金100亿元，实际利率为5%，则有关计算和会计处理如下：

未来矿山环境治理恢复基金的现值为23.14亿元（100×0.2314）。以后每年的利息费用按实际利率法计算，第一年的利息费用为1.16亿元（23.14×5%），第二年的利息费用为1.22亿元（（23.14+1.16）×5%），第三年的利息费用为1.28亿元（（23.14+1.16+1.22）×5%）。以后各年的利息费用计算省略。该矿山未来环境治理恢复基金的现值23.14亿元计入固定资产价值，每年的利息费用计入财务费用（按照会计处理的规定，实务上如果弃置费用无法预计，在其实际发生时计入当期损益）。

【案例分析】

通过实行弃置费用，使企业认识到必须投入环境治理恢复的成本，而这个成本的数额巨大，所以不能盲目追求效益，忽视环境保护；在会计处理上，增加固定资产的初始成本，通过固定资产折旧，冲减当期会计利润及应纳税所得额，调动了企业环境治理恢复的积极性；使企业在未来具有环境治理恢复的充足资金保证。目前，全国各地矿山环境治理恢复的成功案例不胜枚举，为我国"金山银山"添加了各类社会效益和经济效益生态治理样本。

六、练习题参考答案

（一）单项选择题

1.C 2.B 3.C 4.D 5.C 6.A 7.A 8.B 9.D 10.A 11.B 12.B 13.C 14.A 15.B 16.A

（二）多项选择题

1.ABCD 2.BCE 3.ABCD 4.CD 5.ABD 6.ACD 7.ACDE 8.BCDE 9.ADE 10.BCE 11.BC 12.CE 13.ABCE 14.ABD

（三）判断题

1.× 2.√ 3.× 4.√ 5.× 6.√ 7.× 8.× 9.√ 10.√ 11.× 12.√ 13.× 14.√ 15.×

（四）计算及账务处理题

1.相关会计分录如下：

（1）借：固定资产　　　　　　　　　　　　　　　　　　　　52 300

　　　　应交税费——应交增值税（进项税额）　　　　　　6 500

　　　　　贷：银行存款　　　　　　　　　　　　　　　　　　58 800

（2）借：在建工程　　　　　　　　　　　　　　　　　　　　71 600

　　　　应交税费——应交增值税（进项税额）　　　　　　9 100

　　　　　贷：银行存款　　　　　　　　　　　　　　　　　　80 700

　　借：在建工程　　　　　　　　　　　　　　　　　　　　　950

　　　贷：银行存款　　　　　　　　　　　　　　　　　　　　950

　　借：固定资产　　　　　　　　　　　　　　　　　　　　72 550

　　　贷：在建工程　　　　　　　　　　　　　　　　　　　72 550

（3）借：固定资产　　　　　　　　　　　　　　　　　　　2 600 000

　　　　应交税费——应交增值税（进项税额）　　　　　130 000

贷：股本	2 000 000
资本公积	730 000
借：在建工程	130 000
应交税费——应交增值税（进项税额）	16 900
贷：股本	100 000
资本公积	46 900
借：在建工程	4 200
贷：银行存款	4 200
借：固定资产	134 200
贷：在建工程	134 200

（4）借：固定资产——三菱面包车   200 000

      ——福特轿车   350 000

    坏账准备   5 000

    应交税费——应交增值税（进项税额）   71 500

    营业外支出——债务重组损失   13 500

     贷：应收账款   640 000

（5）①注销面包车：

借：固定资产清理   170 000

  累计折旧   90 000

 贷：固定资产   260 000

②注销固定资产减值准备：

借：固定资产减值准备   8 000

 贷：固定资产清理   8 000

③收到补价：

借：银行存款   10 000

 贷：固定资产清理   10 000

④支付相关费用：

借：固定资产清理   5 600

 贷：银行存款   5 600

⑤转入机床：

入账价值=170 000-8 000-10 000+5 600=157 600（元）

借：固定资产——机床   157 600

 贷：固定资产清理   157 600

（6）借：固定资产 103 200

         应交税费——应交增值税（进项税额） 13 000

    贷：营业外收入 113 000

         银行存款 3 200

（7）借：管理费用 480

    贷：银行存款 480

（8）批准处理前：

盘盈设备：

借：固定资产 5 000

  贷：以前年度损益调整 5 000

盘亏设备：

借：待处理财产损溢——待处理固定资产损溢 3 000

    累计折旧 2 000

  贷：固定资产 5 000

批准处理后：

盘亏设备：

借：营业外支出——固定资产盘亏 3 000

  贷：待处理财产损溢——待处理固定资产损溢 3 000

（9）借：管理费用 5 600

    制造费用 12 800

    销售费用 2 300

    其他业务成本 600

  贷：累计折旧 21 300

2.相关会计分录如下：

（1）借：工程物资 1 200 000

    应交税费——应交增值税（进项税额） 156 000

  贷：银行存款 1 356 000

（2）借：在建工程 1 100 000

    贷：工程物资 1 100 000

（3）借：在建工程 80 000

    贷：原材料 80 000

（4）因工程用于产品生产，所以只需结转生产成本：

借：在建工程 54 000

　　　　贷：库存商品　　　　　　　　　　　　　　　　　　54 000
　（5）借：在建工程　　　　　　　　　　　　　900
　　　　贷：银行存款　　　　　　　　　　　　　　　　　　900
　（6）借：在建工程　　　　　　　　　　　　53 040
　　　　贷：生产成本——辅助生产成本　　　　　　　　　　12 000
　　　　　　应付职工薪酬　　　　　　　　　　　　　　　　41 040
　（7）借：工程物资　　　　　　　　　　　　2 000
　　　　贷：在建工程　　　　　　　　　　　　　　　　　　2 000
　（8）自营工程成本=1 100 000+80 000+54 000+900+53 040-2 000

　　　　　　　　=1 285 940（元）

　借：固定资产　　　　　　　　　　　　　1 285 940
　　贷：在建工程　　　　　　　　　　　　　　　　　　1 285 940
　（9）借：预付账款　　　　　　　　　　　200 000
　　　　贷：银行存款　　　　　　　　　　　　　　　　　200 000
　（10）借：在建工程　　　　　　　　　　300 000
　　　　贷：银行存款　　　　　　　　　　　　　　　　　100 000
　　　　　　预付账款　　　　　　　　　　　　　　　　　200 000
　借：固定资产　　　　　　　　　　　　　300 000
　　贷：在建工程　　　　　　　　　　　　　　　　　　300 000

3.（1）2×24年10月，固定资产转入改扩建：
　借：在建工程　　　　　　　　　　　　　120 000
　　累计折旧　　　　　　　　　　　　　　30 000
　　　贷：固定资产　　　　　　　　　　　　　　　　　150 000
　借：在建工程　　　　　　　　　　　　　8 000
　　　贷：原材料　　　　　　　　　　　　　　　　　　　8 000
　（2）2×24年11月2日，固定资产达到预定可使用状态：
　借：固定资产　　　　　　　　　　　　　128 000
　　　贷：在建工程　　　　　　　　　　　　　　　　　128 000
　（3）改建后2×24年折旧：
　改建后2×24年折旧=（128 000-6 800）÷10÷12=1 010（元）
　借：制造费用　　　　　　　　　　　　　　　1 010
　　　贷：累计折旧　　　　　　　　　　　　　　　　　　1 010
　（4）2×24年计提减值准备：
　账面价值=128 000-1 010=126 990（元）

可收回金额=115 000元

计提减值准备的金额=126 990-115 000=11 990（元）

借：资产减值损失   11 990

 贷：固定资产减值准备   11 990

（5）2×25年计提折旧：

年折旧额=（115 000-3 000）÷8=14 000（元）

借：制造费用   14 000

 贷：累计折旧   14 000

4.（1）年限平均法：

年折旧率=$\dfrac{1-4\%}{5}$=19.2%

月折旧率=19.2%÷12=1.6%

年折旧额=160 000×19.2%=30 720（元）

月折旧额=30 720÷12

或   =160 000×1.6%=2 560（元）

（2）双倍余额递减法：

折旧率=$\dfrac{1}{5}$×2=$\dfrac{2}{5}$

第一年折旧额=160 000×$\dfrac{2}{5}$=64 000（元）

第二年折旧额=（160 000-64 000）×$\dfrac{2}{5}$=38 400（元）

第三年折旧额=（160 000-64 000-38 400）×$\dfrac{2}{5}$=23 040（元）

第四年折旧额=（160 000-64 000-38 400-23 040-160 000×4%）÷2

    =14 080（元）

第五年折旧额=14 080元

年数总和法：

第一年折旧率=$\dfrac{5-1+1}{5\times(5+1)/2}$=$\dfrac{5}{15}$

第二年折旧率=$\dfrac{5-2+1}{5\times(5+1)/2}$=$\dfrac{4}{15}$

第三年折旧率=$\dfrac{5-3+1}{5\times(5+1)/2}$=$\dfrac{3}{15}$

第四年折旧率=$\dfrac{5-4+1}{5\times(5+1)/2}$=$\dfrac{2}{15}$

第五年折旧率=$\dfrac{5-5+1}{5\times(5+1)/2}$=$\dfrac{1}{15}$

第一年折旧额=（160 000-6 400）×$\frac{5}{15}$=51 200（元）

第二年折旧额=（160 000-6 400）×$\frac{4}{15}$=40 960（元）

第三年折旧额=（160 000-6 400）×$\frac{3}{15}$=30 720（元）

第四年折旧额=（160 000-6 400）×$\frac{2}{15}$=20 480（元）

第五年折旧额=（160 000-6 400）×$\frac{1}{15}$=10 240（元）

5.相关计算如下：

单位工作量的折旧额=$\frac{260\,000×(1-4\%)}{31\,200}$=8（元/小时）

第一年折旧额=6 900×8=55 200（元）

第二年折旧额=6 500×8=52 000（元）

第三年折旧额=6 300×8=50 400（元）

第四年折旧额=5 600×8=44 800（元）

第五年折旧额=4 000×8=32 000（元）

第六年折旧额=1 900×8=15 200（元）

6.（1）注销原价及累计折旧：

借：固定资产清理　　　　　　　　　　　　　　　　1 130 000

　　累计折旧　　　　　　　　　　　　　　　　　　　750 000

　贷：固定资产　　　　　　　　　　　　　　　　　　　　1 880 000

支付整修费用：

借：固定资产清理　　　　　　　　　　　　　　　　　　　900

　贷：银行存款　　　　　　　　　　　　　　　　　　　　　900

收到出售价款：

应交增值税=1 209 900÷（1+9%）×9%=99 900（元）

借：银行存款　　　　　　　　　　　　　　　　　　1 209 900

　贷：固定资产清理　　　　　　　　　　　　　　　　　　1 110 000

　　　应交税费——应交增值税（销项税额）　　　　　　　99 900

预交增值税=1 209 900÷（1+9%）×5%=55 500（元）

借：应交税费——应交增值税（已交税金）　　　　　　55 500

　贷：银行存款　　　　　　　　　　　　　　　　　　　　55 500

结转出售净损益：

出售净损益=1 110 000-1 130 000-900=-20 900（元）（损失）

借：资产处置损益   20 900

 贷：固定资产清理   20 900

（2）注销原价及累计折旧：

借：固定资产清理   2 240

  累计折旧   53 760

 贷：固定资产   56 000

支付清理费用：

借：固定资产清理   260

 贷：银行存款   260

残料入库：

借：原材料   720

 贷：固定资产清理   720

计算并结转报废净损益：

报废净损益=720-2 240-260=-1 780（元）（损失）

借：营业外支出——非流动资产报废   1 780

 贷：固定资产清理   1 780

（3）注销原价及累计折旧：

借：固定资产清理   47 000

  累计折旧   21 000

 贷：固定资产   68 000

支付清理费用：

借：固定资产清理   500

 贷：银行存款   500

收到保险赔款：

借：银行存款   30 000

 贷：固定资产清理   30 000

变价收入：

借：银行存款   800

 贷：固定资产清理   800

计算并结转报废净损益：

报废净损益=30 000+800-47 000-500=-16 700（元）（损失）

借：营业外支出——非流动资产报废   16 700

 贷：固定资产清理   16 700

（4）2×23年4月20日星海公司将设备转为持有待售固定资产：

$$\text{固定资产账面价值} = 800\,000 - \left(\frac{800\,000 \times (1 - 4\%) \times 10}{55} + \frac{800\,000 \times (1 - 4\%) \times 9}{55} \times \frac{4}{12} \right)$$

$$= 618\,473 （元）（折旧额为181\,527元）$$

借：持有待售资产   618 473

  累计折旧   181 527

  贷：固定资产   800 000

计提减值准备=618 473-（580 000-30 000）=68 473（元）

借：资产减值损失   68 473

  贷：持有待售资产减值准备   68 473

2×23年年底按协议将设备转售给甲公司：

出售持有待售资产：

借：银行存款   655 400

  持有待售资产减值准备   68 473

  贷：持有待售资产   618 473

    应交税费——应交增值税（销项税额）   75 400

    资产处置损益   30 000

支付处置费用：

借：资产处置损益   30 000

  贷：银行存款   30 000

第七章　无形资产

一、学习要求与素养提升

通过本章的学习，应明确无形资产的基本概念、基本特征与分类；了解无形资产初始计量、后续计量以及无形资产处置等诸多问题的有关会计规定；熟练掌握无形资产各项业务的会计处理方法，包括企业从各种不同的来源渠道取得无形资产以及无形资产的摊销、出售、报废等业务等。

在无形资产学习中，会计人应重视无形资产形成的因素以及对企业价值的增值作用，认识到企业拥有无形资产才能建立企业发展和提高竞争力的雄厚基础，因此要加大投入、不断创新，从而使企业立于不败之地。

二、预习要览

（一）关键概念

无形资产	专利权
商标权	非专利技术
专营权	著作权
土地使用权	数据资源无形资产
研究阶段	开发阶段

（二）关键问题

1.无形资产的特征主要表现在哪几个方面？

2.无形资产的确认应满足哪几个条件？如何理解？

3.不同来源的无形资产的价值是如何确定的？

4.无形资产使用寿命是如何规定的？一般可以采用哪些摊销方法？如何选择？

三、本章重点与难点

☐ 无形资产初始计量
☐ 研究开发费用的确认和计量
☐ 无形资产的摊销

（一）无形资产的确认

确认无形资产应同时满足以下三个条件：

（1）符合无形资产的定义。

（2）与该无形资产相关的预计未来经济利益很可能流入企业。

（3）无形资产的成本能够可靠地计量。

第一个条件是指无形资产既需要满足资产一般属性的要求，即由企业拥有或控制，同时也要满足无形资产没有实物形态和可辨认性的特殊要求。第二个条件是指企业能够控制无形资产所产生的经济利益，比如，企业拥有无形资产的法定所有权，或企业与他人签订了协议，使得企业的相关权利受到法律的保护，这样可以保证无形资产的预计未来经济利益能够流入企业。在判断无形资产产生的经济利益是否可能流入企业时，企业管理部门应对无形资产在预计使用年限内存在的各种因素做出稳健的估计。这一点符合国际惯例，与国际会计准则的规定是一样的。第三个条件实际上是对无形资产的入账价值而言的。无形资产的入账价值需要根据其取得的成本确定，如果成本无法可靠地计量的话，那么无形资产的计价入账也就无从谈起。这一点也同样符合国际惯例。企业购入的无形资产、通过非货币性资产交换取得的无形资产、投资者投入的无形资产、通过债务重组取得的无形资产，以及自行开发并依法申请取得的无形资产，如果满足上述条件的要求，都应确认为企业的无形资产。企业内部产生的品牌、报刊名等，因其发生的成本无法可靠地计量而不确认为企业的无形资产。

（二）无形资产的初始计量

不同来源渠道取得的无形资产，其计价方法是不同的。

1.外购的无形资产。外购的无形资产应以实际支付的价款、相关税费以及直接归属于使该项资产达到预定用途所发生的其他支出的合计数作为入账价值。直接归属于使该项资产达到预定用途所发生的其他支出，包括使无形资产达到预定用途所发生的专业服务费用、测试无形资产是否能够正常发挥作用的费用等。下列费用不包括在无形资产的初始成本中：①为引入新产品进行宣传发生的广告费、管理费用及其他间接费用。②无形资产已经达到预定用途以后发生的费用，如利用无形资产在形成经济规模之前发生的初始运作损失等。

企业采用分期付款方式购买无形资产，购买无形资产的价款超过正常信用条件延期支付，实质上具有融资性质的，按照规定，无形资产的成本应以购买价款的现值为基础加以确定。购买价款与购买价款现值之间的差额，作为未确认融资费用在付款期内按实际利率法进行摊销，计入各年财务费用中。

企业外购的无形资产，如果取得法律规定的可抵扣发票，其支付的增值税税额可以抵扣；如果无法取得法律规定的可抵扣发票，则支付的增值税税额不能抵扣，应计入无形资产成本并按规定方法进行摊销。

企业通过外购方式取得的土地使用权通常应确认为无形资产。土地使用权用于自行开发建造厂房等地上建筑物时，土地使用权的账面价值不与地上建筑物合并计算其成本，而仍作为无形资产进行核算，土地使用权与地上建筑物分别进行摊销和提取折旧。但下列情况除外：

① 房地产开发企业取得的土地使用权用于建造对外出售的房屋建筑物，相关的土地使用权应当计入所建造的房屋建筑物成本。

② 企业外购的房屋建筑物，实际支付的价款中包括土地以及建筑物的价值，则应当对支付的价款按照合理的方法（例如，公允价值）在土地和地上建筑物之间进行分配；如果确实无法在地上建筑物与土地使用权之间进行合理分配，则应当全部作为固定资产核算。

企业改变土地使用权的用途，将其用于出租或增值目的时，应将无形资产转为投资性房地产。

2.通过非货币性资产交换取得的无形资产入账价值的确定。

以非货币性资产交换方式取得的无形资产，其入账价值如何确定需要考虑两个因素。一是非货币性资产交换是否具有商业实质。满足下列条件之一的非货币性资产交换具有商业实质：①换入资产的未来现金流量在风险、时间分布或金额方面与换出资产显著不同。②使用换入资产所产生的预计未来现金流量现值与继续使用换出资产不同，且其差额与换入资产和换出资产的公允价值相比是重大的。二是换入或换出资产的公允价值能否可靠计量。

在考虑非货币性资产交换是否具有商业实质以及换入或换出资产的公允价值能否可靠计量的情况下，区分两种情况进行处理：

第一，非货币性资产交换具有商业实质，而且换入资产或换出资产公允价值能够可靠计量时，换入的无形资产应当以换出资产公允价值为基础，再加上应支付的相关税费之和作为换入无形资产的成本（入账价值）。但是，如果有确凿的证据表明换入无形资产的公允价值更为可靠，则应以换入无形资产的公允价值为基础进行计价。由于换出资产公允价值与换出资产账面价值的差额是通过非货币性资产交换得以实现的，因此，应作为交换损益计入当期损益。

涉及补价的非货币性资产交换，区分两种情况进行处理：一是换入无形资产方支付补价的，换入无形资产成本应按照换出资产的公允价值加上支付的补价（即换入资产的公允价值）和应支付的相关税费确定，换出资产公允价值与换出资产账面价值之间的差额，作为交换损益计入当期损益。二是换入无形资产方收到补价的，换入无形资产成本应按照换出资产的公允价值减去补价加上应支付的相关税费确定。换出资产公允价值与换出资产账面价值之间的差额，作为交换损益计入当期损益。

交换损益是指将换出资产视作按公允价值进行处置而产生的，金额上是指换出资产公允价值与其账面价值之间的差额。其会计处理取决于交换资产的类型。其中换出资产为存货的，应当按照收入确认和计量的要求进行处理，交换损益计入营业利润，在利润表中作为营业利润的构成部分予以列示；换出资产为固定资产、无形资产的，交换损益计入资产处置损益；换出资产为长期股权投资的，交换损益计入投资收益。

第二，非货币性资产交换不具有商业实质，而且换入资产或换出资产公允价值不能可靠计量时，应当以换出资产的账面价值和应支付的相关税费之和作为换入无形资产的初始计量金额，换出资产终止确认时不确认损益。

涉及补价时，也要区分两种情况进行处理：如为换入无形资产方支付补价的，换入无形资产初始计量金额应当以换出资产账面价值加支付补价、应支付相关税费来确定；如为换入无形资产方收到补价的，换入无形资产初始计量金额应当以换出资产账面价值，减去收到的补价，并加上应支付的相关税费来确定。两种情况下换出资产终止确认时均不确认损益。

如果同时换入多项无形资产，应按照换入各项无形资产公允价值相对比例，将换出资产公允价值总额（涉及补价的，加上支付补价的公允价值或减去收到补价的公允价值）进行分摊，以分摊至各项换入无形资产的金额，加上应支付的相关税费，作为各项换入无形资产的成本进行初始计量。

3.投资者投入的无形资产，在合同或协议约定的价值公允的前提下，应按照投资合同或协议约定的价值作为入账价值。如果合同或协议约定的价值不公允，则按无形资产的公允价值入账。

4.债务重组取得的无形资产入账价值应当按照《企业会计准则第12号——债务重组》的规定来确定。其规定，企业通过债务重组取得的无形资产，其入账价值应按照受让无形资产的公允价值确定。重组债权账面余额与受让无形资产公允价值之间的差额作为债务重组损失，计入营业外支出。债权人已对重组债权计提减值准备的，应当先将该差额冲减减值准备，减值准备不足以冲减的部分，计入营业外支出；如果减值准备冲减该差额后仍有余额，应该转回并抵减当期资产减值损失，受让无形资产涉及的增值税进项税额，如果债务重组协议规定债权人不向债务人另行支付，则增值税进项税额可以作为冲减重组债权账面余额处理；如债权人向债务人另行支付，则增值税进项税额不能作为冲减重组债权账面余额处理。

5.企业通过政府补助方式取得的无形资产应当按照公允价值计量。具体要分以下几种情况进行处理：如果企业取得的无形资产附带有关文件、协议、发票、报关单等凭证，在这些凭证注明的价值与公允价值相差不大时，应当以有关凭证中注明的价值作为公允价值；没有注明价值或注明价值与公允价值差异较大，但有活跃交易市场的，应当根据有确凿证据表明的同类或类似市场交易价格作为公允价值；如没有注明价值，且没有活跃交易市场、不能可靠取得公允价值的，应当按照名义金额计量，名义金额即为1元人民币。

（三）研究阶段和开发阶段的划分

研究阶段是指为获取新的技术和知识等进行的有计划的调查。具体是指，意于获取知识而进行的活动，研究成果或其他知识的应用研究、评价和最终选择，材料、设备、产品、工序、系统或服务替代品的研究，以及新的或经改进的材料、设备、产品、工序、系统或服务的可能替代品的配制、设计、评价和最终选择。研究阶段具有计划性和探索性的特点。计划性是指研究阶段是建立在有计划的调查基础上的，即研发项目已经董事会或者相关管理层的批准，并着手收集相关资料、进行市场调查等；探索性是指研究阶段基本上是探索性的，为进一步的开发活动进行资料及相关方面的准备，这一阶段不会形成阶段性成果。

开发阶段是指在进行商业性生产或使用前，将研究成果或其他知识应用于某项计划或设计，以生产出新的或具有实质性改进的材料、装置、产品等。具体是指，生产前或使用前的原型和模型的设计、建造和测试，含新技术的工具、夹具、模具和冲模的设计，不具有商业性生产经济规模的试生产设施的设计、建造和运营，新的或改造的材料、设备、产品、工序、系统或服务所选定的替代品的设计、建造和测试等。开发阶段具有针对性和形成成果的可能性较大的特点。

（四）内部研究开发费用的确认与计量的原则

对于研究阶段来说，其研究工作是否能在未来形成成果，即通过开发后是否会形成无形资产均有很大的不确定性，企业也无法证明其研究活动一定能够形成带来未来经济利益的无形资产，因此，研究阶段的有关支出在发生时应当费用化计入当期损益。

开发阶段的费用支出是否应计入无形资产的成本，要视其是否满足资本化的条件。满足资本化条件的费用支出计入无形资产的价值；不能满足资本化条件的费用支出应计入当期损益。

（五）开发阶段费用支出的资本化条件

开发阶段费用支出的资本化条件包括以下几个方面：

（1）完成该无形资产以使其能够使用或出售在技术上具有可行性。

（2）具有完成该无形资产并使用或出售的意图。

（3）无形资产产生经济利益的方式，包括能够证明运用该无形资产生产的产品存在市场或无形资产自身存在市场，无形资产将在内部使用的，应当证明其有用性。

（4）有足够的技术、财务资源和其他资源支持，以完成该无形资产的开发，并有能力使用或出售该无形资产。

（5）归属于该无形资产开发阶段的支出能够可靠地计量。

（六）无形资产的使用寿命

无形资产的使用寿命可按如下原则进行确定：由于企业持有的无形资产通常来源于合同性权利或是其他法定权利，这些无形资产的使用寿命一般在合同里或法律上都有明确的规定。按照我国会计准则的规定，对于来源于合同性权利或其他法定权利的无形资产，其使用寿命不应超过合同性权利或其他法定权利的期限。但如果企业使用无形资产的预期期限短于合同性权利或其他法定权利规定的期限，则应当按照企业使用无形资产的预期期限确定其使用寿命。比如，企业取得的一项专利权，国家法律规定的保护期限为10年，企业预计利用该项无形资产所生产的产品或提供的劳务在未来8年内为企业带来经济利益，则该项专利权的使用寿命为8年。如果合同性权利或其他法定权利能够在到期时因续约等延续，且有证据表明企业续约不需要付出大额成本，续约期应当计入使用寿命。下列情况一般说明企业无须付出重大成本即可延续合同性权利或其他法定权利：有证据表明合同性权利或法定权利将被重新延续，如果在延续之前需要第三方同意，则还需有第三方将会同意的证据；有证据表明为获得重新延续所必需的所有条件相对于企业的未来经济利益不具有重要性。如果企业在延续无形资产持有期间时付出的成本与预期流入企业的未来经济利益相比具有重要性，本质上来看是企业获得了一项新的无形资产。

合同或法律没有规定使用寿命的，企业应当综合各方面情况判断，以确定无形资产能为企业带来未来经济利益的期限。可以采取与同行业的情况进行比较、参考历史经验，或聘请相关专家进行论证等方法加以确定，比如企业数据资源无形资产，在估计其使用寿命时要考虑数据资源相关业务模式、权利限制、更新频率和时效性、有关产品或技术迭代、同类竞品等因素；又如主要从事App营销推送服务的企业，由于行业对客户数据实时性的要求较高，应基于历史数据，根据业务模式、市场同类产品功能等因素分析确定其能够服务的寿命。如果按照上述方法仍无法合理确定无形资产为企业带来经济利益期限，则该项无形资产应作为使用寿命不确定的无形资产而不进行摊销，但应进行减值测试。

无形资产使用寿命确定以后并不是一成不变的，随着相关影响因素的变化，有限的使用寿命可能延长或缩短，而使用寿命不能确定的无形资产，其使用寿命可能会变得能够确定。我国会计准则规定，企业至少应当于每年年度终了，对无形资产的使用寿命及摊销方法进行复核，如果有证据表明无形资产的使用寿命及摊销方法不同于以前的估计，则对于使用寿命有限的无形资产，应改变其摊销年限及摊销方法，并按照会计估计变更进行处理。对于使用寿命不确定的无形资产，如果有证据表明其使用寿命是有限的，则应视为会计估计变更，应当估计其使用寿命并按照使用寿命有限的无形资产的处理原则进行处理。

（七）无形资产的摊销方法与会计处理

可供企业选择的无形资产的摊销方法有很多，如直线法、余额递减法和生产总量法等。目前，国际上普遍采用的是直线法。企业选择什么样的摊销方法，主要取决于企业与无形资产有关经济利益的预期实现方式，不同会计期间都要贯彻始终。一般而言，对于受技术陈旧因素影响较大的专利权和专有技术等无形资产，可以采用类似固定资产加速折旧的方法进行摊销；对于有特定产量限制的特许权等无形资产，应采用产量法进行摊销；如果企业由于各种原因难以可靠确定消耗方式，则应当采用直线法对无形资产的应摊销金额进行系统、合理的摊销。

无形资产的摊销金额一般应确认为当期损益，计入管理费用。如果某项无形资产包含的经济利益是通过所生产的产品或其他资产实现的，无形资产的摊销金额可以计入产品或其他资产的成本中。企业摊销无形资产进行账务处理时，也同样不像过去那样直接冲减无形资产的账面价值，而是单独设置"累计摊销"科目，反映因摊销而减少的无形资产价值。企业按月计提无形资产摊销额时，借记"管理费用""制造费用""其他业务成本"等科目，贷记"累计摊销"科目。本科目期末贷方余额反映企业无形资产的累计摊销额。

（八）无形资产出售的会计处理

企业出售某项无形资产，意味着企业放弃该项资产所有权，应终止确认，转销无形资产的摊余价值。如果出售的无形资产已计提了减值准备，在出售时还应将已计提的减值准备加以注销。企业出售无形资产应按6%的增值税税率计算缴纳增值税，其中土地使用权出售时增值税税率为9%。企业出售无形资产的净损益，计入资产处置损益。

（九）无形资产出租的会计处理

无形资产出租在满足收入确认条件的情况下，应确认相关的收入及成本。无形资产出租业务作为经营活动业务的一部分，其取得的租金收入作为营业收入，计入其他业务收入，确认时，借记"银行存款"等科目，贷记"其他业务收入"科目；摊销的无形资产的成本，借记"其他业务成本"科目，贷记"累计摊销"科目。

（十）无形资产报废的会计处理

无形资产未来能否给企业带来经济利益，由于受到很多不可预知因素的影响，而变得具有很大的不确定性。如果在无形资产使用的某一个期间，由于各种因素的影响，使得无形资产预期不能再为企业带来经济利益，则不再符合无形资产的定义，应将该无形资产转入报废并予以注销。报废无形资产的账面价值作为非流动资产处置损失应予以转销，计入营业外支出。

四、练习题

（一）单项选择题

1.下列各项目中，属于企业无形资产的是（　　）。

A.企业自创的品牌　　　　　　B.商誉

C.经营租入的专利权　　　　　D.技术诀窍

2.关于无形资产的使用寿命，不正确的说法是（　　）。

A.不能超过合同性权利规定期限

B.某些情况下也包括续约期

C.有的无形资产使用寿命是不确定的

D.都是由法律和合同规定的

3.关于无形资产，正确的表述是（　　）。

A.没有实物形态的资产都是无形资产

B.无形资产不能用于企业的行政管理

C.未来的经济利益具有高度的不确定性

D.无形资产的使用寿命都是可以确定的

4.下列各项资产中，不可以辨认的是（　　）。

A.专利权　　　　　　　　　　B.商标权

C.非专利技术　　　　　　　　D.商誉

5.下列无形资产中，一般来说使用寿命不易确定的是（　　）。

A.非专利技术　　　　　　　　B.商标权

C.专营权　　　　　　　　　　D.著作权

6.对于企业出售无形资产实现的收益，正确的会计处理是（　　）。

A.计入其他业务收入　　　　　B.冲减管理费用

C.计入营业外收入　　　　　　D.计入资产处置损益

7.企业2×20年1月1日购入一项专利权，实际成本为200万元，摊销年限为10年，采用直线法摊销。2×24年12月31日，该无形资产发生减值，预计可收回金额为70万元。计提减值准备后，该无形资产原摊销年限和摊销方法不变。2×25年12月31日，该无形资产的账面价值为（　　）万元。

A.200　　　　　　　　　　　B.86

C.56　　　　　　　　　　　　D.130

8.企业2×24年1月1日，将一项专利技术出租给L公司使用，租期2年，年租金80万元，租赁期间企业不再使用该项专利技术。该专利技术系企业2×22年1月1日购入，初始入账价值260万元，预计使用年限为10年，采用直线法摊销。2×23年年末，企业对该项无形资产计提减值准备48万元，计提减值准备之后摊销方法、使用年限不变。假定不考虑其他因素，企业2×24年度因该专利技术形成的营业利润为（　　）万元。

A.60　　　　　　　　　　　　B.56

C.50　　　　　　　　　　　　D.54

9.企业2×24年7月1日转让一项专利权，转让价格为60万元。该无形资产系企业2×21年7月1日购入并投入使用，初始入账价值210万元，预计使用年限为5年，法律规定的有效年限为10年，采用直线法进行摊销。企业转让无形资产发生的净损失为（　　）万元。

A.24　　　　　　　　　　　　B.90

C.27   D.87

10.企业出售无形资产实现的净收益应计入（　　　）。

A.其他业务收入   B.投资收益

C.营业外收入   D.资本公积

（二）多项选择题

1.下列表述中，能够体现无形资产特征的有（　　　）。

A.没有实物形态

B.企业可以长期受益

C.既可以用于生产，也可以用于管理

D.未来经济利益具有高度不确定性

E.都可以单独取得

2.下列各资产项目中，可以辨认的有（　　　）。

A.专利权   B.商标权

C.著作权   D.商誉

E.土地使用权

3.按照《企业会计准则》的规定，下列表述中不正确的有（　　　）。

A.无形资产的出租收入符合收入的定义

B.无形资产的成本应自可供使用时起只能按直线法摊销

C.不能进行摊销的无形资产的账面价值是始终不变的

D.无形资产的研究与开发费用应在发生时计入当期损益

E.无形资产的摊销额都应计入管理费用

4.下列关于无形资产摊销的说法，正确的有（　　　）。

A.无形资产应当自可供使用当月起开始进行摊销

B.当月达到预定用途的无形资产，当月不摊销，下月开始摊销

C.企业自用无形资产的摊销金额都应当计入管理费用

D.企业出租无形资产的摊销价值应该计入营业外支出

E.并不是所有的无形资产都要进行摊销

5.下列关于无形资产的各项目中，可能影响企业营业利润的有（　　　）。

A.无形资产研究阶段的支出   B.无形资产开发阶段的支出

C.无形资产出售损益   D.出租无形资产摊销额

E.无形资产报废损益

（三）判断题

1.我国的无形资产既包括可辨认的无形资产，也包括不可辨认的无形资产。　　　　　　　　　　　　　　　　　　　　（　　）

2.有些无形资产的使用寿命有限，而有些无形资产的使用寿命不确定。　　　　　　　　　　　　　　　　　　　　　　　（　　）

3.国际会计准则包括的关于无形资产的内容比我国相关规定包括的要广泛。　　　　　　　　　　　　　　　　　　　　　（　　）

4.无形资产能使企业获得高于一般盈利水平的额外经济利益。
　　　　　　　　　　　　　　　　　　　　　　　　　　（　　）

5.出租无形资产租金收入符合收入的定义。　　　　　（　　）

6.企业在开发阶段的支出都应予以资本化。　　　　　（　　）

7.在我国，研究与开发费用应在成功申请专利以后，将其转入无形资产的价值。　　　　　　　　　　　　　　　　　　　（　　）

8.企业自创的商誉如果数额很大，可以作为无形资产单独计价入账。　　　　　　　　　　　　　　　　　　　　　　　（　　）

9.无形资产摊销期限一经确定，不得随意改变。　　（　　）

10.我国无形资产的摊销方法只能采用直线摊销法。　（　　）

11.无形资产减值损失计入企业的管理费用。　　　　（　　）

12.无形资产只能转让使用权，而不能转让所有权。　（　　）

（四）计算及账务处理题

1.诚信公司2×24年12月有关无形资产发生如下业务：

（1）12月5日购入一项专利权，支付专利权转让费及有关手续费共计158 000元，应交增值税进项税额9 300元，按合同规定，公司在合同签订日先行支付50 000元，其余款项在产品上市以后再行支付。

（2）12月10日，公司成功申请一项专利。申请专利过程中发生注册费5 300元、聘请律师费8 000元。

（3）12月12日，为开发市场的需要，购入LD公司服装商标使用权，购买价格1 500 000元，增值税进项税额90 000元，共计1 590 000元，通过银行存款支付。

（4）12月18日，公司接受LD公司以土地使用权作价向本公司进行投资。经专业评估师评估，土地使用权的价值为8 600 000元，增值税进项税额 774 000 元，折换成公司每股面值为 1 元的普通股股票 4 300 000 股。

（5）12 月 20 日，公司出售一项专利权，出售价格 130 000 元，应交增值税 7 800 元，出售时无形资产的账面余额为 150 000 元，已摊销金额 35 000 元，已计提减值准备 3 000 元。

（6）12 月 26 日，公司将其拥有的一项专利权出租给星海公司使用。合同规定，星海公司每年支付使用费 30 000 元，出租期限为 5 年。该项无形资产每年的摊销额为 12 000 元。

（7）12 月 31 日，公司一项专利权发生减值，预计可收回金额 160 000 元，初始入账金额为 220 000 元，累计摊销 44 000 元。

要求：根据上述资料编制会计分录。

2.诚信公司 2×24 年 1 月 1 日，以 1 400 000 元的价格将一项专利权出售，增值税销项税额为 84 000 元。该项专利权于 2×19 年 1 月 1 日，以 3 000 000 元的价格购入，应交增值税进项税额 180 000 元，用于生产产品，该专利权摊销期限为 10 年，每年年末摊销一次。在使用 3 年后，由于市场情况发生变化，专利权价值大幅贬值，2×21 年 12 月 31 日，经测算，该专利权可收回金额 1 820 000 元，减值后剩余摊销年限不变。

要求：根据上述资料做如下会计处理。

（1）编制购买专利权会计分录；

（2）计算 2×19 年、2×20 年、2×21 年各年的专利权摊销金额并编制会计分录；

（3）2×21 年年末计算专利权减值额并编制会计分录；

（4）计算减值后专利权 2×22 年、2×23 年各年的专利权摊销金额并编制会计分录；

（5）计算专利权出售损益并编制会计分录。

五、案例分析题

华为技术有限公司（以下简称"华为"）成立于 1987 年，目前是全球领先的信息与通信技术（ICT）解决方案供应商，当下拥有的 5G 技术领先世界、闻名全球。在 2020 年中国民营企业 500 强中，华为排名第 1 位。在 2022 年《财富》公布的世界 500 强榜单（企业名单）中，华为排名第96位。华为从最初一家生产用户交换机（PBX）的香港公司的销售代理发展成为当今令世人瞩目的跨国公司，原因是多方面的，其中华为公司每年进行巨额的研发投入是重要的因素。表7-1是公开报道中华为从2013年至2022年十年间研发投入和营业收入的实现情况。

表7-1　　　　　　　华为各年研发投入和营业收入　　　　　　　单位：亿元

年份	2013	2014	2015	2016	2017	2018	2019	2020	2021	2022
研发投入	307	408	596	764	897	1 015	1 317	1 419	1 427	1 615
营业收入	2 390	2 882	3 950	5 216	6 036	7 212	8 588	8 914	6 368	6 423

【案例分析】

从表7-1中的数据可以看出，华为的研发投入与实现的营业收入是密切相关的。每年研发投入占营业收入的比例都在10%以上，2021年、2022年占比均超过了20%，在国际上名列前茅。由于国际上的打压，2021年、2022年两年营业收入的总额与以前相比虽有所下降，但由于研发投入的持续增加，在困境中能使营业收入总额保持在很高水平且呈略微上升势头，令人欣喜。华为研发投入的背后折射出的是一个中国民营企业艰苦奋斗、自强不息、不畏强手的自信精神。

六、练习题参考答案

（一）单项选择题

1.D　2.D　3.C　4.D　5.A　6.D　7.C　8.A　9.A　10.C

（二）多项选择题

1.ABCD　2.ABCE　3.BCDE　4.AE　5.ABD

（三）判断题

1.×　2.√　3.√　4.√　5.√　6.×　7.×　8.×　9.√　10.×　11.×　12.×

（四）计算及账务处理题

1.各项业务会计处理方法如下：

（1）借：无形资产　　　　　　　　　　　　　　　　　158 000

　　　应交税费——应交增值税（进项税额）　　　　　9 300

　　　贷：银行存款　　　　　　　　　　　　　　　　　　　　50 000

　　　　　应付账款　　　　　　　　　　　　　　　　　　　　117 300

（2）借：无形资产   13 300

   贷：银行存款   13 300

（3）借：无形资产   1 500 000

    应交税费——应交增值税（进项税额） 90 000

   贷：银行存款   1 590 000

（4）借：无形资产   8 600 000

    应交税费——应交增值税（进项税额） 774 000

   贷：股本   4 300 000

     资本公积——股本溢价   5 074 000

（5）出售收益：

出售专利权收益=130 000-（150 000-35 000-3 000）=18 000（元）

借：银行存款   137 800

  无形资产减值准备   3 000

  累计摊销   35 000

 贷：无形资产   150 000

   应交税费——应交增值税（销项税额）   7 800

   资产处置损益   18 000

（6）借：银行存款   30 000

   贷：其他业务收入   30 000

借：其他业务成本   12 000

 贷：累计摊销   12 000

（7）减值损失=220 000-44 000-160 000=16 000（元）

借：资产减值损失   16 000

 贷：无形资产减值准备   16 000

2.各年业务会计处理如下：

（1）2×19年1月1日，购入专利权：

借：无形资产   3 000 000

  应交税费——应交增值税（进项税额）   180 000

 贷：银行存款   3 180 000

（2）2×19年、2×20年、2×21年每年摊销无形资产时：

每年应摊销金额=3 000 000÷10=300 000（元）

借：制造费用   300 000

 贷：累计摊销   300 000

（3）2×21年年末专利权计提减值准备：

2×21年年末计提减值准备前专利权账面价值=3 000 000-（3 000 000÷10）×3

                                           =2 100 000（元）

2×21年年末应计提减值准备=2 100 000-1 820 000=280 000（元）

借：资产减值损失   280 000

    贷：无形资产减值准备   280 000

（4）计提减值准备后2×22年、2×23年无形资产的摊销：

每年摊销额=1 820 000÷7=260 000（元）

借：制造费用   260 000

    贷：累计摊销   260 000

（5）2×24年1月1日出售专利权：

出售时专利权账面价值=1 820 000-260 000×2=1 300 000（元）

出售专利权的净损益=1 400 000-1 300 000=100 000（元）（收益）

借：银行存款   1 484 000

    累计摊销   1 420 000

    无形资产减值准备   280 000

    贷：无形资产   3 000 000

        应交税费——应交增值税（销项税额）   84 000

        资产处置损益   100 000

第八章　投资性房地产

一、学习要求与素养提升

通过本章学习，了解投资性房地产的概念、性质与范围，应用投资性房地产后续计量模式的基本要求；掌握投资性房地产的确认条件以及外购、自行建造投资性房地产的会计处理，投资性房地产后续支出的会计处理；重点掌握持有投资性房地产期间采用成本模式的会计处理以及采用公允价值模式的条件和会计处理，投资性房地产与非投资性房地产相互转换的会计处理，处置投资性房地产的会计处理。

房地产关系人民群众切身利益和经济社会发展大局。为了适应房地产市场供求关系的新变化，促进房地产市场平稳健康发展，2024年5月17日，党中央、国务院推出房地产新政，全国各地政府纷纷响应，对信贷、限购、土地供给等政策进行全方位调整。房地产新政的目的是寻求市场机制与政府调控的最佳平衡点，旨在促进房地产市场平稳健康发展，而不是要过度刺激楼市，更不是鼓励投机，"房住不炒"的基本定位并未发生改变。我们有理由相信，随着房地产政策的持续优化和不断完善，实现房地产市场长期平稳健康发展的目标可期。

二、预习要览

（一）关键概念

房地产	投资性房地产
土地使用权	建筑物
经营租赁	租赁期
租赁期开始日	租金收入
成本模式	投资性房地产累计折旧
投资性房地产减值准备	公允价值模式

公允价值变动损益　　　　　投资性房地产转换
其他业务收入　　　　　　　其他业务成本

（二）关键问题

1.什么是投资性房地产？投资性房地产包括哪些项目？

2.投资性房地产有哪些后续计量模式？

3.如何确定投资性房地产的取得成本？

4.如何对投资性房地产的后续支出进行会计处理？

5.采用公允价值模式对投资性房地产进行后续计量需要满足哪些条件？

6.如何进行投资性房地产后续计量模式的变更？

7.在不同后续计量模式下，投资性房地产转换的会计处理有何不同？

8.在不同后续计量模式下，投资性房地产处置的会计处理有何不同？

三、本章重点与难点

□ 投资性房地产的范围

□ 外购和自行建造投资性房地产的会计处理

□ 持有期间采用成本模式的会计处理

□ 持有期间采用公允价值模式的条件及会计处理

□ 投资性房地产后续支出的会计处理

□ 非投资性房地产转换为投资性房地产的会计处理

□ 投资性房地产转换为非投资性房地产的会计处理

□ 处置投资性房地产的会计处理

（一）投资性房地产概述

1.投资性房地产的性质

房地产是土地和房屋及其权属的总称。投资性房地产是指为赚取租金或资本增值，或者两者兼有而持有的房地产。

2.投资性房地产的范围

（1）属于投资性房地产的项目

① 已出租的土地使用权。

② 持有并准备增值后转让的土地使用权。

③ 已出租的建筑物。

（2）不属于投资性房地产的项目

① 自用房地产。

② 作为存货的房地产。

3.投资性房地产的确认条件

（1）与该投资性房地产有关的经济利益很可能流入企业。

（2）该投资性房地产的成本能够可靠地计量。

4.投资性房地产的后续计量模式

投资性房地产的后续计量模式有成本模式和公允价值模式两种。企业通常应当采用成本模式对投资性房地产进行后续计量，有确凿证据表明投资性房地产的公允价值能够持续可靠取得的，也可以采用公允价值模式对投资性房地产进行后续计量。同一个企业只能采用一种后续计量模式，不得对一部分投资性房地产采用成本模式计量，对另一部分投资性房地产采用公允价值模式计量。

（二）投资性房地产的初始计量

投资性房地产无论采用哪一种后续计量模式，取得时均应当按照成本进行初始计量。投资性房地产的成本一般应当包括取得投资性房地产时和直至使该项投资性房地产达到预定可使用状态前所实际发生的各项必要的、合理的支出，如购买价款、土地开发费、建筑安装成本、应予以资本化的借款费用等。

1.外购的投资性房地产

企业外购房地产的成本包括购买价款、相关税费和可直接归属于该资产的其他支出。

2.自行建造的投资性房地产

企业自行建造的房地产，成本由建造该项资产达到预定可使用状态前发生的必要支出构成，包括土地开发费、建筑安装成本、应予以资本化的借款费用、支付的其他费用和分摊的间接费用等。建造过程中发生的非正常性损失直接计入当期营业外支出，不计入建造成本。

（三）投资性房地产的后续计量

1.采用成本模式计量的投资性房地产

企业选择成本模式，就应当对其所有投资性房地产采用成本模式进行后续计量。采用成本模式进行后续计量的企业，对投资性房地产会计处理的基本要求与固定资产或无形资产相同，因此，应当按照固定资产的有关规定，按月计提折旧，或者按照无形资产的有关规定，按月摊销成本。

投资性房地产存在减值迹象的，适用《企业会计准则第8号——资产减值》的有关规定。已经计提减值准备的投资性房地产，其减值损失在以后的会计期间不得转回。

2.采用公允价值模式计量的投资性房地产

（1）采用公允价值模式计量的条件。

① 投资性房地产所在地有活跃的房地产交易市场。

② 企业能够从活跃的房地产交易市场上取得同类或类似房地产的市场价格及其他相关信息，从而对投资性房地产的公允价值进行合理的估计。

（2）采用公允价值模式计量的会计处理。

投资性房地产采用公允价值模式进行后续计量的，不需要计提折旧或摊销，应当以资产负债表日的公允价值计量，公允价值的变动计入当期损益。

3.投资性房地产后续计量模式的变更

对于原采用成本模式计量的投资性房地产，有确凿证据表明投资性房地产的公允价值能够持续可靠取得的，可以从成本模式转为公允价值模式。已采用公允价值模式计量的投资性房地产，不得从公允价值模式转为成本模式。

成本模式转为公允价值模式，应当作为会计政策变更处理，按计量模式变更时投资性房地产的公允价值与账面价值的差额，调整期初留存收益。

（四）投资性房地产的后续支出

1.投资性房地产后续支出的处理原则

投资性房地产发生的后续支出，如果延长了投资性房地产的使用寿命或明显改良了投资性房地产的使用效能，从而导致流入企业的经济利益超过了原先的估计，能够满足投资性房地产确认条件的，应当计入投资性房地产的成本；如果只是维护或恢复投资性房地产原有的使用效能，不可能导致流入企业的经济利益超过原先的估计，应当在发生时计入当期损益。

2.资本化的后续支出

企业对某项投资性房地产进行改建、扩建等再开发，如果再开发活动完成后仍作为投资性房地产，再开发期间应继续将其作为投资性房地产，再开发期间不计提折旧或摊销。

3.费用化的后续支出

与投资性房地产有关的后续支出，不满足投资性房地产确认条件的，应当在发生时计入当期损益。

（五）投资性房地产与非投资性房地产的转换

1.房地产的转换形式

（1）自用房地产转换为投资性房地产。

（2）作为存货的房地产转换为投资性房地产。

（3）投资性房地产转换为自用房地产。

（4）投资性房地产转换为存货。

2.非投资性房地产转换为投资性房地产

（1）自用房地产转换为投资性房地产。

企业将自用建筑物或土地使用权转换为以成本模式计量的投资性房地产时，应当将该项建筑物或土地使用权在转换日的原价、累计折旧（或摊销）、减值准备等，分别转入"投资性房地产""投资性房地产累计折旧（或摊销）""投资性房地产减值准备"科目。

企业将自用建筑物或土地使用权转换为以公允价值模式计量的投资性房地产时，应当以该项建筑物或土地使用权在转换日的公允价值作为投资性房地产的入账价值，公允价值小于原账面价值的差额，计入当期损益，公允价值大于原账面价值的差额，计入其他综合收益。

（2）作为存货的房地产转换为投资性房地产。

企业将作为存货的房地产转换为采用成本模式计量的投资性房地产，应当按该项存货在转换日的账面价值转为投资性房地产。

企业将作为存货的房地产转换为采用公允价值模式计量的投资性房地产，应当按该项房地产在转换日的公允价值转为投资性房地产。转换日的公允价值小于账面价值的差额，计入公允价值变动损益；转换日的公允价值大于账面价值的差额，计入其他综合收益。

3.投资性房地产转换为非投资性房地产

（1）投资性房地产转换为自用房地产。

企业将采用成本模式计量的投资性房地产转换为自用房地产时，应当将该项投资性房地产在转换日的账面余额、累计折旧（或摊销）、减值准备等，分别转入"固定资产""累计折旧""固定资产减值准备"等科目。

企业将采用公允价值模式计量的投资性房地产转换为自用房地产时，应当以转换日的公允价值作为自用房地产的账面价值，公允价值与原账面价值的差额计入当期损益。

（2）投资性房地产转换为存货

企业将采用成本模式计量的投资性房地产转换为存货时，应当按照该项投资性房地产在转换日的账面价值转为存货。

企业将采用公允价值模式计量的投资性房地产转换为存货时，应当以转换日的公允价值作为存货的账面价值，公允价值与原账面价值的差额计入当期损益。

（六）投资性房地产的处置

1.投资性房地产的终止确认与处置损益

当投资性房地产被处置，或者永久退出使用且预计不能从其处置中取得经济利益时，应当终止确认该项投资性房地产。

投资性房地产的处置损益，是指取得的处置收入扣除投资性房地产账面价值和相关税费后的金额。投资性房地产的处置损益，应当计入处置当期损益。

2.采用成本模式计量的投资性房地产的处置

处置采用成本模式计量的投资性房地产时，应当按实际收到的金额确认其他业务收入，按该项投资性房地产的账面价值结转其他业务成本。

3.采用公允价值模式计量的投资性房地产的处置

处置采用公允价值模式计量的投资性房地产时，应当按实际收到的金额确认其他业务收入，按该项投资性房地产的账面余额结转其他业务成本。同时，将该投资性房地产累计公允价值变动损益转入其他业务成本。若存在原转换日计入其他综合收益的金额，也需一并结转，计入其他业务成本。

（七）投资性房地产的列报

在资产负债表中，投资性房地产应当作为一个单独的报表项目，按照成本模式或公允价值模式核算的账面价值列示其金额。

企业应当按照《企业会计准则第3号——投资性房地产》的要求，在附注中披露与投资性房地产有关的信息。

四、练习题

（一）单项选择题

1.企业持有的下列房地产中，不属于投资性房地产的是（　　）。

A.已出租的土地使用权

B.持有并准备增值后转让的土地使用权

C.已出租的建筑物

D.持有并准备增值后转让的建筑物

2.甲公司将其拥有产权的办公楼经营租赁给乙公司，乙公司又将其转租给丙公司使用，下列说法中正确的是（　　）。

A.该办公楼属于甲公司的固定资产

B.该办公楼属于甲公司的投资性房地产

C.该办公楼属于乙公司的固定资产

D.该办公楼属于乙公司的投资性房地产

3.企业取得投资性房地产发生的下列支出中，不应计入投资性房地产成本的是（　　）。

A.土地开发费　　　　　　　　B.业务人员差旅费

C.建筑安装成本　　　　　　　D.应予资本化的借款费用

4.企业将一栋写字楼出包给某建筑公司承建，建成后准备用于对外出租并采用成本模式进行后续计量，该写字楼建造完成时的入账价值是指（　　　）。

A.写字楼的实际建造成本

B.企业向承包单位支付的工程价款

C.写字楼的公允价值

D.写字楼的可变现净值

5.某企业购入写字楼用于对外出租，并与客户签订了经营租赁合同。写字楼的购买价为 20 000 万元。在与客户签订经营租赁合同过程中，支付咨询费、律师费等 10 万元，差旅费 2 万元。假定不考虑所给资料之外的其他因素，则该投资性房地产的入账价值为（　　　）。

A.20 000 万元 　　　　　　　　B.20 002 万元

C.20 010 万元 　　　　　　　　D.20 012 万元

6.采用公允价值模式进行后续计量时，下列各项中不能作为投资性房地产公允价值确定依据的是（　　　）。

A.取得该投资性房地产时实际支付的价款

B.活跃市场上同类或类似房地产的现行市场价格

C.活跃市场上同类或类似房地产的最近交易价格

D.预计未来获得的租金收益和相关现金流量的现值

7.关于投资性房地产后续计量的变更，下列说法中错误的是（　　　）。

A.公允价值模式可以变更为成本模式

B.成本模式可以变更为公允价值模式

C.计量模式变更作为会计政策变更处理

D.公允价值与账面价值之差调整留存收益

8.企业对投资性房地产采用成本模式计量。2×24 年 1 月 5 日，企业购入房屋准备用于对外出租。2×24 年 2 月 25 日，与客户签订了房屋经营租赁协议，租赁期开始日为 2×24 年 3 月 1 日。房屋购买成本为 380 万元，预计净残值为 20 万元，折旧年限为 20 年，采用直线法计提折旧。2×24 年度企业对该房屋计提的折旧额为（　　　）。

A.13.5 万元 　　　　　　　　B.15 万元

C.16.5 万元 　　　　　　　　D.18 万元

9.企业对投资性房地产采用成本模式计量。企业的一幢作为投资性房地产的建筑物原始价值为 10 000 万元，预计净残值 500 万元，预计使用20年，采用直线法计提折旧。在第4年年末，计提减值准备200万元。该投资性房地产第4年年末的账面价值为（　　　）。

A.7 800万元　　　　　　　B.7 900万元

C.8 000万元　　　　　　　D.8 100万元

10.企业对投资性房地产采用成本模式计量。企业的一幢写字楼因原客户退租又未与新的客户签订租赁协议而暂时空置，对于该写字楼应当（　　　）。

A.停止计提折旧　　　　　　B.继续计提折旧

C.减半计提折旧　　　　　　D.计提减值准备

11.关于采用成本模式计量的投资性房地产的折旧，下列说法中不正确的是（　　　）。

A.当月购置的投资性房地产当月不计提折旧

B.当月处置的投资性房地产当月不计提折旧

C.当月购置的投资性房地产下月起计提折旧

D.当月处置的投资性房地产下月起不计提折旧

12.企业对投资性房地产采用成本模式计量，计提的折旧费用或摊销费用应当计入（　　　）。

A.管理费用　　　　　　　　B.制造费用

C.其他业务成本　　　　　　D.营业外支出

13.采用成本模式进行后续计量的企业，关于投资性房地产的会计处理，下列说法中不正确的是（　　　）。

A.应当按规定计提折旧或者进行摊销

B.折旧额或者摊销额计入其他业务成本

C.取得的租金收入计入其他业务收入

D.不得转为公允价值模式计量

14.企业自行建造完成但尚未使用的建筑物，如果董事会或类似机构已做出正式书面决议，明确表示将其用于经营出租且持有意图短期内不再发生变化，则对该空置建筑物计提的折旧费用，应当计入（　　　）。

A.管理费用　　　　　　　　B.制造费用

C.其他业务成本　　　　　　D.营业外支出

15.企业的投资性房地产采用公允价值模式计量，下列各项中，不影响当期损益的是（　　）。

　　A.存货转为投资性房地产时公允价值大于账面价值的差额

　　B.存货转为投资性房地产时公允价值小于账面价值的差额

　　C.持有期间，资产负债表日公允价值大于账面价值的差额

　　D.持有期间，资产负债表日公允价值小于账面价值的差额

　　16.采用公允价值模式进行后续计量的企业，关于投资性房地产的会计处理，下列说法中正确的是（　　）。

　　A.应当按规定计提折旧或者进行摊销

　　B.持有期间的公允价值变动计入其他综合收益

　　C.发生减值时应当计提资产减值准备

　　D.不得再转为成本模式计量

　　17.下列关于投资性房地产后续计量的表述中，不正确的是（　　）。

　　A.投资性房地产通常应采用成本模式计量

　　B.满足规定条件时投资性房地产才可以采用公允价值模式

　　C.同一个企业可以分别采用成本模式和公允价值模式

　　D.同一个企业只能采用一种后续计量模式

　　18.投资性房地产采用公允价值模式进行后续计量的，"投资性房地产"科目期末余额反映（　　）。

　　A.投资性房地产的入账价值　　B.投资性房地产的公允价值

　　C.投资性房地产的可变现净值　D.投资性房地产的重置成本

　　19.关于投资性房地产的后续支出，下列说法中正确的是（　　）。

　　A.后续支出均应计入当期损益　B.后续支出均资本化

　　C.改建、扩建支出应予资本化　D.大修理支出应予资本化

　　20.企业发生的下列投资性房地产后续支出中，不能作为资本性支出的是（　　）。

　　A.房屋修理支出　　　　　　　　B.房屋改造支出

　　C.房屋装修支出　　　　　　　　D.房屋扩建支出

　　21.成本模式转为公允价值模式，应当作为会计政策变更处理，按计量模式变更时投资性房地产的公允价值与账面价值的差额，调整（　　）。

　　A.公允价值变动损益　　　　　　B.其他业务收入

C.其他综合收益　　　　　　　　D.期初留存收益

22.企业将自用房地产转换为以公允价值模式计量的投资性房地产，转换日该房地产公允价值大于原账面价值的差额，应当计入（　　　）。

A.营业外收入　　　　　　　　B.其他业务收入

C.其他综合收益　　　　　　　D.公允价值变动损益

23.企业将作为存货的房地产转换为以公允价值模式计量的投资性房地产，转换日该房地产公允价值小于原账面价值的差额，应当计入（　　　）。

A.营业外收入　　　　　　　　B.其他业务收入

C.其他综合收益　　　　　　　D.公允价值变动损益

24.企业将自用房地产转换为以成本模式计量的投资性房地产，该投资性房地产的入账价值为（　　　）。

A.转换日该房地产的原始价值　B.转换日该房地产的账面价值

C.转换日该房地产的公允价值　D.转换日该房地产的重置价值

25.企业将自用房地产转换为以公允价值模式计量的投资性房地产，该投资性房地产的入账价值为（　　　）。

A.转换日该房地产的原始价值　B.转换日该房地产的账面价值

C.转换日该房地产的公允价值　D.转换日该房地产的重置价值

26.企业将采用公允价值模式计量的投资性房地产转换为自用房地产时，转换日的公允价值与原账面价值的差额应当计入（　　　）。

A.营业外收入　　　　　　　　B.其他业务收入

C.其他综合收益　　　　　　　D.公允价值变动损益

27.企业将一项采用成本模式计量的投资性房地产转换为自用房地产。转换日，该投资性房地产累计折旧为200万元，已计提的减值准备为100万元，账面价值为700万元。转换日应转入“固定资产”科目的金额为（　　　）。

A.700万元　　　　　　　　　B.800万元

C.900万元　　　　　　　　　D.1 000万元

28.某房地产开发公司自行开发的一栋写字楼于开发完成后即出租给D公司使用，租赁期为5年，每年租金为120万元，租赁期开始日为2×24年3月1日。该房地产开发公司对投资性房地产采用公允价值模式进行后续计量，写字楼的实际造价为 2 500 万元；2×24 年 12 月 31 日，该写字楼的公允价值为 2 800 万元。不考虑所得税等其他因素，该项投资性房地产对该公司 2×24 年度损益的影响金额为 （   ）。

A.120 万元

B.300 万元

C.400 万元

D.420 万元

29.某企业对投资性房地产采用公允价值模式计量。该企业将一项自用房地产转换为投资性房地产，转换日的公允价值为 1 600 万元。该项房地产账面原价为 3 000 万元，截至转换日的累计折旧为 800 万元，已计提的减值准备为 500 万元。转换日该投资性房地产的入账价值为 （   ）。

A.1 600 万元

B.1 700 万元

C.2 200 万元

D.3 000 万元

30.2×24 年 2 月 20 日，企业将一项采用公允价值模式计量的投资性房地产转换为自用房地产，并于 4 月 15 日正式用作办公场所。该项投资性房地产 2×24 年 2 月 20 日的公允价值为 2 980 万元，预计尚可使用 15 年，预计净残值为 100 万元，采用年限平均法计提折旧。2×24 年度，该房地产应计提的折旧金额为 （   ）。

A.128 万元

B.144 万元

C.160 万元

D.176 万元

31.某企业对投资性房地产采用成本模式计量。该企业的一项投资性房地产的账面原价为 2 000 万元，折旧年限为 20 年，预计净残值为 100 万元，采用年限平均法计提折旧。第 4 年年末计提减值准备 200 万元。该投资性房地产第 5 年应计提的折旧额为 （   ）。

A.82.5 万元

B.87.5 万元

C.95 万元

D.100 万元

32.某企业对投资性房地产采用成本模式计量。如果投资性房地产的价值发生了减损，应当计提减值准备，计入 （   ）。

A.公允价值变动损益

B.资产减值损失

C.其他业务成本

D.营业外支出

33.某企业以 600 万元的价格出售一幢作为投资性房地产并且采用成本模式计量的建筑物。该建筑物账面原价 800 万元，已提折旧 500 万元，发生清理费用10万元。假定不考虑所给资料之外的其他因素，则出售该建筑物的净收益为（   ）。

A.260万元   B.290万元

C.300万元   D.600万元

34.某企业对投资性房地产采用公允价值模式计量。2×24年1月1日，该企业处置一项投资性房地产，实际收到的处置收入为2 500万元。所处置的房地产是由自用房地产转换而来的，转换日的公允价值为1 800万元，原账面价值为1 600万元。转换为投资性房地产后，投资性房地产的累计公允价值变动收益为500万元。企业处置该投资性房地产对2×24年度损益的影响金额（不考虑相关税费）为（   ）。

A.200万元   B.400万元

C.700万元   D.900万元

35.企业处置采用公允价值模式计量的投资性房地产时，持有期间确认的公允价值变动收益应当（   ）。

A.转入投资收益   B.计入资产处置损益

C.转入其他业务收入   D.冲减其他业务成本

36.企业处置投资性房地产时，应当将处置收入计入（   ）。

A.投资收益   B.公允价值变动损益

C.其他业务收入   D.营业外收入

37.企业将自用房地产转换为以公允价值模式计量的投资性房地产时，公允价值大于原账面价值的差额计入其他综合收益，待处置投资性房地产时，该项其他综合收益应当（   ）。

A.计入投资收益   B.计入公允价值变动损益

C.冲减其他业务成本   D.计入营业外收入

（二）多项选择题

1.下列各项中，属于投资性房地产的有（   ）。

A.企业以经营租赁方式租出的写字楼

B.企业持有拟增值后转让的房屋

C.企业拥有并自行经营的饭店

D.企业出租给本企业职工的房屋

E.企业持有拟增值后转让的土地使用权

2.下列各项中，不属于投资性房地产的有（   ）。

A.企业已经建成准备出售但尚未售出的房屋

B.拟用于出租但董事会尚未做出决议的空置房屋

C.企业已取得使用权的待开发土地

D.企业经营租入又转租出去的房屋

E.超过规定期限未动工开发建设的闲置建设用地

3.某项房地产部分用于出售、部分用于赚取租金，并且不同用途的部分能够单独计量和出售，对于该房地产，下列说法中正确的有（   ）。

A.该项房地产均属于存货

B.该项房地产均属于投资性房地产

C.该项房地产应分别确认为存货和投资性房地产

D.用于出售的部分属于存货

E.用于赚取租金的部分属于投资性房地产

4.下列关于投资性房地产的表述中，正确的有（   ）。

A.采用公允价值模式计量的投资性房地产不需要计提折旧

B.采用成本模式计量的投资性房地产不需要计提减值准备

C.采用公允价值模式计量的投资性房地产不需要计提减值准备

D.采用公允价值模式计量的投资性房地产可以转为成本模式

E.采用成本模式计量的投资性房地产可以转为公允价值模式

5.下列各项中，会引起采用成本模式计量的投资性房地产账面价值发生增减变化的有（   ）。

A.对投资性房地产进行改建扩建

B.对投资性房地产进行修理维护

C.对投资性房地产计提折旧

D.对投资性房地产计提减值准备

E.投资性房地产发生增值

6.采用公允价值模式计量的投资性房地产，下列各项中不会影响其他综合收益金额的有（   ）。

A.自用房地产转为投资性房地产时公允价值大于账面价值

B.自用房地产转为投资性房地产时公允价值小于账面价值

C.投资性房地产转为自用房地产时公允价值大于账面价值

D.投资性房地产转为自用房地产时公允价值小于账面价值

E.持有期间投资性房地产的公允价值变动

7.企业用于经营出租的下列建筑物中,不应计提折旧的有（　　　　）。

A.采用成本模式计量的已出租建筑物

B.采用公允价值模式计量的已出租建筑物

C.采用成本模式计量的改建、扩建中的建筑物

D.采用成本模式计量的修理维护中的建筑物

E.采用成本模式计量的已提足折旧的建筑物

8.某企业对投资性房地产采用成本模式计量,该企业持有的下列房屋中,应当计提折旧的有（　　　　）。

A.因进行改建、扩建而暂停出租的房屋

B.因未与客户签订租赁协议而暂时空置的房屋

C.不再用于出租而转为持有待售的房屋

D.不再用于出租而转为自用的房屋

E.已提足折旧继续用于出租的房屋

9.房地产的转换是因房地产用途发生改变而对房地产进行的重新分类,其具体转换形式包括（　　　　）。

A.自用房地产转换为投资性房地产

B.作为存货的房地产转换为投资性房地产

C.作为存货的房地产转换为自用房地产

D.投资性房地产转换为自用房地产

E.投资性房地产转换为存货

10.关于采用公允价值模式计量的投资性房地产转换的会计处理,下列表述中正确的有（　　　　）。

A.自用房地产转换为投资性房地产,公允价值小于账面价值的差额计入当期损益

B.自用房地产转换为投资性房地产,公允价值大于账面价值的差额计入其他综合收益

C.投资性房地产转换为自用房地产,公允价值小于账面价值的差额计入当期损益

D.投资性房地产转换为自用房地产，公允价值大于账面价值的差额计入其他综合收益

E.投资性房地产转换为自用房地产，公允价值与账面价值的差额均计入当期损益

（三）判断题

1.房地产开发企业依法取得的、用于开发后出售的土地使用权，即使房地产开发企业决定待其增值后再转让，也不得确认为投资性房地产。（　　）

2.企业以经营出租为目的建造一幢写字楼，该写字楼已达到可出租状态，但尚未与客户签订经营租赁合同，因而不能划分为投资性房地产。（　　）

3.如果经营出租房屋是企业为完成其经营目标所从事的主要经营活动，取得的租金收入属于主营业务收入。（　　）

4.企业选择成本模式，就应当对其所有投资性房地产采用成本模式进行后续计量，即使继后期间取得的某项投资性房地产公允价值能够持续可靠地取得，也不得对其采用公允价值模式计量。（　　）

5.企业选择公允价值模式，就应当对其所有投资性房地产采用公允价值模式进行后续计量，即使继后期间取得的某项投资性房地产公允价值不能可靠计量，也不得对其采用成本模式计量。（　　）

6.投资性房地产无论采用成本模式还是公允价值模式，取得时均应当按照成本进行初始计量。（　　）

7.采用成本模式进行后续计量的企业，对投资性房地产会计处理的基本要求与固定资产或无形资产相同，即应当按照固定资产的有关规定，按月计提折旧，或者按照无形资产的有关规定，按月摊销成本。（　　）

8.为了简化核算，当月购入的投资性房地产，当月按整月计提折旧；当月处置的投资性房地产，当月停止计提折旧。（　　）

9.已经计提减值准备的投资性房地产，其减值损失在以后的会计期间不得转回。（　　）

10.采用公允价值模式进行后续计量的企业，其投资性房地产不计提折旧但应进行减值测试，如果可收回金额低于账面价值，应计提减值

准备。						（ ）

11.投资性房地产的后续支出应当作为资本性支出，计入投资性房地产的成本。						（ ）

12.投资性房地产的修理支出不能满足资本化条件的，应当在发生时计入当期损益。						（ ）

13.满足资本化条件的装修支出，应计入有关投资性房地产的成本。						（ ）

14.成本模式转为公允价值模式，应将计量模式变更时投资性房地产的公允价值大于账面价值的差额，计入其他综合收益，公允价值小于账面价值的差额，计入当期损益。						（ ）

15.企业处置投资性房地产的净损益，应当计入资产处置损益。						（ ）

（四）计算及账务处理题

1.2×23年2月1日，星海公司从其他单位购入一项土地使用权，用于自行建造一栋写字楼。2×23年3月1日，星海公司预付给写字楼建造承包商工程价款6 000万元；2×24年5月20日，工程完工，验收合格，星海公司补付工程价款3 000万元。根据董事会做出的正式书面决议，写字楼一层用于对外出租，其余楼层均作为本企业的办公场所。2×24年5月25日，星海公司与一家大型超市签订了经营租赁合同，将写字楼一层出租给该超市作为经营场所，租期为5年，租赁期开始日为2×24年6月1日。写字楼一层能够单独计量和出售，建造成本为2 400万元。租赁期开始日，用于建造写字楼的土地使用权账面价值为1 080万元。假定不考虑相关税费。

要求：编制星海公司有关该写字楼的下列会计分录。

（1）2×23年3月1日，预付工程款。

（2）2×24年5月20日，补付工程款。

（3）2×24年5月20日，结转工程成本。

① 假定星海公司对投资性房地产采用成本模式进行后续计量。

② 假定星海公司对投资性房地产采用公允价值模式进行后续计量。

2.星海公司将其拥有产权的房屋采用经营租赁方式租出，租期为3年，租金总额为300 000元，租赁期开始日（2×21年1月1日）预收租金180 000元，其余租金待租期届满退还房屋时（2×24年1月1日）结清。星海公司于每年的12月31日按直线法确认当年的租金收入。假定不考虑相关税费。

要求：编制有关投资性房地产租金收入的下列会计分录。

（1）2×21年1月1日，预收租金。

（2）2×21年12月31日，确认租金收入。

（3）2×22年12月31日，确认租金收入。

（4）2×23年12月31日，确认租金收入。

（5）2×24年1月1日，收回房屋和其余租金。

3. 接"计算及账务处理题1"的资料，假定星海公司对投资性房地产采用成本模式进行后续计量。该写字楼折旧年限为20年，预计净残值为零，采用直线法计提折旧；土地使用权摊销期限为40年，采用直线法进行摊销。根据星海公司与大型超市签订的租赁合同的约定，写字楼一层租赁期为5年，年租金为210万元，从租赁期开始日起，每年6月1日按年预收租金。2×24年12月31日，写字楼出现减值迹象，经减值测试，确定其可收回金额为1 800万元（为简化起见，假定每年的12月31日计提写字楼折旧、摊销土地使用权成本、确认租金收入）。假定不考虑相关税费。

要求：编制星海公司有关投资性房地产（自用部分略）的下列会计分录。

（1）2×24年6月1日，预收租金。

（2）2×24年12月31日，计提折旧、摊销并确认租金收入。

（3）2×25年6月1日，预收租金。

（4）2×25年12月31日，计提折旧、摊销并确认租金收入。

（5）2×26年6月1日，预收租金。

（6）2×26年12月31日，计提折旧、摊销并确认租金收入。

（7）2×26年12月31日，计提资产减值准备。

4. 2×24年3月15日，星海公司与B公司签订经营租赁协议，约定将星海公司购入的一栋写字楼租赁给B公司使用，租赁期为3年。2×24年3月25日，星海公司购入写字楼，支付买价28 600万元（假定不考虑相关税费），根据租赁协议，租赁期开始日为2×24年4月1日。星海公司对投资性房地产采用公允价值模式进行后续计量。

要求：编制星海公司有关投资性房地产的下列会计分录。

（1）2×24年3月25日，购入写字楼并出租。

（2）2×24年12月31日，确认公允价值变动损益。

① 假定该写字楼公允价值为29 000万元。

② 假定该写字楼公允价值为28 000万元。

5.星海公司的投资性房地产原采用成本模式进行后续计量。由于星海公司所在地的房地产市场现已比较成熟，房地产的公允价值能够持续可靠地取得，可以满足采用公允价值模式的条件，星海公司决定从2×24年1月1日起，对投资性房地产采用公允价值模式进行后续计量。星海公司作为投资性房地产核算的资产有两项：一项是成本为15 600万元、累计已提折旧为2 100万元的写字楼；另一项是成本为3 800万元、累计已摊销金额为280万元的土地使用权。2×24年1月1日，写字楼的公允价值为13 000万元，土地使用权的公允价值为4 000万元；2×24年12月31日，写字楼的公允价值为13 200万元，土地使用权的公允价值为4 300万元。星海公司按净利润的10%提取盈余公积。

要求：编制星海公司有关投资性房地产的下列会计分录。

（1）转换投资性房地产计量模式。

① 写字楼转为公允价值模式计量。

② 土地使用权转为公允价值模式计量。

（2）2×24年12月31日，确认公允价值变动损益。

① 确认写字楼公允价值变动损益。

② 确认土地使用权公允价值变动损益。

6.星海公司将用作办公场所的房屋转为对外出租，并于2×20年12月25日签订了租赁合同，租期为3年，租赁期开始日为2×21年1月1日。用于出租的房屋原价1 600万元，预计净残值40万元，折旧年限为30年，采用年限平均法计提折旧（为简化起见，假定按年计提折旧）。转换为投资性房地产之前，该房屋已使用了9年，累计折旧为468万元。

要求：做出星海公司有关该项投资性房地产的下列会计处理。

（1）假定采用成本模式进行后续计量。

① 2×20年12月25日，将自用房地产转为投资性房地产。

② 2×21年12月31日，计算房屋年折旧额并计提折旧。

③ 2×23年1月1日，将成本模式转为公允价值模式，房屋公允价值为1 560万元。

④ 2×23年12月31日，房屋公允价值为1 570万元。

（2）假定采用公允价值模式进行后续计量。

① 2×20年12月25日，将自用房地产转为投资性房地产，房屋公允价值为1 500万元。

② 2×21年12月31日，房屋的公允价值为1 490万元。

③ 2×22年12月31日，房屋的公允价值为1 560万元。

④ 2×23年12月31日，房屋的公允价值为1 570万元。

⑤ 2×23年12月31日，租期届满，房屋转为自用办公场所。

⑥ 2×24年12月31日，计算房屋年折旧额并计提折旧。

7.2×21年12月5日，星海公司以1 800万元（假定不考虑相关税费）的价款购入一处房屋，公司董事会已做出书面决议，将该房屋用于对外出租。2×21年12月28日，星海公司与D公司签订了租赁合同，将所购房屋出租给D公司使用，租期为5年，租赁期开始日为2×22年1月1日。房屋折旧年限为20年，预计净残值60万元，采用年限平均法计提折旧（为简化起见，假定按年计提折旧）。2×23年12月31日，星海公司对该房屋进行减值测试，确定其可收回金额为1 500万元，预计净残值和预计使用寿命未发生变动。星海公司对投资性房地产采用成本模式进行后续计量。

要求：编制有关该项投资性房地产的下列会计分录。

（1）2×21年12月5日，购入房屋。

（2）2×22年12月31日，计提折旧。

（3）2×23年12月31日，计提折旧。

（4）2×23年12月31日，计提减值准备。

（5）2×24年12月31日，计提折旧。

8.星海公司对投资性房地产采用成本模式进行后续计量。该公司与乙公司签订的一项厂房经营租赁合同即将于2×23年12月31日到期，该厂房原价为3 260万元，折旧年限为20年，预计净残值为100万元，至租赁合同到期日，已使用5年。为了提高厂房的租金收入，星海公司决定在租赁期满后对厂房进行改建，并与丙公司签订了经营租赁合同，约定自改建完工之日起将厂房出租给丙公司使用。2×23年12月31日，与乙公司的租赁合同到期，厂房随即转入改建工程，在改建过程中，用银行存款支付改建支出1 890万元，厂房拆除部分的残料作价10万元出售，款项已存入银行。2×24年10月31日，厂房改建工程完工，即日按照租赁合同将厂房出租给丙公司使用。扩建后厂房预计净残值和预计使用寿命（含改建期间）未发生变动。

要求：编制有关该项投资性房地产的下列会计分录。

（1）2×23年12月31日，将厂房转入改建工程。

（2）用银行存款支付改建支出。

（3）拆除部分的残料作价出售。

（4）2×24年10月31日，改建工程完工。

（5）2×24年12月31日，计提折旧。

9.星海公司对投资性房地产采用公允价值模式进行后续计量。该公司与乙公司签订的一项厂房经营租赁合同即将于2×23年6月30日到期，截至租赁合同到期日，该厂房账面价值2 500万元，其中，成本为2 150万元，公允价值变动（借方）为350万元。为了提高厂房的租金收入，星海公司决定在租赁期满后对厂房进行改建，并与丙公司签订了经营租赁合同，约定自改建完工之日起将厂房出租给丙公司使用。2×23年6月30日，与乙公司的租赁合同到期，厂房随即转入改建工程，在改建过程中，用银行存款支付改建支出1 000万元，厂房拆除部分的残料作价10万元出售，款项存入银行。2×24年3月31日，厂房改建工程完工，即日按照租赁合同将厂房出租给丙公司使用。2×24年12月31日，厂房公允价值为3 600万元。

要求：编制有关该项投资性房地产的下列会计分录。

（1）2×23年6月30日，将厂房转入改建工程。

（2）用银行存款支付改建支出。

（3）拆除部分的残料作价出售。

（4）2×24年3月31日，改建工程完工。

（5）2×24年12月31日，确认公允价值变动损益。

10.2×18年8月10日，星海公司支付价款2 980万元购入一处房屋，公司董事会已做出书面决议,将该房屋用于对外出租。8月25日,星海公司与B公司签订了经营租赁合同,将房屋出租给B公司使用,租赁期开始日为2×18年9月1日,租赁期为5年,年租金为180万元,自租赁期开始日起,每年9月1日按年预收租金。星海公司对投资性房地产采用成本模式进行后续计量,该房屋折旧年限为20年,预计净残值为100万元,采用年限平均法计提折旧。2×21年12月31日,星海公司对该房屋进行了减值测试,预计可收回金额为2 100万元。2×23年8月31日,该房屋租期届满,星海公司将其收回后用作自己的办公场所(为简化起见,假定每年12月31日计提折旧、确认租金收入)。假定不考虑相关税费。

要求:编制星海公司有关该投资性房地产的下列会计分录。

(1)2×18年8月10日,购入写字楼。

(2)2×18年9月1日,预收租金。

(3)2×18年12月31日,计提折旧并确认租金收入。

(4)2×19年9月1日,预收租金。

(5)2×19年12月31日,计提折旧并确认租金收入。

(6)2×20年9月1日,预收租金。

(7)2×20年12月31日,计提折旧并确认租金收入。

(8)2×21年9月1日,预收租金。

(9)2×21年12月31日,计提折旧并确认租金收入。

(10)2×21年12月31日,计提资产减值准备。

(11)2×22年9月1日,预收租金。

(12)2×22年12月31日,计提折旧并确认租金收入。

(13)2×23年8月31日,收回房屋转为自用。

(14)2×23年12月31日,计提折旧。

(15)2×24年12月31日,计提折旧。

11.星海公司将办公楼用于出租,以赚取租金收入。2×20年12月,星海公司与D公司签订了租赁协议,将办公楼出租给D公司使用,租赁期开始日为2×21年1月1日,租赁期为3年,每年租金为600万元,自租赁期开始日起,每年1月1日按年预收租金(为简化起见,假定每年12月31日确认租金收入)。该办公楼原价为12 500万元,累计已提折旧

3 750万元。星海公司对投资性房地产采用公允价值模式计量。2×20年12月31日，办公楼的公允价值为8 500万元；2×21年12月31日，办公楼公允价值为8 650万元；2×22年12月31日，办公楼公允价值为8 900万元；2×23年12月31日，办公楼公允价值为8 800万元。2×24年1月1日，办公楼租赁期届满，星海公司将其出售，售价为8 600万元，假定不考虑相关税费。

要求：编制星海公司有关该投资性房地产的下列会计分录。

（1）2×21年1月1日，将办公楼出租并预收租金。

（2）2×21年12月31日，确认房屋公允价值变动损益和租金收入。

（3）2×22年1月1日，预收租金。

（4）2×22年12月31日，确认房屋公允价值变动损益和租金收入。

（5）2×23年1月1日，预收租金。

（6）2×23年12月31日，确认房屋公允价值变动损益和租金收入。

（7）2×24年1月1日，将办公楼出售。

12.星海公司对投资性房地产采用公允价值模式计量。2×24年4月1日，星海公司对外出租的厂房租赁期满予以收回，转为自用。转换日，厂房的账面价值为2 650万元，其中成本为3 200万元，公允价值变动（截至2×23年12月31日）为贷方550万元。

要求：编制下列不同情况下投资性房地产转为自用的会计分录：

（1）假定转换日厂房的公允价值为2 600万元。

（2）假定转换日厂房的公允价值为2 680万元。

13.星海公司自建的办公楼于2×15年12月10日投入使用，实际建造成本为12 800万元，折旧年限为30年，预计净残值为200万元，采用年限平均法计提折旧。2×19年12月31日，星海公司为该办公楼计提减值准备1 560万元，预计净残值和折旧年限未发生变动。因星海公司启用了新的办公楼，原办公楼于2×21年6月5日停止自用并经董事会决议将该办公楼用于对外出租。2×21年6月20日，星海公司与C公司签订经营租赁协议，将办公楼出租给C公司使用，租期为3年，租赁期开始日为2×21年7月1日。星海公司对投资性房地产采用成本模式计量。2×24年7月1日，租赁期届满，星海公司以8 500万元的价款将办公楼售出，假定不考虑相关税费。

要求：计算累计折旧并编制有关会计分录。

（1）计算截至转换日办公楼的累计折旧。

（2）编制自用办公楼转换为对外出租的会计分录。

（3）计算截至出售日办公楼的累计折旧。

（4）编制出售办公楼的会计分录。

五、案例分析题

星海公司新购一栋写字楼，打算将一层用于经营出租，其余楼层作为本企业的办公场所。在购入该写字楼时，公司董事会已经就该写字楼的上述用途做出了书面决议，且持有意图短期内不会发生变化。用于经营出租的写字楼一层为星海公司唯一对外出租的资产。有关该写字楼的具体资料如下：

1.2×15年4月5日，星海公司购入写字楼，购买成本为66 960万元。其中，写字楼一层每平方米购买成本为3.6万元，共计2 600平方米；其余楼层每平方米购买成本为1.8万元，共计32 000平方米。

2.写字楼折旧年限为30年，预计净残值为零，采用年限平均法计提折旧（为简化起见，假定除投资性房地产转换日须单独计提截至转换日的折旧外，其他情况下均于每年的12月31日计提折旧）。

3.2×15年6月28日，星海公司与B公司签订了经营租赁合同，将写字楼的一层出租给B公司作为营业场所使用，租赁期开始日为2×15年7月1日，租赁期为3年，年租金为360万元，自租赁期开始日起每年7月1日按年预收租金（为简化起见，假定每年12月31日确认租金收入）。星海公司对投资性房地产采用成本模式进行后续计量。

4.为了提高租金收入，星海公司决定与B公司的租赁合同到期后对写字楼一层进行改造，并与C公司签订了经营租赁合同，约定于改造完工之日起将写字楼一层出租给C公司使用，租赁期为5年，年租金为480万元，自租赁期开始日起按年预收租金（为简化起见，假定每年12月31日确认租金收入）。2×18年7月1日，与B公司的租赁合同到期，写字楼一层随即转入改造，在改造过程中，用银行存款支付改造支出590万元，拆除部分的残料作价2万元售出，款项存入银行。2×18年8月30日，写字楼一层改造完毕，即日按照租赁合同出租给C公司使用，租赁期开始日为2×18年9月1日。改造后预计净残值和预计使用寿命（含改造期间）未发生变动。

5.由于星海公司所在地的房地产市场现已比较成熟，房地产的公允价值能够持续可靠地取得，可以满足采用公允价值模式进行计量的相关条件，星海公司决定从2×21年1月1日起，对投资性房地产采用公允价值模式进行后续计量。2×21年1月1日，写字楼一层的公允价值为8 500万元；2×21年12月31日，写字楼一层的公允价值为9 000万元；2×22年12月31日，写字楼一层的公允价值为8 800万元。星海公司按净利润的10%提取盈余公积。

6.2×23年9月1日，与C公司的租赁合同到期，星海公司将写字楼一层收回后自用，当日写字楼一层的公允价值为8 580万元。

根据以上资料，不考虑相关税费等其他因素，要求：

（1）判断写字楼一层是否可以单独确认为投资性房地产。如果可以单独确认为投资性房地产，应于何时确认为投资性房地产？该写字楼应于何时开始计提折旧？

（2）编制2×15年至2×24年与该写字楼有关的全部会计分录。

【案例分析】

1.判断写字楼一层是否可以单独确认为投资性房地产。如果可以单独确认为投资性房地产，应于何时确认为投资性房地产？该写字楼应于何时开始计提折旧？

（1）写字楼一层是否可以单独确认为投资性房地产？

由于该写字楼不同用途的部分能够单独计量和出售，因而星海公司应将其分别确认为固定资产和投资性房地产。其中，固定资产部分的成本为57 600万元（32 000×1.8），投资性房地产部分的成本为9 360万元（2 600×3.6）。

（2）写字楼一层应于何时确认为投资性房地产？

由于在购入该写字楼时，公司董事会已经就该写字楼的用途做出了书面决议，且持有意图短期内不会发生变化。因此，写字楼一层虽然2×15年7月1日才对外租出，但确认为投资性房地产的时间是2×15年4月5日。

（3）写字楼应于何时开始计提折旧？

当月增加的固定资产或投资性房地产当月不计提折旧，从下月起计提折旧。因此，该写字楼应从2×15年5月起计提折旧。

2.编制2×15年至2×24年与该写字楼相关的全部会计分录。

（1）2×15年的有关会计分录。

①2×15年4月5日，购入写字楼。

写字楼一层购买成本=3.6×2 600=9 360（万元）

自用楼层购买成本=1.8×32 000=57 600（万元）

借：投资性房地产   93 600 000

  固定资产   576 000 000

  贷：银行存款   669 600 000

②2×15年7月1日，预收租金。

借：银行存款   3 600 000

  贷：合同负债——B公司   3 600 000

③2×15年12月31日，确认租金收入。

应确认租金收入=$360×\dfrac{6}{12}$=180（万元）

借：合同负债——B公司   1 800 000

  贷：其他业务收入   1 800 000

④2×15年12月31日，计提折旧。

写字楼自用楼层应提折旧额=$\dfrac{57\,600}{30×12}$×8=1 280（万元）

写字楼一层应提折旧额=$\dfrac{9\,360}{30×12}$×8=208（万元）

借：管理费用   12 800 000

  贷：累计折旧   12 800 000

借：其他业务成本   2 080 000

  贷：投资性房地产累计折旧   2 080 000

（2）2×16年的有关会计分录。

①2×16年7月1日，预收租金。

借：银行存款   3 600 000

  贷：合同负债——B公司   3 600 000

②2×16年12月31日，确认租金收入。

借：合同负债——B公司　　　　　　　　　　　　3 600 000

　　贷：其他业务收入　　　　　　　　　　　　　　　　　3 600 000

③2×16年12月31日，计提折旧。

写字楼自用楼层应提折旧额=$\dfrac{57\,600}{30}$=1 920（万元）

写字楼一层应提折旧额=$\dfrac{9\,360}{30}$=312（万元）

借：管理费用　　　　　　　　　　　　　　　　19 200 000

　　贷：累计折旧　　　　　　　　　　　　　　　　　　19 200 000

借：其他业务成本　　　　　　　　　　　　　　　3 120 000

　　贷：投资性房地产累计折旧　　　　　　　　　　　　3 120 000

（3）2×17年的有关会计分录。

①2×17年7月1日，预收租金。

借：银行存款　　　　　　　　　　　　　　　　　3 600 000

　　贷：合同负债——B公司　　　　　　　　　　　　　3 600 000

②2×17年12月31日，确认租金收入。

借：合同负债——B公司　　　　　　　　　　　　3 600 000

　　贷：其他业务收入　　　　　　　　　　　　　　　　3 600 000

③2×17年12月31日，计提折旧。

借：管理费用　　　　　　　　　　　　　　　　19 200 000

　　贷：累计折旧　　　　　　　　　　　　　　　　　　19 200 000

借：其他业务成本　　　　　　　　　　　　　　　3 120 000

　　贷：投资性房地产累计折旧　　　　　　　　　　　　3 120 000

（4）2×18年的有关会计分录。

①2×18年6月30日，确认租金收入。

借：合同负债——B公司　　　　　　　　　　　　1 800 000

　　贷：其他业务收入　　　　　　　　　　　　　　　　1 800 000

②2×18年6月30日，计提折旧。

写字楼一层应提折旧额=$\dfrac{9\,360}{30\times12}$×6=156（万元）

借：其他业务成本　　　　　　　　　　　　　　　1 560 000

贷：投资性房地产累计折旧   1 560 000

③2×18年7月1日，将写字楼一层转入改造工程。

写字楼一层累计折旧=208+312×2+156=988（万元）

借：投资性房地产——在建   83 720 000

  投资性房地产累计折旧   9 880 000

  贷：投资性房地产   93 600 000

④用银行存款支付改造支出。

借：投资性房地产——在建   5 900 000

  贷：银行存款   5 900 000

⑤拆除部分的残料作价出售。

借：银行存款   20 000

  贷：投资性房地产——在建   20 000

⑥2×18年8月30日，写字楼一层改造工程完工。

改造后写字楼一层入账价值=8 372+590-2=8 960（万元）

借：投资性房地产   89 600 000

  贷：投资性房地产——在建   89 600 000

⑦2×18年9月1日，预收租金。

借：银行存款   4 800 000

  贷：合同负债——C公司   4 800 000

⑧2×18年12月31日，确认租金收入。

应确认租金收入=$480×\dfrac{4}{12}$=160（万元）

借：合同负债——C公司   1 600 000

  贷：其他业务收入   1 600 000

⑨2×18年12月31日，计提折旧。

写字楼自用楼层应提折旧额=$\dfrac{57\,600}{30}$=1 920（万元）

写字楼一层应提折旧额=$\dfrac{8\,960}{30×12-(8+2×12+6)-2}×4$=112（万元）

注：上式分母中，"8+2×12+6"为2×15年5月至2×18年6月已提折旧月数，"2"为投资性房地产改造期间的月数。

借：管理费用   19 200 000

  贷：累计折旧   19 200 000

借：其他业务成本 1 120 000

 贷：投资性房地产累计折旧 1 120 000

（5）2×19年的有关会计分录。

①2×19年9月1日，预收租金。

借：银行存款 4 800 000

 贷：合同负债——C公司 4 800 000

②2×19年12月31日，确认租金收入。

借：合同负债——C公司 4 800 000

 贷：其他业务收入 4 800 000

③2×19年12月31日，计提折旧。

写字楼一层应提折旧额$=\dfrac{8\,960}{30\times12-(8+2\times12+6)-2}\times12=336$（万元）

借：管理费用 19 200 000

 贷：累计折旧 19 200 000

借：其他业务成本 3 360 000

 贷：投资性房地产累计折旧 3 360 000

（6）2×20年的有关会计分录。

①2×20年9月1日，预收租金。

借：银行存款 4 800 000

 贷：合同负债——C公司 4 800 000

②2×20年12月31日，确认租金收入。

借：合同负债——C公司 4 800 000

 贷：其他业务收入 4 800 000

③2×20年12月31日，计提折旧。

借：管理费用 19 200 000

 贷：累计折旧 19 200 000

借：其他业务成本 3 360 000

 贷：投资性房地产累计折旧 3 360 000

（7）2×21年的有关会计分录。

①2×21年1月1日，投资性房地产改用公允价值模式计量。

写字楼一层累计折旧=112+336×2=784（万元）

借：投资性房地产——成本　　　　　　　　　85 000 000

　　投资性房地产累计折旧　　　　　　　　7 840 000

　　贷：投资性房地产　　　　　　　　　　　　　　　89 600 000

　　　　盈余公积　　　　　　　　　　　　　　　　　324 000

　　　　利润分配——未分配利润　　　　　　　　　2 916 000

②2×21年9月1日，预收租金。

借：银行存款　　　　　　　　　　　　　　4 800 000

　　贷：合同负债——C公司　　　　　　　　　　　4 800 000

③2×21年12月31日，确认租金收入。

借：合同负债——C公司　　　　　　　　　4 800 000

　　贷：其他业务收入　　　　　　　　　　　　　　4 800 000

④2×21年12月31日，确认公允价值变动损益。

公允价值变动损益=9 000-8 500=500（万元）

借：投资性房地产——公允价值变动　　　　5 000 000

　　贷：公允价值变动损益　　　　　　　　　　　　5 000 000

⑤2×21年12月31日，写字楼自用楼层计提折旧。

借：管理费用　　　　　　　　　　　　　19 200 000

　　贷：累计折旧　　　　　　　　　　　　　　　　19 200 000

（8）2×22年的有关会计分录。

①2×22年9月1日，预收租金。

借：银行存款　　　　　　　　　　　　　　4 800 000

　　贷：合同负债——C公司　　　　　　　　　　　4 800 000

②2×22年12月31日，确认租金收入。

借：合同负债——C公司　　　　　　　　　4 800 000

　　贷：其他业务收入　　　　　　　　　　　　　　4 800 000

③2×22年12月31日，确认公允价值变动损益。

公允价值变动损益=8 800-9 000=-200（万元）

借：公允价值变动损益　　　　　　　　　　2 000 000

　　贷：投资性房地产——公允价值变动　　　　　　2 000 000

④2×22年12月31日，写字楼自用楼层计提折旧。

借：管理费用　　　　　　　　　　　　　19 200 000

贷：累计折旧　　　　　　　　　　　　　　　　　　19 200 000

（9）2×23年的有关会计分录。

①2×23年8月31日，确认租金收入。

应确认租金收入=$480×\frac{8}{12}$=320（万元）

借：合同负债——C公司　　　　　　　　　　　　3 200 000

　　贷：其他业务收入　　　　　　　　　　　　　　3 200 000

②2×23年9月1日，将写字楼一层收回后自用。

累计公允价值变动=500-200=300（万元）

借：固定资产　　　　　　　　　　　　　　　　85 800 000

　　公允价值变动损益　　　　　　　　　　　　2 200 000

　　贷：投资性房地产——成本　　　　　　　　　85 000 000

　　　　　　　　　　　——公允价值变动　　　　3 000 000

③2×23年12月31日，计提折旧。

写字楼原自用楼层应提折旧额=$\frac{57\,600}{30}$=1 920（万元）

写字楼一层应提折旧额=$\frac{8\,580}{30×12-(8+5×12)-(2×12+8)}$×4=132（万元）

注：上式分母中，"8+5×12"为2×15年5月至2×20年12月已提折旧月数（包括投资性房地产改造期间月数），"2×12+8"为2×21年1月至2×23年8月采用公允价值计量期间的月数。

写字楼应提折旧额合计=1 920+132=2 052（万元）

借：管理费用　　　　　　　　　　　　　　　　20 520 000

　　贷：累计折旧　　　　　　　　　　　　　　　20 520 000

（10）2×24年的有关会计分录。

写字楼原自用楼层应提折旧额=$\frac{57\,600}{30}$=1 920（万元）

写字楼一层应提折旧额=$\frac{8\,580}{30×12-(8+5×12)-(2×12+8)}$×12=396（万元）

写字楼应提折旧额合计=1 920+396=2 316（万元）

或者，按如下方法计算写字楼应提折旧额：

写字楼累计已提折旧额=$1\,920×8+\frac{57\,600}{30×12}×8+132$=16 772（万元）

写字楼未提折旧额=57 600+8 580-16 772=49 408（万元）

写字楼剩余使用月数=30×12−（8+8×12）=256（月）

写字楼应提折旧额合计=$\frac{49\,408}{256}$×12=2 316（万元）

借：管理费用   23 160 000

 贷：累计折旧   23 160 000

六、练习题参考答案

（一）单项选择题

1.D 2.B 3.B 4.B 5.A 6.A 7.A 8.C 9.B 10.B 11.B 12.C 13.D 14.C
15.A 16.D 17.C 18.B 19.C 20.A 21.D 22.C 23.D 24.B 25.C 26.D 27.D
28.C 29.A 30.C 31.A 32.B 33.B 34.B 35.D 36.C 37.C

（二）多项选择题

1.AE 2.ABCDE 3.CDE 4.ACE 5.ACD 6.BCDE 7.BCE 8.BD 9.ABDE
10.ABCE

（三）判断题

1.√ 2.× 3.√ 4.√ 5.× 6.√ 7.√ 8.× 9.√ 10.× 11.× 12.√ 13.√
14.× 15.×

（四）计算及账务处理题

1.自建写字楼部分自用、部分出租。

（1）2×23年3月1日，预付工程款。

借：在建工程   60 000 000

 贷：银行存款   60 000 000

（2）2×24年5月20日，补付工程款。

借：在建工程   30 000 000

 贷：银行存款   30 000 000

（3）2×24年5月20日，结转工程成本。

①假定星海公司对投资性房地产采用成本模式进行后续计量。

转换为投资性房地产的土地使用权成本=1 080×$\frac{2\,400}{9\,000}$=288（万元）

借：固定资产——写字楼   66 000 000

 贷：在建工程   66 000 000

借：投资性房地产——写字楼   24 000 000

 贷：在建工程   24 000 000

借：投资性房地产——土地使用权 2 880 000

贷：无形资产——土地使用权　　　　　　　　　　　　　2 880 000

②假定星海公司对投资性房地产采用公允价值模式进行后续计量。

借：固定资产——写字楼　　　　　　　　　　　66 000 000

　　贷：在建工程　　　　　　　　　　　　　　　　　　66 000 000

借：投资性房地产——写字楼（成本）　　　　24 000 000

　　贷：在建工程　　　　　　　　　　　　　　　　　　24 000 000

借：投资性房地产——土地使用权（成本）　　2 880 000

　　贷：无形资产——土地使用权　　　　　　　　　　　2 880 000

2.租金收入的确认。

（1）2×21年1月1日，预收租金。

借：银行存款　　　　　　　　　　　　　　　180 000

　　贷：合同负债　　　　　　　　　　　　　　　　　　180 000

（2）2×21年12月31日，确认租金收入。

借：合同负债　　　　　　　　　　　　　　　100 000

　　贷：其他业务收入　　　　　　　　　　　　　　　　100 000

（3）2×22年12月31日，确认租金收入。

借：合同负债　　　　　　　　　　　　　　　100 000

　　贷：其他业务收入　　　　　　　　　　　　　　　　100 000

（4）2×23年12月31日，确认租金收入。

借：合同负债　　　　　　　　　　　　　　　100 000

　　贷：其他业务收入　　　　　　　　　　　　　　　　100 000

（5）2×24年1月1日，收回房屋和其余租金。

借：银行存款　　　　　　　　　　　　　　　120 000

　　贷：合同负债　　　　　　　　　　　　　　　　　　120 000

3.成本模式下折旧、摊销、确认租金收入的会计处理。

（1）2×24年6月1日，预收租金。

借：银行存款　　　　　　　　　　　　　　　2 100 000

　　贷：合同负债——××超市　　　　　　　　　　　　2 100 000

（2）2×24年12月31日，计提折旧、摊销并确认租金收入。

$$应提折旧额=\frac{2\,400}{20\times12}\times7=70（万元）$$

$$应摊销金额=\frac{288}{40\times12}\times8=4.8（万元）$$

借：其他业务成本　　　　　　　　　　　　　700 000

贷：投资性房地产累计折旧		700 000
借：其他业务成本	48 000	
贷：投资性房地产累计摊销		48 000

应确认租金收入=$210×\dfrac{7}{12}$=122.5（万元）

借：合同负债——××超市	1 225 000	
贷：其他业务收入		1 225 000

（3）2×25年6月1日，预收租金。

借：银行存款	2 100 000	
贷：合同负债——××超市		2 100 000

（4）2×25年12月31日，计提折旧、摊销并确认租金收入。

应提折旧额=$\dfrac{2\,400}{20×12}$×12=120（万元）

应摊销金额=$\dfrac{288}{40×12}$×12=7.2（万元）

借：其他业务成本	1 200 000	
贷：投资性房地产累计折旧		1 200 000
借：其他业务成本	72 000	
贷：投资性房地产累计摊销		72 000
借：合同负债——××超市	2 100 000	
贷：其他业务收入		2 100 000

（5）2×26年6月1日，预收租金。

借：银行存款	2 100 000	
贷：合同负债——××超市		2 100 000

（6）2×26年12月31日，计提折旧、摊销并确认租金收入。

借：其他业务成本	1 200 000	
贷：投资性房地产累计折旧		1 200 000
借：其他业务成本	72 000	
贷：投资性房地产累计摊销		72 000
借：合同负债——××超市	2 100 000	
贷：其他业务收入		2 100 000

（7）2×26年12月31日，计提资产减值准备。

写字楼一层账面价值=2 400-（70+120×2）=2 090（万元）

写字楼减值金额=2 090-1 800=290（万元）

借：资产减值损失	2 900 000	

贷：投资性房地产减值准备——写字楼　　　　　　　　　　　　　2 900 000

计提减值准备后写字楼账面价值=2 090-290=1 800（万元）

4.购入投资性房地产并采用公允价值模式计量。

（1）2×24年3月25日，购入写字楼并出租。

借：投资性房地产——写字楼（成本）　　　　　　　286 000 000

　　贷：银行存款　　　　　　　　　　　　　　　　　　　　　286 000 000

（2）2×24年12月31日，确认公允价值变动损益。

①假定该写字楼公允价值为29 000万元。

借：投资性房地产——写字楼（公允价值变动）　　　　4 000 000

　　贷：公允价值变动损益　　　　　　　　　　　　　　　　　4 000 000

②假定该写字楼公允价值为28 000万元。

借：公允价值变动损益　　　　　　　　　　　　　　　6 000 000

　　贷：投资性房地产——写字楼（公允价值变动）　　　　　　6 000 000

5.成本模式转换为公允价值模式。

（1）转换投资性房地产的计量模式。

①写字楼转为以公允价值模式计量。

借：投资性房地产——写字楼（成本）　　　　　　　130 000 000

　　盈余公积　　　　　　　　　　　　　　　　　　　500 000

　　利润分配——未分配利润　　　　　　　　　　　4 500 000

　　投资性房地产累计折旧　　　　　　　　　　　　21 000 000

　　贷：投资性房地产——写字楼　　　　　　　　　　　　　156 000 000

②土地使用权转为公允价值模式计量。

借：投资性房地产——土地使用权（成本）　　　　　40 000 000

　　投资性房地产累计摊销　　　　　　　　　　　　2 800 000

　　贷：投资性房地产——土地使用权　　　　　　　　　　　38 000 000

　　　盈余公积　　　　　　　　　　　　　　　　　　　　　480 000

　　　利润分配——未分配利润　　　　　　　　　　　　　　4 320 000

（2）2×24年12月31日，确认公允价值变动损益。

①确认写字楼的公允价值变动损益。

借：投资性房地产——写字楼（公允价值变动）　　　　2 000 000

　　贷：公允价值变动损益　　　　　　　　　　　　　　　　　2 000 000

②确认土地使用权的公允价值变动损益。

借：投资性房地产——土地使用权（公允价值变动）　　3 000 000

贷：公允价值变动损益   3 000 000

6.自用房地产与投资性房地产的转换。

（1）假定采用成本模式进行后续计量。

①2×20年12月25日，将自用房地产转为投资性房地产。

借：投资性房地产——房屋   16 000 000

  累计折旧   4 680 000

  贷：固定资产——房屋   16 000 000

    投资性房地产累计折旧   4 680 000

②2×21年12月31日，计算房屋年折旧额并计提折旧。

$$房屋年折旧额=\frac{1\,600-40}{30}=52（万元）$$

借：其他业务成本   520 000

  贷：投资性房地产累计折旧   520 000

③2×23年1月1日，将成本模式转为公允价值模式，房屋的公允价值为1 560万元。

借：投资性房地产——房屋（成本）   15 600 000

  投资性房地产累计折旧   5 720 000

  贷：投资性房地产——房屋   16 000 000

    盈余公积   532 000

    利润分配——未分配利润   4 788 000

④2×23年12月31日，房屋的公允价值为1 570万元。

借：投资性房地产——房屋（公允价值变动）   100 000

  贷：公允价值变动损益   100 000

（2）假定采用公允价值模式进行后续计量。

①2×20年12月25日，将自用房地产转为投资性房地产，房屋公允价值为1 500万元。

借：投资性房地产——房屋（成本）   15 000 000

  累计折旧   4 680 000

  贷：固定资产——房屋   16 000 000

    其他综合收益   3 680 000

②2×21年12月31日，房屋的公允价值为1 490万元。

借：公允价值变动损益   100 000

  贷：投资性房地产——房屋（公允价值变动）   100 000

③2×22年12月31日，房屋的公允价值为1 560万元。

借：投资性房地产——房屋（公允价值变动）   700 000

    贷：公允价值变动损益   700 000

④2×23年12月31日，房屋的公允价值为1 570万元。

借：投资性房地产——房屋（公允价值变动）   100 000

    贷：公允价值变动损益   100 000

⑤2×23年12月31日，租期届满，房屋转为自用办公场所。

借：固定资产——房屋   15 700 000

    贷：投资性房地产——房屋（成本）   15 000 000

              ——房屋（公允价值变动）   700 000

⑥2×24年12月31日，计算房屋年折旧额并计提折旧。

房屋年初尚可使用年限=30-9-3=18（年）

年折旧额=$\dfrac{1\,570-40}{18}$=85（万元）

借：管理费用   850 000

    贷：累计折旧   850 000

7.采用成本模式进行后续计量的投资性房地产。

（1）2×21年12月5日，购入房屋。

借：投资性房地产——房屋   18 000 000

    贷：银行存款   18 000 000

（2）2×22年12月31日，计提折旧。

年折旧额=$\dfrac{1\,800-60}{20}$=87（万元）

借：其他业务成本   870 000

    贷：投资性房地产累计折旧   870 000

（3）2×23年12月31日，计提折旧。

借：其他业务成本   870 000

    贷：投资性房地产累计折旧   870 000

（4）2×23年12月31日，计提减值准备。

投资性房地产减值准备=（1 800-87×2）-1 500=126（万元）

借：资产减值损失   1 260 000

    贷：投资性房地产减值准备   1 260 000

（5）2×24年12月31日，计提折旧。

年折旧额=$\dfrac{1\,500-60}{18}$=80（万元）

借：其他业务成本　　　　　　　　　　　　　　800 000
　　贷：投资性房地产累计折旧　　　　　　　　　　　　800 000

8.投资性房地产改建、扩建（成本模式）。

（1）2×23年12月31日，将厂房转入改建工程。

借：投资性房地产——厂房（在建）　　　　　24 700 000
　　投资性房地产累计折旧　　　　　　　　　 7 900 000
　　贷：投资性房地产——厂房　　　　　　　　　　32 600 000

（2）用银行存款支付改建支出。

借：投资性房地产——厂房（在建）　　　　　18 900 000
　　贷：银行存款　　　　　　　　　　　　　　　　18 900 000

（3）拆除部分的残料作价出售。

借：银行存款　　　　　　　　　　　　　　　　100 000
　　贷：投资性房地产——厂房（在建）　　　　　　　 100 000

（4）2×24年10月31日，改建工程完工。

改建后厂房价值=2 470+1 890-10=4 350（万元）

借：投资性房地产——厂房　　　　　　　　　43 500 000
　　贷：投资性房地产——厂房（在建）　　　　　　43 500 000

（5）2×24年12月31日，计提折旧。

应提折旧额=$\dfrac{4\,350-100}{15\times12-10}\times2=50$（万元）

借：其他业务成本　　　　　　　　　　　　　　500 000
　　贷：投资性房地产累计折旧　　　　　　　　　　　 500 000

9.投资性房地产改建、扩建（公允价值模式）。

（1）2×23年6月30日，将厂房转入改建工程。

借：投资性房地产——厂房（在建）　　　　　25 000 000
　　贷：投资性房地产——厂房（成本）　　　　　　21 500 000
　　　　　　　　　——厂房（公允价值变动）　　　 3 500 000

（2）用银行存款支付改建支出。

借：投资性房地产——厂房（在建）　　　　　10 000 000
　　贷：银行存款　　　　　　　　　　　　　　　　10 000 000

（3）拆除部分的残料作价出售。

借：银行存款　　　　　　　　　　　　　　　　100 000
　　贷：投资性房地产——厂房（在建）　　　　　　　 100 000

（4）2×24年3月31日，改建工程完工。

改建后厂房价值=2 500+1 000-10=3 490（万元）

借：投资性房地产——厂房（成本）　　　　　　　　34 900 000

　　贷：投资性房地产——厂房（在建）　　　　　　　　　　34 900 000

（5）2×24年12月31日，确认公允价值变动损益。

借：投资性房地产——厂房（公允价值变动）　　　　1 100 000

　　贷：公允价值变动损益　　　　　　　　　　　　　　　　1 100 000

10.成本模式的会计处理。

（1）2×18年8月10日，购入写字楼。

借：投资性房地产——写字楼　　　　　　　　　　29 800 000

　　贷：银行存款　　　　　　　　　　　　　　　　　　　29 800 000

（2）2×18年9月1日，预收租金。

借：银行存款　　　　　　　　　　　　　　　　　1 800 000

　　贷：合同负债——B公司　　　　　　　　　　　　　　　1 800 000

（3）2×18年12月31日，计提折旧并确认租金收入。

$$应提折旧额=\frac{2\,980-100}{20\times12}\times4=48（万元）$$

借：其他业务成本　　　　　　　　　　　　　　　480 000

　　贷：投资性房地产累计折旧　　　　　　　　　　　　　　480 000

$$应确认租金收入=180\times\frac{4}{12}=60（万元）$$

借：合同负债——B公司　　　　　　　　　　　　600 000

　　贷：其他业务收入　　　　　　　　　　　　　　　　　600 000

（4）2×19年9月1日，预收租金。

借：银行存款　　　　　　　　　　　　　　　　　1 800 000

　　贷：合同负债——B公司　　　　　　　　　　　　　　　1 800 000

（5）2×19年12月31日，计提折旧并确认租金收入。

$$应提折旧额=\frac{2\,980-100}{20}=144（万元）$$

借：其他业务成本　　　　　　　　　　　　　　　1 440 000

　　贷：投资性房地产累计折旧　　　　　　　　　　　　　1 440 000

借：合同负债——B公司　　　　　　　　　　　　1 800 000

　　贷：其他业务收入　　　　　　　　　　　　　　　　　1 800 000

（6）2×20年9月1日，预收租金。

借：银行存款　　　　　　　　　　　　　　　　　1 800 000

　　贷：合同负债——B公司　　　　　　　　　　　　　　　1 800 000

（7）2×20年12月31日，计提折旧并确认租金收入。

借：其他业务成本   1 440 000

 贷：投资性房地产累计折旧   1 440 000

借：合同负债——B公司   1 800 000

 贷：其他业务收入   1 800 000

（8）2×21年9月1日，预收租金。

借：银行存款   1 800 000

 贷：合同负债——B公司   1 800 000

（9）2×21年12月31日，计提折旧并确认租金收入。

借：其他业务成本   1 440 000

 贷：投资性房地产累计折旧   1 440 000

借：合同负债——B公司   1 800 000

 贷：其他业务收入   1 800 000

（10）2×21年12月31日，计提资产减值准备。

房屋账面价值=2 980-（48+144×3）=2 500（万元）

房屋减值金额=2 500-2 100=400（万元）

借：资产减值损失   4 000 000

 贷：投资性房地产减值准备   4 000 000

计提减值准备后房屋账面价值=2 500-400=2 100（万元）

（11）2×22年9月1日，预收租金。

借：银行存款   1 800 000

 贷：合同负债——B公司   1 800 000

（12）2×22年12月31日，计提折旧并确认租金收入。

应提折旧额=$\dfrac{2\,100-100}{16\times12+8}\times12$=120（万元）

借：其他业务成本   1 200 000

 贷：投资性房地产累计折旧   1 200 000

借：合同负债——B公司   1 800 000

 贷：其他业务收入   1 800 000

（13）2×23年8月31日，收回房屋转为自用。

应提折旧额=$\dfrac{2\,100-100}{16\times12+8}\times8$=80（万元）

借：其他业务成本   800 000

 贷：投资性房地产累计折旧   800 000

应确认租金收入=180×$\frac{8}{12}$=120（万元）

借：合同负债——B公司   1 200 000

    贷：其他业务收入   1 200 000

转换日房屋累计折旧=48+144×3+120+80=680（万元）

转换日房屋账面价值=2 980-680-400=1 900（万元）

借：固定资产   29 800 000

    投资性房地产累计折旧   6 800 000

    投资性房地产减值准备   4 000 000

    贷：投资性房地产   29 800 000

      累计折旧   6 800 000

      固定资产减值准备   4 000 000

（14）2×23年12月31日，计提折旧。

应提折旧额=$\frac{2\,100-100}{16\times12+8}$×4=40（万元）

借：管理费用   400 000

    贷：累计折旧   400 000

（15）2×24年12月31日，计提折旧。

应提折旧额=$\frac{2\,100-100}{16\times12+8}$×12=120（万元）

借：管理费用   1 200 000

    贷：累计折旧   1 200 000

11.公允价值模式下相关损益的确认。

（1）2×21年1月1日，将办公楼出租并预收租金。

借：投资性房地产——办公楼（成本）   85 000 000

    公允价值变动损益   2 500 000

    累计折旧   37 500 000

    贷：固定资产——办公楼   125 000 000

借：银行存款   6 000 000

    贷：合同负债——D公司   6 000 000

（2）2×21年12月31日，确认房屋公允价值变动损益和租金收入。

借：投资性房地产——办公楼（公允价值变动）   1 500 000

    贷：公允价值变动损益   1 500 000

借：合同负债——D公司   6 000 000

    贷：其他业务收入   6 000 000

（3）2×22年1月1日，预收租金。

借：银行存款　　　　　　　　　　　　　　　　　6 000 000

　贷：合同负债——D公司　　　　　　　　　　　　　　　　　6 000 000

（4）2×22年12月31日，确认房屋公允价值变动损益和租金收入。

借：投资性房地产——办公楼（公允价值变动）　　2 500 000

　贷：公允价值变动损益　　　　　　　　　　　　　　　　　2 500 000

借：合同负债——D公司　　　　　　　　　　　　6 000 000

　贷：其他业务收入　　　　　　　　　　　　　　　　　　　6 000 000

（5）2×23年1月1日，预收租金。

借：银行存款　　　　　　　　　　　　　　　　　6 000 000

　贷：合同负债——D公司　　　　　　　　　　　　　　　　　6 000 000

（6）2×23年12月31日，确认房屋公允价值变动损益和租金收入。

借：公允价值变动损益　　　　　　　　　　　　　1 000 000

　贷：投资性房地产——办公楼（公允价值变动）　　　　　　1 000 000

借：合同负债——D公司　　　　　　　　　　　　6 000 000

　贷：其他业务收入　　　　　　　　　　　　　　　　　　　6 000 000

（7）2×24年1月1日，将办公楼出售。

借：银行存款　　　　　　　　　　　　　　　　　86 000 000

　贷：其他业务收入　　　　　　　　　　　　　　　　　　　86 000 000

借：其他业务成本　　　　　　　　　　　　　　　88 000 000

　贷：投资性房地产——写字楼（成本）　　　　　　　　　　85 000 000

　　　　　　　　　——写字楼（公允价值变动）　　　　　　3 000 000

借：公允价值变动损益　　　　　　　　　　　　　500 000

　贷：其他业务成本　　　　　　　　　　　　　　　　　　　500 000

12.投资性房地产转为自用。

（1）假定转换日厂房的公允价值为2 600万元。

借：固定资产——厂房　　　　　　　　　　　　　26 000 000

　　投资性房地产——厂房（公允价值变动）　　　5 500 000

　　公允价值变动损益　　　　　　　　　　　　　500 000

　贷：投资性房地产——厂房（成本）　　　　　　　　　　　32 000 000

（2）假定转换日厂房的公允价值为2 680万元。

借：固定资产——厂房　　　　　　　　　　　　　26 800 000

　　投资性房地产——厂房（公允价值变动）　　　5 500 000

　贷：投资性房地产——厂房（成本）　　　　　　　　　　　32 000 000

　　　公允价值变动损益　　　　　　　　　　　　　　　　　300 000

13.成本模式下计算累计折旧并编制有关会计分录。

(1) 计算截至转换日办公楼的累计折旧。

① 2×16年1月1日至2×19年12月31日累计折旧。

$$办公楼累计折旧 = \frac{12\,800 - 200}{30} \times 4 = 1\,680（万元）$$

② 2×20年1月1日至2×21年6月30日累计折旧。

$$办公楼累计折旧 = \frac{12\,800 - 1\,680 - 1\,560 - 200}{26 \times 12} \times 18 = 540（万元）$$

③截至转换日办公楼的累计折旧。

截至转换日办公楼的累计折旧=1 680+540=2 220（万元）

(2) 编制自用办公楼转换为对外出租的会计分录。

借：投资性房地产——办公楼	128 000 000	
累计折旧	22 200 000	
固定资产减值准备	15 600 000	
贷：固定资产——办公楼		128 000 000
投资性房地产累计折旧		22 200 000
投资性房地产减值准备		15 600 000

(3) 计算截至出售日办公楼的累计折旧。

① 2×21年7月1日至2×24年6月30日累计折旧。

$$办公楼累计折旧 = \frac{12\,800 - 2\,220 - 1\,560 - 200}{24 \times 12 + 6} \times 36 = 1\,080（万元）$$

②办公楼出售日的累计折旧。

办公楼出售日累计折旧=2 220+1 080=3 300（万元）

(4) 编制出售办公楼的会计分录。

借：银行存款	85 000 000	
贷：其他业务收入		85 000 000
借：其他业务成本	79 400 000	
投资性房地产减值准备	15 600 000	
投资性房地产累计折旧	33 000 000	
贷：投资性房地产——办公楼		128 000 000

第九章　资产减值

一、学习要求与素养提升

通过本章学习，掌握《企业会计准则第8号——资产减值》规定的资产减值的认定标准；掌握资产的可收回金额的理论依据与计算方法；掌握资产减值的会计处理方法；理解资产组的含义及资产组减值会计处理方法；了解资产减值的含义；了解总部资产减值的含义及方法。

习近平总书记在党的二十大报告中指出："高质量发展是全面建设社会主义现代化国家的首要任务。""没有坚实的物质技术基础，就不可能全面建成社会主义现代化强国。"正因为企业的长期资产是企业重要的物质基础，因此，呈报在资产负债表中的企业长期资产的价值，不能掺杂太多的水分。从长远的视角出发，一旦长期资产具备减值迹象，就应计提减值准备并计入当期损益。尽管短期看企业资产缩水了，利润减少了，却加快了企业对于固定资产更新、无形资产创新的动力，增强了企业的发展后劲，这对于企业是长期利好的。

二、预习要览

（一）关键概念

资产减值　　　　　　　　资产可收回金额
预计未来现金流量现值　　资产公允价值
单项资产　　　　　　　　资产组
资产组组合　　　　　　　总部资产

（二）关键问题

1.什么是资产减值？

2.什么是资产的可收回金额，其含义是什么？

3.资产的公允价值减去处置费用的净额如何确定？

4.什么是资产的预计未来现金流量现值？

5.预计未来现金流量应考虑的主要因素有哪些？

6.建立资产组和资产组组合的意义是什么？

7.资产组如何进行减值测试？

三、本章重点与难点

□ 资产减值的含义

□ 资产可收回金额的计量

□ 资产减值损失的确认与计量

□ 资产组的认定及减值处理

□ 总部资产的减值测试

（一）资产减值

资产减值又称资产减损，是指因外部因素、内部使用方式或使用范围发生变化而对资产造成不利影响，导致资产使用价值降低，致使资产未来可流入企业的全部经济利益低于其现有的账面价值。它的本质是资产的现时经济利益预期低于原记账时对未来经济利益的评估值，在会计上则表现为资产的可收回金额低于其账面价值。

资产是指企业过去的交易或者事项形成的、由企业拥有或者控制的、预期会给企业带来经济利益的资源。资产的主要特征之一是它必须能够为企业带来经济利益的流入，如果资产不能够为企业带来经济利益或者带来的经济利益低于其账面价值，那么资产就不能再予以确认，或者不能再以原账面价值予以确认，否则将不符合资产的定义，也无法反映资产的实际价值。因此，当企业资产的可收回金额低于其账面价值时，即表明资产发生了减值，企业应当确认资产减值损失，并把资产的账面价值减记至可收回金额。可见，资产减值是和资产计价相关的，是对资产计价的一种调整。

（二）资产可收回金额的计量

1.估计资产可收回金额的基本方法

资产可收回金额的估计，应当根据其公允价值减去处置费用后的净额与资产预计未来现金流量的现值两者之间较高者确定。因此，要估计资产的可收回金额，通常需要同时估计该资产的公允价值减去处置费用后的净额和资产预计未来现金流量的现值，但是在下列情况下，可以有例外或者作特殊考虑：

第一，资产的公允价值减去处置费用后的净额与资产预计未来现金流量的现值，只要有一项超过了资产的账面价值，就表明资产没有发生减值，不需再估计另一项金额。

第二，没有确凿证据或者理由表明，资产预计未来现金流量的现值显著高于其公允价值减去处置费用后的净额的，可以将资产的公允价值减去处置费用后的净额视为资产的可收回金额。企业持有待售的资产往往属于这种情况，即该资产在持有期间（处置之前）所产生的现金流量可能很少，其最终取得的未来现金流量往往就是资产的处置净收入。在这种情况下，以资产公允价值减去处置费用后的净额作为其可收回金额是适宜的，因为资产未来现金流量现值不大会显著高于其公允价值减去处置费用后的净额。

第三，资产的公允价值减去处置费用后的净额如果无法可靠估计，应当以该资产预计未来现金流量的现值作为其可收回金额。

2.资产的公允价值减去处置费用后的净额的估计

企业在估计资产的公允价值减去处置费用后的净额时，应当按照下列顺序进行：

① 应当根据公平交易中资产的销售协议价格减去可直接归属于该资产处置费用的金额确定资产的公允价值减去处置费用后的净额。这是估计资产的公允价值减去处置费用后的净额的最佳方法，企业应当优先采用这一方法。

② 在既不存在资产销售协议又不存在资产活跃市场的情况下，企业应当以可获取的最佳信息为基础，根据在资产负债表日如果处置资产的话，熟悉情况的交易双方自愿进行公平交易愿意提供的交易价格减去资产处置费用后的金额，估计资产的公允价值减去处置费用后的净额。在实务中，该金额可以参考同行业类似资产的最近交易价格或者结果进行估计。

如果企业按照上述要求仍然无法可靠估计资产的公允价值减去处置费用后的净额，应当以该资产预计未来现金流量的现值作为其可收回金额。

3.资产预计未来现金流量的现值的估计

为了估计资产未来现金流量的现值,首先,需要预计资产的未来现金流量,资产未来现金流量的预计基础应建立在经企业管理层批准的最近财务预算或者预测数据之上。

预计资产未来现金流量的方法通常有传统法和期望现金流量法两种。传统法是指预计资产未来现金流量时,根据资产未来每期最有可能产生的现金流量进行预测的方法。它使用单一的未来每期预计现金流量和单一的折现率计算资产未来现金流量的现值。

期望现金流量法是指资产未来现金流量根据每期现金流量期望值进行预计,每期现金流量期望值按照各种可能情况下的现金流量与其发生概率加权计算的一种方法。

其次,预计折现率。折现率是指将未来有限期预期收益折算成现值的比率。在估计折现率时。如果预计资产的未来现金流量时已经对资产特定风险的影响作了调整,折现率的估计不需要考虑这些特定风险。如果用于估计折现率的基础是税后的,应当将其调整为税前的折现率,以便与资产未来现金流量的估计基础相一致。

最后,将该资产的预计未来现金流量按照预计的折现率在预计期限内加以折现即可确定资产未来现金流量的现值。

(三)资产减值损失的确认与计量

1.资产减值损失确认与计量的一般原则

企业在对资产进行减值测试并计算了资产可收回金额后,如果资产的可收回金额低于其账面价值,应当将资产的账面价值减记至可收回金额,减记的金额确认为资产减值损失,计入当期损益,同时,计提相应的资产减值准备。这样,企业当期确认的减值损失应当反映在其利润表中,而计提的资产减值准备应当作为相关资产的备抵项目,反映于资产负债表中,从而夯实企业资产价值,避免利润虚增,如实反映企业的财务状况和经营成果。

资产减值损失确认后,减值资产的折旧或者摊销费用应当在未来期间作相应调整,以使该资产在剩余使用寿命内,系统地分摊调整后的资产账面价值(扣除预计净残值)。比如,固定资产计提了减值准备后,固定资产账面价值将根据计提的减值准备相应抵减,因此,固定资产在未来计提折旧时，应当以新的固定资产账面价值为基础计提每期折旧。

考虑到固定资产、无形资产、商誉等资产发生减值后，一方面价值回升的可能性比较小，通常属于永久性减值；另一方面从会计信息谨慎性要求考虑，为了避免确认资产重估增值和操纵利润，资产减值准则规定，资产减值损失一经确认，在以后会计期间不得转回。以前期间计提的资产减值准备，在资产处置、出售、对外投资、以非货币性资产交换方式换出、在债务重组中抵偿债务等时，才可予以转出。

2.资产减值损失的账务处理

为了正确核算企业确认的资产减值损失和计提的资产减值准备，企业应当设置"资产减值损失"科目，按照资产类别进行明细核算，反映各类资产在当期确认的资产减值损失金额；同时，应当根据不同的资产类别，分别设置"固定资产减值准备""在建工程减值准备""投资性房地产减值准备""无形资产减值准备""长期股权投资减值准备"等科目。

当企业根据《企业会计准则第8号——资产减值》的规定确定资产发生减值时，应当根据所确认的资产减值金额，借记"资产减值损失"科目，贷记"固定资产减值准备""在建工程减值准备""投资性房地产减值准备""无形资产减值准备""长期股权投资减值准备"等科目。在期末，企业应当将"资产减值损失"科目余额转入"本年利润"科目，结转后该科目应当没有余额。各资产减值准备科目累积每期计提的资产减值准备，直至相关资产被处置时才予以转出。

按照《企业会计准则第8号——资产减值》的规定，资产减值损失确认后，减值资产的折旧或者摊销费用应当在未来期间作相应调整，以使该资产在剩余使用寿命内，系统地分摊调整后的资产账面价值。

（四）资产组的认定及减值处理

1.资产组的认定

《企业会计准则第8号——资产减值》规定，如果有迹象表明一项资产可能发生减值的，企业应当以单项资产为基础估计其可收回金额。但是在企业难以对单项资产的可收回金额进行估计的情况下，应当以该资产所属的资产组为基础确定资产组的可收回金额。因此，资产组的认定十分重要。

（1）资产组的概念。

资产组是企业可以认定的最小资产组合，其产生的现金流入应当基本上独立于其他资产或者资产组。资产组应当由创造现金流入相关的资产组成。

（2）认定资产组应当考虑的因素。

①认定资产组最关键的因素是该资产组能否独立产生现金流入。比如，企业的某一生产线、营业网点、业务部门等，如果能够独立于其他部门或者单位等创造收入、产生现金流入，或者其创造的收入和现金流入绝大部分独立于其他部门或者单位，并且属于可认定的最小资产组合的，通常应将该生产线、营业网点、业务部门等认定为一个资产组。

在资产组的认定中，企业几项资产的组合生产的产品存在活跃市场的，无论这些产品对外出售还是仅供企业内部使用，均表明这几项资产的组合能够独立创造现金流入，在符合其他相关条件的情况下，应当将这些资产的组合认定为资产组。

②企业对生产经营活动的管理或者监控方式，以及对资产使用或者处置的决策方式等，也是认定资产组应考虑的重要因素。比如，某服装企业有童装、西装、衬衫三个工厂，每个工厂在核算、考核和管理等方面都相对独立。在这种情况下，每个工厂通常为一个资产组。再如，某家具制造商有A车间和B车间，A车间专门生产家具部件，生产完后由B车间负责组装。该企业对A车间和B车间资产的使用和处置等决策是一体的。在这种情况下，A车间和B车间通常应当认定为一个资产组。

（3）资产组认定后不得随意变更。

资产组一经确定后，在各个会计期间应当保持一致，不得随意变更，即资产组的各项资产构成通常不能随意变更。比如，甲设备在2×23年归属于A资产组，在无特殊情况下，该设备在2×24年仍然应当归属于A资产组，而不能随意将其变更至其他资产组。但是，如果由于企业重组、变更资产用途等原因，导致资产组构成确需变更的，企业可以进行变更，但企业管理层应当证明该变更是合理的，并应当在附注中作相应说明。

2.资产组减值测试

资产组减值测试的原理和单项资产是一致的，即企业需要预计资产组的可收回金额和计算资产组的账面价值，并将两者进行比较，如果资产组的可收回金额低于其账面价值，表明资产组发生了减值损失，应当予以确认。

（1）资产组账面价值和可收回金额的确定基础。

资产组账面价值的确定基础应当与其可收回金额的确定基础相一致。资产组的账面价值应当包括可直接归属于资产组并可以合理和一致地分摊至资产组的资产账面价值，通常不应当包括已确认负债的账面价值，但如不考虑该负债金额就无法确定资产组可收回金额的除外。为什么在确定资产组账面价值时，通常不应当包括已确认负债的账面价值呢？这是因为在预计资产组的可收回金额时，既不包括与该资产组的资产无关的现金流量，也不包括与已在财务报表中确认的负债有关的现金流量。因此，为了与资产组可收回金额的确定基础相一致，资产组的账面价值也不应当包括这些项目。因为只有这样，资产组的账面价值与资产组的可收回金额的确定基础才是一致的，两者的比较才有意义，否则，如果两者在不同的基础上进行估计和比较，就难以正确估算资产组的减值损失。

资产组的可收回金额在确定时，应当按照该资产组的公允价值减去处置费用后的净额与其预计未来现金流量的现值两者之间较高者确定。

（2）资产组减值的会计处理。

根据减值测试的结果，资产组的可收回金额如低于其账面价值，应当确认相应的减值损失。减值损失金额应当按照以下顺序进行分摊：

首先，抵减分摊至资产组中商誉的账面价值。

其次，根据资产组中除商誉之外的其他各项资产的账面价值所占的比重，按比例抵减其他各项资产的账面价值。

以上资产账面价值的抵减，应当作为各单项资产（包括商誉）的减值损失处理，计入当期损益。抵减后的各资产的账面价值不得低于以下三者之中的最高者：该资产的公允价值减去处置费用后的净额（如可确定的）、该资产预计未来现金流量的现值（如可确定的）和零。因此而导致的未能分摊的减值损失金额，应当按照相关资产组中其他各项资产的账面价值所占的比重进行分摊。

（五）总部资产的减值测试

企业总部资产包括企业集团或其事业部的办公楼、电子数据处理设备、研发中心等资产。总部资产的显著特征是其难以脱离其他资产或者资产组产生独立的现金流入，而且其账面价值难以完全归属于某一资产组。因此，总部资产通常难以单独进行减值测试，需要结合其他相关资产组或者资产组组合进行。资产组组合，是指由若干个资产组组成的最小资产组组合，包括资产组或者资产组组合，以及按合理方法分摊的总部资产部分。

在资产负债表日，如果有迹象表明某项总部资产可能发生减值的，企业应当计算确定该总部资产所归属的资产组或者资产组组合的可收回金额，然后将其与相应的账面价值相比较，据以判断是否需要确认减值损失。

企业对某一资产组进行减值测试时，应当先认定所有与该资产组相关的总部资产，再根据相关总部资产能否按照合理和一致的基础分摊至该资产组，分别下列情况处理：

① 对于相关总部资产能够按照合理和一致的基础分摊至该资产组的部分，应将该部分总部资产的账面价值分摊至该资产组，再据以比较该资产组的账面价值（包括已分摊的总部资产的账面价值部分）和可收回金额，并按照前述有关资产组减值测试的顺序和方法处理。

② 对于相关总部资产中有部分资产难以按照合理和一致的基础分摊至该资产组的，应当按照下列步骤处理：

首先，在不考虑相关总部资产的情况下，估计和比较资产组的账面价值和可收回金额，并按照前述有关资产组减值测试的顺序和方法处理。

其次，认定由若干个资产组组成的最小的资产组组合，该资产组组合应当包括所测试的资产组与可以按照合理和一致的基础将该部分总部资产的账面价值分摊在其上的部分。

最后，比较所认定的资产组组合的账面价值（包括已分摊的总部资产的账面价值部分）和可收回金额，并按照前述有关资产组减值测试的顺序和方法处理。

对于各资产组应确认的减值损失，则需要按照资产组内各项资产的账面价值，将其分配到各项资产，并以此为依据分别对各项资产进行资产减值的账务处理。至于总部资产应确认的减值损失，也应按照总部资产所包含的各项资产的账面价值，将其分配到各项资产并进行资产减值的账务处理。

四、练习题

（一）单项选择题

1.企业确认并记录资产减值损失时，应借记的会计科目是（　　）。

A.“营业外支出”　　　　　　　B.“资产减值损失”

C.“资产减值准备”　　　　　　D.“管理费用”

2.下列资产中，确认的减值损失在以后会计期间不能转回的是（　　）。

A.应收账款　　　　　　　　　B.存货

C.无形资产　　　　　　　　　D.其他应收款

3.按照《企业会计准则第8号——资产减值》的规定，资产减值损失的计提基础是（　　）。

A.单项资产　　　　　　　　　B.多项资产

C.资产组　　　　　　　　　　D.单项资产或资产组

4.按照我国《企业会计准则》的规定，下列资产确认减值损失后可以转回的是（　　）。

A.固定资产　　　　　　　　　B.无形资产

C.在建工程　　　　　　　　　D.存货

5.下列资产中，其减值的会计处理不通过《企业会计准则第8号——资产减值》来规范的是（　　）。

A.金融资产　　　　　　　　　B.固定资产

C.无形资产　　　　　　　　　D.对子公司的长期股权投资

6.资产发生减值时，企业应当确认资产减值损失，并把资产的账面价值减记至（　　）。

A.公允价值　　　　　　　　　B.零

C.可收回金额　　　　　　　　D.现值

7.对发生减值的资产确认其损失并计提资产减值准备时，对企业的影响是（　　）。

A.只影响财务状况，不影响经营成果

B.不影响财务状况，只影响经营成果

C.既影响财务状况，又影响经营成果

D.既不影响财务状况，也不影响经营成果

8.资产负债表日，如果有确凿证据表明资产存在减值迹象的，应当进行减值测试，并要求估计的项目是（　　）。

A.预计净现金流量　　　　　　B.可收回金额

C.现值　　　　　　　　　　　D.重置成本

9.根据《企业会计准则第8号——资产减值》的规定，资产的可收回金额是指（　　）。

A.资产的公允价值与资产预计未来现金流量两者之间的较高者

B.资产的公允价值减去处置费用后的净额与资产预计未来现金流量的现值两者之间的较高者

C.资产的公允价值与资产预计未来现金流量的现值两者之间的较高者

D.资产的公允价值与资产预计未来现金流量两者之间的较低者

10.在资产不存在销售协议但存在活跃市场时，资产公允价值的确定是指（　　）。

A.资产的市场价格　　　　　　B.资产的可变现净值

C.资产的内在价值　　　　　　D.资产的历史成本

11.资产组账面价值的确定基础与下列项目中确定方式一致的是（　　）。

A.公允价值

B.公允价值减去处置费用后的净额

C.预计未来现金流量的现值

D.可收回金额

12.企业合并形成的商誉每年年末减值测试结合的项目是（　　）。

A.与其相关的资产组或资产组组合

B.被合并企业的资产

C.被合并企业的资产减去负债后的净额

D.企业的总部资产

13.企业资产减值是指资产的账面价值已经高于下列项目中的（　　）。

A.公允价值　　　　　　　　B.可变现净值

C.预计未来现金流量的现值　　D.可收回金额

14.根据《企业会计准则第8号——资产减值》的规定，资产减值不包括的项目是（　　）。

A.对合营企业的长期股权投资　B.固定资产

C.商誉　　　　　　　　　　　D.金融资产

15.认定资产组的最关键的因素是（　　）。

A.资产组能否独立核算

B.资产组能否独立产生现金流入

C.资产组能否单独转让

D.资产组是否可辨认

16.根据《企业会计准则第8号——资产减值》的规定，预计资产未来现金流量现值时，除了要考虑预计未来现金流量和折现率之外，还应考虑的因素是（　　）。

A.资产的公允价值　　　　　　B.资产的售价

C.资产的预计残值　　　　　　D.资产的使用寿命

17.下列资产中，其减值不通过《企业会计准则第8号——资产减值》来规范的是（　　）。

A.对子公司的长期股权投资

B.对联营企业的长期股权投资

C.对合营企业的长期股权投资

D.交易性金融资产投资

18.根据《企业会计准则第8号——资产减值》的规定，估计资产的公允价值减去处置费用后的净额的最佳方法是（　　）。

A.根据公平交易中资产的销售协议价格减去可直接归属于该资产处置费用的金额确定

B.根据资产的市场价格减去可直接归属于该资产处置费用的金额确定

C.参考同行业类似资产最近的交易价格估计

D.参考同行业类似资产的购买价格和相关税费估计

19.下列资产中，无论是否存在减值迹象，每年都应进行减值测试的是（　　）。

A.固定资产　　　　　　　　　B.长期股权投资

C.使用寿命确定的无形资产　　D.使用寿命不确定的无形资产

20.在减值测试过程中，计算资产未来现金流量的现值时所使用的折现率是税前利率，它应当反映当前市场货币时间价值和（　　）。

A.通货膨胀　　　　　　　　　B.资产的使用寿命

C.资产的经营风险　　　　　　D.资产的特有风险

21.根据《企业会计准则第8号——资产减值》的规定，企业为固定资产计提的减值准备可以转出的时间是（　　）。

A.资产市价上升时

B.资产市价下降时

C.资产被处置时

D.资产可收回金额大于账面价值时

22.在报告期末，应将"资产减值损失"科目的余额转入（　　）科目。

A."本年利润"　　　　　　　　B."利润分配——未分配利润"

C."管理费用"　　　　　　　　D."营业外支出"

23.下列关于资产组的说法中，不正确的是（　　）。

A.资产组的认定应当以资产组产生的主要现金流入是否独立于其他资产或者资产组的现金流入为依据

B.资产组的认定应当以资产组的产出是否独立于其他资产或者资产组的产出为依据

C.资产组的认定应当考虑企业管理层对生产经营活动的管理或监控方式

D.资产组的认定应当考虑企业管理层对资产的持续使用或处置的决策方式

24.下列项目中，通常可以认定为一个资产组的是（　　）。

A.几个环保设备

B.负责组装产品的几个生产车间

C.负责生产产品零部件的车间和负责组装产品并销售产品的车间

D.办公楼和研发中心

25.下列项目中，通常不可以认定为一个资产组的是（　　）。

A.总部资产

B.能够独立于其他部门产生现金流的营业网点

C.能够独立于其他部门产生现金流的事业部

D.相互关联和依存的、其使用和处置是一体化的一组设备

26.下列关于资产组的说法中，不正确的是（　　）。

A.资产组一经确定，在各个会计期间应当保持一致，不得随意变更

B.资产组是企业可以认定的最小资产组合

C.资产组由与创造现金流入相关的资产组成

D.企业不能够以资产组为基础估计可收回金额

27.资产负债表日资产存在减值迹象时，为了确定资产是否发生了减值，企业应当比较（　　）。

A.资产的未来现金流量与公允价值

B.资产的未来现金流量的现值与公允价值

C.资产的可收回金额与账面价值

D.资产的可收回金额与公允价值

（二）多项选择题

1.下列资产中，无论是否存在减值迹象均需于年末进行减值测试的有（　　）。

A.自创商誉

B.企业合并形成的商誉

C.对联营企业的长期股权投资

D.使用寿命不确定的无形资产

E.对子公司的长期股权投资

2.预计资产未来现金流量现值时，应考虑的因素主要有（　　）。

A.资产的预计未来现金流量　　　B.资产的折旧额或摊销额

C.资产的使用寿命

D.折现率

E.资产的售价

3.预计的资产未来现金流量应当包括的项目有（　　）。

A.资产持续使用过程中预计产生的现金流入

B.为实现资产持续使用过程中产生的现金流入所必需的预计现金流出

C.与资产改良有关的预计未来现金流量

D.资产使用寿命结束时所收到或支付的净现金流量

E.资产使用寿命内支付所得税产生的现金流量

4.下列项目中，通常可以认定为一个资产组的有（　　）。

A.能够独立产生现金流入的某一生产线

B.能够独立产生现金流入的某营业网点

C.总部资产

D.单项机器设备

E.能够独立产生现金流入的某事业部

5.资产组的减值损失抵减组内各项资产价值时，各项资产的账面价值不得低于下列项目中的最高者的有（　　）。

A.该资产的公允价值

B.资产预计未来现金流量的现值（如可确定）

C.该资产的公允价值

D.该资产的公允价值减去处置费用后的净额（如可确定）

E.零

6.企业在认定资产组时，应当考虑的因素有（　　）。

A.资产组产生的主要现金流入是否独立于其他资产或资产组

B.企业管理层对生产经营活动的管理或监控方式

C.企业管理层对资产的持续使用或者处置的决策方式

D.资产组与总部资产是否密切相关

E.资产组是否为企业的一个业务部门或一条生产线

7.下列资产中，其减值处理不适用《企业会计准则第8号——资产减值》的有（　　）。

A.固定资产　　　　　　　　B.无形资产

C.存货　　　　　　　　　　D.金融资产

E.对联营企业和合营企业的长期股权投资

8.下列资产中,其减值处理适用《企业会计准则第8号——资产减值》的有 ( )。

A.长期应收款　　　　　　B.债权投资

C.其他债权投资　　　　　D.无形资产

E.对子公司的长期股权投资

9.下列资产中,其减值损失一经确认,在以后期间不得转回的有 ( )。

A.固定资产　　　　　　　B.存货

C.应收账款　　　　　　　D.无形资产

E.应收票据

10.对于固定资产和无形资产,其减值损失一经确认,在以后期间不得转回,理由主要有 ( )。

A.这些资产的减值通常属于永久性减值

B.这些资产是长期资产

C.这些资产在使用寿命内计提折旧或进行摊销

D.可以避免确认资产重估增值和操纵利润

E.可以避免低估资产的价值

11.预计资产未来现金流量的现值时,下列关于折现率的说法正确的有 ( )。

A.该折现率是税前利率

B.该折现率是税后利率

C.该折现率反映当前市场货币时间价值和资产特定风险

D.该折现率是企业在购置或者投资资产时所要求的必要报酬率

E.该折现率是企业在购置或者投资资产时所要求的计划报酬率

12.下列关于资产组认定的说法中,正确的有 ( )。

A.应当以资产组产生的主要现金流入是否独立于其他资产或资产组为依据

B.应当考虑企业管理层对生产经营活动的管理或监控方式

C.应当考虑企业管理层对资产的持续使用或者处置的决策方式

D.资产组认定后不得随意变更

E.资产组的认定就是商誉与其他资产的关系的认定

13.关于预计资产未来现金流量的基础,下列说法中正确的有(　　)。

A.应建立在经企业管理层批准的最近财务预算或预测数据之上

B.建立在预算或预测数据基础上的预计现金流量一般最多涵盖10年

C.建立在预算或预测数据基础上的预计现金流量一般最多涵盖5年

D.应以该预算或预测期之后年份稳定的或递增的增长率为基础进行估计

E.应以该预算或预测期之后年份稳定的或递减的增长率为基础进行估计

14.预计资产未来现金流量的现值时,下列关于折现率的说法中,不正确的有(　　)。

A.该折现率反映当前市场货币时间价值和资产特定风险

B.该折现率是企业在购置或者投资资产时所要求的必要报酬率

C.该折现率是企业在购置或者投资资产时所要求的计划报酬率

D.估计资产未来现金流量的现值,通常应当使用单一的折现率

E.通常企业应当在未来各个不同期间采用不同的折现率

15.下列项目中,可以作为估计资产的可收回金额的基础的有(　　)。

A.单项资产　　　　　　　　　B.单项资产减负债

C.单项资产和商誉　　　　　　D.资产组

E.总部资产

16.下列关于商誉减值的说法中,正确的有(　　)。

A.年末不存在减值迹象时,企业不需要进行商誉的减值测试

B.年末无论是否存在减值迹象,企业至少于每年年度终了进行减值测试

C.商誉应当结合企业全部的资产进行减值测试

D.商誉应当结合企业与其相关的资产组或资产组组合进行减值测试

E.商誉的账面价值应当自购买日起按照合理的方法分摊至相关的资产组或资产组组合

17.计算资产的可收回金额涉及处置费用时,其处置费用包括的项目有(　　)。

A.相关税费   B.财务费用

C.法律费用   D.所得税费用

E.搬运费

18.下列资产的减值处理通过《企业会计准则第8号——资产减值》规范的项目有（　　）。

A.以成本模式进行后续计量的投资性房地产

B.以公允价值模式进行后续计量的投资性房地产

C.无形资产

D.探明石油天然气矿区权益和井及相关设施

E.生产性生物资产

19.企业在确定折现率时，如使用替代利率估计，其估计替代利率调整的根据有（　　）。

A.企业加权平均资本成本   B.权益资金的成本

C.长期借款利率   D.增量借款利率

E.其他相关市场借款利率

20.下列关于资产组的说法中不正确的有（　　）。

A.资产组是企业认定的资产组合

B.资产组是企业可以认定的最小资产组合

C.资产组产生的现金流入应当完全独立于其他资产或资产组

D.资产组产生的现金流入应当基本上独立于其他资产或资产组

E.企业的资产组一经确定，在各个会计期间应当保持一致

21.下列关于资产减值损失的说法中，正确的有（　　）。

A.企业所有资产的减值损失一经确定，在以后会计期间不得转回

B.企业当期确认的资产减值损失应当反映在其利润表中

C.企业在计提各项资产减值准备时，应借记"资产减值损失"科目

D.当期确认的资产减值损失金额与应计提的减值数额是相同的

E.企业的固定资产、无形资产的减值损失一经确认，在以后会计期间不得转回

22.资产组组合，是指由若干个资产组组成的最小资产组组合，包括（　　）。

A.资产组

B.资产组组合

C.按照合理方法分摊的总部资产部分

D.单项资产

E.总部资产

23.下列关于资产减值的论断中，正确的有（　　　）。

A.确认后的各类资产减值损失，不得在以后会计期间转回

B.企业在利润表中，应当列示其当期确认的资产减值损失金额

C.资产的可收回金额应当根据资产的出售净额来计算

D.当期确认的资产减值损失是年末资产的可收回金额低于其账面价值的差额

E.资产减值损失确认后，减值资产的折旧或摊销费用在未来期间需要作出调整

24.预计资产未来现金流量时，不应包括（　　　）。

A.与尚未作出承诺的重组事项有关的预计未来现金流量

B.与所得税收付有关的现金流量

C.筹资活动产生的现金流入或流出

D.为了维持资产正常运转或者原定正常产出水平所必需的未来发生的现金流出

E.与资产改良有关的预计未来现金流量

25.资产负债表日对于存在减值迹象的资产，应当进行减值测试。资产可能发生减值的有（　　　）。

A.资产已经或者将被闲置、终止使用或者计划提前处置

B.资产的市价当期大幅度下跌，其跌幅明显高于因时间的推移或者正常使用而预计的下跌

C.有证据表明资产已经陈旧过时或者实体已经损坏

D.企业经营环境以及资产所处的市场在当期或者将在近期发生重大变化

E.市场利率在当期已经提高且影响企业计算资产预计未来现金流量现值的折现率，导致资产可收回金额大幅度降低

26.资产可收回金额应该按照下列项目中较高者确定的有（　　　）。

A.资产的公允价值

B.资产预计未来现金流量

C.资产预计未来现金流量的现值

D.资产的公允价值减去处置费用后的净额

E.资产的可变现净值

(三) 判断题

1.如果资产为企业带来的经济利益低于其账面价值,企业应立即终止确认该资产。 （ ）

2.如果资产为企业带来的经济利益低于其账面价值,企业不能再以原账面价值予以确认,否则会导致企业资产和利润虚增。 （ ）

3.资产发生减值时,企业应确认资产减值损失,并把资产的账面价值减记至可变现净值。 （ ）

4.由于有关资产特性不同,其减值会计处理也有所差别,因而适用的具体准则和会计处理也不尽相同。 （ ）

5.长期股权投资和投资性房地产如果发生减值,应按《企业会计准则第8号——资产减值》的规定进行会计处理。 （ ）

6.在资产负债表日,企业应当判断资产是否存在可能发生减值的迹象,主要从内部信息和外部信息两个方面加以判断。 （ ）

7.对于因企业合并形成的商誉,企业应当至少于每年年末进行减值测试,估计其可收回金额。 （ ）

8.对于使用寿命不确定的无形资产,企业应当至少于每年年末进行减值测试,估计其可收回金额。 （ ）

9.企业在判断资产减值迹象以决定是否需要估计资产可收回金额时,应当遵循重要性原则。 （ ）

10.企业资产存在减值迹象的,应当估计资产可收回金额。资产可收回金额必须以单项资产为基础进行估计。 （ ）

11.资产可收回金额的估计,应当按其公允价值减去处置费用后的净额与资产预计未来现金流量的现值两者孰低确定。 （ ）

12.估计资产可收回金额时,资产的公允价值减去处置费用后的净额与资产预计未来现金流量的现值,只要有一项超过了资产的账面价值,就表明资产没有发生减值,不用再估计另一项金额。 （ ）

13.根据《企业会计准则第8号——资产减值》的规定,对于企业

持有待售的资产，通常以资产公允价值减去处置费用后的净额作为其可收回金额。（　　）

14.资产预计未来现金流量包括资产持续使用过程中预计产生的现金流入以及相应的预计现金流出，无须考虑资产使用寿命结束时处置资产产生的净现金流量。（　　）

15.预计资产未来现金流量不应当包括筹资活动和所得税收付产生的现金流量。（　　）

16.企业在预计资产未来现金流量和折现率时，如果折现率考虑了因一般通货膨胀而导致的物价上涨的影响因素，则预计资产未来现金流量无须再考虑。（　　）

17.资产未来现金流量的现值应按单一的未来每期预计现金流量和单一的折现率计算。（　　）

18.预计资产未来现金流量的方法主要有传统法和期望现金流量法。（　　）

19.在减值测试过程中，计算资产未来现金流量现值时所使用的折现率应当反映未来市场货币时间价值和资产特定风险的税后利率。（　　）

20.对于固定资产、存货、无形资产等资产，企业的资产减值损失一经确认，在以后会计期间不得转回。（　　）

21.资产组能否独立产生现金流入是确定资产组的最关键因素。（　　）

22.企业的资产组一经确认后，在各个会计期间应保持一致，不得随意变更。如确实需要变更，应当在附注中予以说明。（　　）

23.资产组的账面价值的确定基础应与其可收回金额的确定方式相一致，否则难以正确估算资产组的减值损失。（　　）

24.企业至少应当在每年年度终了时对商誉和无形资产进行减值测试。（　　）

25.由于总部资产难以单独进行减值测试，通常需要结合其他相关资产组或者资产组组合进行。（　　）

26.总部资产是企业资产的有机组成部分，其显著特征是难以脱离其他资产或者资产组产生独立的现金流入，而且其账面价值难以完全归

属于某一资产组。　　　　　　　　　　　　　　　　　　　（　　）

27.企业未来发生的现金流出如果是为了维持资产正常运转或者资产正常产出水平而发生必要的支出，或者属于资产维护支出，则应当在预计资产未来现金流量时将其考虑在内。　　　　　　　　（　　）

28.资产可收回金额的估计，应当按其公允价值与资产预计未来现金流量的现值两者孰高确定。　　　　　　　　　　　　　（　　）

29.估计资产可收回金额时，如果没有确凿证据或理由表明，资产预计未来现金流量的现值显著高于其公允价值减去处置费用后的净额，可以将资产的公允价值减去处置费用后的净额视为资产的可收回金额。

　　　　　　　　　　　　　　　　　　　　　　　　　　（　　）

30.在预计资产的未来现金流量时，应当将资产未来现金流量的预计建立在经管理层批准的最近财务预算或者预测数据之上。　（　　）

（四）计算及账务处理题

1.2×22年7月1日，甲公司以600万元的价格购入一项自用的无形资产，该无形资产与特定产品的生产无关。其预计使用寿命为10年，预计净残值为零。企业按月进行无形资产摊销。2×25年年末企业判断该无形资产发生减值。经减值测试，该无形资产的可收回金额为240万元，预计尚可使用5年。

要求：

（1）计算2×25年年末企业为该无形资产计提的减值准备金额。（金额单位以万元表示，下同）

（2）作出2×25年年末企业进行无形资产摊销以及计提无形资产减值准备的账务处理。

（3）作出2×26企业进行无形资产摊销的账务处理。

2.2×23年11月1日，企业以360万元的价格购入一项自用的无形资产，该无形资产与特定产品的生产无关。其预计使用寿命为10年，预计净残值为零。企业按月进行无形资产摊销。2×25年年末企业判断该无形资产发生减值。经减值测试，该无形资产的可收回金额为162万元，预计尚可使用5年。2×26年12月31日，企业将无形资产出售，取得价款100万元，应交增值税6万元。

要求：

（1）计算2×25年年末企业为该无形资产计提的减值准备金额。（金额单位以万元表示，下同）

（2）2×25年年末无形资产摊销和计提无形资产减值准备的账务处理。

（3）2×26年年末进行无形资产摊销的账务处理。

（4）2×26年年末出售无形资产时的账务处理。

3.2×22年12月14日，A公司购入一台生产用设备，其入账价值为1 200 000元，预计使用年限为6年，预计净残值为36 000元，企业采用直线法计提折旧。2×25年12月31日，由于市场需求发生不利的变化，估计其可收回金额为250 000元，预计尚可使用寿命为2年，预计净残值不变，企业仍采用直线法计提折旧。为简化计算，假设公司按年计提折旧。

要求：

（1）计算2×23年至2×25年每年应提的折旧额，并作出每年年末计提折旧的账务处理。

（2）计算2×25年A公司应计提的固定资产减值准备金额，并作出计提减值准备的账务处理。

（3）计算2×26年应计提的折旧额，并作出计提折旧的账务处理。

（4）2×26年财务报表附注中应披露会计估计变更的影响。请问：由于固定资产预计使用寿命变更导致当年净利润减少多少？（计算数字保留到整数位）

4.2×23年12月13日为扩大生产规模、调整经营结构，A公司决定以库存商品（甲产品）交换M公司的一台生产设备。甲产品的账面余额为240 000元，公允价值为300 000元；计税价格为300 000元，适用的增值税税率为13%；设备的账面余额为350 000元，已提折旧120 000元，公允价值为300 000元。假设A公司没有为库存商品计提存货跌价准备，M公司也没有为设备计提固定资产减值准备，整个交易过程中没有发生除增值税以外的其他相关税费。

A公司预计该设备使用寿命为5年，预计净残值率为3%。折旧方法为直线法，为简化计算，假设公司按年计提折旧。2×26年年末A公司判断该生产设备发生减值，估计可收回金额为 80 000 元。

要求：

（1）作出 2×23 年 12 月 13 日 A 公司以存货换入固定资产的账务处理。

（2）计算 2×24 年至 2×26 年 A 公司每年应提折旧额，并作出每年年末计提折旧的账务处理。

（3）计算 2×26 年年末 A 公司应计提固定资产减值准备金额，并作出计提减值准备的账务处理。

5.A 公司于 2×24 年 3 月 31 日以 3 610 万元的价格购入一幢办公楼用于对外出租（后续计量采用成本模式），另支付相关税费 20 万元，全部款项已用银行存款支付。办公楼的预计使用寿命为 50 年，预计净残值为 30 万元，A 公司采用年限平均法计提折旧。办公楼于 2×24 年 4 月 1 日开始出租，年租金为 360 万元，于年末一次结清。2×26 年年末，A 公司判断该办公楼发生减值，经过计算，其可收回金额低于账面价值 200 万元。

要求：

（1）作出 A 公司购入办公楼的账务处理。（金额单位以万元表示，下同）

（2）计算 2×24 年至 2×26 年年末办公楼每年折旧额。（为简化计算，假设公司按年计提折旧）

（3）作出各年收取租金和计提折旧的账务处理。

（4）作出 2×26 年年末 A 公司计提资产减值准备的账务处理。

6.2×24 年 12 月 31 日，A 公司对下列出现减值迹象的资产进行减值测试，有关资料如下：

（1）A 公司于 2×23 年 3 月 31 日以一批库存商品作为对价，取得 B 公司 70% 的股权，该批存货的成本为 2 100 万元，已计提存货跌价准备 150 万元，公允价值及计税价格均为 2 000 万元，增值税率为 13%。投资前 A 公司与 B 公司不存在关联方关系。

2×23 年 6 月 26 日，B 公司分配现金股利 300 万元；2×23 年 B 公司实现净利润 800 万元。2×24 年 5 月 10 日，B 公司宣告分配现金股利 600 万元。2×24 年 B 公司因经营不善，发生严重亏损，经减值测试，该项长期股权投资的可收回金额为 1 570 万元。

（2）对某项投资性房地产进行减值测试。A 公司对该项投资性房地产采用成本模式计量，每年的租金收入均于年末收取，账面原价为 8 000 万元，累计折旧为 5 248.36 万元，此前未计提减值准备，剩余使用寿命为 4 年，A 公司管理层批准的财务预算显示，公司将于 2×26 年对该项投资性房地产进行装修，预计经过装修后，该项投资性房地产的租金收入将得到显著提高。A 公司管理层批准的 2×24 年年末该投资性房地产的预计未来现金流量见表 9-1（假定有关现金流量均发生于每年年末，租金收入均按期收到现金）。

表9-1　　　　　　　　　　　预计未来现金流量　　　　　　　　　单位：万元

项目	2×25年	2×26年		2×27年		2×28年	
		不考虑装修	考虑装修	不考虑装修	考虑装修	不考虑装修	考虑装修
租金收入	650	820	900	780	1 070	630	1 020
日常维护支出	40	55	30	45	63	41	52
其他现金支出	10	15	10	15	7	9	18
改良支出	—	—	350	—	—	—	—

在计算未来现金流量现值时，该项投资性房地产适用的折现率（税前）为 10%，已知部分时间价值系数，见表 9-2。

表9-2　　　　　　　　　　　相关时间价值系数表

年数	1	2	3	4
10%的复利现值系数	0.9091	0.8264	0.7513	0.6830

该项投资性房地产所在地不存在活跃的房地产市场，无法可靠估计其公允价值减去处置费用后的净额。

（3）一项专利技术 B 的账面余额为 190 万元，已累计摊销 100 万元，未计提跌价准备，该专利技术已被其他新的技术所代替，其为企业创造经济利益的能力受到重大不利影响。公司经分析，认定该专利技术虽然价值受到重大影响，但仍有 30 万元的剩余价值。

要求：

（1）编制 2×23 年 3 月 31 日 A 公司对 B 公司进行股权投资的有关会计分录。（金额单位以万元表示，下同）

（2）对上述交易或事项是否需要计提减值准备进行判断；对于需要计提减值准备的交易或事项，进行相应的资产减值处理。（计算结果保留两位小数）

7.A 公司 2×25 年年末结账时，需要对下列与交易或事项相关的资产减值进行会计处理：

（1）A 公司对应收账款均按期末应收账款余额的 10% 计提坏账准备，2×24 年 12 月 31 日，应收账款余额为 2 000 万元。

2×25 年核销应收账款 50 万元，收回以前年度已核销的应收账款 30 万元，2×25 年年末应收账款余额为 2 500 万元。

假定税法规定，企业计提的坏账准备不允许税前扣除，实际发生坏账损失时允许税前扣除。

（2）2×24 年 12 月 31 日，A 公司 X 产品库存 4 500 件，每件成本为 1 万元，存货跌价准备余额为 45 万元（均为对 X 产品计提的存货跌价准备）。2×25 年对外销售 X 产品 4 000 件，转销存货跌价准备 40 万元。2×25 年年末 A 公司 X 产品库存 500 件，每件成本为 1 万元，其中 200 件已与 B 公司签订不可撤销的销售合同，销售价格为每件 1.2 万元；其余 X 产品未签订销售合同。X 产品 2×25 年 12 月 31 日的市场价格为每件 1.1 万元；A 公司预计销售每件 X 产品需要发生的销售费用及相关税金为 0.15 万元。

（3）2×25 年 12 月 31 日，A 公司的甲设备出现减值迹象，A 公司对其进行减值测试的有关情况如下：

甲设备的账面原价为 600 万元，系 2×22 年 10 月 20 日购入，当月达到预定可使用状态，预计使用年限为 8 年，预计净残值为零，采用年限平均法计提折旧，2×24 年 12 月 31 日已对其计提减值准备 68 万元，并预计其尚可使用年限为 5 年，预计净残值及折旧方法不变。

2×25 年 12 月 31 日该设备的市场价格为 200 万元；预计该设备未来使用及处置产生的现金流量现值为 245.6 万元。

企业计税时对该项固定资产按年限平均法计提折旧，预计使用年限为8年，预计净残值为零。

（4）2×25年12月31日，A公司的一项无形资产出现减值迹象，A公司对其进行减值测试的有关情况如下：

该项无形资产的账面原价为2 700万元，于2×22年1月20日购入，购入当日达到预定用途，预计使用年限为8年，预计净残值为零，采用年限平均法摊销，此前未计提减值准备，计税时摊销方法、预计使用年限及预计净残值与会计规定一致。

2×25年12月31日该项无形资产的市场价格为1 200万元，处置费用为零；预计该项无形资产未来使用及处置产生的现金流量见表9-3（假定有关现金流量均发生于每年年末）。

表9-3　　　　　　　　　　预计未来现金流量　　　　　　　　单位：万元

年份	2×26	2×27	2×28	2×29
预计未来现金流量	300	450	350	200

假定计算该无形资产未来现金流量的现值时适用的折现率为7%；已知部分时间价值系数，见表9-4。

表9-4　　　　　　　　　　相关时间价值系数表

年数	1	2	3	4
7%的复利现值系数	0.9346	0.8734	0.8163	0.7629

要求：对上述交易或事项是否计提减值准备进行判断；对于需要计提减值准备的交易或事项，进行相应的资产减值的会计处理。（金额单位以万元表示）

8.甲公司有一条生产线，生产X产品，由A、B、C、D四台机器构成，这四台机器均无法产生独立的现金流入，但组成生产线后构成完整的产销单位，可以独立地产生现金流入，构成资产组。A、B、C、D四台机器均系甲公司于2×18年12月购入的，成本分别为400万元、700万元、600万元、800万元，预计使用年限均为10年，预计净残值为零，采用直线法计提折旧。购入当月该生产线达到预定可使用状态。

2×25年，市场上出现了X产品的替代产品，X产品市场大幅萎缩，出现减值迹象。2×25 年 12 月 31 日，甲公司对该生产线进行减值测试。

2×25 年 12 月 31 日，A 机器的公允价值为 97 万元，如将其处置，预计将发生相关费用 22 万元；B、C 机器的公允价值减去处置费用后的净额无法合理估计；D 机器的公允价值为 245 万元，如将其处置，预计将发生相关费用 15 万元；四台机器均无法独立确定其未来现金流量现值。

该生产线预计未来现金流量的现值为 550 万元。

要求：

（1）确定该资产组的减值损失。（金额单位以万元表示，下同）

（2）将该资产组的资产减值损失分摊至各个资产，作出相关的账务处理。（保留两位小数）

9.ABC 高科技公司（简称 ABC 公司）拥有 A、B 和 C 三个资产组，在 2×25 年年末，这三个资产组的账面价值分别为 100 万元、150 万元和 200 万元，没有商誉。这三个资产组为三条生产线，预计剩余使用寿命分别为 10 年、20 年和 20 年，采用直线法计提折旧。由于 ABC 公司的竞争对手通过技术创新推出了更高技术含量的产品，受到市场欢迎，从而对 ABC 公司产品产生了重大不利影响，为此，ABC 公司于 2×25 年年末对各资产组进行减值测试。已知 ABC 公司的经营管理活动由总部负责，总部资产包括一栋办公大楼和一个研发中心，其中办公大楼的账面价值为 150 万元，研发中心的账面价值为 50 万元。办公大楼的账面价值可以在合理和一致的基础上分摊至各资产组，但是研发中心的账面价值难以在合理和一致的基础上分摊至各相关资产组。对于办公大楼的账面价值，企业按根据各资产组的账面价值和剩余使用寿命加权平均计算的账面价值分摊比例进行分摊。ABC 公司计算得到的资产组 A 的未来现金流量现值为 199 万元，资产组 B 的未来现金流量现值为 164 万元，资产组 C 的未来现金流量现值为 271 万元，包括研发中心在内的最小资产组组合（ABC 公司）的未来现金流量现值为 720 万元。假定各资产组的公允价值减去处置费用后的净额难以确定。

要求：计算确定资产组 A、B、C 和总部资产是否发生了减值，如果发生了减值，则相应的减值损失金额为多少？（计算结果只保留整数，小数位四舍五入，金额单位以万元表示）

10.华联股份有限公司是上市公司（简称华联公司），主要从事家用电器的生产和销售，混业经营。2×24年12月31日，华联公司部分非流动资产资料如下：

（1）华联公司2×24年12月31日对乙公司长期股权投资账面价值为800万元，持有乙公司30%的股权，对乙公司生产经营具有重大影响，采用权益法核算。同年7月5日，由于乙公司所在地区发生洪水，企业被冲毁，大部分资产已损失，并难有恢复的可能，使华联公司持有的该公司股份出现减值迹象。经估算，该股权投资的可收回金额为600万元。

（2）华联公司从国外购入一台先进设备，总价值折合人民币3 000万元，该设备可以独立使用，能产生独立的现金流。使用2年后，该固定资产的账面价值为2 500万元。2×24年年末，由于市场行情变化，用该设备生产的产品出现严重滞销，预计未来3年能带来的现金流量分别为800万元、600万元、500万元，同类设备要求的必要报酬率为10%，且企业无法可靠估计资产的公允价值减去处置费用后的净额。

（3）华联公司正在兴建一栋办公楼，截至2×24年12月31日，该办公楼累计投资1 500万元。该办公楼在动工兴建时为了抢进度，采取边施工边办报批手续的方式。2×24年该市土地规划局通知华联公司，该办公楼所占用土地已改变为公共设施用地；华联公司依据该通知停止投资，华联公司估计变更土地用途可能获得补偿1 300万元。

（4）2×24年年末华联公司持有一项专利权的账面余额为450万元，累计摊销100万元，在上期末已计提减值准备60万元。该专利权是华联公司从国外购入的、专门用于生产节能电冰箱的技术。2×23年度，市场上已大量存在类似的专利技术，使得华联公司生产的节能电冰箱的市场占有率开始大幅下滑，销售出现明显恶化现象。2×24年年末，新的电冰箱生产技术即将面世，华联公司管理当局决定停止采用该专利技术生产电冰箱的生产线，并研发新技术、开发新产品，导致该专利权的可收回金额进一步下降，估计其可收回金额为180万元。

要求：对上述资产计算减值损失的金额，计提资产减值准备，并进行相关账务处理。（金额单位以万元表示）

五、案例分析题

【案例1】B公司于2×21年7月1日以180万元的价格购入一项专利权，全部款项已用银行存款支付。专利权的预计使用寿命为6年。2×23年12月31日，由于市场技术条件发生较大变动，B公司判断该专利权发生减值，经过减值测试，专利权的公允价值为60万元，预计未来现金流量的现值为48万元。B公司认为，该专利权的预计未来现金流量的现值低于公允价值，所以专利权的可收回金额为48万元，并以此为依据计提了无形资产减值准备57万元。2×25年12月31日，由于市场技术条件发生较大变动，B公司预计专利权的可收回金额为72万元，因此，将已计提的无形资产减值准备57万元全部转回。

请问：B公司对专利权减值的计算和会计处理是否正确，为什么？

【案例分析】

B公司对专利权减值的计算和会计处理不正确。

第一，对专利权减值的计算不正确。资产的可收回金额的估计应当根据其公允价值减去处置费用后的净额与资产预计未来现金流量的现值两者之间的较高者确定。该企业没有计算处置费用而只考虑公允价值是错误的。此外，按照两者较低者进行比较也是错误的。

第二，2×25年年末，对已计提的无形资产减值准备转回是错误的。因为根据《企业会计准则第8号——资产减值》的规定，已计提的无形资产等非流动资产的减值准备在以后会计期间不得转回。

【案例2】甲企业的一条生产线由A、B、C三台设备组成，甲企业将该生产线认定为一个资产组。假设2×24年年末A、B、C三台设备的账面价值分别为100万元、300万元和600万元。2×21年年末甲企业根据企业内外部有关信息判断该资产组发生了减值，对该资产组进行了减值测试。预计该生产线尚可使用6年，经估计生产线未来6年现金流量及折现率，得到其预计未来现金流量的现值为640万元。该生产线的公允价值无法合理估计。A、B、C三项资产的预计未来现金流量的现值均无法合理估计，A、B两台设备的公允价值减去处置费用后的净额分别为91万元和150万元，C设备的公允价值无法合理估计。

请问：根据《企业会计准则第8号——资产减值》的规定，该资产组可收回金额为多少？2×24年年末企业应该为A、B、C三项资产计提的减值准备分别为多少？

【案例分析】

资产组的可收回金额=640万元

资产组应计提的减值准备=1 000-640=360（万元）

将360万元在A、B、C三项资产之间进行分配的结果见表9-5。

表9-5　　　　　　　　　　资产减值分摊计算表　　　　　　金额单位：万元

项目	A	B	C	资产组
原账面价值	100	300	600	1 000
各资产所占比例	10%	30%	60%	
资产组减值损失				360
分配给各资产的减值损失	36	108	216	360
抵减后的账面价值	64	192	384	640

由于抵减后设备A的账面价值不应低于91万元，所以设备A应计提9万元的减值准备，而不是36万元。两者的差额27万元应由B、C两项资产负担。

设备B应计提的减值准备=108+27×300÷900=117（万元）

或　设备B应计提的减值准备=（360-9）×300÷900=117（万元）

设备C应计提的减值准备=216+27×600÷900=234（万元）

或　设备C应计提的减值准备=（360-9）×600÷900=234（万元）

所以，2×24年年末企业应该为A、B、C三项资产计提的减值准备分别为9万元、117万元和234万元。

【案例3】甲企业的一条生产线由A、B、C三台设备组成，甲企业将该生产线认定为一个资产组。假设2×24年年末A、B、C三台设备的账面价值分别为200万元、300万元和100万元。2×24年年末甲企业根据有关信息判断该资产组发生了减值，对该资产组进行了减值测试。预计该生产线尚可使用5年，经估计生产线未来5年现金流量及折现率，得到其预计未来现金流量的现值为300万元。该生产线的公允价值无法合理估计。A、B、C三项资产预计未来现金流量的现值均无法合理估计，设备B的公允价值减去处置费用后的净额为210万元，A和C两台设备的公允价值无法合理估计。2×24年以前该资产组未发生减值。

请问：根据《企业会计准则第8号——资产减值》的规定，甲企业应为该资产组确认的减值损失为多少？2×24年年末企业进行资产减值处理后，A、B、C三项资产的账面价值分别为多少？

【案例分析】

资产组的账面价值=200+300+100=600（万元）

资产组的可收回金额=300万元

资产组减值损失=600-300=300（万元）

将300万元在A、B、C三项资产之间进行分配的结果见表9-6。

表9-6 资产减值分摊计算表 金额单位：万元

项目	A	B	C	资产组
原账面价值	200	300	100	600
各资产所占比例	1/3	1/2	1/6	
资产组减值损失				300
分配给各资产的减值损失	100	150	50	300
抵减后的账面价值	100	150	50	300

由于抵减后设备B的账面价值不应低于公允价值减去处置费用后的净额210万元，所以设备B应提取90万元的减值准备，而不是150万元。两者的差额60万元应由该A、C两项资产负担。

设备A应计提的减值准备=100+60×200÷300=140（万元）

或 设备A应计提的减值准备=（300-90）×200÷300=140（万元）

设备C应计提的减值准备=50+60×100÷300=70（万元）

或 设备C应计提的减值准备=（300-90）×100÷300=70（万元）

计提减值准备后各设备的账面价值分别为：

设备A的账面价值=200-140=60（万元）

设备B的账面价值=210万元

设备C的账面价值=100-70=30（万元）

六、练习题参考答案

(一) 单项选择题

1.B 2.C 3.D 4.D 5.A 6.C 7.C 8.B 9.B 10.A 11.D 12.A 13.D 14.D 15.B 16.D 17.D 18.A 19.D 20.D 21.C 22.A 23.B 24.C 25.A 26.D 27.C

(二) 多项选择题

1.BD 2.ACD 3.ABD 4.ABE 5.BDE 6.ABC 7.CD 8.DE 9.AD 10.AD 11.ACD 12.ABCD 13.ACE 14.CE 15.AD 16.BDE 17.ACE 18.ACDE 19.ADE 20.AC 21.BCE 22.ABC 23.BCDE 24.ABCE 25.ABCE 26.CD

(三) 判断题

1.× 2.√ 3.× 4.√ 5.× 6.√ 7.√ 8.√ 9.√ 10.× 11.× 12.√ 13.√ 14.× 15.√ 16.× 17.× 18.√ 19.× 20.× 21.√ 22.√ 23.√ 24.× 25.√ 26.√ 27.√ 28.× 29.√ 30.√

(四) 计算及账务处理题

1.具体处理及计算过程如下:

(1) 2×25年年末未计提减值准备前该无形资产的账面价值 $=600-600÷10×3.5$

$=600-210=390$(万元)

应计提减值准备金额$=390-240=150$(万元)

(2) 2×25年12月该无形资产摊销金额$=600÷10÷12=5$(万元)

借: 管理费用   5

  贷: 累计摊销   5

计提无形资产减值准备:

借: 资产减值损失   150

  贷: 无形资产减值准备   150

(3) 2×26年1月该无形资产应摊销金额$=240÷5÷12=4$(万元)

借: 管理费用   4

  贷: 累计摊销   4

2.具体处理及计算过程如下:

(1) 2×25年12月无形资产摊销金额$=360÷10÷12=3$(万元)

借: 管理费用   3

  贷: 累计摊销   3

（2） $\dfrac{2 \times 25 年年末未计提减值准备前}{资产的账面价值}$ ＝360-360÷10÷12×26=282（万元）

应计提减值准备金额=282-162=120（万元）

计提无形资产减值准备：

借：资产减值损失 120

 贷：无形资产减值准备 120

（3）2×26年12月应摊销金额=162÷5÷12=2.7（万元）

借：管理费用 2.7

 贷：累计摊销 2.7

（4）2×26年年末出售无形资产时：

出售无形资产时已累计摊销金额=3×26+2.7×12=110.4（万元）

借：银行存款 100

 累计摊销 110.4

 无形资产减值准备 120

 资产处置损益 35.6

 贷：无形资产 360

  应交税费——应交增值税（销项税额） 6

3.计算过程及账务处理如下：

（1）$\dfrac{2 \times 23 年至 2 \times 25 年}{每年应提折旧额}$＝（1 200 000-36 000）÷6 =194 000（元）

借：制造费用 194 000

 贷：累计折旧 194 000

（2）2×23年1月1日至2×25年12月31日，公司每年计提折旧194 000元，3年累计计提折旧582 000元。2×25年年末，在不考虑计提减值准备的情况下，固定资产的账面价值为618 000元（1 200 000-582 000）。固定资产可收回金额为250 000元，公司应计提固定资产减值准备368 000元（618 000-250 000）。

借：资产减值损失 368 000

 贷：固定资产减值准备 368 000

（3）2×26年应计提折旧额=（250 000-36 000）÷2= 107 000（元）

借：制造费用 107 000

 贷：累计折旧 107 000

（4）如果固定资产的预计使用寿命未变更，2×26年应计提折旧71 333元（（250 000-36 000）÷3）。固定资产的预计使用寿命变更影响本年度净利润减少数为26 750元（（107 000-71 333）×（1-25%））。

4.具体计算过程及账务处理如下。

（1）取得固定资产：

借：固定资产   339 000

  贷：主营业务收入   300 000

    应交税费——应交增值税（销项税额）   39 000

借：主营业务成本   240 000

  贷：库存商品——甲产品   240 000

（2）2×24年至2×26年A公司每年年末应计提折旧额 $=339\,000×(1-3\%)÷5=65\,766$（元）

借：制造费用   65 766

  贷：累计折旧   65 766

（3）2×26年年末未计提减值准备前固定资产的账面价值 $=339\,000-65\,766×3=141\,702$（元）

2×26年年末A公司应计提固定资产减值准备 $=141\,702-80\,000=61\,702$（元）

借：资产减值损失   61 702

  贷：固定资产减值准备   61 702

5.具体账务处理及计算过程如下。

（1）2×24年购入办公楼：

借：投资性房地产（3 610+20）   3 630

  贷：银行存款   3 630

（2）2×24年折旧额=（3 630-30）÷50÷12×9=54（万元）

2×25年和2×26年的年折旧额均为72万元。

（3）2×24年收取租金和计提折旧的账务处理如下：

①借：银行存款（360÷12×9）   270

   贷：其他业务收入   270

②借：其他业务成本   54

   贷：投资性房地产累计折旧   54

③2×25年收取租金和计提折旧的账务处理如下：

借：银行存款   360

  贷：其他业务收入   360

借：其他业务成本   72

  贷：投资性房地产累计折旧   72

④2×26年收取租金和计提折旧的账务处理同2×25年。

（4）2×26年年末计提资产减值准备的账务处理如下：

借：资产减值损失　　　　　　　　　　　　　　　　　　200

　　贷：投资性房地产减值准备　　　　　　　　　　　　　　　　200

6.具体账务处理及计算过程如下。

（1）2×23年3月31日A公司对B公司进行股权投资的有关会计分录如下：

借：长期股权投资　　　　　　　　　　　　　　　　　2 260

　　贷：主营业务收入　　　　　　　　　　　　　　　　　　2 000

　　　　应交税费——应交增值税（销项税额）　　　　　　　　260

借：主营业务成本　　　　　　　　　　　　　　　　　1 950

　　存货跌价准备　　　　　　　　　　　　　　　　　　150

　　贷：库存商品　　　　　　　　　　　　　　　　　　　2 100

（2）各项资产减值的处理如下。

①长期股权投资。

B公司分配现金股利及实现净利润并不影响A公司长期股权投资的账面价值。

2×24年年末该项长期股权投资的账面价值=2 260万元

长期股权投资的可收回金额=1 570万元

可收回金额小于账面价值，因此，需要计提减值准备。

应计提的减值准备=2 260-1 570=690（万元）

②投资性房地产。

该项投资性房地产的
预计未来现金流量的现值 $= (650-40-10) \times 0.9091 + (820-55-15) \times 0.8264 +$

$(780-45-15) \times 0.7513 + (630-41-9) \times 0.6830$

$=2\ 102.34$（万元）

账面价值=8 000-5 248.36=2 751.64（万元）

可收回金额小于账面价值，因此，需要计提减值准备。

应计提的减值准备=2 751.64-2 102.34=649.30（万元）

③专利技术：

由于企业的该项无形资产创造经济利益的能力受到重大影响而仍有一定价值，应当分析其剩余价值，认定其本期应计提的减值准备。

无形资产应计提的减值准备=（190-100）-30 = 60（万元）

综上，编制会计分录如下：

借：资产减值损失　　　　　　　　　　　　　　　　　1 399.30

　　贷：长期股权投资减值准备　　　　　　　　　　　　　　690

　　　　投资性房地产减值准备　　　　　　　　　　　　　649.30

　　　　无形资产减值准备　　　　　　　　　　　　　　　　60

7.具体计算过程及账务处理如下。

（1）应收账款：

2×25年年初"坏账准备"科目的余额=2 000×10%=200（万元）

2×25年年末计提坏账准备前"坏账准备"科目已有的余额=200-50+30=180（万元）

2×25年年末"坏账准备"科目应有的余额=2 500×10%=250（万元）

2×25年应计提的坏账准备=250-180=70（万元）

借：资产减值损失   70

    贷：坏账准备   70

（2）存货：

X产品有合同部分的可变现净值=200×1.2-200×0.15=210（万元）

X产品有合同部分的成本=200×1=200（万元）

故有合同部分的X产品不用计提跌价准备。

X产品无合同部分的可变现净值=300×1.1-300×0.15=285（万元）

X产品无合同部分的成本=300×1=300（万元）

X产品存货跌价准备应有余额=300-285=15（万元）

计提跌价准备前已有的余额=45-40=5（万元）

X产品应计提的存货跌价准备=15-5=10（万元）

借：资产减值损失   10

    贷：存货跌价准备   10

（3）固定资产：

2×24年12月31日甲设备计提减值准备后的账面价值 $=600-600\div(8\times12)\times26-68=369.5$（万元）

2×25年12月31日甲设备的可收回金额=245.6万元

2×25年12月31日甲设备的账面价值=369.5-369.5÷5=295.6（万元）

2×25年12月31日甲设备应计提的减值准备=295.6-245.6=50（万元）

借：资产减值损失   50

    贷：固定资产减值准备   50

（4）无形资产：

2×25年12月31日该无形资产的预计未来现金流量的现值 $=300\times0.9346+450\times0.8734+350\times0.8163+200\times0.7629$

$=1\ 111.70$（万元）

2×25年12月31日该无形资产公允价值减处置费用后的余额=1 200万元

因此，该项无形资产的可收回金额为1 200万元。

2×25年12月31日该无形资产的账面价值=2 700-2 700÷8×4=1 350（万元）

2×25年12月31日该无形资产应计提的减值准备=1 350-1 200=150（万元）

借：资产减值损失   150

 贷：无形资产减值准备   150

8.具体处理及计算过程如下。

（1）确定该资产组的减值损失：

2×25年12月31日该资产组的账面价值=（400-400÷10×7）+（700-700÷10×7）+（600-600÷10×7）+（800-800÷10×7）

=750（万元）

由于公司无法估计B、C机器的公允价值减去处置费用后的净额，因此，该资产组的可收回金额即等于该生产线的预计未来现金流量的现值550万元。

该资产组的减值损失=750-550=200（万元）

（2）将该资产组的资产减值损失分摊至各个资产，见表9-7。

表9-7   **资产减值分摊计算表**   金额单位：万元

项目	A机器	B机器	C机器	D机器	资产组
账面价值	120	210	180	240	750
可收回金额					550
减值损失					200
减值损失分摊比例	16%	28%	24%	32%	
分摊减值损失	32	56	48	10	146
分摊后的账面价值	88	154	132	230	
尚未分摊的减值损失					54
二次分摊比例	23.53%	41.18%	35.29%		
二次分摊的减值损失	12.71	22.24	19.05		
二次分摊后应确认减值损失总额	44.71	78.24	67.05	10	200
二次分摊后的账面价值	75.29	131.76	112.95	230	550

相关的账务处理为：

借：资产减值损失——A机器   44.71
      ——B机器   78.24
      ——C机器   67.05
      ——D机器   10
 贷：固定资产减值准备——A机器   44.71
       ——B机器   78.24
       ——C机器   67.05
       ——D机器   10

9.在对各资产组进行减值测试时，首先应当认定与其相关的总部资产。由于 ABC公司的经营管理活动由总部负责，因此，相关的总部资产包括办公大楼和研发中心，考虑到办公大楼的账面价值可以在合理和一致的基础上分摊至各资产组，但是研发中心的账面价值难以在合理和一致的基础上分摊至各相关资产组。因此，对于办公大楼的账面价值，企业应当首先按根据各资产组的账面价值和剩余使用年限加权平均计算的账面价值分摊比例进行分摊，见表9-8。

表9-8   **资产减值分摊计算表**   金额单位：万元

项目	资产组A	资产组B	资产组C	总计
各资产组账面价值	100	150	200	450
各资产组剩余使用寿命	10	20	20	
按使用寿命计算的权重	1	2	2	
加权计算后的账面价值	100	300	400	800
办公大楼分摊比例（各资产组加权计算后的账面价值/各资产组加权平均计算后的账面价值合计）	12.5%	37.5%	50%	100%
办公大楼账面价值分摊到各资产组的金额	19	56	75	150
包括分摊的办公大楼账面价值的各资产组账面价值	119	206	275	600

资产组A、B、C的可收回金额分别为199万元、164万元和271万元，而相应的账面价值（包括分摊的办公大楼账面价值）分别为119万元、206万元和275万元，资产组B和C的可收回金额均低于其账面价值，应当分别确认42万元和4万元

的减值损失，并将该减值损失在办公大楼和资产组之间进行分摊。根据分摊结果，因资产组 B 发生减值损失 42 万元而导致办公大楼减值 11 万元（42×56÷206），导致资产组 B 所包括资产发生减值 31 万元（42×150÷206）；因资产组 C 发生减值损失 4 万元而导致办公大楼减值 1 万元（4×75÷275），导致资产组 C 所包括资产发生减值 3 万元（4×200÷275）。

经过上述减值测试后，资产组 A、B、C 和办公大楼的账面价值分别为 100 万元、119 万元（150−31）、197 万元（200−3）和 138 万元（150−11−1），研发中心的账面价值仍为 50 万元，由此包括研发中心在内的最小资产组组合（即 ABC 公司）的账面价值总额为 604 万元（100+119+197+138+50），但其可回收金额为 720 万元，高于其账面价值，因此，企业不必再确认进一步的减值损失（包括研发中心的减值损失）。

根据以上计算与分析结果，ABC 公司资产组 A 没有发生减值，资产组 B 和 C 发生了减值，应当对其所包括资产分别确认减值损失 31 万元和 3 万元。总部资产中，办公楼发生了减值，应当确认减值损失 12 万元，但是研发中心没有发生减值。

10.资产减值损失的计算及账务处理如下。

（1）华联公司对乙公司的投资的账面价值为 800 万元，可收回金额为 600 万元，应计提的减值准备为 200 万元。账务处理如下：

借：资产减值损失　　　　　　　　　　　　　　　　200

　　贷：长期股权投资减值准备　　　　　　　　　　　　　200

（2）该设备未来现金流量现值=800÷（1+10%）+600÷（1+10%）^{2}+500÷（1+10%）^{3}

=727.27+495.87+375.66

=1 598.8（万元）

即该设备的可收回金额为 1 598.8 万元，固定资产账面价值为 2 500 万元。

该设备应计提的减值准备=2 500−1 598.8=901.2（万元）

账务处理如下：

借：资产减值损失　　　　　　　　　　　　　　　　901.2

　　贷：固定资产减值准备　　　　　　　　　　　　　　901.2

（3）该在建工程的账面价值为 1 500 万元，预计可收回金额为 1 300 万元，应计提 200 万元的减值准备。账务处理如下：

借：资产减值损失　　　　　　　　　　　　　　　　200

　　贷：在建工程减值准备　　　　　　　　　　　　　　200

（4）该专利权的账面价值为 290 万元（450−100−60），预计可收回金额为 180 万元，应计提减值准备 110 万元。账务处理如下：

借：资产减值损失　　　　　　　　　　　　　　　　110

　　贷：无形资产减值准备　　　　　　　　　　　　　　110

第十章 负债

一、学习要求与素养提升

本章重点介绍负债的定义、特征、确认条件和分类，以及主要流动负债和非流动负债项目的确认、计量和列报方法。学习本章，应重点掌握负债的特征和确认条件、应付职工薪酬和应交税费等流动负债主要项目的核算方法、应付债券的核算方法、预计负债的确认条件及计量方法、借款费用资本化的条件及计算方法、政府补助的核算原则、债务重组协议中债务人和债权人的核算原则。

党的二十大报告指出，完善支持绿色发展的财税、金融、投资、价格政策和标准体系，发展绿色低碳产业，健全资源环境要素市场化配置体系，加快节能降碳先进技术研发和推广应用，倡导绿色消费，推动形成绿色低碳的生产方式和生活方式。

二、预习要览

（一）关键概念

负债	流动负债
非流动负债	金融负债
应付职工薪酬	实际利率法
摊余成本	政府补助
或有事项	预计负债
或有负债	亏损合同
重组义务	借款费用
资本化期间	债务重组

（二）关键问题

1.负债有何特征？确认条件有哪些？如何分类？

2.流动负债包括哪些内容？具体有哪些项目？

3.应付账款核算哪些内容？入账价值如何确定？

4.应付票据核算哪些内容？如何核算？

5.合同负债核算哪些内容？如何核算？

6.职工薪酬包括哪几类？短期薪酬核算的内容包括哪些？确认原则是什么？

7.一般纳税人应交增值税的金额如何确定？如何进行会计核算？

8.应交消费税如何进行会计核算？

9.应付债券的利息费用如何计算？如何确认？

10.什么是政府补助？如何分类？如何核算？

11.什么是或有事项？有何特征？

12.什么是预计负债？确认条件有哪些？如何计量？

13.什么是或有负债？如何进行会计处理？

14.借款费用包括哪些内容？

15.借款费用的资本化条件有哪些？

16.借款利息资本化的金额如何计算？

17.债务重组有何特点？包括哪些方式？

18.债务重组交易中债权人的核算原则是什么？

19.债务重组交易中债务人的核算原则是什么？

三、本章重点与难点

□ 应付职工薪酬的内容及核算方法

□ 应交增值税的核算方法

□ 应付债券的确认与计量方法

□ 政府补助的类型及核算方法

□ 预计负债的确认条件与计量方法

□ 借款费用资本化金额的确定

□ 债务重组协议的核算原则

（一）负债的特征及分类

负债的特征包括：

（1）负债是企业承担的现时义务。

（2）负债预期会导致经济利益很可能流出企业。

（3）负债是由过去的交易或者事项形成的。

（二）应付职工薪酬的内容和确认原则

1.应付职工薪酬包括的内容

应付职工薪酬包括短期薪酬、离职后福利、辞退福利和其他长期福利四种类型。其中，短期薪酬的内容包括：

（1）职工工资、奖金、津贴和补贴。

（2）职工福利费。

（3）社会保险费。

（4）住房公积金。

（5）工会经费和职工教育经费。

（6）短期带薪缺勤。

（7）利润分享计划。

（8）非货币性福利。

（9）其他短期薪酬。

2.职工薪酬的确认原则

企业应当在职工服务期间将本期因职工为企业提供服务而应付的职工薪酬确认为一项负债，同时根据职工提供服务的受益对象，计入当期损益或资产成本。

（三）应交增值税的核算

1.一般纳税人应交增值税的核算

一般纳税人在当期购进货物或者接受应税劳务时，如果从销售方取得了增值税专用发票或从海关取得了完税证明等税法允许抵扣的凭证，应当按照有关凭证注明的增值税金额确定应交增值税的进项税额。

在下列情形下，一般纳税人已经确认的进项税额不得进行抵扣，应当予以转出：

①用于简易计税方法计税项目，免征增值税项目，集体福利或者个人消费的购进货物，加工、修理修配劳务，服务，无形资产和不动产。

②非正常损失的购进货物，以及相关的加工、修理修配劳务和交通运输服务。

③非正常损失的在产品、产成品所耗用的购进货物（不包括固定资产），加工、修理修配劳务和交通运输服务。

④非正常损失的不动产，以及该不动产所耗用的购进货物、设计服务和建筑服务。

⑤非正常损失的不动产在建工程所耗用的购进货物、设计服务和建筑服务。

⑥购进的贷款服务、餐饮服务、居民日常服务和娱乐服务。

一般纳税人在对外销售商品或提供应税劳务和应税服务时，应向购货方或接受应税劳务和应税服务方开出增值税专用发票，按照商品或劳务和服务的计税价格和适用税率计算应交增值税的销项税额。下列情形视同应税交易：将自产、委托加工的货物用于集体福利或个人消费；无偿赠送货物，但用于公益事业的除外；无偿赠送无形资产、不动产或者金融商品，但用于公益事业的除外。

2.小规模纳税人应交增值税的核算

小规模纳税人应交增值税的核算采用简易征收的办法。小规模纳税人购买货物或接受应税劳务和应税服务时，按照所应支付的全部价款计入存货入账价值，不论是否取得增值税专用发票，其支付的增值税税额均不确认为进项税额。

小规模纳税人在销售商品或提供应税劳务和应税服务时，只能开具普通发票，销售价格中含有增值税。因而首先应当按照增值税征收率还原为不含税的销售价格，然后再计算应交增值税的税额，贷记"应交税费——应交增值税"科目。具体计算公式为：

不含税的销售价格=含税的销售价格÷（1+征收率）

应交增值税=不含税的销售价格×征收率

（四）应付债券的确认与计量方法

1.应付债券发行的确认与计量

应付债券的发行价格等于以债券发行时按实际利率作为折现率计算的债券存续期间支付的现金流量（包括债券的本金和利息）的现值。按照发行债券的面值部分，贷记"应付债券——面值"科目，将发行价格与债券面值的差额（即溢价或折价），借记或贷记"应付债券——利息调整"科目。

2.应付债券利息的确认与计量

应付债券的利息费用采用实际利率法计算。在资产负债表日，将应付债券的摊余成本乘以实际利率计算的利息费用，计入资产成本或当期损益；同时，将实际利息和票面利息的差额，记入"应付债券——利息调整"科目。其中，应付债券的摊余成本，是指应付债券的初始确认金额（即债券的发行价格扣除发行费用）扣除已偿还的本金，再加上或减去采用实际利率法将该初始确认金额与到期日金额之间的差额进行摊销形成的累计摊销额后的金额。

（五）预计负债的确认条件与计量方法

1.预计负债的确认条件

预计负债的确认应当同时满足下列三个条件：

（1）该义务是企业承担的现时义务。

（2）履行该义务很可能导致经济利益流出企业。

（3）该义务的金额能够可靠地计量。

2.预计负债的计量方法

预计负债的计量按照因履行该义务而发生的经济利益流出的最佳估计数确定。最佳估计数的确定应当分别按下列两种情况进行处理：

（1）所需支出存在一个连续范围且该范围内各种结果发生的可能性相同的，最佳估计数应当按照该范围内的中间值确定，即上、下限金额的算术平均数。

（2）所需支出不存在连续范围的，或虽然存在一个连续范围，但该范围内各种结果发生的可能性不相同的，在此情况下，如果或有事项涉及单个项目，最佳估计数按照最可能发生的金额确定；如果或有事项涉及多个项目，按照各种可能结果及相关概率计算确定。

（六）借款费用的资本化原则及资本化金额的确定

1.资本化原则

企业发生的借款费用可直接归属于符合资本化条件的资产的购建或者生产的，应当予以资本化，计入相关资产成本。其中，符合资本化条件的资产，是指需要经过相当长时间（大于等于1年）购建或生产活动才能达到预定可使用或者可销售状态的固定资产、投资性房地产和存货等资产。资本化期间，是指从借款费用开始资本化时点到停止资本化时点的期间，但不包括借款费用暂停资本化的期间。

2.资本化金额的确定

（1）利息资本化金额的确定

专门借款利息的资本化金额，应当以专门借款当期实际发生的利息费用，减去将尚未运用的借款资金存入银行取得的利息收入或进行暂时性投资取得的投资收益后的金额确定。

一般借款利息的资本化金额，应当根据累计资产支出超过专门借款部分的资产支出加权平均数乘以所占用一般借款的资本化率，计算确定一般借款应予以资本化的利息金额。资本化率应当根据一般借款加权平均利率计算确定。

（2）汇兑差额资本化金额的确定

在资本化期间内，外币专门借款本金及利息产生的汇兑差额，应当予以资本化，计入符合资本化条件资产的成本。一般借款本金及利息产生的汇兑差额直接计入当期损益。

（3）辅助费用资本化金额的确定

辅助费用在所购建或生产的符合资本化条件的资产资本化期间发生的，应当予以资本化。

（4）资本化金额的限额

在资本化期间内，每一会计期间的利息资本化金额，不应当超过当期相关借款实际发生的利息金额。

（七）债务重组的方式以及债务人和债权人的确认和计量原则

1.债务重组的定义

债务重组，是指在不改变交易对手方的情况下，经债权人和债务人协定或法院裁定，就清偿债务的时间、金额或方式等重新达成协议的交易。

2.债务重组的方式

（1）债务人以资产清偿债务。

（2）债务人将债务转为权益工具。

（3）修改其他条款。

（4）以上方式的组合。

3.债务人确认的基本原则

（1）债务人在相关资产和所清偿债务符合终止确认条件时予以终止确认。

（2）所清偿债务账面价值与转让资产账面价值之间差额计入当期损益，其中，转让金融资产记入"投资收益"科目，转让非金融资产记入"其他收益"科目。

（3）债务人以权益工具清偿债务时，属于权益性交易，应当按照权益工具的公允价值计量，与所清偿债务账面价值的差异记入"资本公积"科目。

4.债权人确认的基本原则

（1）在取得相关资产符合其定义和确认条件时予以确认。

（2）债权人取得资产的计量要考虑资产的类型，对于非金融资产按照放弃债权的公允价值和其他可直接归属于该资产的成本计量；对于金融资产应当按照其公允价值进行初始计量，差额记入"投资收益"科目。

四、练习题

（一）单项选择题

1.下列各项中，不会形成企业的现时义务的是（　　）。

A.企业应为职工缴纳的社会保险费

B.企业期末应当支付的利息

C.企业未来期间的经营亏损

D.董事会对外宣告分配的现金股利

2.资产负债表日，企业计算确定的短期借款利息费用，应当记入的负债科目是"（　　）"。

A.短期借款　　　　　　　　　　B.应付利息

C.应计利息　　　　　　　　　　D.财务费用

3.企业申请的银行承兑汇票如果到期无法支付，则应当将应付票据的账面价值转入的会计科目是"（　　）"。

A.短期借款　　　　　　　　　　B.应收账款

C.坏账准备　　　　　　　　　　D.应付账款

4.企业在购买材料时签发并承兑的商业汇票如果到期无法支付，则应当将应付票据的账面价值结转至（ ）。

A.短期借款 B.应收账款

C.坏账准备 D.应付账款

5.甲公司2×24年3月从乙公司购买一批原材料，不含税的价款为10 000元，增值税税率为13%。由于成批购买，乙公司给予甲公司10%的折扣（折扣仅限于货款部分）。甲公司在购买材料时应确认应付账款的金额为（ ）。

A.9 000元 B.10 000元

C.11 300元 D.10 300元

6.甲公司2×24年12月5日按照合同约定预收乙公司11 300元后发出一批货物，价款为20 000元，增值税税额为2 600元。2×24年12月31日，甲公司尚未收到剩余款项。甲公司对该业务在资产负债表中列报的项目和金额为（ ）。

A.合同负债11 300元 B.预收款项11 300元

C.合同资产11 300元 D.应收账款11 300元

7.企业从应付职工薪酬中代扣代缴的医疗保险费，应当贷记的会计科目是"（ ）"。

A.其他应收款 B.应付账款

C.应付职工薪酬 D.其他应付款

8.下列各项中，属于职工福利费用的是（ ）。

A.医疗保险费 B.职工培训费

C.困难职工补助 D.工会活动经费

9.下列科目中，企业支付的用于职工培训的经费借记的会计科目是"（ ）"。

A.管理费用 B.其他应收款

C.应付职工薪酬 D.其他应付款

10.企业因提前解除与车间职工劳动关系而给予的补偿，应当借记的会计科目是"（ ）"。

A.管理费用 B.生产成本

C.应付职工薪酬 D.制造费用

11.企业为财务部门职工支付的社会保险费，应当记入的会计科目是（　　）。

　　A.财务费用　　　　　　　　B.管理费用

　　C.其他业务成本　　　　　　D.营业外支出

12.甲公司2×24年5月以一批自产的应税消费品发放给职工作为福利。该批产品的成本为20 000元，计税价格为25 000元，增值税税额为3 250元，消费税税额为2 500元，则甲公司应当确认应付职工薪酬的金额为（　　）。

　　A.20 000元　　　　　　　　B.25 000元

　　C.26 750元　　　　　　　　D.30 750元

13.甲企业为增值税小规模纳税人，2×24年3月4日购入一批原材料，取得的增值税专用发票上注明的不含税价款为200 000元，增值税税额为26 000元，材料入库前发生的挑选整理费为200元，材料已验收入库。甲企业取得该批材料的入账价值为（　　）。

　　A.200 000元　　　　　　　　B.200 200元

　　C.226 000元　　　　　　　　D.226 200元

14.某增值税一般纳税企业发生的下列业务中，应将其进项税额转出的是（　　）。

　　A.将购入的原材料用于集体福利

　　B.将购入的原材料用于对外投资

　　C.将自产的产成品用于集体福利

　　D.将自产的产成品用于对外投资

15.2×24年3月5日，甲企业缴纳上个月未交的增值税35 000元，则甲企业在处理该项业务时应当借记的会计科目是（　　）。

　　A."应交税费——未交增值税"

　　B."应交税费——应交增值税（已交税金）"

　　C."应交税费——应交增值税（转出未交增值税）"

　　D."应交税费——应交增值税（转出多交增值税）"

16.甲企业为一般纳税人，2×24年3月末有增值税进项税额尚未进行抵扣，则期末应当反映为（　　）。

　　A."应交税费——应交增值税"科目的借方余额

B.“应交税费——应交增值税”科目的贷方余额

C.“应交税费——未交增值税”科目的借方余额

D.“应交税费——未交增值税”科目的贷方余额

17.甲企业为增值税小规模纳税人，2×24年3月销售货物开出的普通发票金额合计为309 000元，适用的征收率为3%，则本月甲企业应缴纳的增值税金额为（　　）。

A.9 000元　　　　　　　　　　B.9 270元

C.9 557元　　　　　　　　　　D.9 548元

18.甲企业委托乙企业加工一批物资（应税消费品），甲企业当月收回该批物资后继续生产，则甲企业支付给乙企业全部价款中的消费税部分应当记入的会计科目是（　　）。

A.“委托加工物资”　　　　　B.“应交税费——应交消费税”

C.“税金及附加”　　　　　　D.“生产成本”

19.甲公司2×24年4月将一批自产的应税消费品用于职工集体福利。该批消费品的成本为300万元，计税价格为500万元，适用的增值税税率为13%，消费税税率为10%。该批消费品应当计入职工集体福利的金额为（　　）。

A.350万元　　　　　　　　　　B.365万元

C.415万元　　　　　　　　　　D.615万元

20.C公司以一张期限为6个月的商业承兑汇票支付货款，票面金额为100万元，票面利率为4%。该票据到期时，C公司应支付的金额为（　　）。

A.100万元　　　　　　　　　　B.102万元

C.104万元　　　　　　　　　　D.98万元

21.下列各项中，不属于短期职工薪酬的是（　　）。

A.企业支付给职工的加班工资

B.企业支付给职工的绩效奖金

C.企业为职工支付的医疗保险金

D.企业提前与职工解约支付的补偿

22.企业将其应付的现金股利确认为一项负债的时点为（　　）。

A.公布财务报告时　　　　　　B.召开股东大会时

C.对外宣告发放现金股利时　　　D.实际支付现金时

23.下列各项中，不应包括在资产负债表"其他应付款"项目中的是（　　　）。

A.预收购货单位的货款　　　B.收到出租包装物的押金

C.应付租入包装物的租金　　　D.为职工缴纳的社会保险费

24.下列各种情况中会导致企业折价发行债券的是（　　　）。

A.债券的票面利率大于市场利率

B.债券的票面利率等于市场利率

C.债券的票面利率小于市场利率

D.以上都不对

25.债券发行后利息费用逐年增加的原因是（　　　）。

A.债券发行后市场利率升高　　　B.债券发行后市场利率降低

C.债券溢价发行　　　D.债券折价发行

26.2×24年1月1日，乙公司发行5年期的公司债券。该债券的发行价格为1 090万元（不考虑发行费用），债券面值总额为1 000万元，票面利率为6%，实际利率为4%。该债券于每年6月30日和12月31日支付利息，本金于到期日一次支付。2×24年12月31日乙公司资产负债表中应付债券的报告金额约为（　　　）。

A.1 000万元　　　B.1 073万元

C.1 081万元　　　D.1 090万元

27.2×24年1月1日，甲公司发行3年期的公司债券，实际收到发行款项52 802.1万元，债券面值50 000万元，每半年付息一次，到期还本，票面利率为6%，实际利率为4%。2×24年12月31日，甲公司"应付债券——利息调整"科目的余额为（　　　）。

A.443.96万元　　　B.1 905.3万元

C.1 056.04万元　　　D.1 047.16万元

28.下列关于预计负债清偿过程中预期得到补偿的处理方法中，说法正确的是（　　　）。

A.如果预期很可能能够得到补偿，应当将补偿单独确认为一项资产

B.如果预期基本确定能够得到补偿，应当将补偿单独确认为一项

资产

C.如果预期很可能能够得到补偿，应当将该补偿从预计负债的金额中予以抵销

D.如果预期基本确定能够得到补偿，应当将该补偿从预计负债的金额中予以抵销

29.在估计或有事项的可能性时，很可能对应的概率区间一般为（ ）。

A.大于50%但小于95% B.大于等于50%但小于等于95%

C.大于50%但小于等于95% D.大于等于50%但小于95%

30.下列关于或有负债的表述中，错误的是（ ）。

A.或有负债不构成企业的一项义务

B.对未决诉讼、仲裁的披露至少应包括其形成的原因

C.或有负债不符合确认条件，因而不确认为一项负债

D.或有负债的结果只能由未来不确定性事件的发生或不发生加以证实

31.下列关于预计负债最佳估计数的确定方法中，错误的是（ ）。

A.如果不存在一个连续范围，涉及单个项目，按最有可能发生的金额确定

B.如果不存在一个连续范围，涉及多个项目，按发生概率最高项目的可能金额确定

C.如果存在一个连续范围，且各种结果可能性相同，则最佳估计数是该范围上、下限的平均数

D.如果不存在一个连续范围，涉及多个项目，按各种可能发生的金额及其发生的概率计算确定

32.下列各项中会导致企业产生一项法定义务的是（ ）。

A.企业以往的习惯做法 B.企业已公开的承诺

C.企业已公开宣布的经营政策 D.企业签订的购货合同

33.2×24年10月，甲公司因为合同违约而涉及一桩诉讼案，至年末为止该案件尚未判决，据律师估计，判决的结果很可能对甲公司不利，赔偿20万元的可能性有70%，赔偿30万元的可能性为30%，则甲公司应当确认预计负债的金额为（ ）。

A.20万元   B.23万元

C.25万元   D.30万元

34.2×24年10月，甲公司因为合同违约而涉及一桩诉讼案，至年末为止该案件尚未判决，据律师估计，判决的结果很可能对甲公司不利，赔偿的金额在20万元至30万元之间，则甲公司应当确认预计负债的金额为（   ）。

A.0   B.20万元

C.25万元   D.30万元

35.企业应当在财务报表附注中披露与"预计负债"有关的信息不包括（   ）。

A.预计负债的种类、形成原因

B.各类预计负债的期初、期末余额和本期变动情况

C.预计负债预计产生的财务影响，以及获得补偿的可能性

D.与预计负债有关的预期补偿金额和本期已确认的预期补偿金额

36.A公司因为一项未决诉讼估计应偿付B公司的金额为70万元，符合预计负债的确认条件，同时，基本确定会得到C公司的补偿金额为50万元。A公司应确认预计负债的金额为（   ）。

A.0   B.50万元

C.70万元   D.20万元

37.2×24年1月2日，甲公司与乙公司签订一项不可撤销的租赁合同，租入乙公司一台专用设备用于生产M产品，租赁期为3年，年租金为120万元。因M产品在使用过程中产生严重的环境污染，甲公司决定自2×26年1月1日起停止生产该产品，则甲公司应当确认预计负债的金额为（   ）。

A.0   B.60万元

C.120万元   D.240万元

38.2×24年1月1日，甲公司取得专门借款2 000万元直接用于当日开工建造的厂房，年利率为8%。2×24年1月1日甲公司发生支出800万元，2×24年7月1日发生支出1 200万元，2×24年12月31日该项工程完工达到预定可使用状态。甲公司闲置资金进行短期投资的月收益率为0.4%。甲公司2×24年该项专门借款资本化的金额为（   ）。

A.64万元　　　　　　　　　　　B.131.2万元

C.140.8万元　　　　　　　　　　D.160万元

39.下列各项中,不属于借款费用的项目是 (　　)。

　A.债券发行的溢价或折价摊销额

　B.取得借款发生的前端费用

　C.因外币借款而发生的汇兑差额

　D.从银行取得的贷款本金

40.在确定借款费用资本化金额时,资本化期间与专门借款有关的利息收入应 (　　)。

　A.计入营业外收入　　　　　　B.计入投资收益

　C.计入当期财务费用　　　　　D.冲减借款费用资本化的金额

41.债务重组协议中,债务人以现金清偿某项债务的,应当将重组债务的账面价值与支付的现金之间的差额计入 (　　)。

　A.投资收益　　　　　　　　　B.资本公积

　C.营业外收入　　　　　　　　D.营业外支出

42.债务重组协议中,债务人将债务转为资本的,应当将债权人放弃债权而享有股份的公允价值总额与股本之间的差额确认为 (　　)。

　A.资本公积　　　　　　　　　B.营业外收入

　C.投资收益　　　　　　　　　D.财务费用

43.2×24年1月10日,甲公司因财务困难而短期内无法偿还所欠乙公司的货款100万元。双方协商,甲公司以库存商品抵偿乙公司全部货款。乙公司已为该项应收债权计提10万元坏账准备。重组日该债权的公允价值为80万元。乙公司收到商品后发生的挑选整理费为5万元。假定不考虑相关税费,则乙公司因债务重组应确认的损益金额为 (　　)。

　A.10万元　　　　　　　　　　B.15万元

　C.20万元　　　　　　　　　　D.25万元

44.2×24年1月10日,甲公司因财务困难而短期内无法偿还所欠乙公司的货款100万元。双方协商,甲公司以库存商品抵偿乙公司全部货款。乙公司已为该项应收债权计提10万元坏账准备。重组日该债权的公允价值为80万元。乙公司收到商品后发生的挑选整理费为5万元。假定不考虑相关税费,则乙公司因债务重组取得存货的初始成本为 (　　)。

A.80万元 B.85万元

C.90万元 D.95万元

45.2×24年1月10日，甲公司因财务困难而短期内无法偿还所欠乙公司的货款100万元。双方协商，甲公司以库存商品抵偿乙公司全部货款。乙公司已为该项应收债权计提10万元坏账准备。重组日该批商品的成本为70万元，计提的存货跌价准备金额为5万元，该批商品的公允价值为75万元。假定不考虑相关税费，则甲公司因债务重组应当确认的损益金额为（ ）。

A.10万元 B.25万元

C.30万元 D.35万元

46.2×24年3月31日，甲公司应付某金融机构的一笔贷款100万元到期，因发生财务困难，短期内无法支付，当日，甲公司与债权人签订债务重组协议。协议约定减免甲公司债务的20%，其余部分延期2年支付，利息按照市场利率5%按年支付。甲公司在该项债务重组业务中确认的损益金额为（ ）。

A.10万元 B.12万元

C.16万元 D.20万元

47.2×24年3月1日，甲公司与债权人乙企业协商，进行债务重组，将所欠货款650万元用一台设备予以偿还，该设备账面原价600万元，已提折旧100万元，甲公司对该设备计提了减值准备80万元。该设备公允价值为400万元。根据上述资料，假设不考虑相关税费，甲公司因此项债务重组确认的损益金额为（ ）。

A.150万元 B.210万元

C.230万元 D.250万元

48.甲公司2×24年6月15日开始建造一座厂房，建设期为1年，发生的建造总成本为23 000万元，收到政府补助6 000万元。该厂房预计使用期限为10年，采用直线法计提折旧。甲公司对政府补助采用总额法核算，则2×24年12月31日，"递延收益"科目的期末余额为（ ）。

A.6 000万元 B.5 700万元

C.5 400万元 D.5 100万元

（二）多项选择题

1.下列各项中属于负债特征的有（　　　）。

A.负债由过去的交易或事项形成

B.负债形成企业的一项现时义务

C.负债一定是由法定义务形成的

D.负债未来会导致经济利益流出

E.负债未来需使用现金来偿还

2.下列各项中属于流动负债的有（　　　）。

A.企业购买原材料形成的应付账款

B.企业为交易目的而发生的金融负债

C.企业期末借入的期限为5年的银行贷款

D.企业因购买商品而签发的商业汇票

E.企业3年前发行的将在3个月之后到期的债券

3.下列各项中，属于金融负债的有（　　　）。

A.应付账款　　　　　　　　　B.应付票据

C.合同负债　　　　　　　　　D.预计负债

E.应付债券

4.下列各项中通过"应付票据"科目核算的票据有（　　　）。

A.银行汇票　　　　　　　　　B.银行本票

C.商业承兑汇票　　　　　　　D.银行承兑汇票

E.支票

5.下列各项中应当在资产负债表"应付账款"项目中反映的有（　　　）。

A."应付账款"明细科目的借方余额

B."应付账款"明细科目的贷方余额

C."预付账款"明细科目的贷方余额

D."应收账款"明细科目的借方余额

E."预付账款"明细科目的借方余额

6.下列各项中，属于职工薪酬范围的有（　　　）。

A.工资及奖金　　　　　　　　B.非货币性福利

C.社会保险费　　　　　　　　D.住房公积金

E.工会经费

7.下列负债项目中，应当以摊余成本列报的有（　　）。

A.长期借款　　　　　　　　B.应付债券

C.长期应付款　　　　　　　D.递延所得税负债

E.应付账款

8.应付债券摊余成本计算时应当考虑的因素包括（　　）。

A.初始成本　　　　　　　　B.债券面值

C.累计摊销的折价　　　　　D.累计摊销的溢价

E.已提前偿还的债券本金

9.下列各项中，属于增值税纳税范围的有（　　）。

A.销售货物　　　　　　　　B.提供修理劳务

C.提供旅游服务　　　　　　D.进口货物

E.提供加工服务

10.下列关于增值税的项目中，应当直接计入有关资产成本的有（　　）。

A.一般纳税企业委托加工物资支付的增值税

B.一般纳税企业接受修理劳务支付的增值税

C.一般纳税企业购买原材料支付的增值税

D.小规模纳税企业进口货物支付的增值税

E.小规模纳税企业购买固定资产支付的增值税

11.某增值税一般纳税企业发生的下列业务中，应当计算销项税额的有（　　）。

A.将购入的原材料用于不动产在建工程

B.将购入的原材料用于对外投资

C.将购入的商品用于集体福利

D.将自产的产品用于对外投资

E.将自产的产品用于职工集体福利

12.增值税一般纳税企业发生的下列各项业务中，增值税进项税额不得抵扣的有（　　）。

A.不动产在建工程领用原材料　　B.原材料因操作失误发生毁损

C.福利部门领用原材料　　　　　D.以原材料对外投资

E.修理机器设备时领用原材料

13.下列各项中,应通过"税金及附加"科目核算的有（　　　　）。

A.增值税 　　　　　　　　　B.消费税

C.教育费附加 　　　　　　　D.房产税

E.城市维护建设税

14.一般纳税企业发生的下列各项业务中,应当计算增值税销项税额的有（　　　　）。

A.自产的产品发生非正常损失

B.以自产的产品清偿债务

C.不动产在建工程领用自产的产品

D.将自产的产品对股东进行利润分配

E.将自产的产品作为非货币性福利发放给职工

15.下列各项业务中,应当通过"其他应付款"核算的包括（　　　　）。

A.应付的债券利息 　　　　　B.支付的保证金

C.应付租入包装物的租金 　　D.收到客户支付的保证金

E.代扣代缴的职工个人所得税

16.下列各项中,企业因建造办公楼而发生的长期借款利息费用借记的科目有（　　　　）。

A.在建工程 　　　　　　　　B.财务费用

C.制造费用 　　　　　　　　D.管理费用

E.生产成本

17.下列各项业务中,应当通过"长期应付款"科目核算的有（　　　　）。

A.以分期付款方式购入固定资产发生的应付款

B.以分期付款方式购入无形资产发生的应付款

C.以分期付款方式购入存货发生的应付款

D.应付职工的长期福利费

E.企业收到的与资产相关的政府补助

18.下列关于溢价发行债券的说法中,正确的有（　　　　）。

A.债券的摊余成本逐期减少 　　B.债券的利息费用逐期增加

C.债券的利息费用逐期减少 　　D.债券溢价的摊销额逐期增加

E.债券溢价的摊销额逐期减少

19.下列各项中，属于或有事项的有（　　　）。

A.未决诉讼　　　　　　　　　B.固定资产折旧

C.承诺　　　　　　　　　　　D.债务担保

E.坏账损失

20.下列各项关于或有负债的说法中，正确的有（　　　）。

A.确认但不披露　　　　　　　B.不确认但应予以披露

C.不确认也不披露　　　　　　D.未来有可能转换为预计负债

E.既要确认也要披露

21.下列属于确定预计负债最佳估计数时应当考虑的因素有（　　　）。

A.货币时间价值　　　　　　　B.未来事项的影响

C.预期资产处置利得　　　　　D.预期很可能得到的补偿

E.财务风险

22.下列关于或有事项的表述中，正确的有（　　　）。

A.或有事项的结果具有较大的不确定性

B.或有负债应当在资产负债表中报告

C.或有资产不应当在资产负债表中报告

D.或有资产应当在财务报表附注中披露

E.或有事项一定会对企业的经营业绩形成不利影响

23.下列各项中属于债务重组协议特点的有（　　　）。

A.债务到期未还　　　　　　　B.由法院最终裁定

C.不改变交易对手　　　　　　D.与原先偿还方式不同

E.债务人以非现金资产清偿债务

24.下列关于政府补助的说法中，正确的有（　　　）。

A.属于企业的非日常活动，计入当期营业外收入

B.属于企业的日常活动，计入当期的其他收益

C.因政府补助形成的递延收益在负债中列报

D.与资产相关的政府补助在资产的使用寿命内分摊

E.与损益相关的政府补助直接计入当期损益

25.甲公司应收乙公司货款800万元。2×24年1月15日，双方同意按600万元结清该笔货款。甲公司已经为该笔应收账款计提了300万元坏账准备。以下关于甲公司和乙公司债务重组日的会计处理中，正确的

有（　　　）。

A.甲公司确认营业外支出200万元

B.甲公司确认投资收益100万元

C.甲公司确认投资损失100万元

D.乙公司确认营业外收入200万元

E.乙公司确认投资收益200万元

26.下列各项中，应当在资产负债表中作为非流动负债报告的有（　　　）。

A.本期从银行取得的5年期抵押贷款

B.企业本期发行的期限为3年的债券

C.因临时需要租入服装应当支付的租金

D.因分期付款购入设备应当支付的款项

E.企业以前年度发行的资产负债表日3个月后即将到期的债券

（三）判断题

1.金融负债是企业承担的一种合同义务，包括应付账款、应交税费、应付债券等项目。（　　　）

2.短期借款的利息费用应于到期日全部计入当期损益。（　　　）

3.应付票据核算企业在购买商品时从银行申请签发的银行汇票。（　　　）

4.应付账款的入账价值既包括购入货物的价款，也包括增值税的进项税额。（　　　）

5.短期应付账款不需要考虑时间价值。（　　　）

6.企业对于确实无法支付的应付账款，应将其转入资本公积。（　　　）

7.企业当期应付账款的余额如果在借方，应当在流动资产"应收账款"项目中列报。（　　　）

8.公司应当将当期确认的应付职工薪酬全部计入当期损益。（　　　）

9.企业以自产的产品发放给职工作为非货币性福利时，应当以产品的公允价值计量职工薪酬的金额。（　　　）

10.职工薪酬既包括职工在职期间支付的薪酬，也包括职工离职期间支付的养老金。（　　　）

11.企业的应付福利费应当按照应付工资总额的14%计提。（　　）

12.因提前解除与职工的劳动关系给予的补偿，应当确认为当期的管理费用。（　　）

13.增值税一般纳税企业当期应缴纳的增值税税额等于当期增值税销项税额减去当期允许抵扣的增值税进项税额的差额。（　　）

14.增值税一般纳税人当期取得增值税专用发票上注明的进项税额，当期可以全部抵扣。（　　）

15.增值税一般纳税人因自然灾害发生的材料损失，应当将增值税进项税额转出。（　　）

16.增值税小规模纳税人当期支付的货款中包含的增值税额，不能从销售商品过程中发生的增值税额中抵扣。（　　）

17.企业因委托外单位加工应税消费品（收回后直接出售）而向加工方支付的消费税，应当计入委托加工物资的成本。（　　）

18.企业当期发生的职工薪酬符合资本化条件的应当计入资产成本。（　　）

19.企业将应收票据贴现后，应当将其确认为一项预计负债。（　　）

20.企业董事会通过的利润分配方案中拟分配的现金股利应当确认为应付股利。（　　）

21.企业采用实际利率法对应付债券的折价进行摊销时，应付债券的摊余成本逐期增加，各期的利息费用也随之逐期增加。（　　）

22.企业应付债券的利息费用，应当按照期初账面价值和票面利率计算确定。（　　）

23.企业应付债券的利息费用，应当在资产负债表日确认为当期损益或计入资产成本。（　　）

24.企业应付债券的利息费用，可以采用实际利率法计算，也可以采用直线法计算。（　　）

25.企业采用实际利率法对应付债券的溢价进行摊销时，应付债券的摊余成本逐期减少，溢价的摊销额也随之逐期减少。（　　）

26.企业在采用实际利率法计算债券利息费用时，实际利率应当在债券发行日确定，以后期间不再调整。（　　）

27.企业收到的政府无偿拨付的款项应当全部计入"递延收益"

科目。   （   ）

28.预计负债可以是企业承担的现时义务，也可以是企业承担的可能义务。   （   ）

29.企业未来可能发生的经营亏损不能确认为预计负债。（   ）

30.或有事项如果形成企业的一项现时义务，就应当确认为一项负债。   （   ）

31.企业经济业务中的不确定性事项都属于或有事项。（   ）

32.或有负债可能来自一项潜在义务，但未来可能会转变为一项现时义务。   （   ）

33.企业因或有事项形成的或有资产，如果未来发生的经济利益可能流入企业，应当在财务报表附注中予以披露。（   ）

34.若或有负债未来有极小可能导致经济利益流出企业，则不需要在财务报表附注中予以披露。   （   ）

35.企业为购建一项符合资本化条件的设备取得的专门借款，应当在借款费用发生时开始资本化。   （   ）

36.企业为建造办公楼而取得的专门借款发生的借款费用，应当在办公楼交付使用时停止资本化。   （   ）

37.在借款费用资本化期间内，发生的专门借款利息费用扣除该期间与专门借款相关的收益后的金额，应当予以资本化。（   ）

38.企业为购建符合资本化条件的资产而取得专门借款发生的辅助费用，应当全部予以资本化。   （   ）

39.资本化期间内，如果符合资本化条件的资产购建活动发生中断，则中断期间发生的专门借款费用应当直接计入当期损益。（   ）

40.企业当期借款费用资本化的金额，不得超过当期实际发生的利息支出。   （   ）

41.企业因一般借款产生的借款费用全部计入当期损益。（   ）

42.债务重组协议中，债权人一定发生让步，因而债务人一定会确认一项损失。   （   ）

43.债务重组会计处理中，债务人确认的债务重组利得与债权人确认的债务重组损失金额一定相等。   （   ）

44.企业通过债务重组取得的非现金资产，应当按照其公允价值入账。   （   ）

45.企业因债务重组而转出的存货,应当确认销售收入。   （   ）

46.债务人因债务重组而发行的股票,应当按照面值确认所有者权益的增加。   （   ）

47.企业以房屋偿还债务时,应当将房屋的账面价值和债务的账面价值的差额确认为一项债务重组损益。   （   ）

(四) 计算及账务处理题

1.甲公司为建造专用生产线筹集资金而发行债券,有关业务如下:

（1）2×24年12月31日,委托证券公司以7 755万元的价格发行3年期的公司债券,专门用于该生产线的建设。该债券面值为8 000万元,票面利率为4.5%,实际利率为5.64%,每年年末付息一次,到期后按面值偿还。

（2）该生产线建造工程采用出包方式,于2×25年1月1日开始动工,发行债券所得款项当日全部支付给建造承包商,2×26年12月31日所建造生产线达到预定可使用状态。

甲公司的资产负债表日为12月31日。

要求:

（1）编制实际利率计算表,计算甲公司该债券在发行期内各年年末的摊余成本、实际利息和利息调整额。

（2）分别编制甲公司发行债券、计提并支付债券利息以及到期赎回债券的会计分录。（答案中的金额单位用万元表示,“应付债券”科目需列出明细科目）

2.M公司是一家上市公司。2×24年4月1日,M公司向社会公众发行债券,具体条款如下:

（1）债券面值总额为10 000 000元。

（2）债券到期日为2×29年4月1日。

（3）债券的票面利率为4.5%,从2×25年开始每年4月1日支付。

（4）债券发行日的市场利率为4%,不考虑发行费用。

M公司的资产负债表日为12月31日。

要求:

（1）计算债券的发行价格。(P/A,4%,5)=4.4518;(P/F,4%,5)=0.8219。

（2）编制债券发行日的会计分录。

（3）编制2×24年12月31日与债券有关的会计分录。

（4）编制2×25年4月1日支付债券利息的会计分录。

3.2×24年4月1日，甲公司发行面值为1 000 000元、票面利率为6%、期限为5年的债券，专门用于建造一幢办公楼，建造期为2年。该债券发行时的市场利率为8%。利息于每年4月1日和10月1日支付。甲公司的资产负债表日为12月31日。

要求：

（1）计算甲公司该债券的发行价格并编制发行时的会计分录。已知（P/A，4%，10）=8.1109；（P/F，4%，10）=0.6756。

（2）编制2×24年10月1日支付利息的会计分录。

（3）编制2×24年12月31日计提债券利息的会计分录。

4.S公司2×24年4月1日发行6年期的债券。该债券的面值为1 000 000元，票面利率为6%，每半年支付一次利息。已知该债券发行时的市场利率为5%。

要求：

（1）计算该债券的发行价格。（P/F，2.5%，12）=0.7436；（P/A，2.5%，12）=10.2578。

（2）编制该债券发行期间的利息计算表。

（3）编制2×24年12月31日S公司与债券有关的会计分录。

5.2×24年1月1日，甲公司发行面值2 000 000元、票面利率为6%、5年期的债券。该债券的市场利率为8%，利息于每年年初支付。该债券专门用于建造一条生产线，该生产线于2×24年2月1日开始动工，2×25年3月1日完工并达到预定可使用状态，2×25年5月1日开始正式交付使用。2×24年6月1日至2×24年10月1日，由于生产线建造过程中发生质量问题导致该生产线停工4个月。

要求：

（1）计算该债券的发行价格。已知（P/A，8%，5）=3.9927；（P/F，8%，5）=0.6806。

（2）确定该债券借款费用的资本化期间。

（3）计算该债券2×24年资本化利息的金额。

（4）计算该债券 2×24 年计入利润表的财务费用金额。

6. 2×24 年 7 月 10 日，甲公司从乙公司购买一批商品，货款为 200 000 元。甲公司因财务困难而无力付款，2×25 年 2 月 1 日，与乙公司协商达成债务重组协议。

协议内容如下：

（1）甲公司还款 50 000 元。

（2）其余债务以一批材料清偿。该材料实际成本为 100 000 元，计税价格为 120 000 元，甲公司对该批材料计提的跌价准备为 2 000 元。

乙公司对该项应收账款已经计提了 5% 的坏账准备。重组日该债权的公允价值为 180 000 元。乙公司取得材料过程中发生的运费为 5 000 元。假定不考虑相关税费。

要求：分别编制甲、乙公司在债务重组日的会计分录。

五、案例分析题

甲公司为增值税一般纳税人，增值税税率为 13%，库存材料按实际成本核算，销售收入不含应向购买者收取的增值税税额。该企业 2×24 年 3 月发生如下经济业务：

（1）1 日，从银行取得 6 个月期限的流动资金借款 2 000 万元，年利率为 6%，利息按月计提，到期时随本金一起支付。

（2）5 日，从乙公司购入一批原材料，不含税的价款为 300 万元，增值税税额为 39 万元，材料已收到并验收入库，开出并承兑一张 3 个月到期的商业汇票。

（3）13 日，收回一批委托丙公司加工的原材料并验收入库。该批物资于上月发出，发出原材料的实际成本为 195 万元。本月以银行存款支付给丙公司 61.5 万元，其中，加工费用 50 万元，消费税 5 万元，增值税 6.5 万元。收回委托加工的原材料用于连续生产。

（4）15 日，与丁公司签订一项销售合同，合同总价款 600 万元，当日收到丁企业预付的货款 200 万元。

（5）18 日，从市场监督管理局了解到，原材料供应商戊公司已经破产，本企业所欠货款 3 万元无法支付。

（6）25 日，宣告分配 2×23 年的现金股利 80 万元。

（7）31日，计提本月工资费用40万元，其中，生产人员工资费用30万元，管理人员工资费用8万元，销售人员工资费用2万元。

（8）31日，借给乙公司一批包装物，收到乙公司支付的押金5万元。

（9）31日，计提本月的借款利息。

要求：根据上述资料，编制该企业有关经济业务的会计分录。（答案中的金额单位用万元表示，"应交税费"科目要求写出明细科目）

【案例分析】

甲公司2×24年3月应编制的会计分录为：（单位：万元）

（1）借：银行存款   2 000

      贷：短期借款   2 000

（2）借：原材料   300

        应交税费——应交增值税（进项税额）   39

      贷：应付票据   339

（3）借：委托加工物资   50

        应交税费——应交增值税（进项税额）   6.5

             ——应交消费税   5

      贷：银行存款   61.5

  借：原材料   245

     贷：委托加工物资   245

（4）借：银行存款   200

      贷：合同负债   200

（5）借：应付账款——戊公司   3

      贷：营业外收入   3

（6）借：利润分配——应付股利   80

      贷：应付股利   80

（7）借：生产成本   30

        管理费用   8

        销售费用   2

      贷：应付职工薪酬——工资   40

（8）借：银行存款   5

      贷：其他应付款   5

（9）应付利息=2 000×6%×1÷12=10（万元）

借：财务费用　　　　　　　　　　　　　　　　　　　　10

　　贷：应付利息　　　　　　　　　　　　　　　　　　　　10

六、练习题参考答案

（一）单项选择题

1.C　2.B　3.A　4.D　5.D　6.D　7.D　8.C　9.C　10.A　11.B　12.D　13.D　14.A
15.A　16.C　17.A　18.B　19.C　20.B　21.C　22.C　23.A　24.C　25.D　26.B　27.B
28.D　29.C　30.A　31.B　32.D　33.A　34.C　35.C　36.C　37.C　38.B　39.D　40.D
41.A　42.A　43.A　44.B　45.D　46.D　47.C　48.B

（二）多项选择题

1.ABD　2.ABDE　3.ABE　4.CD　5.BC　6.ABCDE　7.ABC　8.ACDE　9.ABCDE
10.DE　11.BDE　12.BC　13.BCDE　14.BDE　15.CD　16.AB　17.ABC　18.ACD
19.ACD　20.BD　21.ABE　22.AC　23.CD　24.CD　25.BE　26.ABD

（三）判断题

1.×　2.×　3.×　4.√　5.√　6.×　7.×　8.×　9.√　10.√　11.×　12.√　13.√　14.×
15.×　16.√　17.√　18.√　19.×　20.×　21.√　22.×　23.√　24.×　25.√　26.√　27.×
28.×　29.√　30.×　31.×　32.√　33.×　34.√　35.　36.×　37.√　38.×　39.×　40.√
41.×　42.×　43.×　44.×　45.×　46.×　47.√

（四）计算及账务处理题

1.具体处理过程如下：

（1）编制的实际利率计算表见表10-1。

表10-1　　　　　　　　　甲公司实际利率计算表　　　　　　　　单位：万元

日期	应付利息（4.5%）	利息费用（5.64%）	折价摊销额	摊余成本
2×24年12月31日				7 755
2×25年12月31日	360	437	77	7 832
2×26年12月31日	360	442	82	7 914
2×27年12月31日	360	446*	86	8 000
合计	1 080	1 325	245	—

*系尾数调整。

（2）与该债券有关的会计分录如下。

①2×24年12月31日发行债券时：

借：银行存款   7 755

    应付债券——利息调整   245

    贷：应付债券——面值   8 000

②2×25年12月31日计提并支付利息时：

借：在建工程   437

    贷：应付债券——利息调整   77

        银行存款   360

③2×26年12月31日计提并支付利息时：

借：在建工程   442

    贷：应付债券——利息调整   82

        银行存款   360

④2×27年12月31日计提并支付利息时：

借：财务费用   446

    贷：应付债券——利息调整   86

        银行存款   360

⑤2×27年12月31日债券到期偿还债券本金时：

借：应付债券——面值   8 000

    贷：银行存款   8 000

2.（1）债券的发行价格=10 000 000×0.8219+10 000 000×4.5%×4.4518

          =10 222 310（元）

（2）2×24年4月1日。

借：银行存款   10 222 310

    贷：应付债券——面值   10 000 000

          ——利息调整   222 310

（3）2×24年12月13日。

利息费用=10 222 310×4%×9÷12=306 669（元）

应付利息=10 000 000×4.5%×9÷12=337 500（元）

借：财务费用   306 669

    应付债券——利息调整   30 831

    贷：应付利息   337 500

（4）2×25年4月1日。

利息费用=10 222 310×4%×3÷12=102 223（元）

支付利息=10 000 000×4.5%=450 000（元）

借：财务费用　　　　　　　　　　　　　　　　102 223
　　应付利息　　　　　　　　　　　　　　　　337 500
　　应付债券——利息调整　　　　　　　　　　 10 277
　　贷：银行存款　　　　　　　　　　　　　　　　　　450 000

3.（1）2×24年4月1日发行债券时：

债券发行价格=1 000 000×（P/F，4%，10）+1 000 000×3%×（P/A，4%，10）

　　　　　　　=1 000 000×0.6756+30 000×8.1109

　　　　　　　=918 927（元）

借：银行存款　　　　　　　　　　　　　　　　918 927
　　应付债券——利息调整　　　　　　　　　　 81 073
　　贷：应付债券——面值　　　　　　　　　　　　　1 000 000

（2）2×24年10月1日支付债券利息时：

资本化利息=918 927×4%=36 757（元）

借：在建工程　　　　　　　　　　　　　　　　 36 757
　　贷：银行存款　　　　　　　　　　　　　　　　　30 000
　　　　应付债券——利息调整　　　　　　　　　　　 6 757

（3）2×24年12月31日计提利息时：

资本化利息=（918 927+6 757）×4%×$\frac{3}{6}$≈18 514（元）

应付利息=1 000 000×6%×$\frac{3}{12}$=15 000（元）

借：在建工程　　　　　　　　　　　　　　　　 18 514
　　贷：应付利息　　　　　　　　　　　　　　　　　15 000
　　　　应付债券——利息调整　　　　　　　　　　　 3 514

4.（1）债券的发行价格=1 000 000×0.7436＋1 000 000×6%×6/12×10.2578

　　　　　　　　　　=1 051 334（元）

（2）利息计算表见表10-2。

表10-2　　　　　　　　　　　　**利息计算表**　　　　　　　　　金额单位：元

日期	应付利息	利息费用	溢价摊销额	摊余成本
	3%	2.50%		
2×24/4/1				1 051 334

日期	应付利息	利息费用	溢价摊销额	摊余成本
2×24/10/1	30 000	26 283	3 717	1 047 617
2×25/4/1	30 000	26 190	3 810	1 043 808
2×25/10/1	30 000	26 095	3 905	1 039 903
2×26/4/1	30 000	25 998	4 002	1 035 901
2×26/10/1	30 000	25 898	4 102	1 031 798
2×27/4/1	30 000	25 795	4 205	1 027 593
2×27/10/1	30 000	25 690	4 310	1 023 283
2×28/4/1	30 000	25 582	4 418	1 018 865
2×28/10/1	30 000	25 472	4 528	1 014 337
2×29/4/1	30 000	25 358	4 642	1 009 695
2×29/10/1	30 000	25 242	4 758	1 004 937
2×30/4/1	30 000	25 063*	4 937	1 000 000

*为尾数调整。

（3）2×24 年 12 月 31 日。

借：财务费用（26 190×3÷6）　　　　　　　　　13 095

　　应付债券——利息调整　　　　　　　　　　　1 905

　　贷：应付利息（30 000×3÷6）　　　　　　　　　　　　15 000

5.（1）甲公司债券的发行价格=2 000 000×（P/F，8%，5）+2 000 000×6%×

　　　　　　　　　　　　　（P/A，8%，5）×（1+8%）

　　　　　　　　　　　=2 000 000×0.6806+129 600×3.9927

　　　　　　　　　　　=1 878 654（元）

（2）资本化期间为 2×24 年 2 月 1 日至 2×24 年 6 月 1 日和 2×24 年 10 月 1 日至 2×25 年 3 月 1 日。

（3）2×24 年资本化利息=1 878 654×8%×$\frac{7}{12}$≈87 671（元）

（4）2×24 年财务费用=1 878 654×8%×$\frac{5}{12}$≈62 622（元）

6.（1）甲公司重组日应编制的会计分录为：

借：应付账款——乙公司   200 000

  存货跌价准备   2 000

 贷：银行存款   50 000

   原材料   100 000

   其他收益   52 000

（2）乙公司已计提的坏账准备=200 000×5%=10 000（元）

乙公司应编制的会计分录为：

借：银行存款   50 000

  原材料   135 000

  坏账准备   10 000

  投资收益   10 000

 贷：应收账款——甲公司   200 000

   银行存款   5 000

第十一章　所有者权益

一、学习要求与素养提升

通过本章学习，掌握股票发行的会计处理方法；掌握资本公积、留存收益的构成内容及会计处理方法；理解所有者权益的含义及构成；了解投入资本的主要法律规定。

知法懂法且有责任感，如果股东相关权利受到侵害，可运用法律手段依法维权；让会计人明白中小股东群体是市场的基础和最大的主体，对中小股东权益的保护，有利于市场平稳快速地发展，更能增强绝大多数股民的投资积极性，同时，也有利于构建和谐社会。

二、预习要览

（一）关键概念

所有者权益　　　　　　　实收资本

资本公积　　　　　　　　留存收益

其他综合收益　　　　　　其他权益工具

库存股　　　　　　　　　现金股利与股票股利

（二）关键问题

1.简述企业的组织形式及特征。

2.简述投入资本的主要法律规定。

3.简述所有者权益来源的构成。

4.何谓资本公积？其构成内容如何？

5.试述留存收益的构成内容。

6.简述股利的分配形式及特征。

三、本章重点与难点

☐ 所有者权益的来源构成

☐ 关于注册资本的主要法律规定

☐ 实收资本的账务处理

☐ 库存股及其账务处理

☐ 资本公积及其构成

☐ 其他综合收益的含义及会计处理

☐ 留存收益及其构成

☐ 关于未弥补亏损问题

（一）所有者权益的来源构成

基于公司制的特点，所有者权益的来源通常由实收资本（或股本）、其他权益工具、资本公积、其他综合收益和留存收益（盈余公积和未分配利润）构成。

实收资本是指所有者在企业注册资本的范围内实际投入的资本。注册资本是指企业在设立时向市场监督管理部门登记的资本总额，也是全部出资者设定的出资额之和。注册资本是企业的法定资本，是企业承担民事责任的财力保证。

其他权益工具是指企业发行的除普通股以外的归类于权益工具的各种金融工具，主要包括归类于权益工具的优先股、永续债、认股权、可转换公司债券等金融工具。

资本公积是指企业收到投资者的超过其在企业注册资本（或股本）中所占份额的投资，以及直接计入所有者权益的利得和损失等。资本公积包括资本溢价（或股本溢价）和其他资本公积。

其他综合收益是指在企业经营活动中形成的未计入当期损益但归所有者共有的利得或损失，主要包括以公允价值计量且其变动计入其他综合收益的金融资产公允价值变动，权益法下被投资单位所有者权益其他变动等。

留存收益是指归所有者共有的、企业历年实现的净利润留存于企业的部分，主要包括法定盈余公积、任意盈余公积和未分配利润。

（二）关于注册资本的主要法律规定

（1）有限责任公司的注册资本为在公司登记机关登记的全体股东认缴的出资额。股东可以用货币出资，也可以用实物、知识产权、土地使用权等可以用货币估价并可以依法转让的非货币财产作价出资；但是，法律、行政法规规定不得作为出资的财产除外。对作为出资的非货币财产应当评估作价，核实财产，不得高估或者低估作价。

（2）股份有限公司采取发起设立方式设立的，注册资本为在公司登记机关登记的全体发起人认购的股本总额。在发起人认购的股份缴足前，不得向他人募集股份。发起人应当书面认足公司章程规定其认购的股份，并按照公司章程规定缴纳出资。以非货币财产出资的，应当依法办理其财产权的转移手续；发起人不依照前款规定缴纳出资的，应当按照发起人协议承担违约责任；发起人认足公司章程规定的出资后，应当选举董事会和监事会，由董事会向公司登记机关报送公司章程以及法律、行政法规规定的其他文件，申请设立登记。

股份有限公司采取募集方式设立的，注册资本为在公司登记机关登记的实收股本总额。

法律、行政法规以及国务院决定对股份有限公司注册资本实缴、注册资本最低限额另有规定的，从其规定。发起人认购的股份不得少于公司股份总数的35%；但是，法律、行政法规另有规定的，从其规定。

（三）实收资本的账务处理

一般企业是指除股份有限公司以外的企业，如国有企业、有限责任公司等。投资者投入资本的形式可以有多种，如投资者可以用现金投资，可以用实物资产投资，也可以用无形资产投资。一般企业投入资本通过"实收资本"账户进行账务处理。

股份有限公司与一般企业相比，其显著特点在于将公司资本划分为等额股份，并通过发行股票的方式来筹集资本。股份有限公司股票发行的普通股的会计核算主要通过"股本"账户进行，仅核算公司发行股票的面值部分。企业在"股本"账户下，按股票种类及股东名称设置明细账。

股票的发行价格受发行时资本市场的需求和投资人对公司获利能力的估计的影响，公司发行股票的价格往往与股票的面值不一致。按照

《公司法》的规定，同次发行的股票，每股的发行条件和价格应当相同，任何单位或者个人所认购的股份，每股应当支付相同金额。股票的发行价格，可以按票面金额，也可以超过票面金额，但不得低于票面金额。因此，我国目前仅允许股票溢价、平价发行，不允许折价发行。

企业在发行普通股时，记入"股本"科目的金额必须按照股票的票面金额入账。超过部分作为股本溢价，记入"资本公积——股本溢价"科目。

（四）库存股及其账务处理

库存股是指已公开发行的股票但发行公司通过回购或其他方式重新获得可再行出售或注销的股票。库存股股票既不分配股利，又不附投票权。在公司的资产负债表上以负数形式列为一项股东权益。

企业应设置"库存股"科目用来核算企业收购的尚未转让或注销的该公司股份数额。企业为减少注册资本等而收购该公司股份时，应按实际支付的金额，借记"库存股"科目，贷记"银行存款"等科目。注销库存股时，如果库存股的账面价值超过股票面值，应按股票面值和注销股数计算的股票面值总额，借记"库存股"科目，按注销库存股的账面余额，贷记"库存股"科目，按其差额借记"资本公积——股本溢价"科目，股本溢价不足冲减的，应借记"盈余公积""利润分配——未分配利润"科目。如果按低于股票面值价格回购本公司股票的，注销时股票面值和库存股账面价值的差额记入"资本公积"贷方。

（五）资本公积及其构成

资本公积是指企业收到的投资者超出其在企业注册资本（或股本）中所占份额的投资，以及除资本公积（资本溢价或股本溢价）项目以外所形成的其他资本公积。

（1）资本溢价。有限责任公司的出资者依其出资份额对企业经营决策享有表决权，依其所认缴的出资额对企业承担有限责任。在企业创立时，出资者认缴的出资额全部记入"实收资本"科目。在企业重组并有新的投资者加入时，为了维护原有投资者的权益，新加入的投资者的出资额并不一定全部作为实收资本处理。

这是因为，在企业正常经营过程中投入的资金即使与企业创立时投入的资金在数量上一致，其获利能力也不一致。企业创立时，要经过筹建、试生产经营、为产品寻找市场、开拓市场等过程，从投入资金到取得投资回报需要较长时间，并且这种投资具有风险性，在这个过程中资本利润率很低。而企业进入正常生产经营阶段后，资本利润率要高于企业初创阶段。这种高于初创阶段的资本利润率是由初创时必要的垫支资本带来的，企业创办者为此付出了代价。

因此，相同数量的投资，由于出资时间不同，其对企业的影响程度不同，由此带给投资者的权利也不同，初创时的投资者往往大于后来的投资者。新加入的投资者要付出大于原投资者的出资额，才能取得与原投资者相同的投资比例。另外，原投资者的原有投资不仅在质量上发生了变化，而且在数量上也可能发生变化，这是因为企业经营过程中所实现利润的一部分留在企业形成留存收益，而留存收益也属于投资者权益，但未转入实收资本。新加入的投资者如与原投资者共享这部分留存收益，也要求其付出大于原投资者的出资额，才能取得与原投资者相同的投资比例。投资者投入的资本中按其投资比例计算的出资额部分，应记入"实收资本"科目，大于部分应记入"资本公积——资本溢价"科目。

（2）股本溢价。股份有限公司以发行股票的方式筹集股本，股票是企业签发的证明股东按其所持股份享有权利和承担义务的书面证明。由于股东按其所持的企业股份享有权利和承担义务，为了反映和便于计算各股东所持股份占企业全部股本的比例，企业的股本总额应按股票的面值与股份总数的乘积计算。

我国规定，实收股本总额应与注册资本相等。因此，为提供企业股本总额及其构成，以及注册资本等信息，在采用与股票面值相同的价格发行股票的情况下，企业发行股票取得的收入，应全部记入"股本"科目；在采用溢价发行股票的情况下，企业发行股票取得的收入，相当于股票面值的部分记入"股本"科目，超出股票面值的溢价收入记入"资本公积——股本溢价"科目。这里要注意，委托证券商代理发行股票而支付的手续费、佣金等，应从溢价发行收入中扣除，企业应按扣除手续费、佣金后的数额记入"资本公积——股本溢价"科目。

（3）其他资本公积。其他资本公积是指除资本溢价（或股本溢价）以外所形成的资本公积，包括以权益结算的股份支付及采用权益法核算的长期股权投资涉及的业务。

（六）其他综合收益的含义及会计处理

其他综合收益是指企业根据会计准则规定未在当期损益中确认的各项利得和损失。其他综合收益包括两类：一是以后会计期间不能重新分类进损益的其他综合收益；二是以后会计期间满足规定条件时，将重新分类进损益的其他综合收益。

在企业经营活动中形成的未计入当期损益但归所有者共有的利得或损失，主要包括以公允价值计量且其变动计入其他综合收益的金融资产公允价值变动；权益法下被投资单位所有者权益其他变动等。

以公允价值计量且其变动计入其他综合收益的金融资产的公允价值高于其账面余额的差额，应计入其他综合收益；反之，应冲减其他综合收益。在权益法核算下，被投资单位确认的其他综合收益及其变动，也会影响被投资单位所有者权益总额，进而影响投资企业应享有被投资单位所有者权益的份额。因此，当被投资单位其他综合收益发生变动时，投资企业应当按照归属于本企业的部分，相应调整长期股权投资的账面价值，同时，增加或减少其他综合收益。

（七）留存收益及其构成

留存收益是股东权益的一个重要项目，是公司历年剩余的净收益累积而成的资本，因此，留存收益也可称为累积收益。在我国实务中，为了约束企业过量分配，有关法规均规定企业必须留有一定积累，如提取盈余公积，以利于企业持续经营、维护债权人利益。留存收益可分为两部分：已拨定的留存收益与未拨定的留存收益。

留存收益由盈余公积和未分配利润构成。盈余公积包括法定盈余公积、任意盈余公积，它们属于已拨定的留存收益，而未分配利润属于未拨定的留存收益。

法定盈余公积是指企业按规定从净利润中提出的积累资金。法定，意味着提取时由国家法规强制规定。企业必须提取法定盈余公积，目的是确保企业不断积累资本，固本培元，自我壮大实力。《中华人民共和国公司法》规定，公司制企业的法定盈余公积按照税后利润的10%提取，法定盈余公积累计额已达注册资本的50%时可以不再提取。

任意盈余公积是指公司出于实际需要或采取审慎经营策略，从税后利润中提取的一部分留存利润。任意是出于自愿，而非外力强制，但也非随心所欲。如果公司有优先股，必须在支付了优先股股利之后，才可提取任意盈余公积。由于任意盈余公积是企业自愿拨定的留存利益，其数额也视实际情况而定。

法定盈余公积和任意盈余公积的区别就在于其各自计提的依据不同。前者以国家的法律或行政规章为依据提取；后者则由企业自行决定提取。

未分配利润是指企业留待以后年度进行分配的结存利润，也是企业股东权益的组成部分。相对于股东权益的其他部分来说，企业对于未分配利润的使用分配有较大的自主权。从数量上来说，未分配利润是期初未分配利润，加上本期实现的税后利润，减去提取的各种盈余公积和分出利润后的余额。未分配利润有两层含义：一是留待以后年度处理的利润；二是未指定特定用途的利润。

（八）未弥补亏损问题

企业发生的亏损可以次年实现的税前利润弥补。在以次年实现的税前利润弥补以前年度亏损的情况下，企业当年实现的利润自"本年利润"科目转入"利润分配——未分配利润"科目，将本年实现的利润结转到"利润分配——未分配利润"科目的贷方，其贷方发生额与"利润分配——未分配利润"科目的借方余额自然抵补。因此，以当年实现净利润弥补以前年度结转的未弥补亏损时，不需要进行专门的账务处理。

由于未弥补亏损形成的时间长短不同等因素，以前年度未弥补亏损有的可以当年实现的税前利润弥补，有的则需用税后利润弥补。无论是以税前利润还是以税后利润弥补亏损，其会计处理方法相同，所不同的只是两者计算、缴纳所得税时的处理不同。在以税前利润弥补亏损的情况下，其弥补的数额可以抵减当期企业应纳税所得额，而以税后利润弥补的数额，则不能作为纳税所得的扣除处理。

四、练习题

（一）单项选择题

1.股份有限公司采用溢价发行股票方式筹集资本，其"股本"科目所登记的金额是（　　）。

A.实际收到的款项

B.实际收到的款项减去应付证券商的费用

C.实际收到的款项加上应付证券商的费用

D.股票面值与股份总数的乘积

2.甲企业收到某单位作价投入的原材料一批，该批原材料实际成本为450 000元，双方确认的价值为460 000元，经税务部门认定，应交的增值税为59 800元，甲企业应记入"实收资本"科目的金额为（　　　）。

A.460 000元　　　　　　　　　B.519 800元

C.450 000元　　　　　　　　　D.508 500元

3.下列各项中，在年末资产负债表和年度所有者权益变动表中均有项目反映并且年末金额相等的是（　　　）。

A.净利润　　　　　　　　　　B.资本公积

C.盈余公积　　　　　　　　　D.未分配利润

4.某企业2×24年年初未分配利润为-4万元。2×24年年末该企业税前利润为54万元，其所得税税率为25%，本年按净利润的10%、5%分别提取法定盈余公积、任意盈余公积，向投资者分配利润10.5万元。若该企业用税前利润弥补亏损，则2×24年年末未分配利润为（　　　）。

A.35万元　　　　　　　　　　B.29.75万元

C.18.73万元　　　　　　　　　D.21.38万元

5.某公司委托证券公司发行股票1 000万股，每股面值1元，每股发行价格为8元，向证券公司支付佣金150万元，发行股票冻结期间的利息收入为100万元。该公司应贷记"资本公积——股本溢价"科目的金额为（　　　）。

A.6 750万元　　　　　　　　　B.6 850万元

C.6 950万元　　　　　　　　　D.7 000万元

6.某公司的注册资本为3 000万元，2×23年年末的净资产为4 000万元，法定盈余公积余额为1 500万元。2×24年年初，经股东大会决议通过，拟将部分法定盈余公积转增股本，根据相关规定，本次转增股本最多不得超过（　　　）。

A.500万元　　　　　　　　　　B.750万元

C.1 000万元　　　　　　　　　D.1 250万元

7.某企业年初所有者权益总额为160万元，当年以其中的资本公积转增资本50万元。当年实现净利润300万元，提取盈余公积30万元，向投资者分配利润20万元。该企业年末所有者权益总额为（　　）。

A.360万元　　　　　　　　　　B.410万元

C.440万元　　　　　　　　　　D.460万元

8.甲公司委托证券公司代理发行普通股股票800万股，每股面值1元，按每股1.5元的价格发行，受托单位按发行收入的1%收取手续费，并从发行收入中扣除。假如企业股款已经收到，该企业实际收到的款项为（　　）。

A.792万元　　　　　　　　　　B.12万元

C.800万元　　　　　　　　　　D.1 188万元

9.有限责任公司在增资扩股时，如果新投资者介入，新介入的投资者缴纳的出资额大于其按约定比例计算的其在注册资本中所占的份额部分应记入（　　）科目。

A."盈余公积"　　　　　　　　B."资本公积"

C."未分配利润"　　　　　　　D."营业外收入"

10.下列各项经济业务中，会引起公司股东权益总额变动的有（　　）。

A.用资本公积转增股本

B.向投资者分配股票股利

C.股东大会向投资者宣告分配现金股利

D.用盈余公积弥补亏损

11.某有限责任公司由A、B两个股东各出资50万元设立，设立时实收资本为100万元，经过3年运营，该公司盈余公积和未分配利润合计50万元。这时C投资者有意参加，经各方协商，C投资者以80万元出资，占该公司股份的1/3。该公司在接受C投资者投资时，应借记"银行存款"科目80万元，贷记的科目及金额是（　　）。

A."实收资本"科目80万元

B."实收资本"科目75万元，"资本公积"科目5万元

C."实收资本"科目50万元，"资本公积"科目30万元

D."实收资本"科目50万元，"资本公积"科目25万元

12.将"本年利润"科目和"利润分配"科目下的其他有关明细科

目的余额转入"未分配利润"明细科目后,"未分配利润"明细科目的贷方余额反映的是( )。

A.当年实现的净利润　　　　　B.累计留存收益

C.累计实现的净利润　　　　　D.累计未分配的利润数额

13.某企业年初未分配利润为100万元,本年净利润为1 000万元,按10%计提法定盈余公积,按5%计提任意盈余公积,宣告发放现金股利80万元,该企业期末未分配利润为( )。

A.855万元　　　　　　　　　　B.867万元

C.870万元　　　　　　　　　　D.874万元

14.能够引起负债和所有者权益同时发生变动的是( )。

A.支付广告费

B.股东会批准现金股利分配方案

C.计提长期债券投资利息

D.盈余公积弥补亏损

15.下列经济业务中,不会引起所有者权益变动的是( )。

A.所有者投入资金偿还欠款　　B.所有者向企业投入设备

C.企业向所有者分配利润　　　D.企业提取盈余公积

16.下列经济业务中,不会引起资产或权益总额发生变动的经济业务是( )。

A.以银行存款偿还前欠货款　　B.从银行借款存入银行

C.从某企业赊购材料　　　　　D.以银行借款还清所欠货款

17.A股份有限公司委托一家证券公司代理发行普通股200万股,每股面值为1元,发行价为每股1.2元,发行手续费为发行总收入的2%,发行股票冻结期间所产生的利息收入为1.5万元,该公司应贷记"资本公积——股本溢价"科目的金额是( )。

A.40万元　　　　　　　　　　B.1.5万元

C.35.2万元　　　　　　　　　D.36.7万元

18.某企业接受投资者投入美元资本500万美元,合同约定汇率为\$1=￥6.85,投入当天市场汇率为\$1=￥6.7,则该企业因此产生的资本公积为( )。

A.75万元人民币　　　　　　　B.0

C.4 050万元人民币　　　　　　　D.4 125万元人民币

19.公司发行股票冻结期间所产生的利息收入应（　　　）。

A.冲减财务费用　　　　　　　B.直接冲减管理费用

C.计入营业外收入　　　　　　D.抵销股票发行手续费

20.下列各项中，应记入"资本公积"科目借方的是（　　　）。

A.接受甲投资者投入一台机器设备，投资各方确认的价值超过其在注册资本中所占的份额

B.接受乙投资者以美元投资，收到美元当时的市场汇率是1美元=7.10元人民币，合同约定汇率是1美元=6.9元人民币

C.接受丙投资者以现金（人民币）投资100万元，其中属于资本溢价的部分40万元

D.以资本公积转增资本

21.下列会计事项中，会引起企业所有者权益总额发生变化的是（　　　）。

A.从净利润中提取盈余公积　　B.向投资者分配股票股利

C.用任意盈余公积转增资本　　D.向投资者分配现金股利

22.甲股份有限公司注册资本为5 000万元，2×24年实现的净利润为800万元，年初"未分配利润"明细科目借方余额为100万元，2×24年提取盈余公积前法定盈余公积的累计额为1 000万元，则该公司2×24年按规定应提取的法定盈余公积的数额是（　　　）。

A.80万元　　　　　　　　　　B.70万元

C.500万元　　　　　　　　　　D.0

23.下列利润分配顺序中，正确的是（　　　）。

A.提取任意盈余公积、提取法定盈余公积、分配优先股股利

B.提取法定盈余公积、提取任意盈余公积、分配优先股股利

C.提取法定盈余公积、分配优先股股利、提取任意盈余公积

D.分配优先股股利、提取法定盈余公积、提取任意盈余公积

（二）多项选择题

1.某企业注册资本200万元，下列各投资者的出资符合相关法律法规要求的有（　　　）。

A.甲投入现金30万元已存入银行

B.乙投入一栋厂房，投资各方确认的价值为65万元

C.丙投资原材料若干，投资各方确认的价值为30万元，增值税税额为5万元

D.丁投入工业产权一项，投资各方确认的价值为70万元

E.戊投入一项特许经营权，投资各方确认的价值为40万元

2.企业发生亏损时，下列各项属于弥补亏损的渠道的有（　　　）。

A.用以后5年税前利润弥补　　　B.用5年后的税后利润弥补

C.以资本公积弥补亏损　　　　　D.以职工薪酬弥补亏损

E.以次年实现的税前利润弥补

3.法定盈余公积的主要用途有（　　　）。

A.对外捐赠　　　　　　　　　　B.弥补亏损

C.转增资本　　　　　　　　　　D.用于集体福利设施

E.分配现金股利

4.下列项目中，能同时引起资产和利润减少的有（　　　）。

A.计提短期借款的利息

B.计提行政管理部门固定资产折旧

C.计提坏账准备

D.无形资产摊销

E.支付以前所欠货款

5.以下各项中，会使所有者权益变化的有（　　　）。

A.当年发生亏损　　　　　　　　B.用盈余公积弥补以前年度亏损

C.宣告分配现金股利　　　　　　D.盈余公积转增资本

E.派发现金股利

6.下列项目中，能同时引起资产和所有者权益发生增减变化的有（　　　）。

A.接受捐赠　　　　　　　　　　B.减少实收资本（或股本）

C.投资者投入资本　　　　　　　D.用盈余公积弥补亏损

E.赊购原材料一批

7.下列各项中，能增加企业的所有者权益，同时减少企业负债的有（　　　）。

A.根据股东大会的决议用盈余公积分配现金股利

B.根据股东大会的决议用当年的净利润分配现金股利

C.确认无法支付的应付账款

D.国家拨入的专门用于技术改造的项目完成，将专项拨款转入资本公积

E.投资者新投入资本

8.下列对未分配利润的各项表述中，正确的有（　　）。

A.未分配利润是企业当年实现的净利润经过弥补亏损、提取盈余公积和向投资者分配利润后留存在企业的利润

B.未分配利润是企业未指定特定用途的利润

C.企业对于未分配利润的使用不会受到很大的限制

D.当年企业未分配利润为负数时，则不能对投资者进行利润分配

E.企业的留存收益中仅包含未分配利润

9.在下列事项中，涉及实收资本或股本发生增减变动的有（　　）。

A.将资本公积转增资本　　　　B.将盈余公积转增资本

C.投资者投入资本　　　　　　D.发放股票股利

E.发放现金股利

10.公司发行股票支付手续费、佣金等发行费用，其正确的会计处理有（　　）。

A.计入财务费用

B.计入管理费用

C.从溢价中抵销

D.溢价不足以支付的部分，减少资本公积

E.溢价不足以支付的部分，计入当期管理费用

11.下列关于其他债权投资的表述中，正确的有（　　）。

A.其他债权投资发生的减值损失应计入当期损益

B.其他债权投资的公允价值变动应计入当期损益

C.取得其他债权投资的交易费用应直接计入资本公积

D.处置其他债权投资期末按公允价值计量

E.其他债权投资可以重分类为其他权益工具投资

12.下列各项中属于所有者权益的有（　　）。

A.坏账准备　　　　　　　　　B.应付股利

C.资本溢价　　　　　　　　　D.任意盈余公积

E.未分配利润

13.下列各项中，构成企业留存收益的有（　　　）。

A.资本溢价　　　　　　　　　　B.未分配利润

C.任意盈余公积　　　　　　　　D.法定盈余公积

E.实收资本

14.下列各项中，属于所有者权益核算内容的有（　　　）。

A.股本溢价　　　　　　　　　　B.资本溢价

C.提取优先股股利　　　　　　　D.提取任意盈余公积

E.提取法定盈余公积

15.所有者权益与负债有显著区别，主要表现在（　　　）。

A.债权人对企业资产的要求权优先于投资者

B.企业的投资者可以凭借对企业的所有权，参与该企业的经营管理，而债权人往往无权参与企业的经营管理

C.对于所有者来说，在企业持续经营的情况下，除按法律程序减资外，一般不能提前撤回投资；而负债一般都有规定的偿还期限，必须于一定时期偿还

D.投资者以股利或利润的形式参与企业的利润分配，而债权人通常不能参与企业的利润分配，只能按规定的条件得到偿付并获得利息收入

E.两者均属于权益

16.在下列事项中，不涉及所有者权益总额变动的有（　　　）。

A.以盈余公积弥补亏损　　　　　B.以盈余公积转增资本

C.提取盈余公积　　　　　　　　D.分配股票股利

E.分配现金股利

17.下列各项中，关于未分配利润的描述正确的有（　　　）。

A.未分配利润是企业所有者权益的组成部分

B.可留待以后年度进行分配，但不得用于弥补亏损

C.可留待以后年度进行分配的当年结余利润

D.可留待以后年度进行分配的历年结存利润

E.未分配利润不得用来分配现金股利

18.下列各项中，能够引起企业留存收益总额发生变动的有（　　　）。

A.本年度实现净利润　　　　　B.提取法定盈余公积

C.向投资者宣告分配现金股利　　D.用资本公积转增资本

E.提取任意盈余公积

19.下列各项中，引起公司制企业实收资本增加的有（　　　）。

A.接受现金资产投资　　　　　B.盈余公积转增资本

C.资本公积转增资本　　　　　　D.追加对被投资单位的投资

E.接受原材料投资

（三）判断题

1.企业对被投资单位的长期股权投资采用权益法核算时因被投资单位接受捐赠等原因增加的资本公积按其持股比例计算的份额应贷记"资本公积——其他资本公积"科目。　　　　　　　　　　　　（　　）

2.公司发行股票支付的手续费等发行费用，应当计入当期财务费用。　　　　　　　　　　　　　　　　　　　　　　　　　（　　）

3.在债务重组中，由债权人豁免的债务可以计入资本公积。（　　）

4.收入能够导致企业所有者权益增加，但导致所有者权益增加的不一定是收入。　　　　　　　　　　　　　　　　　　　　　　（　　）

5.企业增资扩股时，新介入的投资者缴纳的出资额高于按约定比例计入注册资本份额的部分，应作为资本公积入账。　　　　　　（　　）

6.企业股东大会决定宣告发放现金股利和股票股利时，应作为负债和利润分配处理。　　　　　　　　　　　　　　　　　　　　（　　）

7.留存利润是企业经营所得净利润的积累。它属于企业所有，而不属于投资者所有。　　　　　　　　　　　　　　　　　　　　（　　）

8.企业用盈余公积转增资本时，其所有者权益总额并不改变。

（　　）

9.企业接受捐赠增加资本公积，相应地，对外捐赠应减少资本公积。　　　　　　　　　　　　　　　　　　　　　　　　　　（　　）

10.在采用溢价发行股票时，委托证券商代理发行股票支付的手续费、佣金等首先应从溢价收入中扣除。　　　　　　　　　　　（　　）

11.公司溢价发行股票所支付的发行费用，在减去发行股票冻结期间所产生的利息收入和溢价发行收入之后还有剩余的，应于股票发行完成时，一次计入当期损益。　　　　　　　　　　　　　　　　（　　）

12."利润分配——未分配利润"科目的年末贷方余额反映企业累积未弥补亏损的数额。 （　　）

13.企业年末资产负债表中的未分配利润的金额一定等于"利润分配"科目的年末余额。 （　　）

14.企业以盈余公积向投资者分配现金股利，不会引起留存收益总额的变动。 （　　）

15.某企业年初未分配利润为100万元，本年实现净利润500万元，提取法定盈余公积75万元，提取任意盈余公积25万元，该企业年末可供投资者分配的利润为500万元。 （　　）

16.按照我国法律规定，投资者设立企业必须首先投入资本。 （　　）

17.公积金转增资本的留存额相当于原先注册资本的25%，主要是要有足够的留存额作为弥补亏损的资金来源。 （　　）

18.只要公司盈利，且公司法定盈余公积累计额不超过公司注册资本的50%，都要提取法定盈余公积。 （　　）

19.公司的法定盈余公积不足以弥补以前年度亏损的，在提取法定盈余公积之前，应当先用当年利润弥补亏损。 （　　）

（四）计算及账务处理题

1.甲公司2×24年实现的归属于普通股股东的净利润为5 600万元。该公司2×24年1月1日发行在外的普通股为10 000万股，6月30日定向增发1 200万股普通股，9月30日自公开市场回购240万股拟用于高层管理人员股权激励。

要求：计算该公司2×24年基本每股收益。

2.2×23年5月，甲公司以480万元购入乙公司股票60万股作为其他权益工具投资，另支付手续费10万元；6月30日，该股票市价为每股7.5元；8月10日，乙公司宣告分派现金股利，每股0.20元；8月20日，甲公司收到分派的现金股利。至12月31日，甲公司仍持有该其他权益工具投资，期末市价为每股8.5元。2×24年1月3日，甲公司以515万元出售该其他权益工具投资。假定甲公司每年6月30日和12月31日对外提供财务报告。

要求：

（1）编制上述经济业务的会计分录。（金额单位以万元表示，下同）

（2）计算该其他权益工具投资的累计损益。

3.甲公司2×24年度的有关资料如下：

（1）年初未分配利润为100万元，本年利润总额为390万元，适用的企业所得税税率为25%。按税法规定，本年度准予扣除的业务招待费为20万元，实际发生业务招待费30万元。除此之外，不存在其他纳税调整因素。

（2）按税后利润的10%提取法定盈余公积。

（3）提取任意盈余公积10万元。

（4）向投资者宣告分配现金股利40万元。

要求：

（1）计算甲公司本期所得税费用，并编制相应的会计分录。（金额单位以万元表示，下同）

（2）编制甲公司提取法定盈余公积的会计分录。

（3）编制甲公司提取任意盈余公积的会计分录。

（4）编制甲公司向投资者宣告分配现金股利的会计分录。

（5）计算年末未分配利润。

4.丙公司与A、B、C三家公司联营（联营企业为华联公司），2×24年发生经济业务如下：

（1）公司按《中华人民共和国公司法》的规定办理增资（资本公积转入）90万元，原A、B、C三家公司各占1/3。

（2）公司用盈余公积75万元弥补以前年度亏损。

（3）公司从税后利润中提取法定盈余公积38万元。

（4）公司接受D公司加入联营，根据各方协议，D公司实际出资100万元作为新增注册资本，使各方在注册资本的总额中各占25%。D以银行存款110万元缴付出资额。

要求：根据以上业务编制该联营公司（华联）的有关会计分录。（金额单位以万元表示）

5.甲公司为增值税一般纳税人，由A、B、C三位股东于2×23年12月31日共同出资设立，注册资本为1 600万元。出资协议规定，A、B、C三位股东出资比例分别为40%、35%和25%。其他有关资料如下：

（1）2×23年12月31日，三位股东的出资方式及出资额见表11-1

（各位股东的出资已全部到位，并经中国注册会计师验资，有关法律手续已经办妥）。

表11-1　　　　　　　三位股东的出资方式及出资额　　　　　　单位：万元

出资者	货币资金	实物资产	无形资产	合计
A	540		100（专利权）	640
B	260	300（设备）		560
C	340	60（轿车）		400
合计	1 140	360	100	1 600

（2）2×24年甲公司实现净利润800万元，决定分配现金股利200万元，计划在2×25年2月10日支付。

（3）2×25年12月31日，吸收D股东加入本公司，将甲公司注册资本由原1 600万元增加到2 000万元。D股东以银行存款200万元、原材料113万元（增值税专用发票上注明的材料计税价格为100万元，增值税税额为13万元）出资，占增资后注册资本10%的股份；其余的200万元增资由A、B、C三位股东按原持股比例以银行存款出资。2×25年12月31日，四位股东的出资已全部到位，并取得D股东开出的增值税专用发票，有关的法律手续已经办妥。

要求：

（1）编制甲公司2×23年12月31日收到投资者投入资本的会计分录，"实收资本"科目要求写出明细科目。（金额单位以万元表示，下同）

（2）编制甲公司2×24年决定分配现金股利的会计分录（"应付股利"科目要求写出明细科目）。

（3）计算甲公司2×25年12月31日吸收D股东出资时产生的资本公积。

（4）编制甲公司2×25年12月31日收到A、B、C三位股东追加投资和D股东出资的会计分录。

（5）计算甲公司2×25年12月31日增资扩股后各位股东的持股比例。

6.甲股份有限公司（以下简称甲公司）2×23年至2×25年度有关业务资料如下：

（1）2×23年1月1日，甲公司股东权益总额为46 500万元（其中，股本总数为10 000万股，每股面值为1元；资本公积为30 000万元；盈余公积为6 000万元；未分配利润为500万元）。2×23年度实现净利润400万元，股本与资本公积项目未发生变化。

（2）2×24年3月1日，甲公司董事会提出如下预案：

① 按2×23年度实现净利润的10%提取法定盈余公积。

② 以2×23年12月31日的股本总额为基数，以资本公积（股本溢价）转增股本，每10股转增4股，计4 000万股。

2×24年5月5日，甲公司召开股东大会，审议批准了董事会提出的预案，同时决定分派现金股利300万元。2×24年6月10日，甲公司办妥了上述资本公积转增股本的有关手续。2×24年度甲公司发生净亏损3 142万元。

（3）2×25年5月9日，甲公司股东大会决定以法定盈余公积弥补账面累计未弥补亏损200万元。

要求：

（1）编制甲公司2×24年3月提取法定盈余公积的会计分录。

（2）编制甲公司2×24年5月宣告分派现金股利的会计分录。

（3）编制甲公司2×24年6月资本公积转增股本的会计分录。

（4）编制甲公司2×24年度结转当年净亏损的会计分录。

（5）编制甲公司2×25年5月以法定盈余公积弥补亏损的会计分录。

（"利润分配""盈余公积"科目要求写出明细科目；答案中的金额单位用万元表示）

五、案例分析题

【案例1】丁公司为一上市公司。2×24年1月1日，公司向其200名管理人员每人授予1 000股股票期权，这些职员从2×24年1月1日起在该公司连续服务两年，即可以每股4元的价格购买1 000股公司股票，从而获益。公司估计该期权在授予日的公允价值为15元。

2×24年有20名职员离开公司，公司估计2×25年离开的职员的比例将达到20%，而2×25年年末实际离职率为22.5%。

要求：你认为各年确认的当期费用和累计费用应是多少？如果全部职员都在2×25年12月31日行权，公司应确认多少股本，以及确认多少资本公积？

【案例分析】

2×24年确认当期费用120万元（200×1 000×（1-20%）×15×1÷2÷10 000）；累计费用也是120万元。2×25年确认当期费用112.5万元（200×1 000×（1-22.5%）×15÷10 000-120）；累计费用232.5万元（120+112.5）。当期费用作为管理费用计入损益。

如果155名职员全部都在2×25年12月31日行权，公司股份面值为1元，则：

公司收到的银行存款=155×1 000×4÷10 000=62（万元）

累积资本公积=（1 200 000+1 125 000）÷10 000=232.5（万元）

确认的股本=155×1 000×1÷10 000=15.5（万元）

股本溢价=62+232.5-15.5=279（万元）

【案例2】 FZ法院依法审结一起股东知情权纠纷案。王某于2×20年受让某公司10%股份后，前期参加了几次股东会，此后，该公司并未向其披露公司财务状况，亦未向其分红。2×25年4月，王某向该公司书面发函，申请查阅自其受让股份之日起至查询之日止的公司章程、股东会会议记录、财务会计报告、会计账簿等。该公司在签收该函件后，15日内未予回复，王某遂诉至法院。

庭审中，该公司辩称，王某系代其子王某某持有公司股份，而王某某担任法定代表人的三家公司与该公司的经营范围存在重叠，因此，王某的诉求存在不正当目的，应予驳回。

法院判决如下：FZ法院经审理后认为，王某作为该公司股东，依法享有对公司经营的知情权。该公司并无证据证明王某系代持股份，且王某之子所在公司经营地点在XM市，而该公司经营地点为QZ市，具体经营内容亦有差别，无法体现两家公司之间存在竞争关系。另该公司自认2×24年便停止经营，王某的请求并不会对公司经营造成影响。故FZ法院依法判决该公司向王某提供股东会会议记录、执行董事决定、监事决定和财务会计报告进行查阅、复制，以及提供会计账簿进行查阅。

法官说法：股权是股东基于其股东资格而享有的，从公司获取经济利益并参与公司经营管理的权利。

【案例分析】关于股权的性质有所有权说、债权说、社员权说、独立的民事权利说等不同学说。从股权的内容来看，它属于复合型权利，至少包括以获取经济利益为内容的债权请求权与以参与经营管理为内容的成员权。该股东知情权纠纷案及法律判决，体现了企业在运营过程中应依法保障小股东有效行使股权。小股东若相关权利受到侵害，可运用法律手段依法维权。除了本案中的股东知情权，小股东还可行使公司决议撤销权、公司盈余分配权，追究大股东损害公司利益责任等。

六、练习题参考答案

（一）单项选择题

1.D 2.B 3.D 4.D 5.C 6.B 7.C 8.D 9.B 10.C 11.C 12.D 13.C 14.B 15.D 16.D 17.D 18.B 19.D 20.D 21.D 22.B 23.C

（二）多项选择题

1.ABCD 2.ABE 3.BC 4.BCD 5.AC 6.AC 7.CD 8.BCD 9.ABCD 10.CD 11.ADE 12.CDE 13.BCD 14.ABCDE 15.ABCD 16.ABCD 17.AD 18.AC 19.ABCE

（三）判断题

1.× 2.× 3.× 4.√ 5.√ 6.× 7.× 8.√ 9.× 10.√ 11.√ 12.× 13.√ 14.× 15.√ 16.√ 17.√ 18.√ 19.√

（四）计算及账务处理题

1.2×24年基本每股收益=5 600÷（10 000+1 200×6÷12−240×3÷12）

$$=0.53（元/股）$$

2. （1）计算过程及账务处理如下：

①2×23年5月购入。

借：其他权益工具投资——成本   490

    贷：银行存款   490

②2×23年6月30日。

借：其他综合收益（490−60×7.5）   40

    贷：其他权益工具投资——公允价值变动   40

③2×23年8月10日宣告分派现金股利。

借：应收股利（0.20×60）   ·12

　　　　贷：投资收益　　　　　　　　　　　　　　　　　　　　　　　　12

④2×23年8月20日收到股利。

　　借：银行存款　　　　　　　　　　　　　　　　　　　　　　　　12

　　　　贷：应收股利　　　　　　　　　　　　　　　　　　　　　　　　12

⑤2×23年12月31日。

　　借：其他权益工具投资——公允价值变动（60×8.5-450）　　　　　60

　　　　贷：其他综合收益　　　　　　　　　　　　　　　　　　　　　　60

⑥2×24年1月3日处置。

　　借：银行存款　　　　　　　　　　　　　　　　　　　　　　　　515

　　　　其他综合收益　　　　　　　　　　　　　　　　　　　　　　　20

　　　　贷：其他权益工具投资——成本　　　　　　　　　　　　　　490

　　　　　　　　　　　　　　——公允价值变动　　　　　　　　　　　20

　　　　　　投资收益　　　　　　　　　　　　　　　　　　　　　　25

（2）该其他权益工具投资的累计损益=12+25=37（万元）

3.计算过程及账务处理如下：

（1）计算甲公司本期所得税费用，并编制相应的会计分录。

　　按税法规定，本年度准予扣除的业务招待费为20万元，实际发生业务招待费30万元。

甲公司本期所得税费用=〔390+（30-20）〕×25%=100（万元）

　　借：所得税费用　　　　　　　　　　　　　　　　　　　　　　　100

　　　　贷：应交税费——应交所得税　　　　　　　　　　　　　　　100

（2）编制甲公司提取法定盈余公积和任意盈余公积的会计分录。

甲公司本年的净利润=390-100=290（万元）

提取法定盈余公积=290×10%=29（万元）

　　借：利润分配——提取法定盈余公积　　　　　　　　　　　　　　29

　　　　贷：盈余公积——法定盈余公积　　　　　　　　　　　　　　　29

（3）编制甲公司提取任意盈余公积的会计分录。

　　借：利润分配——提取任意盈余公积　　　　　　　　　　　　　　10

　　　　贷：盈余公积——任意盈余公积　　　　　　　　　　　　　　　10

（4）编制甲公司向投资者宣告分配现金股利的会计分录。

　　借：利润分配——应付现金股利　　　　　　　　　　　　　　　　40

　　　　贷：应付股利　　　　　　　　　　　　　　　　　　　　　　　40

（5）计算年末未分配利润。

年末未分配利润=100+（390-100-29-10-40）=311（万元）

4.账务处理如下：

（1）借：资本公积　　　　　　　　　　　　　　　　　　90

　　　　贷：实收资本——A　　　　　　　　　　　　　30

　　　　　　　　　——B　　　　　　　　　　　　　30

　　　　　　　　　——C　　　　　　　　　　　　　30

（2）借：盈余公积　　　　　　　　　　　　　　　　　　75

　　　　贷：利润分配——盈余公积补亏　　　　　　　75

（3）借：利润分配——提取法定盈余公积　　　　　　38

　　　　贷：盈余公积——法定盈余公积　　　　　　　38

（4）借：银行存款　　　　　　　　　　　　　　　　　110

　　　　贷：实收资本——D　　　　　　　　　　　100

　　　　　　资本公积——资本溢价　　　　　　　　10

5.账务处理如下：

（1）借：银行存款　　　　　　　　　　　　　　　1 140

　　　　　固定资产　　　　　　　　　　　　　　　360

　　　　　无形资产　　　　　　　　　　　　　　　100

　　　　贷：实收资本——A　　　　　　　　　　　640

　　　　　　　　　——B　　　　　　　　　　　560

　　　　　　　　　——C　　　　　　　　　　　400

（2）借：利润分配——分配现金股利　　　　　　　200

　　　　贷：应付股利——A　　　　　　　　　　　80

　　　　　　　　　——B　　　　　　　　　　　70

　　　　　　　　　——C　　　　　　　　　　　50

（3）2×25年12月31日D股东出资时产生的资本公积=（200+113）－

2 000×10%=113（万元）。

（4）借：银行存款　　　　　　　　　　　　　　　400

　　　　　原材料　　　　　　　　　　　　　　　100

　　　　　应交税费——应交增值税（进项税额）　13

　　　　贷：实收资本——A　　　　　　　　　　　80

　　　　　　　　　——B　　　　　　　　　　　70

　　　　　　　　　——C　　　　　　　　　　　50

　　　　　　　　　——D　　　　　　　　　　200

　　　　　　资本公积　　　　　　　　　　　　　113

（5）2×25年12月31日后各股东的持股比例：

A股东的持股比例=（640+80）÷2 000×100%=36%

B股东的持股比例=（560+70）÷2 000×100%=31.5%

C股东的持股比例=（400+50）÷2 000×100%=22.5%

D股东的持股比例=200÷2 000×100%=10%

6.账务处理如下：

（1）甲公司2×24年3月提取法定盈余公积。

借：利润分配——提取法定盈余公积　　　　　　　　　　　40

　　贷：盈余公积——法定盈余公积　　　　　　　　　　　　　40

借：利润分配——未分配利润　　　　　　　　　　　　　40

　　贷：利润分配——提取法定盈余公积　　　　　　　　　　　40

（2）甲公司2×24年5月宣告分派现金股利。

借：利润分配——应付现金股利　　　　　　　　　　　300

　　贷：应付股利　　　　　　　　　　　　　　　　　　　300

借：利润分配——未分配利润　　　　　　　　　　　　300

　　贷：利润分配——应付现金股利　　　　　　　　　　　　300

（3）甲公司2×24年6月资本公积转增股本。

借：资本公积　　　　　　　　　　　　　　　　　4 000

　　贷：股本　　　　　　　　　　　　　　　　　　　　4 000

（4）甲公司2×24年度结转当年净亏损。

借：利润分配——未分配利润　　　　　　　　　　　3 142

　　贷：本年利润　　　　　　　　　　　　　　　　　　　3 142

（5）甲公司2×25年5月以法定盈余公积弥补亏损。

借：盈余公积——法定盈余公积　　　　　　　　　　　200

　　贷：利润分配——盈余公积补亏　　　　　　　　　　　　200

借：利润分配——盈余公积补亏　　　　　　　　　　　200

　　贷：利润分配——未分配利润　　　　　　　　　　　　　200

第十二章　费用

一、学习要求与素养提升

通过本章的学习，应了解费用的概念和分类，掌握费用的确认和计量，熟练掌握期间费用的核算，重点掌握生产成本的概念及生产费用的归集和分配。

会计人应对成本费用进行精细管理和计算，培养高度的责任意识；明白成本计算对企业生产经营非常重要，有利于帮助企业融入社会和国家的大局，提高企业的经济效益和社会效益。

二、预习要览

（一）关键概念

费用　　　　　　　　　　生产成本

直接材料　　　　　　　　直接人工

制造费用　　　　　　　　销售费用

管理费用　　　　　　　　财务费用

（二）关键问题

1.费用与资产、成本和损失有哪些关系？

2.费用按其经济内容可分为哪几类？

3.费用按其经济用途可分为哪几类？

4.企业的产品成本项目包括哪些内容？

5.生产成本核算应设置哪些账户？

6.什么是期间费用？其主要内容包括哪几个方面？

三、本章重点与难点

□ 费用的分类

□ 产品成本项目

□ 辅助生产费用的分配

□ 期间费用的组成内容

（一）费用的概念与确认

费用是指企业在日常活动中发生的、会导致所有者权益减少的、与向所有者分配利润无关的经济利益的总流出。费用具有以下两项特征：费用最终将导致企业经济资源的减少；费用最终会减少企业的所有者权益。

费用按经济内容（或性质）进行分类，不外乎劳动对象方面的费用、劳动手段方面的费用和活劳动方面的费用三大类。一般可分为以下几类：外购材料、外购燃料、外购动力、工资、折旧费、利息支出、税金、其他支出等。费用按经济用途分类，可分为直接材料、直接工资、其他直接支出、制造费用和期间费用。费用按其同产量之间的关系，可分为固定费用和变动费用。所谓固定费用，是指产量在一定范围内，费用总额不随着产品产量的变动而变动的费用。所谓变动费用，是指费用总额随着产品产量的变动而变动的费用。

费用的确认一般以权责发生制原则和配比原则为基础。联系收入来确认费用的配比原则表现为以下几个方面：①按因果关系直接确认。②按系统且合理的分配方法加以确认。③按期间配比确认。

（二）生产成本

生产成本是指一定期间生产产品所发生的直接费用和间接费用的总和。生产成本是相对于一定的产品而言所发生的费用，是按照产品品种等成本计算对象对当期发生的费用进行归集所形成的。企业的产品成本项目可以根据企业的具体情况自行设定，一般包括直接材料、燃料及动力、直接人工和制造费用等。企业为了核算各种产品所发生的各项生产费用，应设置"生产成本"账户和"制造费用"账户。

产品生产中消耗的各种材料物资的货币表现就是材料费。在一般情况下，它包括产品生产中消耗的原料、主要材料、辅助材料和外购半成品等。职工薪酬是指企业为获得职工提供的服务或解除劳动关系而给予的各种形式的报酬或补偿。职工薪酬包括短期薪酬、离职后福利、辞退福利和其他长期职工福利。

制造费用是企业为组织和管理生产所发生的各项费用。其主要包括：企业各个生产单位（分厂、车间）为组织和管理生产所发生的生产单位管理人员工资，职工福利费，生产单位房屋建筑物及机器设备等的折旧费，机物料消耗，低值易耗品，水电费，办公费，劳动保护费，季节性、修理期间的停工损失以及其他制造费用。在生产一种产品的情况下，制造费用可以直接计入该种产品成本；在生产多种产品的情况下，就需要在不同产品之间进行分配，常用的分配方法有：生产工时比例法、生产工人工资比例法、预算分配率法。

辅助生产主要是为基本生产服务的，它所生产的产品和劳务，大部分都被基本生产车间和管理部门所消耗，一般很少对外销售。常用的分配单一产品或劳务费用的方法有：直接分配法、一次交互分配法、计划成本分配法、代数分配法和顺序分配法等。

工业企业生产过程中发生的各项生产费用，经过在各种产品之间的归集和分配，都已集中登记在"生产成本明细账"和"产品成本计算单"中。在"产品成本计算单"中的生产费用，减去交库废料价值后，就是该产品本月发生的费用。如果月初、月末都有在产品，本月发生的生产费用加上月初在产品成本之后的合计数额，还要在完工产品和月末在产品之间进行分配，计算完工产品成本。在计算出当期完工产品成本后，对验收入库的产成品应结转成本。结转时，借记"产成品"或"库存商品"账户，贷记"生产成本"账户。

（三）期间费用

期间费用是指企业当期发生的、不能直接归属于某个特定产品成本的费用。由于难以判定其所归属的产品，因而不能列入产品制造成本，而在发生的当期直接计入当期损益。期间费用主要包括销售费用、管理费用（含研发费用）、财务费用。

销售费用是指企业在销售商品和材料、提供劳务的过程中发生的各种费用，包括保险费、包装费、展览费和广告费、商品维修费、预计产品质量保证损失、运输费、装卸费等，以及为销售本企业商品而专设的销售机构（含销售网点、售后服务网点等）的职工薪酬、业务费、折旧费、固定资产修理费用等费用。

管理费用是企业董事会和行政管理部门为组织和管理生产经营活动而发生的，或应当由企业统一负担的各种费用。其具体包括企业在筹建期间内发生的开办费、董事会和行政管理部门在企业的经营管理中发生的或者应由企业统一负担的公司经费（包括行政管理部门职工工资及福利费、物料消耗、低值易耗品摊销、办公费和差旅费等）、工会经费、董事会费（包括董事会成员津贴、会议费和差旅费等）、聘请中介机构费、咨询费（含顾问费）、诉讼费、业务招待费、技术转让费、研究费用以及行政管理部门等发生的固定资产修理费用等。

财务费用是指企业为筹集生产经营所需资金而发生的费用。其具体包括利息支出（减利息收入）、汇兑损益及相关的手续费等。

四、练习题

（一）单项选择题

1.企业为扩大销售市场发生的业务招待费，应当计入（　　）。

A.管理费用　　　　　　　　　B.营业外支出

C.销售费用　　　　　　　　　D.其他业务成本

2.下列各项中，属于费用确认的基础原则的是（　　）。

A.及时性原则　　　　　　　　B.明晰性原则

C.历史成本原则　　　　　　　D.配比原则

3.把各辅助生产车间的实际成本，在基本生产车间和管理部门之间按其受益数量进行分配，对于各辅助生产车间相互提供的产品或劳务则不进行分配的方法是（　　）。

A.代数分配法　　　　　　　　B.计划成本分配法

C.顺序分配法　　　　　　　　D.直接分配法

4.企业发生的产品促销费用，应当计入（　　）。

A.制造费用　　　　　　　　　B.销售费用

C.管理费用　　　　　　　　　D.财务费用

5.分配辅助生产费用时，贷方应记的科目是（　　）。

A."制造费用"　　　　　　　　B."预收账款"

C."生产成本"　　　　　　　　D."管理费用"

6.下列费用中，不属于管理费用列支范围的是（　　）。

A.董事会费　　　　　　　　　B.工会经费

C.咨询费　　　　　　　　　　D.利息支出

7.下列各项支出中,应列入"制造费用"科目中的是（   ）。

A.生产车间的固定资产折旧费　　B.管理部门的固定资产折旧费

C.生产车间生产工人的工资　　D.管理部门人员的工资

8.下列属于期间费用的项目是（   ）。

A.所得税费用　　　　　　　　B.财务费用

C.制造费用　　　　　　　　　D.生产工人工资费用

9.企业发生的汇兑损益应计入（   ）。

A.营业外支出　　　　　　　　B.销售费用

C.财务费用　　　　　　　　　D.制造费用

10.企业专设销售机构的固定资产折旧费应计入（   ）。

A.管理费用　　　　　　　　　B.主营业务成本

C.销售费用　　　　　　　　　D.其他业务成本

（二）多项选择题

1.费用按照经济内容分类,包括的费用要素有（   ）。

A.外购材料　　　　　　　　　B.工资

C.外购动力　　　　　　　　　D.折旧费

E.外购燃料

2.企业的产品成本项目一般包括（   ）。

A.直接材料　　　　　　　　　B.期间费用

C.燃料及动力　　　　　　　　D.直接人工

E.制造费用

3.费用按其同产量之间的关系分类,包括的项目有（   ）。

A.固定费用　　　　　　　　　B.变动费用

C.混合费用　　　　　　　　　D.期间费用

E.制造费用

4.常见的制造费用分配方法有（   ）。

A.生产工时比例法　　　　　　B.生产工人工资比例法

C.预算分配率法　　　　　　　D.代数分配法

E.顺序分配法

5.分配单一产品的辅助生产费用的方法有（   ）。

A.直接分配法　　　　　　　　B.一次交互分配法

C.计划成本分配法　　　　　　　D.代数分配法

E.顺序分配法

6.期间费用主要包括（　　　）。

A.制造费用　　　　　　　　　　B.所得税费用

C.管理费用　　　　　　　　　　D.财务费用

E.销售费用

7.下列费用中，属于管理费用开支范围的有（　　　）。

A.咨询费　　　　　　　　　　　B.技术转让费

C.研究费用　　　　　　　　　　D.董事会费

E.业务招待费

8.下列费用中，不应计入产品成本的有（　　　）。

A.车间机器设备折旧费用　　　　B.广告费

C.业务招待费　　　　　　　　　D.研究费用

E.劳动保护费

9.下列费用中，不应作为管理费用处理的有（　　　）。

A.诉讼费　　　　　　　　　　　B.业务招待费

C.制造费用　　　　　　　　　　D.公允价值变动损益

E.资产减值损失

10.应计入销售费用的项目有（　　　）。

A.广告费　　　　　　　　　　　B.利息支出

C.汇兑损失　　　　　　　　　　D.展览费

E.业务招待费

11.下列各项中，应通过"应付职工薪酬"账户核算的内容有（　　　）。

A.职工福利费　　　　　　　　　B.社会保险费

C.离职后福利　　　　　　　　　D.辞退福利

E.其他长期职工福利

（三）判断题

1.费用是指企业在日常活动中发生的、会导致所有者权益减少的、与向所有者分配利润无关的经济利益的总流出。　　　　（　　）

2.固定费用包括生产工人计件工资。　　　　　　　　　（　　）

3."生产成本"账户期末余额一般在借方，表示期末尚未加工完成

的在产品制造成本。　　　　　　　　　　　　　　　　（　　）

4.因解除与职工的劳动关系而给予的补偿，应根据职工提供服务的受益对象进行处理。　　　　　　　　　　　　　　　　（　　）

5."制造费用"科目一定无余额。　　　　　　　　　　　　（　　）

6.在产品成本计算的方法通常有以下几种：在产品成本按其所耗用的原材料费用计算、按定额成本计算、按约当产量计算、按定额比例分配计算。　　　　　　　　　　　　　　　　　　　　　　（　　）

7.生产成本是指一定期间生产产品所发生的直接费用和间接费用的总和。　　　　　　　　　　　　　　　　　　　　　　（　　）

8.销售费用与制造费用不同，本期发生的销售费用直接影响本期损益，但本期发生的制造费用则不影响当期损益。　　　　　　　（　　）

9.企业为组织生产经营活动而发生的一切管理活动的费用，包括车间管理费用和企业管理费用，都应作为期间费用处理。　　　（　　）

10.管理费用、财务费用和销售费用等期间费用，应于期末将其所发生的费用金额全部转入"本年利润"科目。　　　　　　　（　　）

（四）计算及账务处理题

1.某企业设有供电、供水两个辅助生产车间，本月供电车间直接发生的费用为12 000元，供水车间直接发生的费用为2 500元，劳务供应通知单中各车间和管理部门耗用劳务的数量见表12-1。

表12-1　　　　　　　　　　　劳务供应通知单

受益单位	用电度数（度）	用水吨数（吨）
供电车间		2 500
供水车间	5 000	
第一生产车间：		
产品耗用	10 000	4 000
一般耗用	2 000	1 000
第二生产车间：		
产品耗用	9 000	3 000
一般耗用	3 000	1 500
管理部门	1 000	500
合　　计	30 000	12 500

要求：采用直接分配法分配辅助生产费用并作出相关的账务处理。

2.某工业生产企业有一生产车间——甲车间，生产A、B两种产品。该企业本月发生的相关经济业务如下：

（1）本期领用材料43 500元。其中，甲车间投产A产品领用材料16 000元；投产B产品领用材料24 000元；甲车间领用机物料2 000元；企业行政管理部门领用材料1 500元。

（2）应付工资22 800元。其中，甲车间生产A产品工人的应付工资为9 120元；生产B产品工人的应付工资为4 560元；车间管理人员应付工资为3 420元；企业行政管理部门应付工资为5 700元。

（3）以银行存款支付本企业转让技术费用1 800元以及咨询费用1 200元。

（4）本月计提固定资产折旧费用8 000元。其中，甲生产车间折旧费用为6 000元；企业行政管理部门折旧费用为2 000元。

（5）甲车间的制造费用按机器生产工时进行分配，A产品的生产工时为1 200小时，B产品的生产工时为800小时。

要求：编制与上述经济业务相关的会计分录。

3.某股份有限公司2×24年12月发生如下业务：

（1）以银行存款支付：银行借款利息25 000元（其中在建工程利息费用15 000元）；咨询费用2 550元；产品展览费用400元；购入土地使用权12 500元；捐赠2 000元；生产车间水电费800元；劳动保护费1 100元；各项税收罚款及滞纳金1 450元；违反合同罚款760元；办公用品50元；所得税2 300元；生产设备保险费1 630元；诉讼费用320元；业务招待费用2 400元；销售产品运输费用100元；材料入库前挑选、整理费用270元。

（2）分配职工工资57 000元。其中，生产工人工资45 600元；车间管理人员工资2 280元；公司管理人员工资3 420元；建筑工程人员工资5 700元。

（3）摊销自用无形资产价值4 000元。

（4）结转本月发生的管理费用、销售费用、财务费用、营业外支出。

要求：根据上述资料编制有关业务的会计分录。

五、练习题参考答案

（一）单项选择题

1.A 2.D 3.D 4.B 5.C 6.D 7.A 8.B 9.C 10.C

（二）多项选择题

1.ABCDE 2.ACDE 3.AB 4.ABC 5.ABCDE 6.CDE 7.ABCDE 8.BCD
9.CDE 10.AD 11.ABCDE

（三）判断题

1.√ 2.× 3.√ 4.× 5.× 6.√ 7.√ 8.× 9.× 10.√

（四）计算及账务处理题

1.采用直接分配法分配辅助生产费用的计算过程见表12-2。

表12-2　　　　　　　　　　**辅助生产费用分配表**　　　　　　金额单位：元

数量单位：度、吨

项　　目	分配费用	分配数量	分配率	生产成本		制造费用		管理费用	
				数量	金额	数量	金额	数量	金额
供电车间	12 000	25 000	0.48	19 000	9 120	5 000	2 400	1 000	480
供水车间	2 500	10 000	0.25	7 000	1 750	2 500	625	500	125

　　根据分配结果，应编制如下会计分录：

　　借：生产成本——基本生产成本　　　　　　　　　　　　　9 120

　　　　制造费用　　　　　　　　　　　　　　　　　　　　　2 400

　　　　管理费用　　　　　　　　　　　　　　　　　　　　　　480

　　　　贷：生产成本——辅助生产成本（供电车间）　　　　　　　　12 000

　　借：生产成本——基本生产成本　　　　　　　　　　　　　1 750

　　　　制造费用　　　　　　　　　　　　　　　　　　　　　　625

　　　　管理费用　　　　　　　　　　　　　　　　　　　　　　125

　　　　贷：生产成本——辅助生产成本（供水车间）　　　　　　　　2 500

2.会计分录如下：

（1）借：生产成本——基本生产成本（A产品）　　　　　　16 000

　　　　　　　　　——基本生产成本（B产品）　　　　　　24 000

　　　　制造费用　　　　　　　　　　　　　　　　　　　2 000

　　　　管理费用　　　　　　　　　　　　　　　　　　　1 500

　　　　贷：原材料　　　　　　　　　　　　　　　　　　　　　43 500

（2）借：生产成本——基本生产成本（A产品）　　　　　9 120

　　　　　　　　　——基本生产成本（B产品）　　　　　4 560

　　　　制造费用　　　　　　　　　　　　　　　　　　3 420

　　　　管理费用　　　　　　　　　　　　　　　　　　5 700

　　　　贷：应付职工薪酬——工资　　　　　　　　　　　　　　　　22 800

（3）借：管理费用　　　　　　　　　　　　　　　　　　3 000

　　　　贷：银行存款　　　　　　　　　　　　　　　　　　　　　　3 000

（4）借：制造费用　　　　　　　　　　　　　　　　　　6 000

　　　　管理费用　　　　　　　　　　　　　　　　　　2 000

　　　　贷：累计折旧　　　　　　　　　　　　　　　　　　　　　　8 000

（5）借：生产成本——基本生产成本（A产品）　　　　　6 852

　　　　　　　　　——基本生产成本（B产品）　　　　　4 568

　　　　贷：制造费用　　　　　　　　　　　　　　　　　　　　　11 420

注：应分配的制造费用=2 000+3 420+6 000=11 420（元）

A产品应分配的制造费用=11 420×1 200÷（1 200+800）=6 852（元）

B产品应分配的制造费用=11 420×800÷（1 200+800）=4 568（元）

3.会计分录如下：

（1）借：财务费用　　　　　　　　　　　　　　　　　10 000

　　　　在建工程　　　　　　　　　　　　　　　　　15 000

　　　　管理费用　　　　　　　　　　　　　　　　　　5 320

　　　　销售费用　　　　　　　　　　　　　　　　　　　500

　　　　制造费用　　　　　　　　　　　　　　　　　　3 530

　　　　无形资产　　　　　　　　　　　　　　　　　12 500

　　　　营业外支出　　　　　　　　　　　　　　　　　4 210

　　　　应交税费　　　　　　　　　　　　　　　　　　2 300

　　　　材料采购　　　　　　　　　　　　　　　　　　　270

　　　　贷：银行存款　　　　　　　　　　　　　　　　　　　　　53 630

（2）借：生产成本　　　　　　　　　　　　　　　　　45 600

　　　　制造费用　　　　　　　　　　　　　　　　　　2 280

　　　　管理费用　　　　　　　　　　　　　　　　　　3 420

　　　　在建工程　　　　　　　　　　　　　　　　　　5 700

　　　　贷：应付职工薪酬——工资　　　　　　　　　　　　　　　　57 000

（3）借：管理费用　　　　　　　　　　　　　　　　　　4 000

　　　　贷：累计摊销　　　　　　　　　　　　　　　　　　　　　　4 000

（4）借：本年利润   12 740

     贷：管理费用   12 740

借：本年利润   10 000

     贷：财务费用   10 000

借：本年利润   500

     贷：销售费用   500

借：本年利润   4 210

     贷：营业外支出   4 210

第十三章　收入和利润

一、学习要求与素养提升

通过本章的学习，了解收入的定义、特征与分类，掌握收入确认与计量的基本方法（五步法模型），营业外收入与营业外支出的主要内容；重点掌握在某一时段内履行的履约义务相关收入的确认与计量，在某一时点履行的履约义务相关收入的确认与计量，销售折扣、折让与退回的会计处理，特定交易的会计处理，利润的构成及计算与结转，净利润的分配程序及会计处理，所得税费用采用资产负债表债务法的会计处理。

商业利益和社会责任往往被认为是两个相互矛盾的领域。如何把商业利益和社会责任结合起来，协调好追求利润与社会责任之间的关系，是企业发展过程中不能回避的问题。企业只有把商业利益和社会责任相协调，把创造自身价值与社会价值相结合，才能成长为伟大的企业。党的二十大报告指出："坚持把社会效益放在首位、社会效益和经济效益相统一。"这为企业的发展提出了要求、确立了目标、指明了方向。不断增加利润、承担更多的社会责任，将社会效益和经济效益相统一，是新时代企业可持续发展的必由之路。

二、预习要览

（一）关键概念

收入	主营业务收入
其他业务收入	转让商品收入
提供服务收入	商品控制权
单项履约义务	在某一时段内履行的履约义务
在某一时点履行的履约义务	特定交易

利润   营业利润

利润总额   净利润

营业外收入   营业外支出

本年利润   利润分配

资产负债表债务法 利润表债务法

计税基础   暂时性差异

递延所得税资产   递延所得税负债

当期所得税   递延所得税

所得税费用

（二）关键问题

1.什么是收入？有何主要特征？如何分类？

2.什么是收入确认与计量的五步法模型？

3.什么是在某一时段内履行的履约义务？如何确认与计量？

4.什么是在某一时点履行的履约义务？如何确认与计量？

5.什么是合同中存在重大融资成分的销售？如何进行会计处理？

6.什么是委托代销？如何进行会计处理？

7.什么是附有销售退回条款的销售？如何进行会计处理？

8.什么是附有质量保证条款的销售？如何进行会计处理？

9.什么是附有客户额外购买选择权的销售？如何进行会计处理？

10.什么是售后回购？如何进行会计处理？

11.什么是现金折扣？如何进行会计处理？

12.销售折让与销售退回的会计处理有何不同？

13.什么是营业利润？营业利润由哪些损益项目构成？

14.营业外收入和营业外支出包括哪些主要内容？

15.会计利润与应纳税所得额有何主要区别？

16.什么是暂时性差异？包括哪些类型？

17.什么是资产或负债的计税基础？

18.如何确认递延所得税资产和递延所得税负债？

19.什么是所得税费用？如何确认？

三、本章重点与难点

☐ 收入的分类

☐ 收入确认与计量的五步法模型

☐ 在某一时段内履行的履约义务的会计处理

☐ 在某一时点履行的履约义务的会计处理

☐ 销售折扣、折让与退回的会计处理

☐ 特定交易的会计处理

☐ 利润的构成以及结转与分配的会计处理

☐ 营业外收入与营业外支出的主要内容

☐ 资产负债表债务法的基本核算程序

☐ 资产与负债计税基础的确定

☐ 递延所得税负债和递延所得税资产的确认与计量

☐ 所得税费用的构成及核算方法

（一）收入的定义与特征

收入，是指企业在日常活动中形成的、会导致所有者权益增加的、与所有者投入资本无关的经济利益的总流入。收入具有以下特征：

（1）收入是企业日常活动形成的经济利益流入。

（2）收入必然导致所有者权益的增加。

（3）收入不包括所有者向企业投入资本导致的经济利益流入。

（二）收入的分类

（1）按交易的性质，收入分为转让商品收入和提供服务收入。

（2）按其在经营业务中所占的比重，收入分为主营业务收入和其他业务收入。

（三）收入确认与计量的基本方法（五步法模型）

企业确认收入的方式应当反映其向客户转让商品或提供服务（以下将转让商品或提供服务简称为转让商品）的模式，收入的金额应当反映企业因转让这些商品或服务（以下将商品或服务简称为商品）而预期有权收取的对价金额。具体来说，收入的确认与计量应当采用五步法模型，即识别与客户订立的合同、识别合同中的单项履约义务、确定交易价格、将交易价格分摊至各单项履约义务、履行每一单项履约义务时确认收入。

（四）销售业务的一般会计处理

（1）对于在某一时段内履行的履约义务，企业应当在该段时间内按照履约进度确认收入，但是，履约进度不能合理确定的除外。

（2）对于在某一时点履行的履约义务，企业应当在客户取得相关商品控制权时确认收入。

（五）销售折扣、折让与退回

1.销售折扣

销售折扣是指企业在销售商品时，为鼓励客户多购商品或尽早付款而给予的价款折扣，包括商业折扣和现金折扣。

（1）商业折扣是指企业为促进商品销售而在商品标价上给予的价格扣除。商业折扣是在交易成立之前予以扣除的折扣，并不影响销售的会计处理。

（2）现金折扣是指企业为鼓励客户在规定的期限内付款而给予客户的价格扣除。现金折扣的会计处理方法包括总价法和净价法。

2.销售折让

如果销售折让不属于可变对价的情形，应当根据发生销售折让时是否已经确认收入等具体情况，分别进行会计处理。销售折让如果发生在企业确认收入之前，企业应直接从原定的销售价格中扣除给予客户的销售折让作为实际销售价格，从而确认收入；如果发生在企业确认收入之后，企业应按实际给予客户的销售折让冲减销售收入；如果属于资产负债表日后事项，应当按照资产负债表日后事项的相关规定进行会计处理。

3.销售退回

销售退回是指企业售出的商品由于质量、品种不符合要求等而发生的退货。发生销售退回时，如果企业尚未确认销售收入，应将已发出的商品转回；发生销售退回时，如果企业已经确认销售收入，除属于资产负债表日后事项的销售退回外，均应冲减退回当月的销售收入和销售成本；发生的销售退回如果属于资产负债表日后事项，应按照资产负债表日后事项的相关规定进行会计处理。

（六）特定交易的会计处理

（1）合同中存在重大融资成分的销售，企业应当按照现销价格确定交易价格，合同对价与现销价格之间的差额，应当在合同期间内采用实际利率法摊销。

（2）对于附有销售退回条款的销售，企业在客户取得相关商品控制权时，应当按照因向客户转让商品而预期有权收取的对价金额确认收入，按照预期因销售退回将退还的金额确认负债；同时，按照预期将退回商品转让时的账面价值，扣除收回该商品预计发生的成本（包括退回商品的价值减损）后的余额，确认为一项资产，按照所转让商品转让时的账面价值，扣除上述资产成本的净额结转成本。

（3）对于附有质量保证条款的销售，企业应当评估该质量保证是否在向客户保证所销售商品符合既定标准之外提供了一项单独的服务。企业提供额外服务的，应当作为单项履约义务，按照收入确认的相关要求进行会计处理；否则，质量保证责任应当按照或有事项的相关要求进行会计处理。

（4）委托代销商品采用视同买断方式的，受托方在向客户转让商品时的身份是主要责任人，应当按照已收或应收客户对价总额确认销售商品收入；委托方应当根据受托方是否承担了对受托代销商品无条件付款的义务等迹象，判断该项合同安排实质上是向受托方销售商品还是委托代销，并进行相应的会计处理。委托代销商品采用支付手续费方式的，受托方在向客户转让商品时的身份是代理人，应根据代销商品的数量和合同约定的收费方式确认代销服务收入；委托方则应当在收到受托方开来的代销清单时确认收入。

（5）对于附有客户额外购买选择权的销售，企业应当评估该选择权是否向客户提供了一项重大权利。企业提供重大权利的，应当作为单项履约义务，按照各单项履约义务所承诺商品的单独售价的相对比例，将交易价格分摊至该履约义务，在客户未来行使购买选择权取得相关商品控制权时，或者该选择权失效时，按照分摊至该单项履约义务的交易价格确认相应的收入。

（6）企业向客户授予知识产权许可的，应当评估该知识产权许可是否构成单项履约义务，构成单项履约义务的，应当进一步确定其是在某一时段内履行还是在某一时点履行，相应地进行会计处理。

（7）对于售后回购交易，企业应当区分下列两种情形分别进行会计处理：①企业因存在与客户的远期安排而负有回购义务或企业享有回购权利的，表明客户在销售时点并未取得相关商品控制权，企业应当作为租赁交易或融资交易进行相应的会计处理。②企业负有应客户要求回购商品义务的，应当在合同开始日评估客户是否具有行使该要求权的重大经济动因。客户具有行使该要求权重大经济动因的，企业应当将售后回购作为租赁交易或融资交易进行会计处理；否则，企业应当将其作为附有销售退回条款的销售交易进行会计处理。

（8）企业向客户预收销售商品款项的，应当首先将该款项确认为负债，待履行了相关履约义务时再转为收入。

（七）利润的定义与构成

利润，是指企业在一定会计期间的经营成果，包括收入减去费用后的净额、直接计入当期损益的利得和损失等。在利润表中，利润分为营业利润、利润总额和净利润三个层次。

（1）营业利润 = 营业收入 − 营业成本 − 税金及附加 − 销售费用 − 管理费用 − 研发费用 − 财务费用 + 其他收益 ± 投资净损益 ± 公允价值变动净损益 − 资产减值损失 − 信用减值损失 ± 资产处置净损益

（2）利润总额=营业利润+营业外收入−营业外支出

（3）净利润=利润总额−所得税费用

（八）营业外收入与营业外支出

（1）营业外收入，是指企业取得的与生产经营活动没有直接关系从而不构成营业利润的各项利得，主要包括非流动资产毁损报废利得、政府补助利得、捐赠利得、盘盈利得等。

（2）营业外支出，是指企业发生的与生产经营活动没有直接关系从而不构成营业利润的各项损失或支出，主要包括非流动资产毁损报废损失、公益性捐赠支出、非常损失、盘亏损失等。

（九）利润的结转

（1）会计期末，企业应将各损益类科目的余额转入"本年利润"科目，结平各损益类科目。

（2）年度终了，企业应将收支相抵后计算的本年净利润（或净亏损）转入"利润分配——未分配利润"科目，结转后，"本年利润"科目应无余额。

（十）利润的分配

企业当期实现的净利润，加上年初未分配利润（或减去年初未弥补亏损）后的余额，为可供分配的利润。可供分配的利润，一般按下列顺序分配：

（1）提取法定盈余公积。

（2）提取任意盈余公积。

（3）应付现金股利或利润。

（4）转作股本的股利。

（十一）所得税

1.会计利润与应纳税所得额之间的差异

（1）永久性差异，是指某一会计期间，由于会计准则和税法在计算收益、费用或损失时的口径不同所产生的税前会计利润与应纳税所得额之间的差异。

（2）暂时性差异，是指资产、负债的账面价值与其计税基础不同产生的差异，该差异的存在将影响未来期间的应纳税所得额。

2.所得税的会计处理方法

所得税的会计处理方法包括应付税款法和纳税影响会计法。其中，纳税影响会计法又有递延法和债务法之分，而债务法具体又分为利润表债务法和资产负债表债务法。我国现行企业会计准则只允许采用资产负债表债务法进行所得税的会计处理。

3.资产负债表债务法的基本核算程序

（1）确定资产和负债的账面价值。

（2）确定资产和负债的计税基础。

（3）确定递延所得税。

（4）确定当期所得税。

（5）确定利润表中的所得税费用。

4.资产和负债的计税基础

（1）资产的计税基础，是指企业收回资产账面价值的过程中，计算应纳税所得额时按照税法规定可以自应税经济利益中抵扣的金额，即某一项资产在未来期间计税时按照税法规定可予以税前扣除的金额。

（2）负债的计税基础，是指负债的账面价值减去未来期间计算应纳税所得额时按照税法规定可予以税前抵扣的金额。用公式表示如下：

负债的计税基础=负债的账面价值-未来期间按照税法规定可予以税前扣除的金额

5.暂时性差异

暂时性差异，是指资产、负债的账面价值与其计税基础不同产生的差额。暂时性差异按照对未来期间应纳税所得额的不同影响，分为应纳税暂时性差异和可抵扣暂时性差异。

（1）应纳税暂时性差异，是指在确定未来收回资产或清偿负债期间的应纳税所得额时，将导致产生应纳税金额的暂时性差异，即该项暂时性差异在未来期间转回时，将会增加转回期间的应纳税所得额和相应的应交所得税。资产的账面价值大于其计税基础或负债的账面价值小于其计税基础时，产生应纳税暂时性差异。

（2）可抵扣暂时性差异，是指在确定未来收回资产或清偿负债期间的应纳税所得额时，将导致产生可抵扣金额的暂时性差异，即该项暂时性差异在未来期间转回时，将会减少转回期间的应纳税所得额和相应的应交所得税。资产的账面价值小于其计税基础或负债的账面价值大于其计税基础时，产生可抵扣暂时性差异。

6.递延所得税负债和递延所得税资产

（1）应纳税暂时性差异在未来期间转回时，会增加转回期间的应纳税所得额和相应的应交所得税，导致经济利益流出企业，因而在其产生期间，相关的所得税影响金额构成一项未来的纳税义务，应确认为一项负债，即递延所得税负债产生于应纳税暂时性差异。

（2）可抵扣暂时性差异在转回期间将减少企业的应纳税所得额和相应的应交所得税，导致经济利益流入企业，因而在其产生期间，相关的所得税影响金额构成一项未来的经济利益，应确认为一项资产，即递延所得税资产产生于可抵扣暂时性差异。

7.所得税费用的确认和计量

（1）当期所得税，是指企业对当期发生的交易和事项，按照税法规定计算、确定的应向税务部门缴纳的所得税金额，即当期应交所得税，用公式表示如下：

当期应交所得税=应纳税所得额×适用的所得税税率

（2）递延所得税，是指按照企业会计准则的规定应当计入当期利润表的递延所得税费用（或收益），其金额为当期应予确认的递延所得税负债减去当期应予确认的递延所得税资产的差额，用公式表示如下：

$$递延所得税=\left(\begin{matrix}期末递延\\所得税负债\end{matrix}-\begin{matrix}期初递延\\所得税负债\end{matrix}\right)-\left(\begin{matrix}期末递延\\所得税资产\end{matrix}-\begin{matrix}期初递延\\所得税资产\end{matrix}\right)$$

其中：期末递延所得税负债=期末应纳税暂时性差异×适用税率

期末递延所得税资产=期末可抵扣暂时性差异×适用税率

（3）所得税费用，是指当期利润表中确认的当期所得税和递延所得税之和，即：

所得税费用=当期所得税+递延所得税

四、练习题

（一）单项选择题

1.下列与收入相关的表述中，错误的是（　　）。

A.收入是企业日常活动形成的经济利益总流入

B.收入的取得会导致资产的增加或者负债的减少

C.收入必然导致所有者权益的增加

D.收入包括所有者向企业投入资本导致的经济利益流入

2.企业下列交易或事项发生的损益中，不影响营业利润的是（　　）。

A.出售固定资产　　　　　　　　B.出租无形资产

C.报废固定资产　　　　　　　　D.债务重组

3.工业企业的下列活动形成的经济利益流入中，构成其主营业务收入的是（　　）。

A.销售产成品　　　　　　　　　B.转让无形资产使用权

C.销售原材料　　　　　　　　　D.销售固定资产

4.工业企业结转的销售原材料实际成本，应计入（　　）。

A.主营业务成本　　　　　　　　B.销售费用

C.其他业务成本　　　　　　　　D.营业外支出

5.工业企业出租固定资产所取得的收入，属于（　　）。

A.主营业务收入　　　　　　B.其他业务收入

C.投资收益　　　　　　　　D.资产处置损益

6.当企业与客户之间的合同同时满足收入确认的前提条件时，收入确认的时点是（　　　）。

A.向客户收取货款时　　　　B.将商品交付给客户时

C.客户取得相关商品控制权时　　D.将商品的所有权转移给客户时

7.如果企业销售的商品已经发出但客户尚未取得商品的控制权，应将发出商品的成本转入（　　　）。

A."发出商品"科目　　　　　B."在途物资"科目

C."主营业务成本"科目　　　D."其他业务成本"科目

8.对于在某一时段内履行的履约义务，相关的收入应当（　　　）。

A.在开始提供服务时确认　　B.在完成服务时确认

C.按履约进度确认　　　　　D.在收到价款时确认

9.对于在某一时段内履行的履约义务，当履约进度不能合理确定时，企业已经发生的成本预计能够得到补偿的，应当（　　　）。

A.按照履约进度确认收入

B.按照已经发生的成本金额确认收入

C.按照实际收到的劳务价款确认收入

D.按照合同约定的劳务价款确认收入

10.甲公司于2×24年3月1日赊销一批商品，售价为10 000元，增值税专用发票上注明的增值税税额为1 300元，现金折扣条件为"2/10，N/30"，甲公司采用总价法核算，客户于2×24年3月10日支付货款。甲公司确认的销售收入金额为（　　　）。

A.11 300元　　　　　　　　B.11 100元

C.10 000元　　　　　　　　D.9 800元

11.销售折让不属于可变对价的情形且发生在企业确认收入之后，企业应按实际给予客户的销售折让（　　　）。

A.冲减销售收入　　　　　　B.冲减销售成本

C.计入销售费用　　　　　　D.计入管理费用

12.如果报告年度资产负债表日之前售出的商品，在年度资产负债表日至财务报告批准报出日之间发生退回，应当（　　　）。

A.冲减退回当月的销售收入

B.计入退回当月的销售费用

C.作为资产负债表日后调整事项

D.作为资产负债表日后非调整事项

13.销售商品采用托收承付方式的，确认收入的时点通常是（　　）。

A.发出商品时 　　　　　　B.办妥托收手续时

C.客户承认付款时 　　　　D.收回款项时

14.对于附有销售退回条款的商品销售，如果能够合理估计退货率，确认收入的时点是（　　）。

A.发出商品时 　　　　　　B.客户取得相关商品控制权时

C.收到货款时 　　　　　　D.售出商品退货期满时

15.在分期收款销售方式下，如果在合同中企业为客户提供了重大融资利益，则合同价款与现销价格之间的差额，应当（　　）。

A.计入其他收益 　　　　　B.计入公允价值变动损益

C.作为未实现融资收益 　　D.计入营业外收入

16.企业委托其他单位代销商品，在支付手续费方式下，委托方确认销售收入的时点是（　　）。

A.交付代销商品时 　　　　B.受托方售出代销商品时

C.收到代销清单时 　　　　D.收到代销货款时

17.在视同买断方式下，如果受托方在取得代销商品后，无论是否能够卖出、是否获利，均与委托方无关，委托方确认收入的时点是（　　）。

A.交付代销商品时 　　　　B.受托方售出代销商品时

C.收到代销清单时 　　　　D.收到代销货款时

18.在视同买断方式下，如果将来受托方没有将商品售出时可以将商品退回给委托方，或受托方因代销商品出现亏损时可以要求委托方补偿，则委托方确认收入的时点是（　　）。

A.交付代销商品时 　　　　B.受托方售出代销商品时

C.收到代销清单时 　　　　D.收到代销货款时

19.企业委托其他单位代销商品，在支付手续费方式下，委托方支付的手续费应当计入（　　）。

A.销售费用　　　　　　　　B.财务费用

C.其他业务成本　　　　　　D.营业外支出

20.企业委托其他单位代销商品，在支付手续费方式下，委托方确认的销售商品收入金额为（　　　）。

A.代销清单所列的商品价款

B.代销清单所列的商品价款扣除手续费

C.实际收回的商品价款

D.实际收回的商品价款扣除手续费

21.企业采用分期收款方式销售商品，确认收入的时点为（　　　）。

A.客户取得商品控制权时　　B.合同约定的收款日期

C.实际收到分期货款时　　　D.货款全部收回时

22.在售后回购方式下，回购价格大于原售价的差额，应在回购期间内分期计入（　　　）。

A.销售费用　　　　　　　　B.管理费用

C.制造费用　　　　　　　　D.财务费用

23.企业授予客户的奖励积分如果是企业向客户提供了一项重大权利，则向客户授予奖励积分时，应当确认为（　　　）。

A.销售费用　　　　　　　　B.合同资产

C.合同负债　　　　　　　　D.销售收入

24.企业在向客户转让商品时从事交易的身份是主要责任人还是代理人的判断依据是（　　　）。

A.是否与客户存在关联方关系　B.是否直接向客户转让商品

C.向客户收取的对价是否公允　D.是否拥有对该商品的控制权

25.企业出售下列资产时，应将出售损益记入"资产处置损益"科目的是（　　　）。

A.出售金融资产　　　　　　B.出售固定资产

C.出售长期股权投资　　　　D.出售投资性房地产

26.企业下列活动导致的经济利益流出中，影响营业利润的是（　　　）。

A.自然灾害遭致的损失　　　B.发生的债务重组损失

C.发生的公益性捐赠支出　　D.报废固定资产发生的净损失

27.在计算营业利润时，不会涉及的损益项目是（　　　）。

A.资产减值损失　　　　　　　　B.公允价值变动净损益

C.投资净损益　　　　　　　　　D.所得税费用

28.企业一定期间的利润总额是指（　　　）。

A.营业利润加其他综合收益

B.营业利润加营业外收支净额

C.营业利润加营业外收支净额减所得税费用

D.净利润加其他综合收益净额

29.企业一定期间的净利润是指（　　　）。

A.营业利润　　　　　　　　　B.营业利润加营业外收支净额

C.营业利润减所得税费用　　　D.利润总额减所得税费用

30.企业出售固定资产取得的净收入，应当计入（　　　）。

A.主营业务收入　　　　　　　B.其他业务收入

C.营业外收入　　　　　　　　D.资产处置损益

31.企业出售下列资产取得的收益中，应当列入营业外收入的是（　　　）。

A.出售原材料　　　　　　　　B.出售无形资产

C.出售报废的固定资产　　　　D.出售持有待售的固定资产

32.企业下列活动形成的经济利益流入中，不应列入营业外收入的是（　　　）。

A.接受政府捐赠　　　　　　　B.债务重组

C.固定资产报废　　　　　　　D.库存现金盘盈

33.企业获得的下列经济利益流入中，属于营业外收入的是（　　　）。

A.出售固定资产净收益

B.客户逾期未退回包装物没收的押金

C.出售无形资产净收益

D.接受非股东现金捐赠

34.企业于会计期末结账时，营业外收入项目应当转入（　　　）。

A."本年利润"科目的借方　　　B."本年利润"科目的贷方

C."利润分配"科目的借方　　　D."利润分配"科目的贷方

35.下列利润表项目中，不设置相应的损益类总账科目单独核算的是（　　　）。

A.研发费用   B.信用减值损失

C.其他收益   D.所得税费用

36.企业的法定盈余公积，应当按照（ ）。

A.当期营业利润的10%提取 B.当期利润总额的10%提取

C.当期净利润的10%提取 D.当期可供分配利润的10%提取

37.企业提取盈余公积的会计分录是（ ）。

A.借记"利润分配"科目，贷记"盈余公积"科目

B.借记"盈余公积"科目，贷记"利润分配"科目

C.借记"本年利润"科目，贷记"盈余公积"科目

D.借记"盈余公积"科目，贷记"本年利润"科目

38.企业分配股票股利的会计分录是（ ）。

A.借记"利润分配"科目，贷记"股本"科目

B.借记"股本"科目，贷记"利润分配"科目

C.借记"利润分配"科目，贷记"应付股利"科目

D.借记"应付股利"科目，贷记"利润分配"科目

39.企业提取的法定盈余公积主要用于（ ）。

A.弥补亏损和转增资本 B.弥补亏损和分配现金股利

C.转增资本和分配现金股利 D.分配现金股利

40.暂时性差异的产生与确认其他权益工具投资的公允价值变动相关的，在确认递延所得税负债或递延所得税资产的同时，应当计入（ ）。

A.所得税费用   B.公允价值变动损益

C.其他综合收益   D.资本公积

41.下列各项中，不可能导致产生暂时性差异的是（ ）。

A.超过税前扣除标准支付的业务招待费

B.可以在所得税前弥补的亏损

C.计提资产减值准备

D.因产品质量保证确认的预计负债

42.暂时性差异的产生与企业合并相关的，在确认递延所得税负债或递延所得税资产的同时，应当调整（ ）。

A.所得税费用   B.资本公积

C.企业合并成本　　　　　　　D.购买日确认的商誉

43.企业应于会计期末，将本期确认的所得税费用转入（　　　）。

A."本年利润"科目的借方　　B."本年利润"科目的贷方

C."利润分配"科目的借方　　D."利润分配"科目的贷方

（二）多项选择题

1.企业下列活动形成的损益中，构成营业利润的有（　　　）。

A.出售原材料　　　　　　　　B.出售无形资产

C.出租无形资产　　　　　　　D.出售固定资产

E.出租固定资产

2.工业企业下列业务取得的收入中，属于主营业务收入的有（　　　）。

A.销售产成品　　　　　　　　B.销售半成品

C.销售原材料　　　　　　　　D.出租包装物

E.出租低值易耗品

3.工业企业下列活动形成的经济利益流入中，属于其他业务收入的有（　　　）。

A.出租固定资产　　　　　　　B.出租无形资产

C.出售固定资产　　　　　　　D.出售无形资产

E.出售原材料

4.工业企业的下列活动形成的经济利益流入中，应列入利润表营业收入项目下的有（　　　）。

A.销售自制产成品　　　　　　B.转让商标使用权

C.出售积压的原材料　　　　　D.出租生产设备

E.出租房屋

5.收入确认与计量的基本步骤包括（　　　）。

A.识别与客户订立的合同

B.识别合同中的单项履约义务

C.确定交易价格

D.将交易价格分摊至各单项履约义务

E.履行每一单项履约义务时确认收入

6.企业处置下列资产发生的损益中，应当计入资产处置损益的有（　　　）。

A.出售周转材料 　　　　　　　B.出售金融资产

C.出售固定资产 　　　　　　　D.出售无形资产

E.出售长期股权投资

7.企业发生的下列损失中，不应列入营业外支出的有（　　　）。

A.现金短缺损失 　　　　　　　B.出售无形资产净损失

C.投资净损失 　　　　　　　　D.自然灾害遭致的净损失

E.处置固定资产净损失

8.企业发生的下列支出或损失中，属于营业外支出的有（　　　）。

A.债务重组损失 　　　　　　　B.公益性捐赠支出

C.固定资产盘亏损失 　　　　　D.资产减值损失

E.存货霉烂变质损失

9.企业获得的下列经济利益流入中，不应当计入当期营业外收入的有（　　　）。

A.现金折扣 　　　　　　　　　B.存货盘盈

C.资本溢价 　　　　　　　　　D.固定资产盘盈

E.债务重组利得

10.下列收入或利得项目中，影响营业利润的有（　　　）。

A.资产处置收益 　　　　　　　B.其他收益

C.公允价值变动收益 　　　　　D.投资收益

E.营业外收入

11.企业一定期间内发生的下列费用或损失中，影响营业利润的有（　　　）。

A.税金及附加 　　　　　　　　B.信用减值损失

C.资产减值损失 　　　　　　　D.投资净损失

E.公允价值变动净损失

12.企业在一定期间发生的下列损益项目中，影响利润总额的有（　　　）。

A.税金及附加 　　　　　　　　B.其他收益

C.营业外收入 　　　　　　　　D.营业外支出

E.所得税费用

13.工业企业下列活动形成的经济利益流入中，属于其他业务收入的有（　　　）。

    A.出售原材料   B.出售低值易耗品

    C.出售固定资产   D.出售无形资产

    E.出售投资性房地产

14.企业获得的下列经济利益流入中，不应列入营业外收入的有（　　　）。

    A.无法查明原因的现金溢余   B.存货盘盈

    C.出租无形资产的收入   D.出售无形资产的收入

    E.债务重组利得

15.企业发生的下列损失中，应列入营业外支出的有（　　　）。

    A.现金短缺损失   B.报废无形资产净损失

    C.废品损失   D.自然灾害造成的资产净损失

    E.债务重组损失

16.在企业发生的下列与固定资产相关的支出或损失中，应列入营业外支出的有（　　　）。

    A.固定资产大修理支出   B.固定资产改扩建支出

    C.固定资产报废损失   D.固定资产盘亏损失

    E.固定资产减值损失

17.下列事项中，不会引起股东权益总额发生增减变动的有（　　　）。

    A.用资本公积转增资本   B.用盈余公积弥补亏损

    C.提取盈余公积   D.分配股票股利

    E.分配现金股利

18.在下列情况下，将导致产生应纳税暂时性差异的有（　　　）。

    A.资产的账面价值大于其计税基础

    B.资产的账面价值小于其计税基础

    C.负债的账面价值大于其计税基础

    D.负债的账面价值小于其计税基础

    E.可用以后年度税前利润弥补的亏损

19.在下列情况下，将导致产生可抵扣暂时性差异的有（　　　）。

    A.资产的账面价值大于其计税基础

    B.资产的账面价值小于其计税基础

C.负债的账面价值大于其计税基础

D.负债的账面价值小于其计税基础

E.可用以后年度税前利润弥补的亏损

20.下列事项中，会导致资产的账面价值与其计税基础之间产生差异的有（　　）。

A.交易性金融资产按公允价值计量

B.其他债权投资按公允价值计量

C.存货按成本与可变现净值孰低计量

D.使用寿命不确定的无形资产不予以摊销

E.将固定资产改扩建支出资本化

21.在确认递延所得税负债或递延所得税资产的同时，相关的所得税影响根据产生暂时性差异的不同情况，可能记入的对应科目有（　　）。

A.所得税费用　　　　　　　B.其他综合收益

C.其他业务收入　　　　　　D.商誉

E.营业外收入

22.下列关于资产或负债的计税基础以及暂时性差异的表述中，正确的有（　　）。

A.资产的计税基础是指在未来期间计税时可予以税前扣除的金额

B.负债的计税基础是指在未来期间计税时可予以税前扣除的金额

C.如果负债的确认不涉及损益，就不会产生暂时性差异

D.资产的账面价值与计税基础之间的差异主要产生于后续计量

E.资产在初始确认时，账面价值与其计税基础之间不会产生差异

（三）判断题

1.根据企业会计准则对收入的定义，企业出售商品、材料形成的经济利益流入属于收入，出售固定资产、无形资产形成的经济利益流入则不属于收入。　　　　　　　　　　　　　　　　　　（　　）

2.企业的所有者向企业投入资本形成的经济利益流入导致所有者权益的增加，因而应作为企业的收入。　　　　　　　　　　　（　　）

3.收入不一定都表现为资产的增加，也可以表现为负债的减少。

（　　）

4.根据企业会计准则对收入的定义，收入不仅包括主营业务收入和其他业务收入，也包括营业外收入。　　　　　　　　　（　　）

5.企业转让商品取得的收入属于主营业务收入，提供服务取得的收入属于其他业务收入。　　　　　　　　　　　　　（　　）

6.工业企业出租无形资产取得的收入属于其他业务收入，但出售无形资产取得的收入属于营业外收入。　　　　　　　（　　）

7.工业企业出租周转材料和出售周转材料取得的收入，都属于其他业务收入。　　　　　　　　　　　　　　　　　　（　　）

8.企业采用预收货款方式销售商品，应当在收到客户预付的货款时确认销售收入。　　　　　　　　　　　　　　　　（　　）

9.如果销售合同中规定了客户在特定情况下有权退货的条款，则企业在售出商品时不能确认收入。　　　　　　　　　（　　）

10.某商场为了吸引顾客，在销售商品时向顾客承诺对购买的商品如果不满意，10日内可以退货，该商场应当在承诺的退货期满后确认销售收入。　　　　　　　　　　　　　　　　　　　　（　　）

11.实物已交付客户但客户尚未取得控制权的商品，仍应列入销货方资产负债表中的"存货"项目。　　　　　　　　　（　　）

12.商业折扣和现金折扣都是给予客户的价格扣除，但前者是为了鼓励客户多购商品，后者是为了尽快回笼资金。　　　（　　）

13.商业折扣和现金折扣都会导致合同对价成为可变对价。（　　）

14.在销售附有现金折扣条件的情况下，企业采用总价法核算时应将客户取得的现金折扣作为冲减销售收入处理。　　　（　　）

15.如果销售折让发生在确认收入之后并且不属于资产负债表日后事项，企业应按实际给予客户的销售折让，冲减销售收入和销售成本。　　　　　　　　　　　　　　　　　　　　　　（　　）

16.如果销售退回属于资产负债表日后事项，应调整资产负债表日财务报表有关项目的金额。　　　　　　　　　　　（　　）

17.在分期收款销售方式下，企业通常应当于将商品交付客户时确认收入。　　　　　　　　　　　　　　　　　　　（　　）

18.采用委托代销方式销售商品时，委托方应当在收到受托代销商品款后再确认销售收入。　　　　　　　　　　　　（　　）

19.企业接受委托代其他单位销售商品，在将代销商品售出时，视同买断方式下应确认销售商品收入，而收取手续费方式下则应确认代销手续费收入。（　　）

20.在分期收款销售方式下，企业应按合同约定的收款进度分期确认销售收入。（　　）

21.企业委托其他单位代销商品，在支付手续费方式下，委托方应当在受托方开来代销清单时确认销售收入。（　　）

22.如果销售退回发生在确认收入之后并且不属于资产负债表日后事项，企业应当冲减退货当期的销售收入和销售成本。（　　）

23.售后回购属于融资交易的，企业销售商品时不应当确认收入，收到的款项应确认为负债。（　　）

24.对于在某一时段内履行的履约义务，当履约进度不能合理确定时，企业不应确认收入。（　　）

25.对于在某一时段内履行的履约义务，企业应当在该段时间内按照履约进度确认收入，但履约进度不能合理确定的除外。（　　）

26.对于在某一时段内履行的履约义务，当履约进度不能合理确定时，企业已经发生的成本预计能够得到补偿的，应当按照已经发生的成本金额确认收入。（　　）

27.企业处置资产发生的损益，应当计入资产处置损益。（　　）

28.企业处置固定资产发生的净损益，应当计入资产处置损益。（　　）

29.企业处置无形资产发生的损益，应当根据具体情况，计入资产处置损益或营业外收支。（　　）

30.利润不仅仅指营业利润，还包括营业外收支净额。（　　）

31.营业利润是指营业收入扣减营业成本和税金及附加后的差额。（　　）

32.税务机关返还的增值税属于政府补助，但税务机关直接减免的增值税不属于政府补助。（　　）

33.影响营业利润的收支项目必然会影响利润总额，但影响利润总额的收支项目不一定会影响营业利润。（　　）

34.企业出售自用的房地产获得的收入，应计入资产处置损益；出

售经营性租出房地产获得的收入，应计入其他业务收入。　　（　　）

35.企业处置各种非流动资产获得的经济利益流入，应当计入资产处置损益。　　（　　）

36.其他收益是企业主营业务之外的其他经营业务产生的收益。
　　　　　　　　　　　　　　　　　　　　　　　　　　　　（　　）

37.企业分派现金股利会导致所有者权益总额的减少，但分派股票股利不会导致所有者权益总额的减少。　　（　　）

38.企业本年度的利润分配结束之后，"利润分配"科目应无余额。
　　　　　　　　　　　　　　　　　　　　　　　　　　　　（　　）

39.如果不存在暂时性差异，则企业确认的本期所得税费用等于本期应交所得税。　　（　　）

40.如果不存在暂时性差异，则利润表中的利润总额等于应纳税所得额。　　（　　）

41.在不存在直接计入所有者权益的交易或事项以及企业合并的情况下，如果某期确认的递延所得税负债等于该期确认的递延所得税资产，则该期的所得税费用等于应交所得税。　　（　　）

42.如果负债的账面价值大于其计税基础，则形成应纳税暂时性差异。　　（　　）

43.如果资产的账面价值大于其计税基础，则形成可抵扣暂时性差异。　　（　　）

44.即使资产或负债的账面价值均等于计税基础，也可能存在可抵扣暂时性差异。　　（　　）

45.递延所得税资产产生于可抵扣暂时性差异。　　（　　）

46.企业合并中所确认的商誉账面价值与其计税基础之间产生的应纳税暂时性差异，按照企业会计准则的规定，不再进一步确认相关的所得税影响。　　（　　）

47.企业自行开发的无形资产在初始确认时账面价值小于计税基础的差异属于可抵扣暂时性差异，但不确认相应的递延所得税资产。
　　　　　　　　　　　　　　　　　　　　　　　　　　　　（　　）

48.在确认应纳税暂时性差异产生的递延所得税负债的同时，相关的所得税影响均应增加利润表中的所得税费用。　　（　　）

（四）计算及账务处理题

1.星海公司与客户签订了一项合同，以800 000元的价格向客户销售A、B、C、D四种产品，四种产品都是星海公司定期单独对外销售的产品，A、B、C三种产品的单独售价均可直接观察，A产品单独售价为360 000元，B产品单独售价为240 000元，C产品单独售价为250 000元，而D产品因其近期售价波动幅度巨大，无法可靠确定单独售价，星海公司采用余值法估计其单独售价。在该合同中，星海公司针对A产品和B产品给予客户折扣100 000元，C产品和D产品则没有给予折扣。

要求：将交易价格分摊至各单项履约义务。

2.2×18年12月20日，星海公司与客户签订合同，每周为客户的办公楼提供保洁服务，合同期限为3年，客户每年向星海公司支付服务费15万元（该价格反映了合同开始日该项服务的单独售价），合同于2×19年1月1日开始执行。2×20年12月25日，合同双方对合同进行了变更，将第3年的服务费调整为12万元（该价格反映了合同变更日该项服务的单独售价），同时以30万元的价格将合同期限延长3年，即每年的服务费为10万元（该价格不能反映合同变更日该项服务的单独售价）。上述价格均不包含增值税。合同约定，服务费于每年的12月31日按履约的时间进度结算一次，星海公司据以确认收入。合同期间，客户各年均如约支付了服务费。假定星海公司提供保洁服务适用的增值税税率为6%，于结算服务费时发生纳税义务。

要求：根据以上资料，编制星海公司各年年末确认服务费收入的会计分录。

3.星海公司与客户签订一项不可撤销的固定造价合同，合同总金额为2 900万元。星海公司负责工程的施工及全面管理，客户按照第三方工程监理公司确认的工程进度，每年与星海公司结算一次，对于已结算的合同价款，星海公司拥有无条件的收款权利；除非星海公司未能按承诺履约，否则客户无权终止合同；如果由于客户的原因终止合同，星海公司有权就累计至今已完成的履约部分收取能够补偿其已发生成本和合理利润的款项。

工程于2×21年1月开工，预计2×24年6月完工；预计发生工程总成本2 750万元；2×22年年末，由于材料价格上涨等因素，星海公司将预计工程总成本调整为 3 000 万元；2×23 年年末，根据掌握的最新证据，将预计工程总成本调整为 3 050 万元。按照合同约定，工程质保金为 150 万元，须待 2×25 年年末保证期结束且未发生重大质量问题时客户方能收款。该合同的其他有关资料见表 13-1。

表13-1   **其他有关资料**   单位：万元

项　　目	2×21年	2×22年	2×23年	2×24年	2×25年
年末累计实际发生成本	770	1 500	2 440	3 050	—
年末预计完成合同尚需发生成本	1 980	1 500	610	—	—
本期结算合同价款	850	800	700	400	150
本期实际收到合同价款	800	800	600	550	150

上述价款均不包含增值税。星海公司适用的增值税税率为9%，于结算合同价款时发生增值税纳税义务。星海公司采用成本法确定履约进度，于每年的12月31日确认本年收入。

要求：根据上述资料，编制星海公司各年实际发生合同成本、结算合同价款、实际收到合同价款、确认收入并结转成本、确认合同预计损失等有关业务的会计分录。

4.星海公司向B公司销售一批商品，商品成本为50 000元，售价为60 000元，增值税税额为7 800元。商品已经发出，货款也已收妥。

要求：编制星海公司确认销售商品收入和结转销售成本的会计分录。

5.某年6月10日，星海公司向B公司赊销一批商品，商品成本为80 000元，售价为110 000元，增值税税额为14 300元。星海公司开出发票账单，并按照合同约定的品种和质量发出商品，B公司已将该批商品验收入库。商品赊销期限为30天。

要求：编制星海公司赊销商品的下列会计分录：

（1）6月10日，发出商品并结转成本。

（2）7月10日，收回货款。

6.2×23年9月20日，星海公司将一批不需用的库存原材料销售给B公司。原材料采购成本为90 000元，已计提跌价准备35 000元，销售价格为50 000元，增值税税额为6 500元。星海公司开出发票账单并发出原材料。星海公司在销售原材料时已知悉B公司目前面临资金周转困难，近期内难以收回货款，但考虑到与B公司以往的业务关系以及处理积压库存原材料，仍将原材料发运给B公司。2×24年5月10日，B公司给星海公司开出一张为期3个月的商业承兑汇票，结算货款。

要求：编制星海公司销售原材料的下列会计分录：

（1）2×23年9月20日，发出原材料。

（2）2×24年5月10日，收到B公司开来的商业承兑汇票。

7.某年3月31日，星海公司向D公司赊销一批商品，商品售价为20 000元，增值税税额为2 600元。合同约定的赊销期为30天，但附有现金折扣条件：如果D公司能在10天内付款，可按商品售价（不含增值税）的2%享受现金折扣；如果D公司能在20天内付款，可按商品售价（不含增值税）的1%享受现金折扣；如果超过20天付款，则须按交易金额全额付款。星海公司采用净价法核算附有现金折扣条件的赊销。

要求：编制星海公司赊销商品的下列会计分录：

（1）3月31日，赊销商品。

（2）收回货款。

① 假定D公司于4月10日付款。

② 假定D公司于4月20日付款。

③ 假定D公司于4月30日付款。

8.某年5月28日，星海公司向D公司销售一批商品。商品成本为42 000元，销售价格为50 000元，增值税税额为6 500元。商品已发出，货款也已收妥。6月5日，D公司在验收商品时，发现存在质量问题，要求给予20%的价格折让，星海公司同意给予折让。

要求：编制星海公司有关销售折让的下列会计分录：

（1）发出商品，并收取货款。

（2）同意给予价格折让，并退回多收货款。

9.某年5月28日，星海公司向D公司赊销一批商品，商品成本为12 000元，销售价格为16 000元，增值税税额为2 080元，赊销期为30天。商品发出后，星海公司确认了销售收入。6月5日，D公司在验收商品时，发现存在质量问题，要求退货，星海公司同意退货。

要求：编制星海公司有关销售退回的下列会计分录：

（1）发出商品。

（2）办理退货。

10.2×23年12月28日，星海公司向H公司赊销一批商品，赊销期为30天。该批商品的成本为150 000元，销售价格为200 000元，增值税税额为26 000元。商品发出后，星海公司确认了销售收入。2×24年1月10日，H公司在验收商品时，发现质量存在问题，要求退货，星海公司同意退货，并办妥退货手续。星海公司按应收账款年末余额的5%计提坏账准备，按净利润的10%计提法定盈余公积，所得税税率为25%。

要求：编制星海公司有关销售退回的下列会计分录：

（1）2×23年12月28日，星海公司赊销商品。

（2）2×24年1月10日，星海公司办妥退货手续。

① 调整销售收入。

② 调整销售成本。

③ 调整坏账准备余额。

④ 调整应交所得税。

⑤ 调整递延所得税。

⑥ 将"以前年度损益调整"科目余额转入"利润分配"科目。

⑦ 调整利润分配。

11.某年2月20日，星海公司将其生产的一套设备销售给C公司，设备生产成本为276 000元，销售价格为360 000元，增值税税额为46 800元。根据合同约定，C公司在取得设备时首付20%的货款，其余货款从3月起，每月月末等额支付一次，分3个月付清。星海公司按收款进度为C公司开具增值税专用发票并产生增值税纳税义务。

要求：编制星海公司采用分期收款方式销售商品的下列会计分录：

（1）2月20日，发出商品并收到C公司的首付货款。

（2）3月31日，收到C公司分期支付的货款。

（3）4月30日，收到C公司分期支付的货款。

（4）5月31日，收到C公司分期支付的货款。

12.2×22年1月1日，星海公司将其生产的一套设备销售给B公司，设备生产成本为250 000元，售价为360 000元，增值税销项税额为 46 800 元。根据合同约定，设备全部价款（包括增值税销项税额）于每年 12 月 31 日等额支付一次，分 3 次付清。星海公司按收款进度为 B 公司开具增值税专用发票并产生增值税纳税义务。设备的现销价格为 315 000 元，星海公司判断该项分期收款销售存在重大融资成分。

要求：作出星海公司采用分期收款方式销售商品的下列会计处理：

（1）计算确定实际利率（现值系数请自己查表）。

（2）计算融资收益。

（3）采用实际利率法编制融资收益分配表（表式参见主教材）。

（4）编制发出商品并确认销售收入、结转销售成本的会计分录。

（5）编制各年年末收取合同款并分配融资收益的会计分录。

13. 2×21 年 1 月 1 日，星海公司将其生产的一套设备销售给 D 公司，设备生产成本为 3 600 000 元，售价为 6 000 000 元，增值税销项税额为 780 000 元。根据合同约定，设备价款（包括增值税销项税额）于 2×24 年 12 月 31 日一次付清。星海公司收到货款后为 A 公司开具增值税专用发票并产生增值税纳税义务。设备的现销价格为 4 500 000 元，星海公司判断该项赊销存在重大融资成分。

要求：作出星海公司采用赊销方式销售商品的下列会计处理：

（1）计算确定实际利率（现值系数请自己查表）。

（2）编制融资收益分配表（表式参见主教材）。

（3）编制发出商品并确认销售收入、结转销售成本的会计分录。

（4）编制各年年末分配融资收益的会计分录。

（5）编制赊销期满收回合同价款的会计分录。

14. 星海公司采用视同买断方式委托乙公司代销一批商品，商品成本为 36 000 元，合同买断价格为 40 000 元，增值税税额为 5 200 元。根据代销合同，乙公司在取得代销商品后，无论是否能够卖出、是否获利，均与星海公司无关，代销商品的实际售价由乙公司自定。乙公司将该批商品售出，实际售价为 45 000 元，增值税税额为 5 850 元。

要求：分别编制星海公司和乙公司代销商品的下列会计分录：

（1）星海公司委托代销商品的会计分录。

① 发出委托代销商品。

② 收到乙公司支付的货款。

（2）乙公司受托代销商品的会计分录。

① 收到受托代销商品。

② 将受托代销商品售出。

③ 向星海公司付清货款。

15.星海公司采用视同买断方式委托乙公司代销一批商品，商品成本为 80 000 元，合同买断价格为 100 000 元，增值税税额为 13 000 元。根据代销合同，乙公司将来没有将受托代销的商品售出时，可以将商品退回给星海公司，代销商品的实际售价由乙公司自定。乙公司将该批商品售出，实际售价为 120 000 元，增值税税额为 15 600 元。

要求：分别编制星海公司和乙公司代销商品的下列会计分录：

（1）星海公司委托代销商品的会计分录。

① 发出委托代销商品。

② 收到乙公司开来的代销清单。

③ 收到乙公司支付的货款。

（2）乙公司受托代销商品的会计分录。

① 收到受托代销商品。

② 将受托代销商品售出。

③ 收到增值税专用发票。

④ 向星海公司付清货款。

16.星海公司采用支付手续费方式委托乙公司代销一批商品，商品成本为 36 000 元。根据代销合同，商品售价为 40 000 元，增值税税额为 5 200 元，星海公司按销售价款（含增值税）的 3% 支付手续费。乙公司将该批商品售出后，给星海公司开来代销清单，星海公司根据代销清单所列的已销商品金额给乙公司开具增值税专用发票。

要求：分别编制星海公司和乙公司代销商品的下列会计分录：

（1）星海公司委托代销商品的会计分录。

① 发出委托代销商品。

② 乙公司开来代销清单。

③ 确认应付的代销手续费。

④ 收到乙公司支付的货款。

（2）乙公司受托代销商品的会计分录。

① 收到受托代销商品。

② 将受托代销商品售出。

③ 收到增值税专用发票。

④ 结清代销商品款并计算代销手续费。

17.2×23 年 10 月 20 日，星海公司向乙公司赊销 A 商品 1 000 件。A 商品单位生产成本为 400 元，单位售价为 500 元，增值税专用发票上列明的增值税税额为 65 000 元。根据合同约定，商品赊销期为 1 个月，11 月 20 日之前乙公司应结清全部价款；合同同时约定，星海公司给乙公司提供 6 个月的试销期，在 2×24 年 4 月 20 日之前，乙公司有权将未售出的商品退回星海公司，星海公司根据实际退货数量，给乙公司开具红字的增值税专用发票并退还相应的货款。根据以往的营业经验，星海公司在发出商品时估计该批商品的退货率为 20%（即退回 200 件商品）。星海公司每季季末对退货率进行重新评估。2×23 年 12 月 31 日，星海公司重新估计的退货率为 25%（即退回 250 件商品）；2×24 年 3 月 31 日，星海公司重新估计的退货率为 10%（即退回 100 件商品）。

要求：编制星海公司附有销售退回条款销售的下列会计分录：

（1）2×23 年 10 月 20 日，星海公司发出商品并开出增值税专用发票，估计退货率为 20%。

（2）2×23 年 11 月 20 日，收到货款。

（3）2×23 年 12 月 31 日，星海公司重新估计的退货率为 25%。

（4）2×24 年 3 月 31 日，星海公司重新估计的退货率为 10%。

（5）2×24 年 4 月 20 日，退货期届满。

① 假定乙公司没有退货。

② 假定乙公司实际退回商品 80 件。

③ 假定乙公司实际退回商品 100 件。

④ 假定乙公司实际退回商品 130 件。

18.2×23 年 9 月 1 日，星海公司与 D 公司签订合同，向 D 公司销售一批商品，商品成本为 650 000 元，销售价格为 800 000 元，增值税税额为 104 000 元，所售商品并未发出。根据合同中的约定，星海公司于 2×24 年 7 月 1 日将所售商品购回，回购价格为 850 000 元，增值税税额为

110 500元。

要求：编制星海公司售后回购的下列会计分录：

（1）2×23年9月1日，销售商品并收到货款。

（2）2×23年9月30日，计提利息（其余各月计提利息的会计分录略）。

（3）2×24年7月1日，按约定将该批商品购回。

19.星海公司2×24年度取得主营业务收入6 500万元，其他业务收入1 200万元，其他收益220万元，投资收益1 260万元，资产处置收益230万元，营业外收入190万元；发生主营业务成本4 000万元，其他业务成本1 000万元，税金及附加200万元，销售费用950万元，管理费用650万元，财务费用300万元，公允价值变动净损失100万元，资产减值损失200万元，信用减值损失150万元，营业外支出550万元，所得税费用420万元。星海公司按净利润的10%提取法定盈余公积，2×24年度向股东分配现金股利300万元。

要求：作出星海公司有关利润结转与分配的下列会计处理：

（1）结转损益类科目余额。

（2）结转净利润。

（3）提取法定盈余公积。

（4）分配现金股利。

（5）计算利润表中下列项目的金额：

① 营业利润。

② 利润总额。

③ 净利润。

20.星海公司本期购入的一项交易性金融资产，入账成本为45 000元，期末公允价值为60 000元；该公司本期因产品售后服务确认了20 000元的预计负债。除上列项目外，该公司其他资产和负债的账面价值与其计税基础之间不存在差异。星海公司本期按税法规定计算的应纳税所得额为160 000元，适用的所得税税率为25%。本期确认所得税费用之前，递延所得税资产和递延所得税负债均无余额。

要求：作出星海公司确认所得税费用的下列会计处理：

（1）计算下列项目金额：

① 当期所得税。

② 应纳税暂时性差异。

③ 可抵扣暂时性差异。

④ 递延所得税负债。

⑤ 递延所得税资产。

⑥ 递延所得税。

⑦ 所得税费用。

（2）编制确认所得税费用的会计分录。

21.2×19年12月25日，星海公司投入使用一套环保设备，原始价值为800万元，预计使用5年，无净残值，星海公司采用直线法计提折旧。根据税法规定，该设备的预计使用年限和净残值与会计相同，但可以采用加速折旧法计提折旧，星海公司在纳税申报时，按双倍余额递减法计列折旧费用。2×21年12月31日，星海公司对该设备计提了90万元的固定资产减值准备。假定在该设备的使用期间，上列事项是导致星海公司产生暂时性差异的唯一原因；2×20年1月1日，递延所得税资产和递延所得税负债均无余额；星海公司每年的应纳税所得额均为500万元，所得税税率为25%。

要求：作出星海公司在使用该设备期间，有关所得税的下列会计处理：

（1）编制星海公司递延所得税确认表（见表13-2）。

表13-2   递延所得税确认表   单位：万元

项　　目	2×20年 年末	2×21年 年末	2×22年 年末	2×23年 年末	2×24年 年末
固定资产原价					
已计提的资产减值准备					
累计会计折旧					
期末账面价值					
累计计税折旧					
期末计税基础					

项　目	2×20年年末	2×21年年末	2×22年年末	2×23年年末	2×24年年末
应纳税暂时性差异					
递延所得税负债期末余额					
当期确认的递延所得税负债					
递延所得税					
当期所得税					
所得税费用					

（2）编制星海公司各年确认所得税费用的会计分录。

22.星海公司对持有的交易性金融资产和其他债权投资按公允价值计量，而按照税法的规定，交易性金融资产和其他债权投资的计税基础均为取得成本。2×24年12月31日，交易性金融资产账面成本为1 200万元，公允价值为1 150万元；其他债权投资账面成本为1 400万元，公允价值为1 500万元。假定除上列事项外，星海公司不存在导致产生暂时性差异的其他事项；2×24年1月1日，递延所得税资产和递延所得税负债均无余额；星海公司2×24年的应纳税所得额为1 000万元，所得税税率为25%。

要求：作出星海公司2×24年有关所得税费用的下列会计处理：

（1）计算应纳税暂时性差异。

（2）计算可抵扣暂时性差异。

（3）计算递延所得税负债。

（4）计算递延所得税资产。

（5）计算当期所得税。

（6）计算计入所有者权益的递延所得税。

（7）计算递延所得税。

（8）计算所得税费用。

（9）编制确认所得税的会计分录。

23.星海公司对持有的交易性金融资产期末按公允价值计量，对持有的存货期末按成本与可变现净值孰低计量，而按照税法的规定，交易性金融资产和存货的计税基础均为取得成本；此外，星海公司按照履行产品质量保证所需支出的最佳估计数确认预计负债，而按照税法规定，与产品质量保证相关的费用，在未来期间发生时允许在所得税前据实扣除。2×22年至2×24年，星海公司交易性金融资产、存货以及预计负债的账面价值与计税基础资料见表13-3。

表13-3　　　　　　资产、负债账面价值与计税基础比较表　　　　单位：万元

项　目		2×22年 12月31日	2×23年 12月31日	2×24年 12月31日
交易性金融资产	账面价值	600	700	400
	计税基础	420	500	350
存　货	账面价值	80	100	120
	计税基础	110	120	130
预计负债	账面价值	200	150	160
	计税基础	0	0	0

假定除了表13-3所列事项外，星海公司在2×22年至2×24年期间不存在导致产生暂时性差异的其他事项；2×24年1月1日，递延所得税资产和递延所得税负债均无余额；星海公司每年的应纳税所得额均为1 000万元，所得税税率为25%。

要求：计算星海公司2×22年至2×24年各年年末应纳税暂时性差异与可抵扣暂时性差异，各年应确认的递延所得税负债与递延所得税资产，各年应确认的当期所得税、递延所得税与所得税费用，并编制相应的会计分录。

五、案例分析题

星海公司是一家工业企业，为增值税一般纳税人，适用13%的增值税税率和25%的所得税税率。该企业各月月末，通过利润表计算当

月利润；年度终了，将损益类科目全年累计金额一次性转入"本年利润"科目，计算年度利润。该公司2×23年度利润表的有关资料如下：

1.星海公司编制的2×23年11月利润表（简表）见表13-4。

表13-4   **利润表（简表）**   会企02表

编制单位：星海公司   2×23年11月   单位：元

项 目	本月数	本年累计数
一、营业收入	239 000	2 795 600
减：营业成本	166 000	1 923 600
税金及附加	400	5 000
销售费用	4 600	58 000
管理费用	22 000	266 000
财务费用	7 200	85 000
加：投资收益（损失以"-"号填列）	2 500	72 000
公允价值变动收益（损失以"-"号填列）		
资产减值损失（损失以"-"号填列）		
二、营业利润（亏损以"-"号填列）	41 300	530 000
加：营业外收入	6 000	85 000
减：营业外支出	7 300	35 000
三、利润总额（亏损总额以"-"号填列）	40 000	580 000
减：所得税费用	13 200	191 400
四、净利润（净亏损以"-"号填列）	26 800	388 600

注：表13-4中，主营业务收入本年累计数为2 580 000元，其他业务收入本年累计数为215 600元；主营业务成本本年累计数为1 750 000元，其他业务成本本年累计数为173 600元。

2.2×23年12月，星海公司发生如下产品销售业务：

（1）星海公司与北方公司签订分期收款销售合同，向北方公司销售

A产品3000件。A产品单位生产成本为23元,产品价目单所列的单位销售价格为40元(不含增值税),根据规定的折扣条件,北方公司可享受20%的商业折扣。销售合同约定,北方公司应在星海公司向其交付产品时,首期支付20%的货款(包括相应的增值税税额),其余货款分3个月(包括购货当月)于月末等额支付。星海公司按收款进度为北方公司开具增值税专用发票并产生增值税纳税义务。2×23年12月1日,星海公司销售A产品,北方公司如约支付首期货款和以后各期货款。

(2)星海公司因融资需要而与信达公司签订合同,向信达公司销售A产品15000件,每件售价38元(不含增值税)。根据合同,星海公司须于2×24年12月5日前将所售A产品按每件40元(不含增值税)的价格购回。2×23年12月4日,星海公司向信达公司销售A产品,信达公司如数支付货款。

(3)2×23年12月4日,星海公司采用支付手续费方式委托华阳公司代销B产品5000件。B产品单位生产成本为17.50元,每件售价为25元(不含增值税)。根据代销合同,华阳公司每月月末给星海公司开具产品代销清单,并按产品售价(不含增值税)的6%收取代销手续费。2×23年12月31日,华阳公司给星海公司开来代销清单,B产品已按约定的价格售出3000件。2×24年1月31日,华阳公司给星海公司开来代销清单,剩余的2000件B产品也已按约定的价格售出。2×24年2月5日,华阳公司从销货款中扣除代销手续费后,将其余货款如数付给星海公司。

(4)2×23年12月5日,星海公司向渤海公司赊销B产品4000件。B产品价目单所列的单位销售价格为25元(不含增值税),根据规定的折扣条件,渤海公司可享受5%的商业折扣。销售合同约定,产品赊销期为30天,如果渤海公司能在10日内付款,可享受2%的现金折扣,计算现金折扣时不包括增值税税额。2×23年12月15日,渤海公司付清全部货款。星海公司采用总价法核算。

(5)2×23年12月10日,星海公司向中原公司销售B产品2000件,每件售价为25元(不含增值税)。星海公司在销售时已获悉中原公司目前面临资金周转困难,近期内很难收回货款,但考虑到中原公司的财务困难只是暂时性的,将来仍有可能收回货款,为了扩大销售,避免存货积压，星海公司仍将B产品发运给了中原公司。中原公司经过一段时间的积极运作，资金周转困难逐渐得以缓解，于2×24年9月1日给星海公司开出一张面值为58 000元、为期6个月的银行承兑汇票。

（6）2×23年12月10日，星海公司采用视同买断方式委托华亿公司代销A产品2 000件，每件合同售价为36元（不含增值税）。根据代销合同，华亿公司在取得代销商品后，无论是否能够卖出、是否获利，均与星海公司无关，代销商品的实际售价由华亿公司自定。华亿公司接受委托后，当月即将A产品按每件40元的价格全部售出。2×24年1月6日，华亿公司按合同售价将货款如数付给星海公司。

（7）2×23年12月28日，星海公司向泰华公司赊销B产品1 000件，每件售价25元（不含增值税），赊销期为30天。

3.2×23年12月，星海公司除主营业务收入、主营业务成本以外的其他损益类科目发生额见表13-5。

表13-5　　　　　　　科目发生额汇总表（部分）

2×23年12月　　　　　　　　　　单位：元

会计科目	本期发生额	
	借方	贷方
其他业务收入		16 900
投资收益		60 800
公允价值变动损益		35 000
营业外收入		82 000
其他业务成本	12 500	
税金及附加	500	
销售费用	5 200	
管理费用	24 000	
财务费用	8 600	
资产减值损失	30 000	
营业外支出	68 500	
所得税费用	247 500	

4.2×23年度，星海公司按规定提取10%的法定盈余公积，分配现金股利192 000元。

5.2×24年1月10日，泰华公司通知星海公司，其在验收星海公司2×23年12月28日发出的1 000件B产品时，发现存在严重的质量问题，要求退货。2×24年1月15日，星海公司为泰华公司办理了退货。星海公司的应收账款未计提坏账准备。

根据以上资料，要求：

1.为星海公司的每一笔销售业务编制有关会计分录（包括以后年度应当编制的有关会计分录）。

2.设置T形账户，登记星海公司2×23年12月主营业务收入和主营业务成本的发生额。

3.编制星海公司2×23年度损益类科目累计发生额汇总表。

4.编制星海公司结转2×23年度损益类科目累计发生净额和净利润的会计分录。

5.编制星海公司2×23年度利润分配的有关会计分录。

6.编制星海公司2×23年度的利润表（简表）。

7.编制星海公司销售退回的调整会计分录，并调整2×23年度利润表有关项目的金额。

【案例分析】

1.星海公司各项销售业务的有关会计分录。

（1）采用分期收款销售方式向北方公司销售A产品3 000件。

①2×23年12月1日，销售A产品，收到北方公司支付的首期货款。

产品销售收入=3 000×40×（1-20%）=96 000（元）

产品销售成本=3 000×23=69 000（元）

增值税销项税额=96 000×13%=12 480（元）

收取的首期货款=（96 000+12 480）×20%=21 696（元）

其中：销项税额=12 480×20%=2 496（元）

应收销货款=（96 000+12 480）×80%=86 784（元）

其中：销项税额=12 480×80%=9 984（元）

借：银行存款   21 696

  应收账款——北方公司   86 784

借：主营业务收入 96 000

应交税费——应交增值税（销项税额） 2 496

——待转销项税额 9 984

借：主营业务成本 69 000

贷：库存商品 69 000

②2×23年12月31日，收到北方公司分期支付的货款。

每期应收货款=$\dfrac{86\,784}{3}$=28 928（元）

其中：销项税额=$\dfrac{9\,984}{3}$=3 328（元）

借：银行存款 28 928

应交税费——待转销项税额 3 328

贷：应收账款——北方公司 28 928

应交税费——应交增值税（销项税额） 3 328

以后各期收取分期货款的会计分录同上，此处略。

（2）向信达公司销售并回购A产品15 000件。

①2×23年12月4日，销售A产品并收取货款。

产品售价总额=15 000×38=570 000（元）

增值税销项税额=570 000×13%=74 100（元）

借：银行存款 644 100

贷：应交税费——应交增值税（销项税额） 74 100

其他应付款——信达公司 570 000

②2×23年12月31日，星海公司计提利息。

回购价格大于原售价的差额=15 000×（40-38）=30 000（元）

每月计提的利息费用=$\dfrac{30\,000}{12}$=2 500（元）

借：财务费用 2 500

贷：其他应付款——信达公司 2 500

以后各月计提利息费用的会计分录相同，此处略。

③2×24年12月5日，星海公司如约购回该批A产品。

回购价格=15 000×40=600 000（元）

增值税进项税额=600 000×13%=78 000（元）

借：其他应付款——信达公司 600 000

应交税费——应交增值税（进项税额） 78 000

贷：银行存款 678 000

（3）采用支付手续费方式委托华阳公司代销B产品5 000件。

①2×23年12月4日，发出B产品。

发出产品成本=5 000×17.50=87 500（元）

借：委托代销商品 87 500

贷：库存商品 87 500

②2×23年12月31日，收到华阳公司开来的代销清单。

产品销售收入=3 000×25=75 000（元）

增值税销项税额=75 000×13%=9 750（元）

产品销售成本=3 000×17.50=52 500（元）

代销手续费=75 000×6%=4 500（元）

借：应收账款——华阳公司 84 750

贷：主营业务收入 75 000

应交税费——应交增值税（销项税额） 9 750

借：主营业务成本 52 500

贷：委托代销商品 52 500

借：销售费用 4 500

贷：应收账款——华阳公司 4 500

③2×24年1月31日，收到华阳公司开来的代销清单。

产品销售收入=2 000×25=50 000（元）

增值税销项税额=50 000×13%=6 500（元）

产品销售成本=2 000×17.50=35 000（元）

代销手续费=50 000×6%=3 000（元）

借：应收账款——华阳公司 56 500

贷：主营业务收入 50 000

应交税费——应交增值税（销项税额） 6 500

借：主营业务成本 35 000

贷：委托代销商品 35 000

借：销售费用 3 000

贷：应收账款——华阳公司 3 000

④2×24年2月5日，收回货款。

借：银行存款 137 500

　贷：应收账款——华阳公司 137 500

（4）向渤海公司赊销B产品4 000件并附有现金折扣条件。

①2×23年12月5日，赊销B产品。

产品销售收入=4 000×25×（1-5%）=95 000（元）

增值税销项税额=95 000×13%=12 350（元）

产品销售成本=4 000×17.50=70 000（元）

借：应收账款——渤海公司 107 350

　贷：主营业务收入 95 000

　　　应交税费——应交增值税（销项税额） 12 350

借：主营业务成本 70 000

　贷：库存商品 70 000

②2×23年12月15日，渤海公司付清货款。

现金折扣=95 000×2%=1 900（元）

实收货款金额=107 350-1 900=105 450（元）

借：银行存款 105 450

　　主营业务收入 1 900

　贷：应收账款——渤海公司 107 350

（5）向中原公司销售B产品2 000件，但发出产品时尚不能满足收入确认的条件。

①2×23年12月10日，发出B产品。

发出产品成本=2 000×17.50=35 000（元）

增值税销项税额=2 000×25×13%=6 500（元）

借：发出商品 35 000

　贷：库存商品 35 000

借：应收账款——中原公司（应收销项税额） 6 500

　贷：应交税费——应交增值税（销项税额） 6 500

②2×24年9月1日，中原公司开出银行承兑汇票。

借：应收票据 56 500

贷：主营业务收入　　　　　　　　　　　　　　　50 000

　　　　应收账款——中原公司（应收销项税额）　　　　6 500

　借：主营业务成本　　　　　　　　　　35 000

　　贷：发出商品　　　　　　　　　　　　　　35 000

　③2×25年3月1日，收回票款。

　借：银行存款　　　　　　　　　　　56 500

　　贷：应收票据　　　　　　　　　　　　　　56 500

（6）采用视同买断方式委托华亿公司代销A产品2 000件。

　①2×23年12月10日，销售A产品。

产品销售收入=2 000×36=72 000（元）

增值税销项税额=72 000×13%=9 360（元）

产品销售成本=2 000×23=46 000（元）

　借：应收账款——华亿公司　　　　　81 360

　　贷：主营业务收入　　　　　　　　　　　　　72 000

　　　　应交税费——应交增值税（销项税额）　　　　9 360

　借：主营业务成本　　　　　　　　　46 000

　　贷：库存商品　　　　　　　　　　　　　　46 000

　②2×24年1月6日，收回货款。

　借：银行存款　　　　　　　　　　　83 520

　　贷：应收账款——华亿公司　　　　　　　　　83 520

（7）2×23年12月28日，向泰华公司赊销B产品1 000件。

产品销售收入=1 000×25=25 000（元）

增值税销项税额=25 000×13%=3 250（元）

产品销售成本=1 000×17.50=17 500（元）

　借：应收账款——泰华公司　　　　　28 250

　　贷：主营业务收入　　　　　　　　　　　　　25 000

　　　　应交税费——应交增值税（销项税额）　　　　3 250

　借：主营业务成本　　　　　　　　　17 500

　　贷：库存商品　　　　　　　　　　　　　　17 500

　2.设置T形账户，登记星海公司2×23年12月主营业务收入和主营业务成本的发生额。

主营业务收入

	借	贷
2×23.12.01/（1）①		96 000
2×23.12.31/（3）②		75 000
2×23.12.05/（4）①		95 000
2×23.12.15/（4）②	1 900	
2×23.12.15/（6）①		72 000
2×23.12.28/（7）		25 000
发生额合计	1 900	363 000

主营业务成本

	借	贷
2×23.12.01/（1）①	69 000	
2×23.12.31/（3）②	52 500	
2×23.12.05/（4）①	70 000	
2×23.12.10/（6）①	46 000	
2×23.12.28/（7）	17 500	
发生额合计	255 000	

3.星海公司2×23年度损益类科目累计发生额汇总表见表13-6。

表13-6　　　　　　　**损益类科目累计发生额汇总表**

2×23年度　　　　　　　　　　　　　　　　　　　单位：元

会计科目	1—11月累计发生额		12月发生额		本年累计发生净额	
	借方	贷方	借方	贷方	借方	贷方
主营业务收入		2 580 000	1 900	363 000		2 941 100
其他业务收入		215 600		16 900		232 500
投资收益		72 000		60 800		132 800
公允价值变动损益				35 000		35 000
营业外收入		85 000		82 000		167 000
主营业务成本	1 750 000		255 000		2 005 000	
其他业务成本	173 600		12 500		186 100	

会计科目	1—11月累计发生额		12月发生额		本年累计发生净额	
	借方	贷方	借方	贷方	借方	贷方
税金及附加	5 000		500		5 500	
销售费用	58 000		5 200		63 200	
管理费用	266 000		24 000		290 000	
财务费用	85 000		8 600		93 600	
资产减值损失			30 000		30 000	
营业外支出	35 000		68 500		103 500	
所得税费用			247 500		247 500	

4.星海公司结转2×23年度损益类科目累计发生净额和净利润的会计分录。

（1）结转损益类科目全年累计发生额。

借：主营业务收入　　　　　　　　　　2 941 100
　　其他业务收入　　　　　　　　　　　232 500
　　投资收益　　　　　　　　　　　　　132 800
　　公允价值变动损益　　　　　　　　　 35 000
　　营业外收入　　　　　　　　　　　　167 000
　贷：本年利润　　　　　　　　　　　　　　　3 508 400
借：本年利润　　　　　　　　　　　　3 024 400
　贷：主营业务成本　　　　　　　　　　　　　2 005 000
　　　其他业务成本　　　　　　　　　　　　　 186 100
　　　税金及附加　　　　　　　　　　　　　　　 5 500
　　　销售费用　　　　　　　　　　　　　　　　63 200
　　　管理费用　　　　　　　　　　　　　　　 290 000
　　　财务费用　　　　　　　　　　　　　　　　93 600
　　　资产减值损失　　　　　　　　　　　　　　30 000
　　　营业外支出　　　　　　　　　　　　　　 103 500
　　　所得税费用　　　　　　　　　　　　　　 247 500

（2）结转2×23年度净利润。

借：本年利润　　　　　　　　　　　　　　　484 000

　　贷：利润分配——未分配利润　　　　　　　　　　　　　484 000

5.星海公司2×23年度利润分配的有关会计分录。

（1）提取法定盈余公积。

法定盈余公积=484 000×10%=48 400（元）

借：利润分配——提取法定盈余公积　　　　　48 400

　　贷：盈余公积——法定盈余公积　　　　　　　　　　　　48 400

（2）分配现金股利。

借：利润分配——应付现金股利　　　　　　　192 000

　　贷：应付股利　　　　　　　　　　　　　　　　　　　　192 000

（3）结转"利润分配"明细科目余额。

借：利润分配——未分配利润　　　　　　　　240 400

　　贷：利润分配——提取法定盈余公积　　　　　　　　　　48 400

　　　　　　　　——应付现金股利　　　　　　　　　　　　192 000

6.星海公司2×23年度利润表（简表）见表13-7。

表13-7　　　　　　　　　　　　利润表（简表）　　　　　　　　会企02表

编制单位：星海公司　　　　　　　　　　2×23年度　　　　　　　　单位：元

项　目	上年数（略）	本年累计数
一、营业收入		3 173 600
减：营业成本		2 191 100
税金及附加		5 500
销售费用		63 200
管理费用		290 000
财务费用		93 600
加：投资收益（损失以"-"号填列）		132 800
公允价值变动收益（损失以"-"号填列）		35 000
资产减值损失（损失以"-"号填列）		-30 000

项　目	上年数（略）	本年累计数
二、营业利润（亏损以"-"号填列）		668 000
加：营业外收入		167 000
减：营业外支出		103 500
三、利润总额（亏损总额以"-"号填列）		731 500
减：所得税费用		247 500
四、净利润（净亏损以"-"号填列）		484 000

7.星海公司销售退回的会计分录以及2×23年度利润表有关项目的调整。

（1）销售退回的会计分录。

①调整销售收入。

借：以前年度损益调整——主营业务收入　　　　　25 000

　　应交税费——应交增值税（销项税额）　　　　3 250

　　贷：应收账款——泰华公司　　　　　　　　　　　　　28 250

②调整销售成本。

借：库存商品　　　　　　　　　　　　　　　　　17 500

　　贷：以前年度损益调整——主营业务成本　　　　　　　17 500

③调整应交所得税。

所得税调整金额=（25 000-17 500）×25%=1 875（元）

借：应交税费——应交所得税　　　　　　　　　　1 875

　　贷：以前年度损益调整——所得税费用　　　　　　　　1 875

④将调整净额转入"利润分配"科目。

以前年度损益调整净额=25 000-17 500-1 875=5 625（元）

借：利润分配——未分配利润　　　　　　　　　　5 625

　　贷：以前年度损益调整　　　　　　　　　　　　　　　5 625

⑤调整提取的法定盈余公积。

法定盈余公积调整金额=5 625×10%=562.50（元）

借：盈余公积——法定盈余公积　　　　　　　　　562.50

贷：利润分配——未分配利润　　　　　　　　　　562.50

（2）利润表有关项目金额的调整见表13-8。

表13-8　　　　　　　　　　　利润表（简表）

编制单位：星海公司　　　　　　　2×23年度　　　　　　　　单位：元

项　目	本年累计数		
	调整前	调整额	调整后
一、营业收入	3 173 600	-25 000	3 148 600
减：营业成本	2 191 100	-17 500	2 173 600
税金及附加	5 500		5 500
销售费用	63 200		63 200
管理费用	290 000		290 000
财务费用	93 600		93 600
加：投资收益（损失以"-"号填列）	132 800		132 800
公允价值变动收益（损失以"-"号填列）	35 000		35 000
资产减值损失（损失以"-"号填列）	-30 000		-30 000
二、营业利润（亏损以"-"号填列）	668 000		660 500
加：营业外收入	167 000		167 000
减：营业外支出	103 500		103 500
三、利润总额（亏损总额以"-"号填列）	731 500		724 000
减：所得税费用	247 500	-1 875	245 625
四、净利润（净亏损以"-"号填列）	484 000		478 375

六、练习题参考答案

（一）单项选择题

1.D　2.C　3.A　4.C　5.B　6.C　7.A　8.C　9.B　10.D　11.A　12.C　13.B　14.B
15.C　16.C　17.A　18.C　19.A　20.A　21.A　22.D　23.C　24.D　25.B　26.B　27.D

28.B 29.D 30.D 31.C 32.B 33.D 34.B 35.A 36.C 37.A 38.A 39.A 40.C
41.A 42.D 43.A

（二）多项选择题

1.ABCDE 2.AB 3.ABE 4.ABCDE 5.ABCDE 6.CD 7.ABCE 8.BC 9.ABCDE
10.ABCD 11.ABCDE 12.ABCD 13.ABE 14.BCDE 15.BD 16.CD 17.ABCD 18.AD
19.BCE 20.ABCD 21.ABDE 22.ACD

（三）判断题

1.× 2.× 3.√ 4.× 5.× 6.× 7.√ 8.× 9.× 10.× 11.√ 12.√ 13.× 14.√
15.× 16.√ 17.√ 18.× 19.√ 20.× 21.√ 22.√ 23.√ 24.× 25.√ 26.√ 27.√
28.× 29.√ 30.√ 31.× 32.√ 33.√ 34.√ 35.× 36.× 37.√ 38.× 39.√ 40.×
41.√ 42.× 43.× 44.√ 45.√ 46.√ 47.√ 48.×

（四）计算及账务处理题

1.将交易价格分摊至各单项履约义务。

由于A、B、C、D四种产品都是星海公司定期单独对外销售的产品，因而都构成单项履约义务。在该合同中，由于合同折扣只是针对A产品和B产品的，因此，星海公司在分摊合同折扣时，只应将合同折扣按单独售价的相对比例分摊给A产品和B产品。A产品和B产品分摊合同折扣后的交易价格计算如下：

A产品交易价格=360 000-360 000÷（360 000+240 000）×100 000=300 000（元）

B产品交易价格=240 000-240 000÷（360 000+240 000）×100 000=200 000（元）

A、B、C、D四种产品单独售价的估计，见表13-9。

表13-9 　　　　　　　　　　　　**单独售价估计表**　　　　　　　　　　单位：元

合同产品	单独售价	方　　法
A产品	300 000	直接观察法（已扣除折扣）
B产品	200 000	直接观察法（已扣除折扣）
C产品	250 000	直接观察法
D产品	50 000	余值法
合　计	800 000	

2.星海公司各年年末确认服务费收入的会计分录：

（1）2×19年12月31日，确认服务费收入。

借：银行存款　　　　　　　　　　　　　　　　　　　　159 000

            贷：主营业务收入   150 000
                应交税费——应交增值税（销项税额）   9 000
    （2）2×20年12月31日，确认服务费收入。

    由于各年提供的保洁服务之间可以明确区分，并且调整后的服务费反映了合同
变更日该项服务的单独售价，因此，星海公司应当将该合同变更部分（即2×21年
度的保洁服务）作为一份单独的合同进行会计处理。2×20年12月31日，仍应按原
合同金额确认本年的服务费收入。

        借：银行存款   159 000
            贷：主营业务收入   150 000
                应交税费——应交增值税（销项税额）   9 000
    （3）2×21年12月31日，确认服务费收入。

    合同变更日，由于新增的3年保洁服务价格不能反映该项服务在合同变更时的
单独售价，因此，新增的3年保洁服务不能作为单独的合同进行会计处理，而应当
作为原合同终止并将原合同中未履约的部分与合同变更合并为一份新合同进行会计
处理。在新合同中，服务期限为4年，总对价为42万元（12+30），星海公司每年应
确认收入10.5万元（42÷4）。

        借：银行存款   111 300
            贷：主营业务收入   105 000
                应交税费——应交增值税（销项税额）   6 300
    （4）2×22年12月31日，确认服务费收入。

        借：银行存款   111 300
            贷：主营业务收入   105 000
                应交税费——应交增值税（销项税额）   6 300
    （5）2×23年12月31日，确认服务费收入。

        借：银行存款   111 300
            贷：主营业务收入   105 000
                应交税费——应交增值税（销项税额）   6 300
    （6）2×24年12月31日，确认服务费收入。

        借：银行存款   111 300
            贷：主营业务收入   105 000
                应交税费——应交增值税（销项税额）   6 300
    3.编制星海公司各年有关业务的会计分录：

    （1）2×21年的有关会计分录。

    ①登记实际发生的合同成本。

借：合同履约成本   7 700 000

 贷：原材料、应付职工薪酬等   7 700 000

②登记已结算的合同价款。

借：应收账款   9 265 000

 贷：合同结算——价款结算   8 500 000

   应交税费——应交增值税（销项税额） 765 000

③实际收到合同价款。

借：银行存款   8 720 000

 贷：应收账款   8 720 000

④确认收入并结转成本。

履约进度=770÷（770+1 980）×100%=28%

合同收入=2 900×28%=812（万元）

借：合同结算——收入结转   8 120 000

 贷：主营业务收入   8 120 000

借：主营业务成本   7 700 000

 贷：合同履约成本   7 700 000

2×21 年 12 月 31 日，"合同结算"科目的余额为贷方 38 万元（850-812），表明星海公司已经与客户结算但尚未履行履约义务的金额为 38 万元，应在资产负债表中作为合同负债列示。

（2）2×22 年的有关会计分录。

①登记实际发生的合同成本。

借：合同履约成本   7 300 000

 贷：原材料、应付职工薪酬等   7 300 000

②登记已结算的合同价款。

借：应收账款   8 720 000

 贷：合同结算——价款结算   8 000 000

   应交税费——应交增值税（销项税额） 720 000

③实际收到合同价款。

借：银行存款   8 720 000

 贷：应收账款   8 720 000

④确认收入并结转成本。

履约进度=1 500÷（1 500+1 500）×100%=50%

合同收入=2 900×50%-812=638（万元）

借：合同结算——收入结转   6 380 000

 贷：主营业务收入   6 380 000

借：主营业务成本   7 300 000

 贷：合同履约成本   7 300 000

2×22年年末，最新预计的合同总成本为3 000万元，大于合同总收入2 900万元，因此，预计合同损失总额为100万元。其中，50万元（100×50%）的损失已在确认收入和结转成本时予以确认（812-770+638-730），剩余尚未确认的预计损失50万元应于当期全部确认，同时确认为预计负债。

借：主营业务成本   500 000

 贷：预计负债   500 000

2×22年12月31日，"合同结算"科目的余额为贷方200万元（38+800-638），表明星海公司已经与客户结算但尚未履行履约义务的金额为200万元，应在资产负债表中作为合同负债列示。

（3）2×23年的有关会计分录。

①登记实际发生的合同成本。

借：合同履约成本   9 400 000

 贷：原材料、应付职工薪酬等   9 400 000

②登记已结算的合同价款。

借：应收账款   7 630 000

 贷：合同结算——价款结算   7 000 000

  应交税费——应交增值税（销项税额）   630 000

③实际收到合同价款。

借：银行存款   6 540 000

 贷：应收账款   6 540 000

④确认收入并结转成本。

履约进度=2 440÷（2 440+610）×100%=80%

合同收入=2 900×80%-812-638=870（万元）

借：合同结算——收入结转   8 700 000

 贷：主营业务收入   8 700 000

借：主营业务成本   9 400 000

 贷：合同履约成本   9 400 000

2×23年年末，最新预计的合同总成本为3 050万元，大于合同总收入2 900万元，因此，最新预计的合同损失总额为150万元。其中，120万元（150×80%）的损失已在确认收入和结转成本时予以确认（812-770+638-730+870-940），剩余的

30万元为本年预计还将发生的合同损失。由于前期已确认预计合同损失50万元，因此，本年应转回预计合同损失20万元。

借：预计负债　　　　　　　　　　　　　　　　　200 000

　　贷：主营业务成本　　　　　　　　　　　　　　　　　　200 000

2×23年12月31日，"合同结算"科目的余额为贷方30万元（200+700-870），表明星海公司已经与客户结算但尚未履行履约义务的金额为30万元，应在资产负债表中作为合同负债列示。

（4）2×24年的有关会计分录。

①登记实际发生的合同成本。

借：合同履约成本　　　　　　　　　　　　　　　6 100 000

　　贷：原材料、应付职工薪酬等　　　　　　　　　　　　6 100 000

②登记已结算的合同价款。

借：应收账款　　　　　　　　　　　　　　　　　4 360 000

　　贷：合同结算——价款结算　　　　　　　　　　　　　4 000 000

　　　　应交税费——应交增值税（销项税额）　　　　　　　360 000

③实际收到合同价款。

借：银行存款　　　　　　　　　　　　　　　　　5 995 000

　　贷：应收账款　　　　　　　　　　　　　　　　　　　5 995 000

④确认收入并结转成本。

2×24年1—6月确认的合同收入=2 900-812-638-870=580（万元）

借：合同结算——收入结转　　　　　　　　　　　5 800 000

　　贷：主营业务收入　　　　　　　　　　　　　　　　　5 800 000

借：主营业务成本　　　　　　　　　　　　　　　6 100 000

　　贷：合同履约成本　　　　　　　　　　　　　　　　　6 100 000

2×24年，合同已履行完毕，合同损失总额150万元均在确认收入和结转成本时予以确认（812-770+638-730+870-940+580-610），因此，应将前期已确认的预计合同损失30万元（50-20）转回。

借：预计负债　　　　　　　　　　　　　　　　　300 000

　　贷：主营业务成本　　　　　　　　　　　　　　　　　300 000

2×24年6月30日，"合同结算"科目的余额为借方150万元（30+400-580），是待将来质保期结束后予以收回的工程质保金，应当在资产负债表中作为合同资产列示。

（5）2×25年的有关会计分录。

①登记已结算的合同价款。

借：应收账款　　　　　　　　　　　　　　　　　1 635 000

贷：合同结算——价款结算 1 500 000

　　应交税费——应交增值税（销项税额） 135 000

②实际收到合同价款。

借：银行存款 1 635 000

　　贷：应收账款 1 635 000

③对冲"合同结算"明细科目余额。

借：合同结算——价款结算 29 000 000

　　贷：合同结算——收入结转 29 000 000

4.确认销售商品收入和结转销售成本。

借：银行存款 67 800

　　贷：主营业务收入 60 000

　　　　应交税费——应交增值税（销项税额） 7 800

借：主营业务成本 50 000

　　贷：库存商品 50 000

5.赊销商品、结转销售成本和收回货款。

（1）6月10日，发出商品并结转成本。

借：应收账款——B公司 124 300

　　贷：主营业务收入 110 000

　　　　应交税费——应交增值税（销项税额） 14 300

借：主营业务成本 80 000

　　贷：库存商品 80 000

（2）7月10日，收回货款。

借：银行存款 124 300

　　贷：应收账款——B公司 124 300

6.销售原材料。

（1）2×23年9月20日，发出原材料。

借：发出商品 55 000

　　存货跌价准备 35 000

　　贷：原材料 90 000

借：应收账款——B公司（应收销项税额） 6 500

　　贷：应交税费——应交增值税（销项税额） 6 500

（2）2×24年5月10日，收到B公司开来的商业承兑汇票。

借：应收票据——B公司 56 500

贷：其他业务收入　　　　　　　　　　　　　　　　　　50 000

　　　　应收账款——B公司（应收销项税额）　　　　　　　　6 500

　借：其他业务成本　　　　　　　　　　　　　　55 000

　　贷：发出商品　　　　　　　　　　　　　　　　　　　55 000

　7.附有现金折扣条件的商品销售。

（1）赊销商品。

　借：应收账款——D公司　　　　　　　　　　　22 200

　　贷：主营业务收入　　　　　　　　　　　　　　　　19 600

　　　　应交税费——应交增值税（销项税额）　　　　　　2 600

（2）收回货款。

①假定D公司于4月10日付款。

　借：银行存款　　　　　　　　　　　　　　　　22 200

　　贷：应收账款——D公司　　　　　　　　　　　　　22 200

②假定D公司于4月20日付款。

D公司丧失的现金折扣=20 000×1%=200（元）

实际收款金额=22 200+200=22 400（元）

　借：银行存款　　　　　　　　　　　　　　　　22 400

　　贷：应收账款——D公司　　　　　　　　　　　　　22 200

　　　　主营业务收入　　　　　　　　　　　　　　　　　200

③假定D公司于4月30日付款。

D公司丧失的现金折扣=20 000×2%=400（元）

实际收款金额=22 200+400=22 600（元）

　借：银行存款　　　　　　　　　　　　　　　　22 600

　　贷：应收账款——D公司　　　　　　　　　　　　　22 200

　　　　主营业务收入　　　　　　　　　　　　　　　　　400

　8.销售折让。

（1）发出商品，并收取货款。

　借：银行存款　　　　　　　　　　　　　　　　56 500

　　贷：主营业务收入　　　　　　　　　　　　　　　　50 000

　　　　应交税费——应交增值税（销项税额）　　　　　　6 500

　借：主营业务成本　　　　　　　　　　　　　　42 000

　　贷：库存商品　　　　　　　　　　　　　　　　　　42 000

（2）同意给予价格折让，并退回多收货款。

销售价格折让=50 000×20%=10 000（元）

增值税税额折让=6 500×20%=1 300（元）

借：主营业务收入 10 000

应交税费——应交增值税（销项税额） 1 300

贷：银行存款 11 300

9.销售退回（通常情况）。

（1）发出商品。

借：应收账款——D公司 18 080

贷：主营业务收入 16 000

应交税费——应交增值税（销项税额） 2 080

借：主营业务成本 12 000

贷：库存商品 12 000

（2）办理退货。

借：主营业务收入 16 000

应交税费——应交增值税（销项税额） 2 080

贷：应收账款——D公司 18 080

借：库存商品 12 000

贷：主营业务成本 12 000

10.属于资产负债表日后事项的销售退回。

（1）2×23年12月28日，星海公司赊销商品。

借：应收账款——H公司 226 000

贷：主营业务收入 200 000

应交税费——应交增值税（销项税额） 26 000

借：主营业务成本 150 000

贷：库存商品 150 000

（2）2×24年1月10日，星海公司办妥退货手续。

①调整销售收入。

借：以前年度损益调整 200 000

应交税费——应交增值税（销项税额） 26 000

贷：应收账款——H公司 226 000

②调整销售成本。

借：库存商品 150 000

贷：以前年度损益调整 150 000

③调整坏账准备余额。

调整金额=226 000×5%=11 300（元）

借：坏账准备 11 300

  贷：以前年度损益调整 11 300

④调整应交所得税。

调整金额=（200 000-150 000）×25%=12 500（元）

借：应交税费——应交所得税 12 500

  贷：以前年度损益调整 12 500

⑤调整递延所得税。

调整金额=11 300×25%=2 825（元）

借：以前年度损益调整 2 825

  贷：递延所得税资产 2 825

⑥将"以前年度损益调整"科目余额转入"利润分配"科目。

"以前年度损益调整"科目余额=200 000-150 000-11 300-12 500+2 825=29 025（元）

借：利润分配——未分配利润 29 025

  贷：以前年度损益调整 29 025

⑦调整利润分配。

调整金额=29 025×10%=2 902.50（元）

借：盈余公积 2 902.50

  贷：利润分配——未分配利润 2 902.50

11.采用分期收款方式销售商品（赊销期不超过1年）。

（1）2月20日，发出商品并收到C公司的首付货款。

已收账款=（360 000+46 800）×20%=81 360（元）

其中：已收合同价款=360 000×20%=72 000（元）

已收增值税销项税额=46 800×20%=9 360（元）

应收账款=（360 000+46 800）×80%=325 440（元）

其中：应收合同价款=360 000×80%=288 000（元）

应收增值税销项税额=46 800×80%=37 440（元）

借：银行存款 81 360

    应收账款——C公司 325 440

  贷：主营业务收入 360 000

     应交税费——应交增值税（销项税额） 9 360

      ——待转销项税额 37 440

借：主营业务成本 276 000

  贷：库存商品 276 000

（2）3月31日，收到C公司分期支付的货款。

每期应收账款=$\frac{325\,440}{3}$=108 480（元）

每期应收增值税销项税额=$\frac{37\,440}{3}$=12 480（元）

借：银行存款　　　　　　　　　　　　　　　　　　108 480

　　应交税费——待转销项税额　　　　　　　　　　12 480

　　　贷：应收账款——C公司　　　　　　　　　　　　　　108 480

　　　　　应交税费——应交增值税（销项税额）　　　　　12 480

（3）4月30日，收到C公司分期支付的货款。

借：银行存款　　　　　　　　　　　　　　　　　　108 480

　　应交税费——待转销项税额　　　　　　　　　　12 480

　　　贷：应收账款——C公司　　　　　　　　　　　　　　108 480

　　　　　应交税费——应交增值税（销项税额）　　　　　12 480

（4）5月31日，收到C公司分期支付的货款。

借：银行存款　　　　　　　　　　　　　　　　　　108 480

　　应交税费——待转销项税额　　　　　　　　　　12 480

　　　贷：应收账款——C公司　　　　　　　　　　　　　　108 480

　　　　　应交税费——应交增值税（销项税额）　　　　　12 480

12.分期收款方式销售商品（合同中存在重大融资成分）。

（1）计算确定实际利率。

每期应收合同价款=$\frac{360\,000}{3}$=120 000（元）

查年金现值系数表可知，3期、7%的年金现值系数为2.624316。

应收合同价款的现值=120 000×2.624316≈315 000（元）

上式计算结果约等于设备的现销价格，即实际利率约为7%。

（2）计算融资收益。

融资收益=360 000－315 000=45 000（元）

（3）采用实际利率法编制融资收益分配表，见表13-10。

（4）编制发出商品并确认销售收入、结转销售成本的会计分录。

借：长期应收款——B公司　　　　　　　　　　　　406 800

　　贷：主营业务收入　　　　　　　　　　　　　　　　　315 000

　　　　应交税费——待转销项税额　　　　　　　　　　　46 800

　　　　未实现融资收益　　　　　　　　　　　　　　　　45 000

表 13-10　　　　　　　　**融资收益分配表**　　　　　　　单位：元

日　　期	分期应收款	应分配融资收益	应收本金减少额	应收本金余额
2×22 年 1 月 1 日				315 000
2×22 年 12 月 31 日	120 000	22 050	97 950	217 050
2×23 年 12 月 31 日	120 000	15 194	104 806	112 244
2×24 年 12 月 31 日	120 000	7 756	112 244	0
合　　计	360 000	45 000	315 000	—

借：主营业务成本　　　　　　　　　　　　　　　250 000

　　贷：库存商品　　　　　　　　　　　　　　　　　　　　250 000

（5）编制各年年末收取合同款并分配融资收益的会计分录。

①2×22 年 12 月 31 日。

每年应收合同价款和增值税 = $\dfrac{406\,800}{3}$ = 135 600（元）

每年应确认增值税销项税额 = $\dfrac{46\,800}{3}$ = 15 600（元）

借：银行存款　　　　　　　　　　　　　　　　135 600

　　应交税费——待转销项税额　　　　　　　　　 15 600

　　贷：长期应收款——B 公司　　　　　　　　　　　　　135 600

　　　　应交税费——应交增值税（销项税额）　　　　　　 15 600

借：未实现融资收益　　　　　　　　　　　　　　 22 050

　　贷：财务费用　　　　　　　　　　　　　　　　　　　 22 050

②2×23 年 12 月 31 日。

借：银行存款　　　　　　　　　　　　　　　　135 600

　　应交税费——待转销项税额　　　　　　　　　 15 600

　　贷：长期应收款——B 公司　　　　　　　　　　　　　135 600

　　　　应交税费——应交增值税（销项税额）　　　　　　 15 600

借：未实现融资收益　　　　　　　　　　　　　　 15 194

　　贷：财务费用　　　　　　　　　　　　　　　　　　　 15 194

③2×24 年 12 月 31 日。

借：银行存款　　　　　　　　　　　　　　　　135 600

　　应交税费——待转销项税额　　　　　　　　　 15 600

贷：长期应收款——B公司		135 600
应交税费——应交增值税（销项税额）		15 600
借：未实现融资收益	7 756	
贷：财务费用		7 756

13.合同中存在重大融资成分的商品销售。

（1）计算确定实际利率。

首先，按7%作为折现率进行测算。4期、7%的复利现值系数为0.762896。合同价款按7%作为折现率计算的现值如下：

合同价款的现值=6 000 000×0.762896=4 577 376（元）

上式计算结果大于设备的现销价格，说明实际利率大于7%。再按8%作为折现率进行测算。4期、8%的复利现值系数为0.73503。合同价款按8%作为折现率计算的现值如下：

合同价款的现值=6 000 000×0.73503=4 410 180（元）

上式计算结果小于设备的现销价格，说明实际利率小于8%。因此，实际利率介于7%和8%之间。使用插值法估算实际利率如下：

$$实际利率=7\%+（8\%-7\%）\times\frac{4\,577\,376-4\,500\,000}{4\,577\,376-4\,410\,180}=7.46\%$$

（2）编制融资收益分配表，见表13-11。

表13-11　　　　　　　融资收益分配表（实际利率法）　　　　　　单位：元

日　期	应分配融资收益	应收本金和利息
2×21年1月1日		4 500 000
2×21年12月31日	335 700	4 835 700
2×22年12月31日	360 743	5 196 443
2×23年12月31日	387 655	5 584 098
2×24年12月31日	415 902	6 000 000
合　计	1 500 000	—

（3）编制发出商品并确认销售收入、结转销售成本的会计分录。

借：长期应收款——D公司	6 780 000	
贷：主营业务收入		4 500 000
应交税费——待转销项税额		780 000
未实现融资收益		1 500 000
借：主营业务成本	3 600 000	

贷：库存商品　　　　　　　　　　　　　　　　　　　3 600 000

　（4）编制各年年末分配融资收益的会计分录。

　①2×21年12月31日。

借：未实现融资收益　　　　　　　　　　　　335 700

　　贷：财务费用　　　　　　　　　　　　　　　　335 700

　②2×22年12月31日。

借：未实现融资收益　　　　　　　　　　　　360 743

　　贷：财务费用　　　　　　　　　　　　　　　　360 743

　③2×23年12月31日。

借：未实现融资收益　　　　　　　　　　　　387 655

　　贷：财务费用　　　　　　　　　　　　　　　　387 655

　④2×24年12月31日。

借：未实现融资收益　　　　　　　　　　　　415 902

　　贷：财务费用　　　　　　　　　　　　　　　　415 902

　（5）编制赊销期满收回合同价款的会计分录。

借：银行存款　　　　　　　　　　　　　　　6 780 000

　　应交税费——待转销项税额　　　　　　　　780 000

　　贷：长期应收款——D公司　　　　　　　　　　6 780 000

　　　　应交税费——应交增值税（销项税额）　　　780 000

14.采用视同买断方式委托代销商品。

（1）星海公司委托代销商品的会计分录。

①发出委托代销商品。

借：应收账款——乙公司　　　　　　　　　　45 200

　　贷：主营业务收入　　　　　　　　　　　　　　40 000

　　　　应交税费——应交增值税（销项税额）　　　5 200

借：主营业务成本　　　　　　　　　　　　　36 000

　　贷：库存商品　　　　　　　　　　　　　　　　36 000

②收到乙公司支付的货款。

借：银行存款　　　　　　　　　　　　　　　45 200

　　贷：应收账款——乙公司　　　　　　　　　　　45 200

（2）乙公司受托代销商品的会计分录。

①收到受托代销商品。

借：库存商品　　　　　　　　　　　　　　　40 000

　　应交税费——应交增值税（进项税额）　　　5 200

贷：应付账款——星海公司   45 200

②将受托代销商品售出。

借：银行存款   50 850

贷：主营业务收入   45 000

应交税费——应交增值税（销项税额）   5 850

借：主营业务成本   40 000

贷：库存商品   40 000

③向星海公司付清货款。

借：应付账款——星海公司   45 200

贷：银行存款   45 200

15.采用视同买断方式委托代销商品。

（1）星海公司委托代销商品的会计分录。

①发出委托代销商品。

借：发出商品   80 000

贷：库存商品   80 000

②收到乙公司开来的代销清单。

借：应收账款——乙公司   113 000

贷：主营业务收入   100 000

应交税费——应交增值税（销项税额）   13 000

借：主营业务成本   80 000

贷：发出商品   80 000

③收到乙公司支付的货款。

借：银行存款   116 000

贷：应收账款——乙公司   116 000

（2）乙公司受托代销商品的会计分录。

①收到受托代销的商品。

借：受托代销商品   100 000

贷：受托代销商品款   100 000

②将受托代销商品售出。

借：银行存款   135 600

贷：主营业务收入   120 000

应交税费——应交增值税（销项税额）   15 600

借：主营业务成本   100 000

贷：受托代销商品   100 000

借：受托代销商品款　　　　　　　　　　　　　　　　100 000

　　贷：应付账款——星海公司　　　　　　　　　　　　　　　100 000

③收到增值税专用发票。

借：应交税费——应交增值税（进项税额）　　　　　　13 000

　　贷：应付账款——星海公司　　　　　　　　　　　　　　　13 000

④向星海公司付清货款。

借：应付账款——星海公司　　　　　　　　　　　　　113 000

　　贷：银行存款　　　　　　　　　　　　　　　　　　　　113 000

16.采用支付手续费方式委托代销商品。

（1）星海公司委托代销商品的会计分录。

①发出委托代销商品。

借：发出商品　　　　　　　　　　　　　　　　　　　36 000

　　贷：库存商品　　　　　　　　　　　　　　　　　　　　　36 000

②乙公司开来代销清单。

借：应收账款——乙公司　　　　　　　　　　　　　　45 200

　　贷：主营业务收入　　　　　　　　　　　　　　　　　　　40 000

　　　　应交税费——应交增值税（销项税额）　　　　　　　　5 200

借：主营业务成本　　　　　　　　　　　　　　　　　36 000

　　贷：发出商品　　　　　　　　　　　　　　　　　　　　　36 000

③确认应付的代销手续费。

手续费=45 200×3%=1 356（元）

借：销售费用　　　　　　　　　　　　　　　　　　　　1 356

　　贷：应收账款——乙公司　　　　　　　　　　　　　　　　1 356

④收到乙公司支付的货款。

借：银行存款　　　　　　　　　　　　　　　　　　　43 844

　　贷：应收账款——乙公司　　　　　　　　　　　　　　　　43 844

（2）乙公司受托代销商品的会计分录。

①收到受托代销商品。

借：受托代销商品　　　　　　　　　　　　　　　　　40 000

　　贷：受托代销商品款　　　　　　　　　　　　　　　　　　40 000

②将受托代销商品售出。

借：银行存款　　　　　　　　　　　　　　　　　　　45 200

　　贷：应付账款——星海公司　　　　　　　　　　　　　　　40 000

　　　　应交税费——应交增值税（销项税额）　　　　　　　　5 200

③收到增值税专用发票。

借：应交税费——应交增值税（进项税额）   5 200

    贷：应付账款——星海公司   5 200

借：受托代销商品款   40 000

    贷：受托代销商品   40 000

④结清代销商品款并计算代销手续费。

借：应付账款——星海公司   45 200

    贷：银行存款   43 844

        其他业务收入   1 356

17.附有销售退回条款的商品销售。

（1）2×23年10月20日，星海公司发出商品并开出增值税专用发票，估计退货率为20%。

预计应付退货款（不含增值税）=500×200=100 000（元）

应确认销售收入=500×1 000-100 000=400 000（元）

预计应收退货成本=400×200=80 000（元）

应确认销售成本=400×1 000-80 000=320 000（元）

借：应收账款——乙公司   565 000

    贷：主营业务收入   400 000

        预计负债——应付退货款   100 000

        应交税费——应交增值税（销项税额）   65 000

借：主营业务成本   320 000

    应收退货成本   80 000

    贷：库存商品   400 000

（2）2×23年11月20日，收到货款。

借：银行存款   565 000

    贷：应收账款——乙公司   565 000

（3）2×23年12月31日，星海公司重新估计的退货率为25%。

调减销售收入=500×50=25 000（元）

调减销售成本=400×50=20 000（元）

借：主营业务收入   25 000

    贷：预计负债——应付退货款   25 000

借：应收退货成本   20 000

    贷：主营业务成本   20 000

（4）2×24年3月31日，星海公司重新估计的退货率为10%。

调增销售收入=500×150=75 000（元）

调增销售成本=400×150=60 000（元）

借：预计负债——应付退货款   75 000

  贷：主营业务收入   75 000

借：主营业务成本   60 000

  贷：应收退货成本   60 000

（5）2×24年4月20日，退货期届满。

①假定乙公司没有退货。

借：预计负债——应付退货款   50 000

  贷：主营业务收入   50 000

借：主营业务成本   40 000

  贷：应收退货成本   40 000

②假定乙公司实际退回商品80件。

调增销售收入=500×20=10 000（元）

调增销售成本=400×20=8 000（元）

退回商品应退价款=500×80=40 000（元）

退回商品应退销项税额=40 000×13%=5 200（元）

退回商品的成本=400×80=32 000（元）

借：预计负债——应付退货款   50 000

  应交税费——应交增值税（销项税额）   5 200

  贷：主营业务收入   10 000

    银行存款   45 200

借：主营业务成本   8 000

  库存商品   32 000

  贷：应收退货成本   40 000

③假定乙公司实际退回商品100件。

借：预计负债——应付退货款   50 000

  应交税费——应交增值税（销项税额）   6 500

  贷：银行存款   56 500

借：库存商品   40 000

  贷：应收退货成本   40 000

④假定乙公司实际退回商品130件。

调减销售收入=500×30=15 000（元）

调减销售成本=400×30=12 000（元）

退回商品应退价款=500×130=65 000（元）

退回商品应退销项税额=65 000×13%=8 450（元）

退回商品的成本=400×130=52 000（元）

借：预计负债——应付退货款　　　　　　　　　　　　50 000

　　应交税费——应交增值税（销项税额）　　　　　　8 450

　　主营业务收入　　　　　　　　　　　　　　　　15 000

　　贷：银行存款　　　　　　　　　　　　　　　　　　　73 450

借：库存商品　　　　　　　　　　　　　　　　　　52 000

　　贷：主营业务成本　　　　　　　　　　　　　　　　　12 000

　　　　应收退货成本　　　　　　　　　　　　　　　　　40 000

18.售后回购。

（1）2×23年9月1日，销售商品并收到货款。

借：银行存款　　　　　　　　　　　　　　　　　904 000

　　贷：应交税费——应交增值税（销项税额）　　　　　104 000

　　　　其他应付款——D公司　　　　　　　　　　　　800 000

（2）2×23年9月30日，计提利息（其余各月计提利息的会计分录略）。

每月计提的利息费用＝$\dfrac{50\,000}{10}$＝5 000（元）

借：财务费用　　　　　　　　　　　　　　　　　5 000

　　贷：其他应付款——D公司　　　　　　　　　　　　　5 000

（3）2×24年7月1日，按约定将该批商品购回。

借：其他应付款——D公司　　　　　　　　　　　850 000

　　应交税费——应交增值税（进项税额）　　　　110 500

　　贷：银行存款　　　　　　　　　　　　　　　　　　960 500

19.利润计算、结转与分配。

（1）结转损益类科目余额。

借：主营业务收入　　　　　　　　　　　　65 000 000

　　其他业务收入　　　　　　　　　　　　12 000 000

　　其他收益　　　　　　　　　　　　　　　2 200 000

　　投资收益　　　　　　　　　　　　　　12 600 000

　　资产处置损益　　　　　　　　　　　　　2 300 000

　　营业外收入　　　　　　　　　　　　　　1 900 000

　　贷：本年利润　　　　　　　　　　　　　　　　96 000 000

借：本年利润 85 200 000

 贷：主营业务成本 40 000 000

  其他业务成本 10 000 000

  税金及附加 2 000 000

  销售费用 9 500 000

  管理费用 6 500 000

  财务费用 3 000 000

  公允价值变动损益 1 000 000

  资产减值损失 2 000 000

  信用减值损失 1 500 000

  营业外支出 5 500 000

  所得税费用 4 200 000

（2）结转净利润。

借：本年利润 10 800 000

 贷：利润分配——未分配利润 10 800 000

（3）提取法定盈余公积。

法定盈余公积=1 080×10%=108（万元）

借：利润分配——提取法定盈余公积 1 080 000

 贷：盈余公积——法定盈余公积 1 080 000

（4）分配现金股利。

借：利润分配——应付现金股利 3 000 000

 贷：应付股利 3 000 000

（5）计算利润表中下列项目的金额：

营业利润=6 500+1 200+220+1 260+230-4 000-1 000-200-950-650-300-100-200-150

   =1 860（万元）

利润总额=1 860+190-550=1 500（万元）

净利润=1 500-420=1 080（万元）

20.当期所得税费用和递延所得税费用的确认。

（1）计算下列项目金额。

当期所得税=160 000×25%=40 000（元）

应纳税暂时性差异=60 000-45 000=15 000（元）

可抵扣暂时性差异=20 000-0=20 000（元）

递延所得税负债=15 000×25%=3 750（元）

递延所得税资产=20 000×25%=5 000（元）

递延所得税=3 750-5 000=-1 250（元）

所得税费用=40 000-1 250=38 750（元）

（2）编制确认所得税费用的会计分录。

借：所得税费用——当期所得税   40 000

 贷：应交税费——应交所得税   40 000

借：递延所得税资产   5 000

 贷：递延所得税负债   3 750

  所得税费用——递延所得税   1 250

21.所得税费用的会计处理。

（1）星海公司递延所得税确认表，见表13-12。

表13-12   **递延所得税确认表**   单位：万元

项　目	2×20年年末	2×21年年末	2×22年年末	2×23年年末	2×24年年末
固定资产原价	800	800	800	800	800
已计提的资产减值准备		90	90	90	90
累计会计折旧	160	320	450	580	710
期末账面价值	640	390	260	130	0
累计计税折旧	320	512	627.2	713.6	800
期末计税基础	480	288	172.8	86.4	0
应纳税暂时性差异	160	102	87.2	43.6	0
递延所得税负债期末余额	40	25.5	21.8	10.9	0
当期确认的递延所得税负债	40	-14.5	-3.7	-10.9	-10.9
递延所得税	40	-14.5	-3.7	-10.9	-10.9
当期所得税	125	125	125	125	125
所得税费用	165	110.5	121.3	114.1	114.1

（2）星海公司各年确认所得税费用的会计分录。

①2×20年12月31日。

借：所得税费用   1 650 000

  贷：应交税费——应交所得税   1 250 000

     递延所得税负债   400 000

②2×21 年 12 月 31 日。

借：所得税费用   1 105 000

   递延所得税负债   145 000

    贷：应交税费——应交所得税   1 250 000

③2×22 年 12 月 31 日。

借：所得税费用   1 213 000

   递延所得税负债   37 000

    贷：应交税费——应交所得税   1 250 000

④2×23 年 12 月 31 日。

借：所得税费用   1 141 000

   递延所得税负债   109 000

    贷：应交税费——应交所得税   1 250 000

⑤2×24 年 12 月 31 日。

借：所得税费用   1 141 000

   递延所得税负债   109 000

    贷：应交税费——应交所得税   1 250 000

22.计算所得税相关数据并编制相应的会计分录。

（1）计算应纳税暂时性差异。

应纳税暂时性差异=1 500-1 400=100（万元）

（2）计算可抵扣暂时性差异。

可抵扣暂时性差异=1 200-1 150=50（万元）

（3）计算递延所得税负债。

递延所得税负债=100×25%=25（万元）

（4）计算递延所得税资产。

递延所得税资产=50×25%=12.5（万元）

（5）计算当期应交所得税。

当期应交所得税=1 000×25%=250（万元）

（6）计算计入所有者权益的递延所得税。

计入所有者权益的递延所得税=25万元

（7）计算递延所得税。

递延所得税=0-12.5=-12.5（万元）

（8）计算所得税费用。

所得税费用=250-12.5=237.5（万元）

（9）编制确认所得税的会计分录。

借：所得税费用	2 375 000	
递延所得税资产	125 000	
其他综合收益	250 000	
贷：应交税费——应交所得税		2 500 000
递延所得税负债		250 000

23.计算暂时性差异等并编制相应的会计分录。

（1）2×22年12月31日。

应纳税暂时性差异=600-420=180（万元）

递延所得税负债期末余额=180×25%=45（万元）

当期确认的递延所得税负债=45-0=45（万元）

可抵扣暂时性差异=（110-80）+（200-0）=230（万元）

递延所得税资产期末余额=230×25%=57.5（万元）

当期确认的递延所得税资产=57.5-0=57.5（万元）

递延所得税=45-57.5=-12.5（万元）

所得税费用=250-12.5=237.5（万元）

借：所得税费用	2 500 000	
贷：应交税费——应交所得税		2 500 000
借：递延所得税资产	575 000	
贷：递延所得税负债		450 000
所得税费用		125 000

（2）2×23年12月31日。

应纳税暂时性差异=700-500=200（万元）

递延所得税负债期末余额=200×25%=50（万元）

当期确认的递延所得税负债=50-45=5（万元）

可抵扣暂时性差异=（120-100）+（150-0）=170（万元）

递延所得税资产期末余额=170×25%=42.5（万元）

当期确认的递延所得税资产=42.5-57.5=-15（万元）

递延所得税=5-（-15）=20（万元）

所得税费用=250+20=270（万元）

借：所得税费用	2 500 000	
贷：应交税费——应交所得税		2 500 000

借：所得税费用   200 000

 贷：递延所得税资产   150 000

   递延所得税负债   50 000

（3）2×24 年 12 月 31 日。

应纳税暂时性差异=400-350=50（万元）

递延所得税负债期末余额=50×25%=12.5（万元）

当期确认的递延所得税负债=12.5-50=-37.5（万元）

可抵扣暂时性差异=（130-120）+（160-0）=170（万元）

递延所得税资产期末余额=170×25%=42.5（万元）

当期确认的递延所得税资产=42.5-42.5=0

递延所得税=-37.5-0=-37.5（万元）

所得税费用=250-37.5=212.5（万元）

借：所得税费用   2 500 000

 贷：应交税费——应交所得税   2 500 000

借：递延所得税负债   375 000

 贷：所得税费用   375 000

第十四章 财务报告

一、学习要求与素养提升

通过本章的学习，掌握资产负债表、利润表、现金流量表及所有者权益变动表的编制原理和编制方法。理解资产负债表主要项目的填列、利润表及其附表的数字来源、经营活动现金流量各项目的填列方法。了解财务报表的种类及编制的基本要求；了解各种财务报表的作用。

树立正确的世界观、人生观和价值观。通过资产负债表的学习，懂得讲求奉献方可获得更多的净权益，进而激发人们的家国情怀，志存高远，奋发图强。通过资产负债表中的开发支出、无形资产项目及利润表中研发费用探究，增加科技强国的自豪感。

二、预习要览

(一) 关键概念

财务报告	资产负债表
利润表	现金流量表
所有者权益变动表	经营活动现金流量
投资活动现金流量	筹资活动现金流量
直接法	间接法

(二) 关键问题

1.何谓财务报告？其编制目的和主要构成内容是什么？

2.财务报表提供的信息应达到的基本质量要求指的是什么？

3.何谓资产负债表？作用如何？

4.何谓利润表？作用如何？

5.何谓现金流量表？作用如何？

6.现金流量表中现金的含义指什么？

7.简述所有者权益变动表的结构与作用。

8.现金流量表直接法和间接法的区别是什么？

9.简述财务报表附注的内容与作用。

三、本章重点与难点

□ 财务报告列报的基本要求

□ 资产负债表的作用

□ 经营活动现金流量的直接法

□ 经营活动现金流量的间接法

□ 现金流量表主要项目的转换方法

□ 所有者权益变动表的作用

（一）财务报告列报的基本要求

财务报告列报主要是指财务报表的列报。财务报告列报的基本要求，主要是针对财务报表的列报提出的。

（1）遵循企业会计准则

企业应当根据实际发生的交易和事项，遵循《企业会计准则——基本准则》和其他各项企业会计准则的规定进行确认和计量，并在此基础上编制财务报表。企业应当在附注中对遵循企业会计准则编制的财务报表做出声明。只有遵循了企业会计准则的所有规定，财务报表才能声明"遵循了企业会计准则"。

（2）以持续经营为列报基础

企业应当以持续经营为基础编制财务报表。持续经营是会计的基本前提，是会计确认、计量及编制财务报表的基础。企业会计准则规范的是持续经营条件下企业对所发生交易和事项确认、计量及报表列报；相反，如果企业经营出现了非持续经营的情况，致使以持续经营为基础编制财务报表不再合理的，企业应当采用其他基础编制财务报表。

（3）遵循重要性原则

① 重要性的标准。财务报表是通过对大量的交易或其他事项进行处理而生成的。这些交易或其他事项按其性质或功能汇总归类而形成财务报表中的项目。项目在财务报表中是单独列报还是合并列报，应当依据重要性原则来判断，即重要性是判断项目是否单独列报的重要标准。

在合理预期下，财务报表某项目的省略或错报会影响使用者据此做出经济决策的，该项目具有重要性。

② 重要性的判断。企业在进行重要性判断时，应当根据所处环境，从项目的性质和金额大小两方面予以判断：一方面，应当考虑该项目的性质是否属于企业日常活动、是否对企业的财务状况和经营成果具有较大影响等因素；另一方面，判断项目金额大小的重要性，应当通过单项金额占资产总额、负债总额、所有者权益总额、营业收入总额、营业成本总额、净利润、综合收益总额等直接相关项目金额的比重加以确定。

③ 关于重要性的具体列报要求。A.性质或功能不同的项目，一般应当在财务报表中单独列报，但是不具有重要性的项目可以合并列报。例如，存货和固定资产在性质上和功能上有本质差别，必须分别在资产负债表上单独列报。B.性质或功能类似的项目，一般可以合并列报，但是对其具有重要性的类别应该单独列报。例如，原材料、低值易耗品等项目在性质上类似，均通过生产过程形成企业的产品存货，因此，可以合并列报，合并之后的类别统称为"存货"，在资产负债表上单独列报。C.项目单独列报的原则不仅适用于报表，还适用于附注。某些项目的重要性程度不足以在资产负债表、利润表、现金流量表或所有者权益变动表中单独列示，但是可能对于附注而言具有重要性，在这种情况下，这些项目应当在附注中单独披露。仍以上述存货为例，对于某制造业企业而言，原材料、包装物及低值易耗品、在产品、库存商品等项目的重要性程度不足以在资产负债表上单独列示，因此，在资产负债表上合并列示，但是鉴于其对该制造业企业的重要性，应当在附注中单独披露。D.无论是财务报表列报准则规定的单独列报项目，还是其他具体会计准则规定单独列报的项目，企业都应当予以单独列报。

（4）保证列报的一致与披露金额准确

财务报表项目的列报应当在各个会计期间保持一致，不得随意变更。这一要求不仅针对财务报表中的项目名称，还针对财务报表项目的分类、排列顺序等方面。

当会计准则要求改变，或企业经营业务的性质发生重大变化后、变更财务报表项目的列报能够提供更可靠、更相关的会计信息时，财务报表项目的列报是可以改变的。

财务报表中的资产项目和负债项目的金额、收入项目和费用项目的金额、直接计入当期利润的利得项目和损失项目的金额不得相互抵销，但其他会计准则另有规定的除外。财务报表项目以总额列报，从而保证了所提供的信息的完整性、信息的可比性，有利于报表使用者做出合理的判断。以下三种情况不属于抵销，可以以净额列示：

① 资产计提的减值准备，实质上意味着资产的价值确实发生了减损，资产项目应当按扣除减值准备后的净额列示。

② 非日常活动并非企业主要的业务，且具有偶然性，从重要性来讲，非日常活动产生的损益以收入和费用抵销后的净额列示。

③ 一组类似交易形成的利得和损失应当以净额列示，但具有重要性的除外。例如，汇兑损益应当以净额列报，为交易目的而持有的金融工具形成的利得和损失应当以净额列报。

（5）遵循可比性原则

企业当期财务报表的列报，至少应当提供所有列报项目上一可比会计期间的比较数据，以及与理解当期财务报表相关的说明，但其他会计准则另有规定的除外。通常情况下，企业列报所有列报项目的上一个可比会计期间的比较数据，至少包括两期各报表及相关附注。当企业追溯应用会计政策或追溯重述，或者重新分类财务报表项目时，企业应当在一套完整的财务报表中列报最早可比期间期初的财务报表，即应当至少列报三期资产负债表、两期其他各报表及相关附注。列报的三期资产负债表分别是指当期期末的资产负债表、上期期末的资产负债表以及上期期初的资产负债表。

（6）财务报表表首的列报要求与报告期间

财务报表一般分为表首、正表两部分，其中，在表首部分企业应当概括地说明下列基本信息：①编报企业的名称，如企业名称在所属当期发生了变更，还应明确标明。②对于资产负债表而言，须披露资产负债表日，而对于利润表、现金流量表、所有者权益变动表而言，须披露报表涵盖的会计期间。③货币名称和单位，按照我国企业会计准则的规定，企业应当以人民币作为记账本位币列报，并标明金额单位，如元人民币、万元人民币等。④财务报表是合并财务报表的，应当予以标明。

（二）资产负债表的作用

1.反映企业财务状况及其相互关系

资产负债表主要提供有关企业财务状况方面的信息，即反映某一特定日期企业资产、负债、所有者权益及其相互关系。资产负债表可以提供某一日期资产的总额及其结构，表明企业拥有或控制的资源及其分布情况，使得使用者可以一目了然地从资产负债表上了解企业在某一特定日期所拥有的资产总量及其结构；可以提供某一日期的负债总额及其结构，表明企业未来需要用多少资产或劳务清偿债务以及清偿时间；可以反映所有者所拥有的权益，据以判断资本保值、增值的情况以及对负债的保障程度。

2.可据以评价和预测企业的短期偿债能力

企业的偿债能力是指企业以其资产偿付债务的能力，分为短期偿债能力和长期偿债能力。短期偿债能力主要体现在企业资产和负债的流动性上。短期债权人关注的是企业是否有足够的现款和足够的资产可及时转换成现金，以清偿短期内将到期的债务。长期债权人及企业所有者也要评价和预测企业的短期偿债能力，短期偿债能力越低，企业越有可能破产，越没有得到投资回报的保障，越有可能收不回投资。

3.可据以评价和预测企业的长期偿债能力

资产负债表按资产、负债和所有者权益三大会计要素分类，列示了重要项目，可据以评价和预测企业的长期偿债能力，为金融机构和债权人做出信贷决策提供重要的依据。

4.有助于评价、预测企业的财务弹性

财务弹性是指企业应对各种挑战、适应各种变化的能力，包括进攻性适应能力和防御性适应能力。所谓进攻性适应能力是指企业有能力和财力去抓住突如其来的获利机会；防御性适应能力是指企业在经营危机中生存下来的能力。财务弹性强的企业不仅能从有利可图的经营中获取大量资金，而且可以借助债权人的长期资金和所有者的追加资本获利；在需要偿还巨额债务时不至于陷入财务困境，在遇到新的获利能力更高的投资机会时，也能及时筹集所需资金，调转船头，全力以赴。

5.有助于评价、预测企业的经营绩效

企业的经营绩效主要反映在它的获利能力上。获利能力直接影响企

业能否有稳定而逐步增长的盈利水平、能否按约向债权人还本付息、能否维持甚至逐步提高股东的投资报酬。衡量企业获利的指标主要有资产报酬率、股东权益报酬率等。

（三）编报经营活动现金流量的直接法

所谓直接法是指按现金收入和现金支出的主要类别直接反映企业经营活动产生的现金流量，如"销售商品、提供劳务收到的现金"以及"购买商品、接受劳务支付的现金"等项目就是按现金收入和支出的类别直接反映的。在直接法下，一般是以利润表中的营业收入为起算点，调节与经营活动有关的项目的增减变动，然后计算出经营活动产生的现金流量。

采用直接法编报的现金流量表，便于分析企业经营活动产生的现金流量的来源和用途，预测企业现金流量的未来前景。《企业会计准则第31号——现金流量表》规定，企业应当采用直接法编报现金流量表。

（四）编报经营活动现金流量的间接法

所谓间接法是指以净利润为起算点，调整不涉及现金的收入、费用、营业外收支等有关项目，剔除投资活动、筹资活动对现金流量的影响，据此计算出经营活动产生的现金流量。由于净利润是按照权责发生制原则确定的，且包括了与投资活动和筹资活动相关的收益和费用，将净利润调整为经营活动现金流量，实际上就是将按权责发生制原则确定的净利润调整为现金净流入，并剔除投资活动和筹资活动对现金流量的影响。

采用间接法编报现金流量表，便于将净利润与经营活动产生的现金流量净额进行比较，了解净利润与经营活动产生的现金流量之间差异的原因，从现金流量的角度分析净利润的质量。所以，《企业会计准则第31号——现金流量表》规定，企业应当采用直接法编报现金流量表，同时要求在附注中提供以净利润为基础调节到经营活动现金流量的信息。

（五）现金流量表主要项目的转换方法

"销售商品、提供劳务收到的现金"项目的填列方法有根据有关账户记录的发生额资料填列和根据报表资料填列两种思路：

①根据有关账户记录的发生额资料填列的计算公式为：

$$
\begin{array}{l}
\text{销售商品、} \\
\text{提供劳务} \\
\text{收到的现金}
\end{array}
=
\begin{array}{l}
\text{本期销售商品、} \\
\text{提供劳务收到的} \\
\text{现金}
\end{array}
+
\begin{array}{l}
\text{以前期间销售} \\
\text{商品、提供劳务在} \\
\text{本期收到的现金}
\end{array}
+
\begin{array}{l}
\text{以后将要销售} \\
\text{商品、提供劳务在} \\
\text{本期预收的现金}
\end{array}
+
$$

$$
\begin{array}{l}
\text{本期收回} \\
\text{前期已核销} \\
\text{的坏账}
\end{array}
-
\begin{array}{l}
\text{本期销售} \\
\text{退回支付的} \\
\text{现金}
\end{array}
$$

②根据利润表、资产负债表有关项目以及部分账户记录资料填列的计算公式为：

$$
\begin{array}{l}
\text{销售商品、} \\
\text{提供劳务} \\
\text{收到的现金}
\end{array}
=
\begin{array}{l}
\text{营业} \\
\text{收入}
\end{array}
+
\begin{array}{l}
\text{应收} \\
\text{票据} \\
\text{项目}
\end{array}
\left(
\begin{array}{l}
\text{年初} \\
\text{余额}
\end{array}
-
\begin{array}{l}
\text{期末} \\
\text{余额}
\end{array}
\right)
+
\begin{array}{l}
\text{应收} \\
\text{账款} \\
\text{项目}
\end{array}
\left(
\begin{array}{l}
\text{年初} \\
\text{余额}
\end{array}
-
\begin{array}{l}
\text{期末} \\
\text{余额}
\end{array}
\right)
+
\begin{array}{l}
\text{预收} \\
\text{款项} \\
\text{项目}
\end{array}
\left(
\begin{array}{l}
\text{期末} \\
\text{余额}
\end{array}
-
\begin{array}{l}
\text{年初} \\
\text{余额}
\end{array}
\right)
-
$$

$$
\begin{array}{l}
\text{债务人以非现金} \\
\text{资产抵债减少的应收} \\
\text{账款或应收票据}
\end{array}
-
\begin{array}{l}
\text{本期计提坏账} \\
\text{准备导致的应收账} \\
\text{款项目减少数}
\end{array}
$$

（六）所有者权益变动表的作用

所有者权益变动表是反映构成所有者权益的各组成部分当期的增减变动情况的报表。所有者权益变动表应当全面反映一定时期所有者权益变动的情况，不仅包括所有者权益总量的增减变动，还包括所有者权益增减变动的重要结构性信息，让报表使用者准确理解所有者权益增减变动的根源。

所有者权益变动表体现了企业的综合收益总额。综合收益总额反映企业在某一期间除与所有者以其所有者身份进行的交易之外的其他交易或事项所引起的所有者权益变动，其金额为净利润和其他综合收益扣除所得税影响后的净额相加后的合计金额。

四、练习题

（一）单项选择题

1.某企业 2×24 年发生的营业收入为 1 000 万元，营业成本为 600 万元，销售费用为 20 万元，管理费用为 50 万元，财务费用为 10 万元，投资收益为 40 万元，资产减值损失为 70 万元（损失），公允价值变动损益为 80 万元（收益），营业外收入为 25 万元，营业外支出为 15 万元。该企业 2×24 年的利润总额为（　　　）万元。

A.380   B.330

C.320   D.390

2.资产负债表中的"未分配利润"项目填列的依据是（   ）。

A."利润分配"科目余额

B."本年利润"科目余额

C."本年利润"和"利润分配"科目余额的差额

D."盈余公积"科目余额

3.某股份有限公司从 2×24 年 1 月 1 日起对期末存货采用成本与可变现净值孰低法计价，成本与可变现净值的比较采用单项比较法。该公司 2×24 年 6 月 30 日 A、B、C 三种存货的成本分别为 30 万元、21 万元、36 万元；A、B、C 三种存货的可变现净值分别为 28 万元、25 万元、36 万元。该公司当年 6 月 30 日资产负债表中反映的存货净额为（   ）万元。

A.85   B.87

C.88   D.91

4."预付账款"科目明细账中若有贷方金额，应将其记入资产负债表中的（   ）项目。

A."应收账款"   B."预收款项"

C."应付账款"   D."其他应付款"

5.某企业 2×24 年 12 月 31 日"固定资产"账户余额为 2 000 万元，"累计折旧"账户余额为 800 万元，"固定资产减值准备"账户余额为 100 万元，"在建工程"账户余额为 200 万元。该企业 2×24 年 12 月 31 日资产负债表中"固定资产"项目列报的金额为（   ）万元。

A.1 200   B.90

C.1 100   D.2 200

6.下列关于财务报表的说法中错误的是（   ）。

A.财务报表可以分为个别财务报表和合并财务报表

B.财务报表一般分为表首、正表两部分

C.企业至少应当编制年度财务报表

D.财务报表的列报基础一定是持续经营

7.下列不影响营业利润的项目是（   ）。

A.财务费用   B.投资收益

C.资产减值损失   D.营业外支出

8.下列经济事项中，能使企业经营活动产生的现金流量发生变化的是（   ）。

A.缴纳增值税   B.购买工程物资

C.赊销商品   D.发放股票股利

9.甲公司为增值税一般纳税企业。2×24年度，甲公司主营业务收入为1 000万元，增值税销项税额为130万元；应收账款期初余额为100万元，期末余额为150万元；预收账款期初余额为50万元，期末余额为10万元。假定不考虑其他因素，甲公司2×24年度现金流量表中"销售商品、提供劳务收到的现金"项目的金额为（   ）万元。

A.1 040   B.1 130

C.1 150   D.1 230

10.甲公司2×19年1月20日购入一项无形资产。该无形资产的实际成本为1 500万元，摊销年限为10年，无残值。2×23年12月31日，该无形资产发生减值，预计可收回金额为540万元。计提减值准备后，该无形资产原摊销年限不变。2×24年12月31日资产负债表中"无形资产"项目填列的金额为（   ）万元。

A.432   B.540

C.600   D.642

11.下列经济业务所产生的现金流量中，属于"投资活动产生的现金流量"的是（   ）。

A.收到的现金股利   B.支付的各种税费

C.吸收投资收到的现金   D.支付货款

12.企业偿还的长期借款利息，在编制现金流量表时，应列报的项目是（   ）。

A.偿还债务支付的现金

B.分配股利、利润或偿付利息支付的现金

C.支付其他与筹资活动有关的现金

D.支付的各项税费

13.下列各项中，不属于筹资活动产生的现金流量的是（   ）。

A.吸收权益性投资收到的现金

B.收回债券投资收到的现金

C.分配现金股利

D.借入资金收到的现金

14.甲公司2×24年度发生的管理费用为2 200万元。其中，以现金支付退休职工统筹退休金350万元和管理人员工资950万元，存货盘亏损失25万元，计提厂部固定资产折旧420万元，无形资产摊销200万元，计提坏账准备150万元，其余均以现金支付。假定不考虑其他因素，甲公司2×24年度现金流量表中"支付其他与经营活动有关的现金"项目的金额为（　　）万元。

A.105　　　　　　　　　　B.455

C.475　　　　　　　　　　D.675

15.下列经济业务所产生的现金流量中，属于"经营活动产生的现金流量"的是（　　）。

A.变卖固定资产所产生的现金流量

B.取得债券利息收入所产生的现金流量

C.支付经营租赁费用所产生的现金流量

D.支付融资租赁费用所产生的现金流量

16.某公司对外转让一项土地使用权，取得的收入为90万元，土地使用权的账面价值为56万元。转让时以现金支付转让费3万元，支付税费4.5万元，此项业务在现金流量表中的列示项目及金额是（　　）。

A.在"收到其他与经营活动有关的现金"和"支付其他与经营活动有关的现金"两个项目中分别填列90万元、7.5万元

B.在"收到其他与经营活动有关的现金"和"支付的各项税费"两个项目中分别填列90万元、7.5万元

C.在"处置固定资产、无形资产和其他长期资产收回的现金净额"项目中填列82.5万元

D.在"处置固定资产、无形资产和其他长期资产收回的现金净额"项目中填列26.5万元

17.资产负债表的下列项目中，只需要根据一个总分类账户直接填列的项目是（　　）。

A. "货币资金"　　　　　　　　　　B. "短期借款"

C. "预付款项"　　　　　　　　　　D. "预收款项"

18. 某企业2×24年度共发生财务费用20万元。其中，19万元为短期借款利息，1万元为附追索权的应收债权的出售所产生的财务费用。则现金流量表补充资料中的"财务费用"项目应填列的金额为（　　）万元。

A.19　　　　　　　　　　　　B.20

C.-19　　　　　　　　　　　D.-20

19. 下列经济业务所产生的现金流量中，属于"投资活动产生的现金流量"的是（　　）。

A.收回投资收到的现金

B.销售商品、提供劳务收到的现金

C.收到的税费返还

D.购买商品、接受劳务支付的现金

20. 下列经济业务所产生的现金流量中，属于"筹资活动产生的现金流量"的是（　　）。

A.收回投资收到的现金

B.吸收投资收到的现金

C.收到的税费返还

D.购买商品、接受劳务支付的现金

(二) 多项选择题

1. 资产负债表中的"应付账款"项目应根据（　　）填列。

A.应付账款所属明细账贷方余额合计

B.预付账款所属明细账贷方余额合计

C.应付账款总账余额

D.应付账款所属明细账借方余额合计

E.预付账款所属明细账借方余额合计

2. 下列资产中，属于"流动资产"项目的有（　　）。

A.一年内到期的非流动资产　　　B.交易性金融资产

C.货币资金　　　　　　　　　　D.开发支出

E.商誉

3.下列项目中应在现金流量表中的"支付的各项税费"项目列示的有（　　）。

A.增值税　　　　　　　　　　B.城市维护建设税

C.教育费附加　　　　　　　　D.所得税

E.契税

4.财务报表包括的项目有（　　）。

A.资产负债表　　　　　　　　B.利润表

C.现金流量表　　　　　　　　D.所有者权益变动表

E.附注

5.利润表中的"营业收入"项目应包含的账户及金额有（　　）。

A.营业外收入　　　　　　　　B.投资收益

C.主营业务收入　　　　　　　D.其他业务收入

E.公允价值变动收益

6.下列项目中，影响现金流量表中的"购买商品、接受劳务支付的现金"项目的有（　　）。

A.偿还应付账款　　　　　　　B.支付的进项税额

C.预付购货款　　　　　　　　D.购买材料支付的货款

E.支付管理部门耗用的水电费

7.现金流量表中的"支付给职工以及为职工支付的现金"项目包括的内容有（　　）。

A.支付给职工的工资和奖金　　B.支付给退休人员的福利费

C.支付给职工的津贴　　　　　D.支付给在建工程人员的工资

E.为生产部门职工支付的商业保险

8.在下列事项中，影响投资活动现金流量的项目有（　　）。

A.以存款购买设备　　　　　　B.购买三个月内到期的短期债券

C.购买一项其他债权投资　　　D.取得债券利息和现金股利

E.处置无形资产收到的现金

9.下列交易或事项产生的现金流量中，属于投资活动产生的现金流量的有（　　）。

A.向投资者派发现金股利

B.为购建固定资产支付的已资本化的利息费用

C.因火灾造成固定资产损失而收到的保险赔款

D.融资租赁方式租入固定资产所支付的租金

E.分期付款购买固定资产第一次支付的款项

10.在下列事项中，影响筹资活动现金流量的项目有（　　）。

A.支付费用化借款利息　　　　B.发行债券收到现金

C.融资租入固定资产　　　　　D.支付发行债券印刷费

E.支付资本化的借款利息

11.甲公司当期发生的交易或事项中，会引起现金流量表中筹资活动产生的现金流量发生变动的有（　　）。

A.接受现金捐赠

B.向投资者分派现金股利

C.收到投资企业分来的现金股利

D.发行股票时由证券商支付的股票印刷费用

E.发行债券收到的现金

12.将净利润调整为经营活动产生的现金流量时，下列各调整项目中，属于调减项目的有（　　）。

A.投资收益　　　　　　　　　B.递延所得税负债增加额

C.长期待摊费用的增加　　　　D.固定资产报废损失

E.公允价值变动收益

13.下列各项中，影响利润表中营业利润的有（　　）。

A.营业外收入　　　　　　　　B.财务费用

C.投资收益　　　　　　　　　D.公允价值变动损益

E.资产减值损失

14.下列各项中，应记入资产负债表中"应收账款"项目的有（　　）。

A."应收账款"科目所属明细科目的借方余额

B."应收账款"科目所属明细科目的贷方余额

C."预收账款"科目所属明细科目的借方余额

D."预收账款"科目所属明细科目的贷方余额

E."其他应收款"总账余额

15.下列交易或事项产生的现金流量中，属于投资活动产生的现金流量的有（　　）。

A.为购建固定资产支付的耕地占用税

B.为购建固定资产支付的已资本化的利息费用

C.因火灾造成固定资产损失而收到的保险赔款

D.最后一次支付分期付款购入固定资产的价款

E.用银行存款偿还短期借款

16.资产负债表中"期末余额"的填列方法有（　　　）。

A.根据总账科目余额填列

B.根据明细账科目余额计算填列

C.根据总账科目和明细账科目余额分析计算填列

D.根据有关科目余额减去其备抵科目余额后的净额填列

E.综合运用上述填列方法分析填列

17.某企业2×24年度发生的下列交易或事项中，会引起投资活动产生的现金流量发生变化的有（　　　）。

A.向投资者派发现金股利60万元

B.转让一项专利权，取得价款200万元

C.购入一项专有技术用于日常经营，支付价款10万元

D.采用权益法核算的长期股权投资，实现投资收益500万元

E.购入原材料支付1万元

18.甲公司当期发生的交易或事项中，会引起现金流量表中筹资活动产生的现金流量发生增减变动的有（　　　）。

A.支付短期借款利息

B.向投资者分派现金股利

C.收到被投资企业分来的现金股利

D.发行股票时由证券商支付的股票印刷费用

E.购入固定资产

19.下列资产负债表项目中，根据总账科目余额直接填列的有（　　　）。

A."短期借款"项目　　　　　　B."实收资本"项目

C."应付账款"项目　　　　　　D."应收账款"项目

E."货币资金"项目

20.下列交易或事项产生的现金流量中，属于非投资活动产生的现金流量的有（　　　）。

A.为购建固定资产支付的耕地占用税

B.为购建固定资产支付的已资本化的利息费用

C.因火灾造成固定资产损失而收到的保险赔款

D.最后一次支付分期付款购入固定资产的价款

E.发行股票时由证券商支付的股票印刷费用

21.下列各项中，应作为现金流量表中经营活动产生的现金流量的有（　　　）。

A.接受其他企业捐赠的资金

B.取得短期股票投资而支付的现金

C.收到供货方未履行合同而交付的违约金

D.为管理人员缴纳商业保险而支付的现金

E.发行股票时由证券商支付的股票印刷费用

22.资产负债表中的"存货"项目，需要根据（　　　）科目的分析汇总数填列。

A."原材料"　　　　　　　　B."库存商品"

C."委托加工物资"　　　　　D."材料采购"

E."发出商品"

23.将净利润调整为经营活动产生的现金流量时，下列属于调增项目的有（　　　）。

A.投资收益　　　　　　　　B.递延所得税负债增加额

C.长期待摊费用的增加　　　D.固定资产报废损失

E.经营性应收项目的增加

24.现金流量表中的"支付给职工以及为职工支付的现金"项目包括（　　　）。

A.支付给退休人员的退休金　　B.支付的在建工程人员的工资

C.支付的生产人员的工资　　　D.支付的行政管理人员的工资

E.支付的车间管理人员的工资

（三）判断题

1.企业支付的所得税、印花税、房产税、土地增值税、耕地占用税等，应作为经营活动产生的现金流量，列入"支付的各项税费"项目。

（　　　）

2.企业支付给全体职工的工资，应作为经营活动产生的现金流量，列入"支付给职工以及为职工支付的现金"项目。（　）

3.企业以分期付款方式购建固定资产，按照合同规定每次付款时所支付的现金均作为投资活动的现金流出。（　）

4.财务报表应当包括下列组成部分：①资产负债表；②利润表；③现金流量表。（　）

5.财务报表就是对企业财务状况和经营成果的结构性表述。（　）

6.资产负债表有些项目期末余额可以根据总账科目余额填列，如"交易性金融资产""短期借款""应付职工薪酬"等项目；有些项目则需根据几个总账科目的期末余额计算填列，如"货币资金"项目，需根据"库存现金""银行存款""其他货币资金"三个总账科目的期末余额的合计数填列。（　）

7.利润表中各项目主要根据各损益类科目的发生额分析填列。（　）

8.现金流量是指现金和现金等价物的流入，可以分为三类，即经营活动产生的现金流量、投资活动产生的现金流量和筹资活动产生的现金流量。（　）

9.经营活动是指企业投资活动和筹资活动以外的所有交易和事项。（　）

10.经营活动包括销售商品或提供劳务、购买商品或接受劳务、收到返还的税费、经营性租赁、支付工资、支付广告费用、缴纳各项税款等。（　）

11.投资活动是指企业长期资产的购建和不包括在现金等价物范围内的投资及其处置活动。（　）

12.投资活动包括取得和收回投资、购建和处置固定资产、购买和处置无形资产等。（　）

13.筹资活动是指导致企业资本及债务规模和构成发生变化的活动。（　）

14.筹资活动包括发行股票或接受投入资本、分派现金股利、取得和偿还银行借款、偿还公司债券等。（　）

15.企业应当根据业务量的大小及复杂程度直接按有关科目的记录

分析填列现金流量表。　　　　　　　　　　　　　　（　　）

16.企业应在附注中披露将净利润调整为经营活动现金流量、不涉及现金收支的重大投资和筹资活动、现金及现金等价物净变动情况等信息。　　　　　　　　　　　　　　　　　　　　（　　）

17.所有者权益变动表中直接计入所有者权益的利得和损失，以及与所有者（或股东）的资本交易导致的所有者权益的变动，应当分别列示。　　　　　　　　　　　　　　　　　　　　　　（　　）

18.资产负债表"年初余额"栏内各项目数字，应根据上年末资产负债表"期末余额"栏内所列数字填列。　　　　　　　（　　）

19."应付账款"项目，应当根据"应付账款""预收账款"等科目所属明细科目期末贷方余额合计填列。　　　　　　　　（　　）

20."长期应收款"项目，应当根据"长期应收款"总账科目余额，减去"未实现融资收益"总账科目余额填列。　　　　　（　　）

21."固定资产"项目，应当根据"固定资产"科目期末余额，减去"累计折旧""固定资产减值准备"等科目期末余额后的金额填列。
　　　　　　　　　　　　　　　　　　　　　　　　　（　　）

22.营业收入减去营业成本、税金及附加即为营业利润。（　　）

23.营业收入由主营业务收入和其他业务收入组成。　　（　　）

24.在我国，企业利润表采用的基本上是单步式结构。　（　　）

25."应收账款"项目应当根据"应收账款""预付账款"等科目所属明细科目期末借方余额合计填列。　　　　　　　　　　（　　）

26.营业利润加上营业外收入，减去营业外支出，即为利润总额。
　　　　　　　　　　　　　　　　　　　　　　　　　（　　）

27.利润总额减去所得税费用，即为净利润。　　　　　（　　）

28.企业应当根据具体情况，确定现金等价物的范围，一经确定不得随意变更。　　　　　　　　　　　　　　　　　　（　　）

29.现金等价物是指企业持有的期限短、流动性强、易于转换为已知金额现金、价值变动风险很小的投资。期限短，一般是指从购买日起6个月内到期。　　　　　　　　　　　　　　　　　（　　）

30.现金等价物通常包括6个月内到期的债券投资等。权益性投资

变现的金额通常不确定，因而属于现金等价物。 （　）

（四）计算及账务处理题

1. 某公司为增值税一般纳税企业，增值税税率为 13%，2×24 年与销售活动现金流量有关的业务如下：

（1）销售产品一批，增值税专用发票上注明的售价为 240 000 元，增值税销项税额为 31 200 元，货款未收到。

（2）销售产品一批，售价为 560 000 元，增值税销项税额为 72 800 元，款项已通过银行收妥。

（3）公司将到期的一张面值为 144 000 元的无息银行承兑汇票（不含增值税），连同解讫通知和进账单交银行办理转账，款项已收妥。

（4）收到应收账款 31 200 元。

（5）公司采用商业承兑汇票结算方式销售产品一批，价款为 200 000 元，增值税销项税额为 26 000 元，收到 226 000 元的商业承兑汇票一张，公司已将上述承兑汇票到银行办理贴现，贴现息为 16 000 元。

要求：计算"销售商品、提供劳务收到的现金"项目的金额。

2. 某公司 2×24 年利润表上列示的营业收入为 125 万元，增值税销项税额为 16.25 万元，2×24 年 12 月 31 日资产负债表有关项目资料见表 14-1。

表14-1　　　　　　　　资产负债表有关项目资料　　　　　　　　单位：元

资产	期末余额	上年年末余额	负债和所有者权益	期末余额	上年年末余额
应收票据	66 000	246 000	预收款项	0	0
应收账款	598 200	299 100			

其他有关情况如下：

（1）采用备抵法核算坏账损失，期初坏账准备为 900 元，期末坏账准备为 1 800 元；如果计算扣除坏账准备前应收账款期初余额为 300 000 元、期末余额为 600 000 元。

（2）将本期承兑汇票到银行办理贴现，贴现利息为 20 000 元。

要求：计算"销售商品、提供劳务收到的现金"项目的金额。

3. 甲公司于 2×24 年 1 月 1 日以银行存款 400 万元购置一台不需要安

装的设备，当日即投入使用。4月2日，对一台管理用设备进行清理，该设备账面原价为120万元，已计提折旧80万元，已计提减值准备20万元；以银行存款支付清理费用2万元，收到变价收入13万元，该设备已清理完毕。

要求：

（1）计算"购建固定资产、无形资产和其他长期资产支付的现金"项目的金额。

（2）计算"处置固定资产、无形资产和其他长期资产收回的现金净额"项目的金额。

4.甲公司2×24年与采购有关的业务如下：

（1）购买原材料，收到的增值税专用发票上注明的材料价款为150 000元，增值税进项税额为19 500元，款项已通过银行转账支付。

（2）用银行汇票支付材料款99 800元、增值税12 974元。

（3）收到银行通知，本期支付到期商业承兑应付票据100 000元。

（4）购买工程用物资160 000元，货款已通过银行转账支付。

要求：计算"购买商品、接受劳务支付的现金"项目的金额。

5.某企业2×24年度应付职工薪酬有关资料见表14-2。

表14-2 　　　　　　　　　应付职工薪酬有关资料 　　　　　　　单位：元

项　目		上年年末余额	本期分配或计提数	期末余额
应付职工薪酬	生产工人工资	100 000	1 000 000	80 000
	车间管理人员工资	40 000	500 000	30 000
	行政管理人员工资	60 000	800 000	45 000
	在建工程人员工资	20 000	300 000	15 000

本期用银行存款支付离退休人员工资500 000元。假定应付职工薪酬本期减少数均以银行存款支付，应付职工薪酬为贷方余额。假定不考虑其他事项。

要求：

（1）计算"支付给职工以及为职工支付的现金"项目的金额。

（2）计算"支付其他与经营活动有关的现金"项目的金额。

（3）计算"购建固定资产、无形资产和其他长期资产支付的现金"项目的金额。

6.某企业2×24年度"短期借款"账户年初余额为120万元，年末余额为140万元；"长期借款"账户年初余额为360万元，年末余额为840万元。2×24年借入短期借款240万元，借入长期借款460万元，长期借款年末余额中包括确认的20万元长期借款利息费用（2×24年未支付利息）。除上述资料外，债权债务的增减变动均以货币资金结算。

要求：

（1）计算"取得借款收到的现金"项目的金额。

（2）计算"偿还债务支付的现金"项目的金额。（本题计算金额单位以万元表示）

7.某企业2×24年度"财务费用"账户借方发生额为40万元，均为利息费用。财务费用包括计提的长期借款利息25万元，其余财务费用均以银行存款支付。"应付股利"账户年初余额为30万元，无年末余额。除上述资料外，债权、债务的增减变动均以货币资金结算。

要求：计算"分配股利、利润或偿付利息支付的现金"项目的金额。（金额单位以万元表示）

8.甲公司2×24年度发生的管理费用为2 200万元。其中，以现金支付退休职工统筹退休金350万元和管理人员工资950万元，存货盘亏损失25万元，计提固定资产折旧420万元，无形资产摊销350万元，其余均以现金支付。

要求：计算"支付其他与经营活动有关的现金"项目的金额。（金额单位以万元表示）

9.某企业2×24年有关资料如下：

（1）2×24年度利润表中的所得税费用为500 000元（均为当期应交所得税产生的所得税费用）。

（2）"应交税费——应交所得税"科目年初余额为20 000元，年末余额为10 000元。假定不考虑其他税费。

要求：计算"支付的各项税费"项目的金额。

10.某企业 2×24 年度有关资料如下：

（1）"交易性金融资产"科目本期贷方发生额为 100 万元，"投资收益——转让交易性金融资产收益"科目的贷方发生额为 5 万元。

（2）"长期股权投资"科目本期贷方发生额为 200 万元，该项投资未计提跌价准备，"投资收益——转让长期股权投资收益"科目的贷方发生额为 6 万元。

要求：假定转让上述投资均收到现金，计算"收回投资收到的现金"项目的金额。（金额单位以万元表示）

11.甲企业 2×24 年取得的营业收入为 1 000 万元，发生的营业成本为 680 万元、销售费用为 30 万元、管理费用为 50 万元、财务费用为 19 万元，投资收益为 40 万元，资产减值损失为 70 万元（损失），公允价值变动损益为 80 万元（损失），营业外收入为 25 万元，营业外支出为 15 万元。

要求：计算该企业 2×24 年度的营业利润。（金额单位以万元表示）

12.甲企业为增值税一般纳税人，其有关资料如下：

（1）甲企业销售的产品、材料均为应纳增值税货物，增值税税率为 13%，产品、材料销售价格中均不含增值税。

（2）甲企业材料和产品均按实际成本核算，其销售成本于销售时结转。

（3）甲企业所得税核算方法采用资产负债表债务法，假定适用的所得税税率一直是 25%，按照净利润的 10% 提取盈余公积。

（4）甲企业 2×24 年 12 月 1 日有关科目余额见表 14-3。

表14-3　　　　　　　　　　　　**科目余额表**　　　　　　　　　单位：万元

科目名称	借方余额	科目名称	贷方余额
库存现金	1	短期借款	300
银行存款	2 400	应付票据	500
应收票据	30	应付账款	330
应收账款	200	应付利息	0
坏账准备	-2	应交税费	112

科目名称	借方余额	科目名称	贷方余额
其他应收款	200	长期借款	1 000
原材料	350	预计负债	0
周转材料	22.5	递延所得税负债	107.5
库存商品	810	实收资本	28 000
存货跌价准备	-30	资本公积	532
债权投资	109	盈余公积	20.5
债权投资减值准备	-44	利润分配（未分配利润）	259
长期股权投资	0		
固定资产	26 426		
累计折旧	-560		
投资性房地产	1 230		
递延所得税资产	18.5		
无形资产	0		
累计摊销	0		
合　计	31 161	合　计	31 161

（5）甲企业2×24年12月发生如下经济业务：

①12月1日，购入原材料一批，增值税专用发票上注明的价款为300万元，增值税税额为39万元，材料已经到达并验收入库。企业开出不带息商业承兑汇票。采购过程中发生运输费5万元、保险费2万元、装卸费1万元，签订采购合同支付咨询费0.2万元，均已用银行存款支付。

②12月1日，以一批库存商品对外投资，取得B公司20%的表决权资本，对B公司具有重大影响，双方交易具有商业实质。用于投资的库存商品成本为500万元，已计提存货跌价准备30万元，公允价值（等于

计税价格）为 600 万元。取得投资时，B 公司的可辨认净资产公允价值（等于其账面价值）为 3 600 万元。2×24 年度 B 公司共实现净利润 1 000 万元，其中 12 月实现净利润 200 万元；甲企业与 B 公司之间未发生任何关联方交易。B 公司的所得税税率为 25%。

③12 月 3 日，销售给某企业一批产品，销售价格为 200 万元，实际成本为 150 万元。产品已经发出，开出增值税专用发票，款项尚未收到。销售合同中甲企业的产品质量保证条款规定，产品售出后一年内，如发生正常质量问题，甲企业将免费负责修理。甲企业根据以往经验，预计将来发生的修理费为销售收入的 1%。税法规定产品质量保证费在实际发生时才允许税前扣除，本月未发生相关修理费用。

④12 月 8 日，出售一台不需用设备给乙企业，设备账面原价为 200 万元，已提折旧 74 万元，出售价格为 180 万元。出售设备价款已经收到，并存入银行。

⑤12 月 15 日，对外出售债权投资，收到价款 80 万元。该债权投资的账面余额为 109 万元，已经计提减值准备 44 万元。

⑥12 月 17 日，以一项投资性房地产与 C 公司的一项固定资产和专利权进行交换。甲企业换出的投资性房地产采用公允价值模式进行后续计量，成本为 1 000 万元，公允价值变动损益为借方余额 230 万元，交换日的公允价值为 1 150 万元；C 公司用于交换的固定资产账面原值为 900 万元，已提折旧 400 万元，交换日的公允价值为 660 万元；专利权的账面价值为 350 万元，公允价值为 420 万元。甲企业另收到补价 70 万元。假定不考虑非货币性资产交换涉及的相关税费；交换具有商业实质。甲公司换出的投资性房地产在上期期末时的计税基础为 800 万元。

换入的管理用专利权，预计使用寿命为 5 年，预计净残值为零，采用直线法摊销，假定税法要求的摊销年限、预计净残值及摊销方法与会计一致。

⑦12 月 23 日，用银行存款偿还到期应付票据 20 万元。

⑧计提管理用固定资产折旧 98 万元。

要求：

（1）编制甲企业 12 月发生的事项①至事项⑧的有关会计分录。（金

额单位以万元表示，下同）

（2）计算甲企业12月的应交所得税及相关的递延所得税。

（各损益类科目结转本年利润以及与利润分配有关的会计分录省略；除"应交税费"科目外，其余科目可不写明细科目）

（3）填列甲企业2×24年12月31日资产负债表（简表）的期末余额（见表14-4）；编制2×24年12月的利润表（简表）（见表14-5）。（计算结果保留两位小数）

表14-4　　　　　　　　　　**资产负债表（简表）**　　　　　　　　会企01表

编制单位：甲企业　　　　　　　　　　2×24年12月31日　　　　　　　　单位：万元

资　产	期末余额	上年年末余额	负债和所有者权益（或股东权益）	期末余额	上年年末余额
流动资产：			流动负债：		
货币资金			短期借款		
应收票据			应付票据		
应收账款			应付账款		
其他应收款			应交税费		
存货			流动负债合计		
流动资产合计			非流动负债：		
非流动资产：			长期借款		
债权投资			预计负债		
长期股权投资			递延所得税负债		
投资性房地产			非流动负债合计		
固定资产			负债合计		
无形资产			所有者权益（或股东权益）：		
递延所得税资产			实收资本		
非流动资产合计			资本公积		

资　产	期末余额	上年年末余额	负债和所有者权益（或股东权益）	期末余额	上年年末余额
			盈余公积		
			未分配利润		
			所有者权益（或股东权益）合计		
资产总计			负债和所有者权益（或股东权益）总计		

表14-5　　　　　　　　　　利润表（简表）　　　　　　　　会企02表

编制单位：甲企业　　　　　　　　2×24年12月　　　　　　　单位：万元

项　目	本期金额	上期金额
一、营业收入		
减：营业成本		
税金及附加		
销售费用		
管理费用		
财务费用		
加：投资收益（损失以"–"号填列）		
公允价值变动收益（损失以"–"号填列）		
资产减值损失（损失以"–"号填列）		
资产处置收益（损失以"–"号填列）		
二、营业利润（亏损以"–"号填列）		
加：营业外收入		
减：营业外支出		
三、利润总额（亏损总额以"–"号填列）		
减：所得税费用		
四、净利润（净亏损以"–"号填列）		

13.华联公司2×24年的资产负债表（简表）和利润表（简表）见表14-6、表14-7。

表14-6

资产负债表（简表）

会企01表

编制单位：华联公司 2×24年12月31日 单位：元

资 产	期末余额	上年年末余额	负债和所有者权益（或股东权益）	期末余额	上年年末余额
流动资产：			流动负债：		
货币资金	55 500	73 500	应付票据		120 000
交易性金融资产	18 000	20 000	应付账款	93 000	49 500
应收票据	39 000	54 000	流动负债合计	93 000	169 500
应收账款	9 000	7 000	非流动负债：		
存货	165 000	80 000	应付债券	225 000	80 000
流动资产合计	286 500	234 500	非流动负债合计	225 000	80 000
非流动资产：			负债合计	318 000	249 500
固定资产	475 500	235 000	所有者权益（或股东权益）：		
非流动资产合计	475 500	235000	股本	240 000	190 000
			未分配利润	204 000	30 000
			所有者权益（或股东权益）合计	444 000	220 000
资产总计	762 000	469 500	负债和所有者权益（或股东权益）总计	762 000	469 500

表14-7

利润表（简表）

编制单位：华联公司   2×24年度   单位：元

项　目	本期金额	上期金额（略）
一、营业收入	738 000	
减：营业成本	360 000	
管理费用	61 000	
财务费用	10 000	
加：投资收益（损失以"−"号填列）	3 000	
二、营业利润（亏损以"−"号填列）	310 000	
加：营业外收入	3 000	
减：营业外支出	10 000	
三、利润总额（亏损总额以"−"号填列）	303 000	
减：所得税费用	102 000	
四、净利润（净亏损以"−"号填列）	201 000	

其他相关资料如下：

（1）本年度支付了 27 000 元的现金股利。

（2）营业成本 360 000 元中，包括工资费用 165 000 元。管理费用 61 000 元中，包括折旧费用 21 500 元，报销的备用金 3 000 元，职工薪酬 24 000 元，支付其他费用 12 500 元。

（3）本年度出售固定资产一台，原价 60 000 元，已提折旧 5 000 元，处置价格为 58 000 元，已收到现金。

（4）本年度购入固定资产，价款为 317 000 元，以银行存款支付。

（5）本年度购入以公允价值计量且其变动计入当期损益的金融资产，支付价款 13 000 元。

（6）本年度出售以公允价值计量且其变动计入当期损益的金融资产收到现金 18 000 元，成本为 15 000 元。

（7）本年度偿付应付公司债券 70 000 元；新发行债券 215 000 元，

已收到现金。

（8）本年度发生火灾造成存货（均系原材料）损失8 000元，已计入营业外支出。

（9）其他应收款全部为备用金，本年支付5 000元。

（10）本年度发行新股50 000元，已收到现金。

（11）财务费用10 000元系支付的债券利息。

（12）期末存货均为外购原材料。

为简便起见，不考虑流转税，假定华联公司没有现金等价物，应收账款全部为应收销货款，应付账款全部为应付购货款。

要求：根据上述资料编制华联公司2×24年度的现金流量表，见表14-8。

表14-8　　　　　　　　　　　**现金流量表**　　　　　　　　会企03表
编制单位：华联公司　　　　　　　　2×24年度　　　　　　　　单位：元

项　　目	金额
一、经营活动产生的现金流量：	
销售商品、提供劳务收到的现金	
收到的税费返还	
收到其他与经营活动有关的现金	
经营活动现金流入小计	
购买商品、接受劳务支付的现金	
支付给职工以及为职工支付的现金	
支付的各项税费	
支付其他与经营活动有关的现金	
经营活动现金流出小计	
经营活动产生的现金流量净额	
二、投资活动产生的现金流量：	
收回投资收到的现金	

项　目	金额
取得投资收益收到的现金	
处置固定资产、无形资产和其他长期资产收回的现金净额	
处置子公司及其他营业单位收到的现金净额	
收到其他与投资活动有关的现金	
投资活动现金流入小计	
购建固定资产、无形资产和其他长期资产支付的现金	
投资支付的现金	
取得子公司及其他营业单位支付的现金净额	
支付其他与投资活动有关的现金	
投资活动现金流出小计	
投资活动产生的现金流量净额	
三、筹资活动产生的现金流量：	
吸收投资收到的现金	
取得借款收到的现金	
收到其他与筹资活动有关的现金	
筹资活动现金流入小计	
偿还债务支付的现金	
分配股利、利润或偿付利息支付的现金	
支付其他与筹资活动有关的现金	
筹资活动现金流出小计	
筹资活动产生的现金流量净额	

项　目	金额
四、汇率变动对现金及现金等价物的影响	
五、现金及现金等价物净增加额	
现金流量表补充资料：	
将净利润调整为经营活动现金流量：	
净利润	
加：资产减值准备	
固定资产折旧	
无形资产摊销	
长期待摊费用摊销	
处置固定资产、无形资产和其他长期资产的损失（收益以"-"号填列）	
固定资产报废损失	
财务费用	
投资损失（收益以"-"号填列）	
递延所得税资产的减少（增加以"-"号填列）	
递延所得税负债的增加（减少以"-"号填列）	
存货的减少（减：增加）	
经营性应收项目的减少（减：增加）	
经营性应付项目的增加（减：减少）	
经营性活动产生的现金流量净额	

五、案例分析题

【**案例1**】甲企业 2×24 年 12 月 31 日的有关资料如下:

(1) 科目余额表见表 14-9。

表14-9 科目余额表 单位:元

科目名称	借方余额	贷方余额
库存现金	10 000	
银行存款	57 000	
应收票据	60 000	
应收账款	80 000	
预付账款		30 000
坏账准备		5 000
原材料	70 000	
低值易耗品	10 000	
发出商品	90 000	
材料成本差异		55 000
库存商品	100 000	
固定资产	800 000	
累计折旧		300 000
在建工程	40 000	
无形资产	150 000	
短期借款		8 000
应付账款		70 000
预收账款		10 000
应付职工薪酬	4 000	
应交税费		13 000
长期借款		80 000
实收资本		500 000
盈余公积		200 000
未分配利润		200 000

（2）债权、债务明细科目余额。

应收账款明细资料如下：

应收账款——A公司借方余额 100 000元。

应收账款——B公司贷方余额 20 000元。

预付账款明细资料如下：

预付账款——C公司借方余额 20 000元。

预付账款——D公司贷方余额 50 000元。

应付账款明细资料如下：

应付账款——E公司贷方余额 100 000元。

应付账款——F公司借方余额 30 000元。

预收账款明细资料如下：

预收账款——G公司贷方余额 40 000元。

预收账款——H公司借方余额 30 000元。

（3）长期借款共2笔，均为到期一次性还本付息。金额及期限如下：

① 从工商银行借入 30 000元（本利和），期限从 2×23 年 6 月 1 日至 2×25 年 6 月 1 日。

② 从建设银行借入 50 000元（本利和），期限从 2×24 年 8 月 1 日至 2×26 年 8 月 1 日。

要求：编制甲企业 2×24 年 12 月 31 日的资产负债表（简表）（见表 14-10）。

表14-10 　　　　　　　　　资产负债表（简表）　　　　　　　　　会企01表

编制单位：甲企业　　　　　　　　2×24年12月31日　　　　　　　　单位：元

资　产	期末余额	年初余额	负债和所有者权益（或股东权益）	期末余额	年初余额
流动资产：			流动负债：		
货币资金			短期借款		
应收票据			应付票据		

资　产	期末余额	年初余额	负债和所有者权益（或股东权益）	期末余额	年初余额
应收账款			预收款项		
预付款项			应付职工薪酬		
存货			应交税费		
流动资产合计			一年内到期的非流动负债		
非流动资产：			流动负债合计		
固定资产			非流动负债：		
在建工程			长期借款		
无形资产			非流动负债合计		
非流动资产合计			负债合计		
			所有者权益（或股东权益）：		
			实收资本		
			盈余公积		
			未分配利润		
			所有者权益（或股东权益）合计		
资产总计			负债和所有者权益（或股东权益）总计		

【案例分析】

甲企业 2×24 年 12 月 31 日的资产负债表（简表）见表 14-11。

表14-11

资产负债表（简表）

编制单位：甲企业　　　　　　　　2×24年12月31日　　　　　　　　单位：元

资　产	期末余额	年初余额（略）	负债和所有者权益（或股东权益）	期末余额	年初余额（略）
流动资产：			流动负债：		
货币资金	67 000		短期借款	8 000	
应收票据	60 000		应付账款	150 000	
应收账款	125 000		预收款项	60 000	
预付款项	50 000		应付职工薪酬	−4 000	
存货	215 000		应交税费	13 000	
流动资产合计	517 000		一年内到期的非流动负债	30 000	
非流动资产：			流动负债合计	257 000	
固定资产	500 000		非流动负债：		
在建工程	40 000		长期借款	50 000	
无形资产	150 000		非流动负债合计	50 000	
非流动资产合计	690 000		负债合计	307 000	
			所有者权益（或股东权益）：		
			实收资本	500 000	
			盈余公积	200 000	
			未分配利润	200 000	
			所有者权益（或股东权益）合计	900 000	
资产总计	1 207 000		负债和所有者权益（或股东权益）总计	1 207 000	

【案例2】甲股份有限公司（以下简称甲公司）为增值税一般纳税企业，适用的增值税税率为13%。商品销售价格中均不含增值税。按每笔销售分别结转销售成本。甲公司销售商品、零配件及提供劳务均为主营业务。

甲公司2×24年9月发生的经济业务如下：

（1）以分期收款销售方式向A公司销售商品一批。该批商品的销售价格为20万元，实际成本为17万元，提货单和增值税专用发票已交A公司。根据合同，该价款（合同价款不含增值税，但收款包括增值税，下同）分三次收取，第一次收取货款的20%，10月1日和11月1日分别收取货款的40%。第一次应收取的货款已于本月收存银行。

（2）与B公司签订合同，委托其代销商品一批。根据代销合同，B公司按代销商品合同价的5%收取手续费，并直接从代销款中扣除。该批商品的合同价为5万元，实际成本为3.6万元，商品已运往B公司。本月末收到B公司开来的代销清单，列明已售出该批商品的50%；同时收到已售代销商品的代销款（已扣除手续费）。

（3）与C公司签订一项设备安装合同。该设备安装期为2个月，合同总价款为3万元，分2次收取。本月末收到第一笔价款1万元，并存入银行。按合同规定，安装程序完成日收取剩余的款项。至本月末，已实际发生安装成本1.2万元（假定均为安装人员工资）。

（4）向D公司销售一件特定商品。合同规定，该件商品须单独设计制作，总价款为35万元，自合同签订起2个月内交货。D公司已预付全部价款。至本月末，该件商品尚未完工，已发生生产成本15万元（其中，生产人员工资5万元，原材料10万元）。

（5）向E公司销售一批零件。该批零件的销售价格为100万元，实际成本为80万元。增值税专用发票及提货单已交给E公司。E公司已开出承兑的商业汇票，该商业汇票期限为3个月，到期日为12月10日。E公司因受场地限制，推迟到下月23日提货。

（6）与H公司签订一项设备维修服务合同。本月末，该维修服务完成并经H公司验收合格，同时收到H公司按合同支付的提供服务款50万元。为完成该项维修服务，发生相关费用10.4万元（假定均为维修人员工资)。

（7）M公司退回2×23年12月28日购买的商品一批，该批商品的销售价格为6万元，实际成本为4.7万元。该批商品的销售收入已在售出时确认，但款项尚未收取。经查明，退货理由符合原合同规定。本月末已办妥退货手续并开具红字增值税专用发票。

（8）计算本月应交所得税，假定该公司适用的所得税税率为25%，采用资产负债表债务法核算所得税，假定本期无任何纳税调整事项，且不考虑递延所得税的影响。

其他相关资料：

除上述经济业务外，甲公司登记9月发生的其他经济业务形成的账户余额见表14-12。

表14-12　　　　　　　**其他经济业务形成的账户余额**　　　　　　　单位：元

账户名称	借方余额	贷方余额
其他业务收入		200 000
其他业务成本	10 000	
投资收益		15 300
营业外收入		20 000
营业外支出	40 000	
税金及附加	100 000	
管理费用	50 000	
财务费用	10 000	

要求：

（1）编制甲公司与上述（1）至（8）项经济业务相关的会计分录（"应交税费"科目要求写出明细科目及专栏名称）。

（2）编制甲公司9月的利润表（简表）（见表14-13，答案中的金额单位用元表示）。

表14-13	利润表（简表）	会企02表

编制单位：甲公司　　　　　　　　2×24年9月　　　　　　　　单位：元

项　目	本期金额
一、营业收入	
减：营业成本	
税金及附加	
销售费用	
管理费用	
财务费用	
加：投资收益（损失以"–"号填列）	
公允价值变动收益（损失以"–"号填列）	
资产减值损失（损失以"–"号填列）	
二、营业利润（亏损以"–"号填列）	
加：营业外收入	
减：营业外支出	
三、利润总额（亏损总额以"–"号填列）	
减：所得税费用	
四、净利润（净亏损以"–"号填列）	

【案例分析】

（1）编制相关的会计分录。

①可以不考虑货币时间价值，在发货时确认一次收入。

借：银行存款	45 200	
应收账款	180 800	
贷：主营业务收入		200 000
应交税费——应交增值税（销项税额）		26 000
借：主营业务成本	170 000	

| | 贷：库存商品 | | 170 000 |

②借：委托代销商品 36 000
　　贷：库存商品 36 000
借：银行存款 27 000
　　销售费用 1 250
　　贷：主营业务收入 25 000
　　　　应交税费——应交增值税（销项税额） 3 250
借：主营业务成本 18 000
　　贷：委托代销商品 18 000
③借：银行存款 10 000
　　贷：预收账款 10 000
借：生产成本 12 000
　　贷：应付职工薪酬 12 000
④借：银行存款 350 000
　　贷：预收账款 350 000
借：生产成本 150 000
　　贷：应付职工薪酬 50 000
　　　　原材料 100 000

注：③和④均不符合收入的确认条件，所以没有确认收入，也就不能结转成本。

⑤借：应收票据 1 130 000
　　贷：主营业务收入 1 000 000
　　　　应交税费——应交增值税（销项税额） 130 000
借：主营业务成本 800 000
　　贷：库存商品 800 000
⑥借：银行存款 500 000
　　贷：主营业务收入 442 478
　　　　应交税费——应交增值税（销项税额） 57 522

合同规定支付服务款的数额，说明对方不会再支付其他数额，那么对于这笔服务款，对方应承担的相关税费就包含在服务款中，因此这笔服务款属于含税收入。分录的计算有小数的尾差。

借：生产成本   104 000

  贷：应付职工薪酬   104 000

  本题中说明的是合同，同时题目中也说明了设备维修为主营业务，因此，在本题的计算中直接用"生产成本"科目核算。

借：主营业务成本   104 000

  贷：生产成本   104 000

⑦借：主营业务收入   60 000

    应交税费——应交增值税（销项税额） 7 800

    贷：应收账款——M公司   67 800

  在资产负债表日后期间发生的以前年度的销售退回，通过"以前年度损益调整"科目核算，非资产负债表日后期间发生的销售退回直接冲减退回当月的销售收入和成本，本题中是9月发生销售退回，因此直接冲减主营业务收入。

借：库存商品   47 000

  贷：主营业务成本   47 000

⑧利润总额=1 807 478-1 055 000-100 000-1 250-50 000-10 000+15 300+20 000-40 000

   =586 528（元）

所得税费用=586 528×25%=146 632（元）

借：所得税费用   146 632

  贷：应交税费——应交所得税   146 632

（2）编制9月利润表（简表），见表14-14。

表14-14   **利润表（简表）**   会企02表

编制单位：甲公司   2×24年9月   单位：元

项　目	本期金额
一、营业收入	1 807 478
减：营业成本	1 055 000
税金及附加	100 000
销售费用	1 250

项　目	本期金额
管理费用	50 000
财务费用	10 000
加：投资收益（损失以"-"号填列）	15 300
公允价值变动收益（损失以"-"号填列）	0
资产减值损失（损失以"-"号填列）	0
二、营业利润（亏损以"-"号填列）	606 528
加：营业外收入	20 000
减：营业外支出	40 000
三、利润总额（亏损总额以"-"号填列）	586 528
减：所得税费用	146 632
四、净利润（净亏损以"-"号填列）	439 896

六、练习题参考答案

（一）单项选择题

1.A　2.C　3.A　4.C　5.C　6.D　7.D　8.A　9.A　10.A　11.A　12.B　13.B　14.B　15.C　16.C　17.B　18.B　19.A　20.B

（二）多项选择题

1.AB　2.ABC　3.ABCD　4.ABCDE　5.CD　6.ABCD　7.ACE　8.ACDE　9.CE　10.ABDE　11.ABE　12.ACE　13.BCDE　14.AC　15.AC　16.ABCDE　17.BC　18.AB　19.AB　20.BDE　21.CD　22.ABCDE　23.BD　24.CDE

（三）判断题

1.×　2.×　3.×　4.×　5.×　6.√　7.√　8.×　9.√　10.√　11.√　12.√　13.√　14.√　15.×　16.√　17.√　18.√　19.×　20.×　21.√　22.×　23.√　24.×　25.×　26.√　27.√　28.√　29.×　30.×

（四）计算及账务处理题

1.销售商品、提供劳务收到的现金=632 800+144 000+31 200+210 000

=1 018 000（元）

2. 销售商品、提供劳务收到的现金 =1 250 000+162 500+（246 000-66 000）+（299 100-598 200）-
（1 800-900）-20 000=1 272 500（元）

3.具体计算过程及结果如下：

（1）购建固定资产、无形资产和其他长期资产支付的现金=4 000 000元

（2）处置固定资产、无形资产和其他长期资产收回的现金净额=130 000-20 000=110 000（元）

4. 购买商品、接受劳务支付的现金 =150 000+19 500+99 800+12 974+100 000=382 274（元）

5.具体计算过程及结果如下：

（1）支付给职工以及为职工支付的现金 =（100 000+40 000+60 000）+（1 000 000+500 000+
800 000）-（80 000+30 000+45 000）=2 345 000（元）

（2）支付其他与经营活动有关的现金=500 000元

（3）购建固定资产、无形资产和其他长期资产支付的现金 =20 000+300 000-15 000=305 000（元）

6.具体计算过程及结果如下：

（1）取得借款收到的现金=240+460=700（万元）

（2）偿还债务支付的现金=（120+240-140）+［360+460-（840-20）］
=220（万元）

7.分配股利、利润或偿付利息支付的现金=（40-25）+（30-0）
=45（万元）

8.支付其他与经营活动有关的现金=2 200-950-25-420-350
=455（万元）

9.支付的各项税费=20 000+500 000-10 000=510 000（元）

10.收回投资收到的现金=（100+5）+（200+6）=311（万元）

11.营业利润=1 000-680-30-50-19+40-70-80=111（万元）

12.具体账务处理及计算过程如下：

（1）编制甲企业经济业务的有关会计分录：

①借：原材料（300+5+2+1）　　　　　　　　　　　　　　　308

　　　应交税费——应交增值税（进项税额）　　　　　　　　39

　　　管理费用　　　　　　　　　　　　　　　　　　　　0.20

　　贷：应付票据　　　　　　　　　　　　　　　　　　　　　339

　　　　银行存款　　　　　　　　　　　　　　　　　　　　8.20

②借：长期股权投资　　　　　　　　　　　　　　　720
　　贷：主营业务收入　　　　　　　　　　　　　　　　　600
　　　　应交税费——应交增值税（销项税额）　　　　　78
　　　　资产处置损益　　　　　　　　　　　　　　　　　42
　借：主营业务成本　　　　　　　　　　　　　　　470
　　　存货跌价准备　　　　　　　　　　　　　　　　30
　　贷：库存商品　　　　　　　　　　　　　　　　　　500
　借：长期股权投资　　　　　　　　　　　　　　　40
　　贷：投资收益（200×20%）　　　　　　　　　　　　40
③借：应收账款　　　　　　　　　　　　　　　　226
　　贷：主营业务收入　　　　　　　　　　　　　　　　200
　　　　应交税费——应交增值税（销项税额）　　　　　26
　借：主营业务成本　　　　　　　　　　　　　　　150
　　贷：库存商品　　　　　　　　　　　　　　　　　　150
　借：销售费用　　　　　　　　　　　　　　　　　2
　　贷：预计负债　　　　　　　　　　　　　　　　　　　2
④借：固定资产清理　　　　　　　　　　　　　　126
　　　累计折旧　　　　　　　　　　　　　　　　　74
　　贷：固定资产　　　　　　　　　　　　　　　　　　200
　借：银行存款　　　　　　　　　　　　　　　　180
　　贷：固定资产清理　　　　　　　　　　　　　　　　180
　借：固定资产清理　　　　　　　　　　　　　　54
　　贷：资产处置损益　　　　　　　　　　　　　　　　54
⑤借：银行存款　　　　　　　　　　　　　　　　80
　　　债权投资减值准备　　　　　　　　　　　　　44
　　贷：债权投资　　　　　　　　　　　　　　　　　　109
　　　　投资收益　　　　　　　　　　　　　　　　　　15
⑥借：固定资产　　　　　　　　　　　　　　　　660
　　　无形资产　　　　　　　　　　　　　　　　　420
　　　银行存款　　　　　　　　　　　　　　　　　70
　　贷：其他业务收入　　　　　　　　　　　　　　1 150
　借：其他业务成本　　　　　　　　　　　　　1 230
　　贷：投资性房地产——成本　　　　　　　　　　1 000
　　　　　　　　——公允价值变动　　　　　　　　　230

借：公允价值变动损益   230

 贷：其他业务收入   230

借：管理费用（420÷5×1÷12）   7

 贷：累计摊销   7

⑦借：应付票据   20

  贷：银行存款   20

⑧借：管理费用   98

  贷：累计折旧   98

（2）计算甲企业 12 月的应交所得税及相关的递延所得税。

应确认的
递延所得税资产 $=-30$（事项②）$\times 25\%+2$（事项③）$\times 25\%-44$（事项⑤）$\times 25\%$

$=-18$（万元）（转回）

应确认的递延所得税负债 $=-430$（事项⑥）$\times 25\%=-107.50$（万元）（转回）

注：甲公司 2×24 年 12 月业务⑥中要注意投资性房地产税法上的折旧问题，此题中投资性房地产账面价值为 1 230 万元，计税基础为 800 万元，处置时转回的应纳税暂时性差异为 430 万元。

应交
所得税 $=$［143.80-30（事项②）+2（事项③）-44（事项⑤）+430（事项⑥）］$\times 25\%$

$=125.45$（万元）

借：所得税费用   35.95

  递延所得税负债   107.50

 贷：应交税费——应交所得税   125.45

   递延所得税资产   18

借：利润分配——提取法定盈余公积   10.79

 贷：盈余公积   10.79

（3）编制资产负债表（简表）和利润表（简表），见表 14-15、表 14-16。

表 14-15   **资产负债表（简表）**   会企01表

编制单位：甲企业   2×24 年 12 月 31 日   单位：万元

资 产	期末余额	上年年末余额（略）	负债和所有者权益（或股东权益）	期末余额	上年年末余额（略）
流动资产：			流动负债：		
货币资金	2 702.80		短期借款	300	

资　产	期末余额	上年年末余额（略）	负债和所有者权益（或股东权益）	期末余额	上年年末余额（略）
应收票据	30		应付票据	819	
应收账款	424		应付账款	330	
其他应收款	200		应交税费	302.45	
存货	840.50		流动负债合计	1 751.45	
流动资产合计	4 197.30		非流动负债：		
非流动资产：			长期借款	1 000	
债权投资	0		预计负债	2	
长期股权投资	760		递延所得税负债	0	
投资性房地产	0		非流动负债合计	1 002	
固定资产	26 302		负债合计	2 753.45	
无形资产	413		所有者权益（或股东权益）：		
递延所得税资产	0.50		实收资本	28 000	
非流动资产合计	27 475.50		资本公积	532	
			盈余公积	31.29	
			未分配利润	356.06	
			所有者权益（或股东权益）合计	28 919.35	
资产总计	31 672.80		负债和所有者权益（或股东权益）总计	31 672.80	

表14-16

利润表（简表）

编制单位：甲企业　　　　　　　　　　　2×24年12月　　　　　　　　　　单位：万元

项　目	本期金额	上期金额（略）
一、营业收入	（600+200+1 150+230）2 180	
减：营业成本	（470+150+1 230）1 850	
税金及附加	0	
销售费用	2	
管理费用	（0.20+7+98）105.20	
财务费用		
加：投资收益（损失以"-"号填列）	（40+15）55	
公允价值变动收益	−230	
资产减值损失（损失以"-"号填列）	0	
资产处置收益（损失以"-"号填列）	96	
二、营业利润（亏损以"-"号填列）	143.80	
加：营业外收入	0	
减：营业外支出	0	
三、利润总额（亏损总额以"-"号填列）	143.80	
减：所得税费用	35.95	
四、净利润（净亏损以"-"号填列）	107.85	

13.编制的现金流量表见表14-17。

表14-17

现金流量表

会企03表

编制单位：华联公司　　　　　　　　2×24年度　　　　　　　　单位：元

项　目	金　额
一、经营活动产生的现金流量：	
销售商品、提供劳务收到的现金	751 000
收到的税费返还	0
收到其他与经营活动有关的现金	0
经营活动现金流入小计	751 000
购买商品、接受劳务支付的现金	364 500
支付给职工以及为职工支付的现金	189 000
支付的各项税费	102 000
支付其他与经营活动有关的现金	17 500
经营活动现金流出小计	673 000
经营活动产生的现金流量净额	78 000
二、投资活动产生的现金流量：	
收回投资收到的现金	18 000
取得投资收益收到的现金	0
处置固定资产、无形资产和其他长期资产收回的现金净额	58 000
处置子公司及其他营业单位收到的现金净额	0
收到其他与投资活动有关的现金	0
投资活动现金流入小计	76 000
购建固定资产、无形资产和其他长期资产支付的现金	317 000
投资支付的现金	13 000

项　目	金　额
取得子公司及其他营业单位支付的现金净额	0
支付其他与投资活动有关的现金	0
投资活动现金流出小计	330 000
投资活动产生的现金流量净额	-254 000
三、筹资活动产生的现金流量：	
吸收投资收到的现金	265 000
取得借款收到的现金	0
收到其他与筹资活动有关的现金	0
筹资活动现金流入小计	265 000
偿还债务支付的现金	70 000
分配股利、利润或偿付利息支付的现金	37 000
支付其他与筹资活动有关的现金	0
筹资活动现金流出小计	107 000
筹资活动产生的现金流量净额	158 000
四、汇率变动对现金及现金等价物的影响	0
五、现金及现金等价物净增加额	-18 000
现金流量表补充资料：	
将净利润调整为经营活动现金流量：	
净利润	201 000
加：资产减值准备	0
固定资产折旧	21 500
无形资产摊销	0

项　目	金　额
长期待摊费用摊销	0
处置固定资产、无形资产和其他长期资产的损失（收益以"-"号填列）	-3 000
固定资产报废损失	0
财务费用	10 000
投资损失（收益以"-"号填列）	-3 000
递延所得税资产的减少（增加以"-"号填列）	0
递延所得税负债的增加（减少以"-"号填列）	0
存货的减少（减：增加）	-85 000
经营性应收项目的减少（减：增加）	13 000
经营性应付项目的增加（减：减少）	-76 500
经营性活动产生的现金流量净额	78 000

解析：

（1）销售商品、提供劳务收到的现金=营业收入 738 000+增值税销项税额 0（题目已经说明不考虑流转税）+应收票据的减少额（54 000-39 000）和应收账款的减少额（7 000-9 000）=751 000（元）。

（2）收到的税费返还反映企业收到返还的各种税费，包括收到返还的增值税、消费税、关税、所得税、教育费附加等。本题中没有收到返还的各种税费，因此该项金额应为 0。

（3）收到其他与经营活动有关的现金=0。

（4）购买商品、接受劳务支付的现金=营业成本 360 000-其中包含的工资费用 165 000（工资费用应当记入"支付给职工以及为职工支付的现金"项目中）+本期存货的增加额（165 000-80 000）+应付票据的减少额（年初数-年末数）（120 000-0）+和应付账款的减少额（年初数-年末数）（49 500-93 000）+火灾造成的存货损失额 8 000（火灾造成的存货损失，导致期末存货减少，在计算本期存货的增加数时导致少计了，但该部分存货购入时确实是支付了现金的，所以在计算购买商品、接受劳务支付的现金时，要调增）=364 500（元）。

（5）支付给职工以及为职工支付的现金=计入营业成本的薪酬165 000+计入管理费用的薪酬24 000=189 000（元）（因为该资产负债表中没有"应付职工薪酬"项目，说明没有尚未支付的工资，所以题目中的工资费用是已经支付了的）。

（6）支付的各项税费：本题不考虑各种流转税，因此支付的各项税费项目中只有所得税，利润表中给出了所得税的金额为102 000元，"应交税费"科目无余额，因此支付的各项税费项目的金额为102 000元。

（7）支付其他与经营活动有关的现金=支付的其他费用12 500+支付的备用金5 000=17 500（元）。

（8）收回投资收到的现金=出售以公允价值计量且其变动计入当期损益的金融资产所收到的现金18 000（包括成本15 000元和出售所产生的投资收益3 000元）。

（9）取得投资收益收到的现金=0。

（10）处置固定资产、无形资产和其他长期资产收回的现金净额和补充资料中的"处置固定资产、无形资产和其他长期资产的损失（减：收益）"：见资料（3）中的说明，固定资产处置价格为58 000元，已收到现金，这是处置固定资产、无形资产和其他长期资产而收回的现金净额。而该固定资产原价为60 000元，已计提折旧5 000元，账面净值=60 000-5 000=55 000（元），收到了58 000元，获得的收益=58 000-55 000=3 000（元），因此处置固定资产、无形资产和其他长期资产的损失为-3 000元。

（11）购建固定资产、无形资产和其他长期资产支付的现金：见资料（4）中的本年度购入固定资产价款317 000元，以银行存款支付。

（12）投资支付的现金：见资料（5）本年度购入以公允价值计量且其变动计入当期损益的金融资产，支付价款13 000元。

（13）吸收投资收到的现金：见资料（7）本年度新发行债券215 000元和资料（10）本年度发行新股50 000元，均已收到现金。这两项都属于吸收投资收到的现金，共计265 000元。

（14）偿还债务支付的现金：见资料（7）本年度偿还应付公司债券70 000元。

（15）分配股利、利润或偿付利息支付的现金：见资料（1）本年度支付了27 000元的现金股利和资料（11）财务费用10 000元系支付的债券利息，共计是37 000元。

补充资料：

（1）固定资产折旧：见资料（2）中本年度折旧费用21 500元。

（2）财务费用：根据已知条件利润表中的财务费用得出10 000元。

（3）投资损失（减：收益）：根据已知的利润表得出-3 000元。

（4）存货的减少（减：增加）：根据资产负债表中的存货项目的年初和年末余

额得出本年度存货增加额=165 000-80 000=85 000（元）。所以应填列-85 000元，这里的-85 000元中已经考虑了火灾毁损的部分。

（5）经营性应收项目的减少（减：增加）：根据本题已知条件，经营性应收项目包括应收票据和应收账款，根据资产负债表中的数据，应收票据和应收账款的减少额=61 000-48 000=13 000（元），所以应填列的金额为13 000元。

（6）经营性应付项目的增加（减：减少）：根据本题已知条件，经营性应付项目包括应付票据和应付账款，根据资产负债表中的数据，应付票据和应付账款的减少额=169 500-93 000=76 500（元），所以应填列的金额为-76 500元。

第十五章　会计调整

一、学习要求与素养提升

通过本章的学习，掌握会计变更处理的追溯调整法和未来适用法的基本原理；掌握会计政策变更的追溯调整法在企业的应用；掌握各类会计差错的调整方法、资产负债表日后事项的类别及调整事项的调整方法；了解会计变更的种类及构成内容。

会计人应恪守职业道德，培养合规意识，自觉遵守各项法律制度，知法、守法、敬法，切实保护国家、社会公众及投资人等利益。

二、预习要览

（一）关键概念

会计政策变更　　　　　　　　会计估计变更

追溯调整法　　　　　　　　　未来适用法

前期差错　　　　　　　　　　资产负债表日后事项

资产负债表日后调整事项

（二）关键问题

1.什么是会计政策变更？请举例说明。

2.什么是会计估计变更？请举例说明。

3.在我国具备什么条件可以变更会计政策？

4.简述追溯调整法的调整步骤。

5.简述会计估计变更的会计处理方法。

6.会计差错更正的会计处理方法有哪些？

7.资产负债表日后事项是如何分类的？

8.简述资产负债表日后调整事项的处理原则。

9.简述资产负债表日后调整事项的会计处理方法。

三、本章重点与难点

☐ 会计政策变更的条件

☐ 会计政策变更的追溯调整法

☐ 会计政策变更的未来适用法

☐ 会计估计变更的会计处理方法

☐ 前期差错的更正方法

☐ 资产负债表日后事项的分类

☐ 资产负债表日后调整事项的会计处理方法

(一) 会计政策变更的条件

1.会计政策

会计政策是指企业在会计确认、计量和报告中所采用的原则、基础和会计处理方法。其中，原则是指按照企业会计准则规定的、适合于企业会计核算所采用的具体会计原则。基础是指为了将会计原则应用于交易或者事项而采用的基础，主要是计量基础，包括历史成本、重置成本、可变现净值、现值和公允价值等。会计处理方法是指企业在会计核算中按照法律、行政法规或者国家统一的会计制度等规定采用或者选择的、适合于本企业的具体会计处理方法。

2.会计政策变更

会计政策变更是指企业对相同的交易或事项由原来的会计政策改用另一会计政策的行为。一般情况下，企业应在各期采用相同的会计政策，不应也不能随意变更会计政策。企业只有在以下两种情况下才可以变更会计政策：

第一，依法变更，即当国家法律或会计准则等行政法规要求改变原会计政策。采用新的会计政策时，企业必须服从国家法规、会计准则的要求。

第二，自行变更，即当会计政策的变更能够使企业提供的有关企业财务状况、经营成果和现金流量的信息更可靠、更相关时，应改变原有的会计政策。

(二) 会计政策变更的追溯调整法

追溯调整法，是指对某项交易或事项变更会计政策时，视同该交易或事项初次发生时即采用变更后的会计政策，并以此对财务报表相关项目进行调整的方法。企业采用追溯调整法时，对于比较财务报表期间的会计政策变更，应调整各期间净损益各项目和财务报表其他相关项目，视同该政策在比较财务报表期间一直采用。

会计应当将会计政策变更的累积影响数调整期初留存收益。留存收益包括当年和以前年度的未分配利润和按照相关法律规定提取并累积的盈余公积。调整期初留存收益是指对期初未分配利润和留存收益两个项目的调整。

追溯调整法的运用通常由以下步骤构成：

第一步，计算确定会计政策变更的累积影响数；

第二步，进行相关的账务处理；

第三步，调整财务报表相关项目；

第四步，附注说明。

其中，会计政策变更累积影响数是指按照变更后的会计政策对以前各期追溯计算的列报前期最早期初留存收益应有金额与现有金额之间的差额。会计政策变更的累积影响数又可以分解为以下两个金额之间的差额。①在变更会计政策当期，按变更后的会计政策对以前各期追溯计算，所得到列报前期最早期初留存收益金额。②在变更会计政策当期，列报前期最早期初留存收益金额。在财务报表只提供列报项目上一个可比会计期间比较数据的情况下，上述第②项，在变更会计政策当期，列报前期最早期初留存收益金额，即为上期资产负债表所反映的期初留存收益，可以从上年资产负债表项目中获得。真正需要计算确定的是第①项，即按变更后的会计政策对以前各期追溯计算，所得到的上期期初留存收益金额。

累积影响数通常可以通过以下各步计算获得：

第一步根据新会计政策重新计算受影响的前期交易或事项；第二步，计算两种会计政策下的差异；第三步，计算差异的所得税影响金额；第四步，确定前期中的每一期的税后差异；第五步，计算会计政策变更的累积影响数。

（三）会计政策变更的未来适用法

未来适用法是指将变更后的会计政策应用于变更日以后发生的交易

或者事项，或者在会计估计变更当期和未来期间确认会计估计变更影响数的方法，即不计算会计政策变更的累积影响数，也不必调整变更当年年初的留存收益，只在变更当期采用变更后的会计政策。会计估计变更仅影响变更当期的，其影响数应当在变更当期予以确认；既影响变更当期又影响未来期间的，其影响数应当在变更当期和未来期间予以确认。

（四）会计估计变更的会计处理方法

会计估计是指企业对其不确定的交易或事项以其最近可利用的信息为基础所作的判断。

会计估计变更是指由于资产和负债的当前状况及预期未来经济利益和义务发生了变化，从而对资产或负债的账面价值或者资产的定期消耗金额进行的重估和调整。

对于会计估计变更，企业应采用未来适用法，其具体处理方法如下：

（1）会计估计变更仅影响变更当期的，其影响数应当在变更当期予以确认。例如，某企业原按应收账款余额的5%提取坏账准备，由于企业不能收回应收账款的比例已达10%，企业改按应收账款余额的10%提取坏账准备。这类会计估计的变更，只影响变更当期，因此应于变更当期确认。

（2）既影响变更当期又影响未来期间的，其影响数应当在变更当期和未来期间予以确认。例如，某企业的一项可计提折旧的固定资产，其有效使用年限或预计净残值的估计发生变更，影响了变更当期及资产以后使用年限内各个期间的折旧费用，这项会计估计的变更，应于变更当期及以后各期确认，并将会计估计变更的影响数计入变更当期与以后各期相同的项目中。为了保证不同期间的财务报表具有可比性，会计估计变更的影响数如果以前包括在企业日常经营活动的损益中，则以后也应包括在相应的损益类项目中；如果会计估计变更的影响数以前包括在特殊项目中，则以后也相应作为特殊项目反映。

（五）前期差错的更正方法

会计差错是指在会计核算时，由于确认、计量、记录等方面出现的错误。对于发生的会计差错，企业应当区分不同情况，分别采用不同的方法进行处理。

1.当期差错

对于当期发生的会计差错，应当调整当期相关项目。对于年度资产负债表日至财务会计报告批准报出日之间发现的报告年度的会计差错及以前年度的非重要的会计差错，应当按照资产负债表日后事项中的调整事项进行处理。对于年度资产负债表日至财务会计报告批准报出日之间发现的以前年度的重要会计差错，应当调整以前年度的相关项目。

2.前期差错

前期差错是指由于没有运用或错误运用以下两种信息，而对前期财务报表造成遗漏或误报：①编报前期财务报表时能够合理预计取得并应当加以考虑的可靠信息；②前期财务报表批准报出时能够取得的可靠信息。

前期差错通常包括计算错误、应用会计政策错误、疏忽或曲解事实及舞弊产生的影响，以及存货、固定资产盘盈等。

企业应当采用追溯重述法更正重要的前期差错，确定前期差错累积影响数不切实可行的除外。也就是说，对前期差错的更正有无须重述或重新表述两种方法。

（1）前期差错无须重述。所谓前期差错无须重述是指非重要的前期差错直接计入发现当期净损益。

（2）前期差错重新表述。前期差错重新表述即追溯重述法，是指在发现前期差错时，视同该项前期差错从未发生过，从而对财务报表相关项目进行更正的方法。

重新表述时，如果影响损益，应将其对损益的影响数调整发现当期的期初留存收益，财务报表其他相关项目的期初数也应一并调整；如不影响损益，应调整财务报表相关项目的期初数。

（六）资产负债表日后事项的分类

资产负债表日后事项包括自年度资产负债表日至财务报告批准报出日之间发生的所有有利事项和不利事项。资产负债表日后事项不是在这个特定期间内发生的全部事项，而是与资产负债表日存在状况有关的事项，或虽然与资产负债表日存在状况无关，但对企业财务状况具有重大影响的事项。为了正确地理解资产负债表日后事项的内容，可以将年度资产负债表日至财务报告批准报出日之间发生的事项分为以下三类：

第一，资产负债表日后才发生的、不足以影响财务报告使用者对企业财务状况和经营成果做出正确估价和决策的、企业经营过程中的日常业务，如购买材料、发放工资、计提折旧、支付费用等。

第二，对资产负债表日存在的情况提供进一步证据，据此可确定资产负债表日提供的财务信息是否与事实相符的事项，如已确定获得或支付的赔偿等。

第三，资产负债表日后才发生的、将影响财务报告使用者对企业财务状况和经营成果做出正确估价和决策的事项，如发行股票和债券、举借巨额债务等。

以上三类事项是资产负债表日后期间发生的所有事项。其中，第一类与第三类的共同点是：二者均是资产负债表日后新发生的事项，与资产负债表日存在的状况无关，因此在会计的账务处理上对两者的处理原则是相同的，即该如何确认、计量就如何确认、计量；两者的区别在于：后者的重要程度和对财务报告使用者的影响大于前者，因此在会计披露上对二者的处理原则是不同的，应对第三类事项在报告年度的财务报告附注中予以说明。

以上三类事项中的第二类与第三类，分别定义为"调整事项"和"非调整事项"，统称为"资产负债表日后事项"，但因前者与资产负债表日存在的状况有关，后者属于新发生的事项，所以二者的会计处理是不同的。

（七）资产负债表日后调整事项及会计处理方法

1.调整事项

调整事项是指由于资产负债表日后获得新的或进一步的证据，表明依据资产负债表日存在的状况编制的财务报告已不再可靠，应依据新的证据对资产负债表日所反映的收入、费用、资产、负债以及所有者权益进行调整。调整事项的特点是：第一，在资产负债表日或以前已经存在、资产负债表日后得以证实的事项；第二，对按资产负债表日存在状况编制的财务报表产生重大影响的事项。

2.调整事项的会计处理方法

资产负债表日后发生的调整事项，应当如同资产负债表所属期间发生的事项一样，做出相关账务处理，并对资产负债表日已编制的财务报表作相应的调整。这里的财务报表包括资产负债表、利润表、所有者权益变动表、相关附注及现金流量表的补充资料内容，但不包括现金流量表正表。由于资产负债表日后事项发生在次年，上年度的有关账目已经结转，特别是损益类科目在结账后已无余额。因此，资产负债表日后发生的调整事项，应当分别按以下情况进行账务处理：

（1）涉及损益的事项，通过"以前年度损益调整"科目核算。调整增加以前年度收益或调整减少以前年度亏损的事项以及调整减少的所得税，记入"以前年度损益调整"科目的贷方；调整减少以前年度收益或调整增加以前年度亏损的事项，以及调整增加的所得税，记入"以前年度损益调整"科目的借方。"以前年度损益调整"科目的贷方或借方余额，转入"利润分配——未分配利润"科目。

（2）涉及利润分配调整的事项，直接在"利润分配——未分配利润"科目核算。

（3）不涉及损益以及利润分配的事项，调整相关科目。

（4）通过上述账务处理后，还应同时调整财务报表相关项目的数字，包括资产负债表日编制的财务报表相关项目的数字（包括比较财务报表中应调整的相关项目的上年数）；当期编制的财务报表相关项目的年初数；经过上述调整后，如果涉及财务报表附注内容，还应当调整财务报表附注相关项目的数字。

四、练习题

（一）单项选择题

1.下列项目中属于会计政策的是（　　）。

A.收入确认的方法　　　　　　B.无形资产的使用寿命

C.估计坏账的方法　　　　　　D.固定资产的使用年限

2.在会计实务中，企业会计政策主要指的是（　　）。

A.会计信息的质量要求

B.会计核算的假设前提条件

C.企业采纳的具体会计处理方法

D.复式记账方法

3.会计政策变更的追溯调整法，应将会计政策变更的累积影响数（　　）。

  A.计入当期损益   B.计入某项资产价值

  C.调整期初留存收益   D.计入管理费用

  4.下列各项中属于会计估计项目的是（　　）。

  A.固定资产的使用年限和预计净残值

  B.借款费用是资本化还是费用化

  C.发出存货的计价方法

  D.长期股权投资后续计量的成本法与权益法

  5.下列各项中属于会计政策的是（　　）。

  A.会计信息质量达到客观性

  B.会计信息质量达到可比性

  C.会计信息质量达到谨慎性

  D.存货计价采用先进先出法

  6.某项固定资产原估计使用年限为12年，采用平均年限法计提折旧。因环境变化，重新估计的折旧年限为6年，折旧方法调整为年数总和法。该事项应纳入（　　）。

  A.非重要会计差错   B.重要会计差错

  C.会计估计变更   D.会计政策变更

  7.星海公司某项长期股权投资，原持股比例为80%，采用成本法核算；后因处置投资持股比例降为30%，但仍有重大影响，决定改用权益法核算。此会计事项属于（　　）。

  A.正常会计处理   B.会计差错

  C.会计政策变更   D.会计估计变更

  8.因会计政策变更而采用追溯调整法计算累积影响数时，不应包括的项目是（　　）。

  A.提取的法定盈余公积   B.提取的任意盈余公积

  C.未分配利润   D.补分的股利

  9.甲股份有限公司2×24年实现净利润500万元。该公司2×23年发生和发现的下列交易或事项中，会影响其年初未分配利润的是（　　）。

  A.发现2×23年少计财务费用240万元

  B.发现2×23年少提折旧费用0.08万元

C.为 2×23 年售出的设备提供售后服务发生支出 40 万元

D.因客户资信状况明显改善将应收账款坏账准备计提比例由 15%
改为 5%

10."以前年度损益调整"科目用来核算（   ）。

A.本年度发现的以前年度非重大差错涉及损益调整的事项

B.资产负债表日后事项中的非调整事项涉及损益调整的事项

C.本年度发现的以前年度重大差错涉及损益调整的事项

D.本年度发现的以前年度重大差错涉及利润分配调整的事项

（二）多项选择题

1.会计政策变更采用追溯调整法时，属于追溯调整的内容有（   ）。

A.应计算会计政策变更的累积影响数

B.应调整变更当期的期初留存收益

C.应调整财务报表其他相关项目的期初数

D.重新编制以前年度财务报表

E.不需要重新编制以前年度财务报表

2.通常在财务报表附注中披露的企业会计政策有（   ）。

A.外币报表折算方法　　　　　B.所得税会计处理方法

C.发出存货的计价方法　　　　D.或有损失

E.无形资产受益期限

3.下列项目中应改变原会计政策的有（   ）。

A.增加一条生产线

B.企业管理层的意愿

C.法律或会计准则等行政法规、规章的要求

D.会计政策的变更能够提供企业更可靠、更相关的会计信息

E.改选主要领导人

4.下列各项属于会计政策变更的有（   ）。

A.存货计价方法由原来的先进先出法变为个别计价法

B.因租约条件的改变而将经营租赁会计改为融资租赁会计

C.投资人新投入的某项专利

D.因修订了会计准则而改变长期股权投资权益法的使用标准

E.固定资产预计净残值由原估计的 2 万元改为 3 万元

5.下列项目中，属于会计估计变更的有（　　　）。

A.因固定资产改扩建而将其使用年限由5年延长至10年

B.将发出存货的计价方法由先进先出法改为加权平均法

C.将坏账准备按应收账款余额的3%计提改为按5%计提

D.将某一已使用的电子设备的使用年限由5年改为3年

E.将固定资产按直线法计提折旧改为按年数总和法计提折旧

6.下列于年度资产负债表日至财务报告批准报出日之间发生的事项中，属于资产负债表日后事项的有（　　　）。

A.支付生产工人工资

B.固定资产和投资发生严重减值

C.股票和债券的发行

D.火灾造成重大损失

E.外汇汇率发生重大变化

（三）判断题

1.企业在估计某项固定资产的预计使用年限时，多估计或少估计预计使用年限，属于会计差错范围。　　　　　　　　　　　（　　）

2.发现前期不重要的会计差错应调整期初留存收益以及财务报表其他相关项目的期初数。　　　　　　　　　　　　　　　（　　）

3.本期发生的交易或事项与以前相比具有本质差别而采用新的会计政策属于会计政策变更。　　　　　　　　　　　　　（　　）

4.对初次发生的或不重要的交易或事项采用新的会计政策，不属于会计政策变更。　　　　　　　　　　　　　　　　　（　　）

5.由于经济环境、客观情况的改变而变更会计政策，以便提供企业财务状况、经营成果和现金流量等更可靠、更相关的会计信息，则应采用追溯调整法进行会计处理。　　　　　　　　　　　　（　　）

6.如果会计政策变更的累积影响数不能合理确定，无论属于什么情况，均采用未来适用法进行会计处理。　　　　　　　　（　　）

7.对于发生的重要的前期差错，如影响损益，应将其对损益的影响数调整发现当期的期初留存收益，至于财务报表其他相关项目的期初数就不必调整了。　　　　　　　　　　　　　　　　　（　　）

8.具体会计处理方法是指企业在会计核算过程中在诸多可选择的会

计处理方法中所选择的、适合于本企业的会计处理方法。　　（　　）

9.企业选择存货计价方法属于会计政策。　　　　　　　（　　）

10.坏账损失的核算采用直接核销法还是备抵法属于会计估计。

（　　）

11.会计政策变更的累积影响数，是指按变更后的会计政策对以前各期追溯计算的变更年度期初留存收益应有的金额与实有的金额的差额。　　　　　　　　　　　　　　　　　　　　　（　　）

12.坏账损失金额的确定属于会计政策。　　　　　　　（　　）

13.在追溯调整法下，应计算会计政策变更的累积影响数，并调整当期损益。　　　　　　　　　　　　　　　　　　　　（　　）

14.会计差错仅指会计核算时记录方面出现的错误。　　（　　）

（四）计算及账务处理题

1.诚信公司2×24年发现下列会计差错：

（1）公司于3月发现，将当年1月购入的一项管理用低值易耗品，价值29 000元，误记为固定资产，并已计提折旧2 900元。

（2）12月31日，公司发现一台管理用固定资产本年度漏提折旧，金额为18 000元。

（3）12月31日，公司发现2×23年度的一台管理用设备少计提折旧2 400元，属于不重要的会计差错。

（4）12月31日，公司发现2×24年漏记了管理人员工资5 000元，属于不重要的会计差错。

（5）公司于年末发现，2×24年年初从银行存款中支付全年生产车间机器设备保险费12 000元，账上借记了"管理费用"科目12 000元，贷记了"银行存款"科目12 000元。

要求：根据上述资料，做出更正会计差错的会计处理。

2.星海公司从2×24年1月1日起，所得税的核算方法由应付税款法改为资产负债表债务法，假定当年所得税税率为33%。企业预期从2×28年起适用25%的所得税税率。该公司预计2×24年1月1日存在的暂时性差异将在2×28年以后转回。2×23年年末，资产负债表中存货的账面价值为420万元，计税基础为460万元；固定资产的账面价值为1 250万元，计税基础为1 030万元；预计负债的账面价值为125万元，计税基础为 0。假定星海公司按 10% 提取法定盈余公积。

要求：

（1）计算该公司会计政策变更的累积影响数，确认相关的所得税影响。（金额单位以万元表示，下同）

（2）编制 2×24 年相关的账务处理分录。

3. 甲股份有限公司（以下简称甲公司）2×24 年度实现净利润 1 000 万元，使用的所得税税率为 25%，按净利润的 15% 提取盈余公积，该公司的所得税采用资产负债表债务法核算。有关事项如下：

（1）考虑到技术进步因素，自 2×24 年 1 月 1 日起将一台管理用设备的使用年限改为 5 年。该台设备为 2×21 年 12 月 28 日购入并投入使用的，原价为 61 万元，预计使用年限为 8 年，预计净残值为 1 万元（同税法规定），采用直线法计提折旧。按税法的规定，该台设备的使用年限为 8 年，并按直线法计提折旧。

（2）2×24 年年底发现如下差错：

① 将 2×24 年 2 月购入的一批管理用低值易耗品，价款为 6 000 元，误记为固定资产，至年底已提折旧 600 元并计入管理费用。甲公司对低值易耗品采用领用时一次摊销的方法，至年底该批低值易耗品已被管理部门领用 40%。

② 2×24 年 1 月 3 日购入的一项专利权，价款为 18 000 元，会计和税法规定的摊销期均为 15 年，但 2×24 年未予摊销。

③ 2×23 年 11 月 3 日销售的一批产品，符合销售收入确认条件，因还没有收到款项，所以未确认收入 30 万元。但销售成本 25 万元已结转，在计算 2×23 年度应纳税所得额时也未包括该项销售收入。

要求：

（1）计算 2×24 年该管理用设备应计提的折旧额，以及上述会计变更对 2×24 年度所得税费用和净利润的影响额，并列出计算过程。

（2）编制上述与会计差错更正相关的会计分录。

4. 诚信公司 2×24 年 5 月发现 2×23 年重复登记了一项管理用固定资产的折旧费用 600 000 元，所得税申报中扣除了这部分折旧费，该公司适用的所得税税率为 25%，所得税核算采用资产负债表债务法。该公司按净利润的 15% 提取法定盈余公积。

要求：

（1）做出对该会计差错进行更正的账务处理。

（2）调整财务报表有关项目的数字并填入表15-1中。

表15-1　　　　　　　　2×24年财务报表相关项目调整表　　　　　　单位：元

项目	上年金额		年初余额	
	调增	调减	调增	调减
固定资产	×	×		
应交税费	×	×		
盈余公积	×	×		
未分配利润	×	×		
管理费用			×	×
所得税费用			×	×
净利润			×	×
盈余公积			×	×

5.星海公司为2×20年12月25日改制的股份有限公司，采用资产负债表债务法进行所得税核算，所得税税率为25%，每年按净利润的15%计提法定盈余公积。为了提供更可靠、更相关的会计信息，经董事会批准，星海公司于2×24年度对部分会计政策及会计估计作了调整。有关会计政策变更、会计估计变更及其他相关事项的资料如下：

（1）从2×24年1月1日起，将行政管理部门使用的设备的预计使用年限由12年改为8年；同时将该设备的折旧方法由平均年限法改为年数总和法。根据税法的规定，设备采用平均年限法计提折旧，折旧年限为12年，预计净残值为0。上述设备已使用3年，并已计提了3年的折旧，尚可使用5年，其账面原价为4 800万元，累计折旧为1 200万元（未计提减值准备）。

（2）从2×24年1月1日起，将无形资产的期末计价由账面摊余价值改为账面摊余价值与可收回金额孰低计价。星海公司2×22年1月20日购入某项专利权，实际成本为 3 200 万元，预计使用年限为 16 年，采用直线法摊销，摊销年限与税法一致。该专利权于 2×22 年年末、2×23 年年末和 2×24 年年末的预计可收回金额分别为 2 100 万元、1 800 万元和 1 600 万元（假定预计使用年限不变）。

要求：

（1）计算星海公司 2×24 年度应计提的设备折旧额。（金额单位以万元表示，计算结果保留两位小数，下同）

（2）计算星海公司 2×24 年度专利权的摊销额。

（3）计算星海公司会计政策变更的累积影响数，编制与会计政策变更相关的会计分录。

6.华联股份有限公司（以下简称"华联公司"）为境内上市公司，2×24 年度财务会计报告于 2×25 年 3 月 31 日批准对外报出。华联公司 2×24 年度的所得税费用汇算清缴日为 2×25 年 3 月 31 日，所得税费用采用资产负债表债务法核算，适用的所得税税率为 25%（假定公司发生的可抵扣暂时性差异预计在未来 3 年内能够转回，长期股权投资期末采用成本与可收回金额孰低计价。公司计提的各项资产减值准备均作为暂时性差异处理。不考虑除所得税费用以外的其他相关税费）。华联公司按净利润的 10% 提取法定盈余公积，按净利润的 5% 提取任意盈余公积。在 2×24 年度资产负债表日后期间，发现华联公司有如下会计处理不正确的事项（金额单位以万元表示，下同）：

（1）华联公司于 2×24 年 1 月 1 日取得 A 公司 20% 的股份作为长期股权投资。2×24 年 12 月 31 日对 A 公司长期股权投资的成本为 20 000 万元，销售净价为 17 000 万元，未来现金流量现值为 19 000 万元。2×24 年 12 月 31 日，华联公司将长期股权投资的可收回金额定为 17 000 万元。其会计处理如下：

借：资产减值损失   3 000

    贷：长期股权投资减值准备——A 公司   3 000

（2）B 公司为华联公司的第二大股东，持有华联公司 20% 的股份，共计 1 800 万股。因 B 公司欠华联公司 3 000 万元，逾期未偿还，华联公司于 2×24 年 4 月 1 日向人民法院提出申请，要求该法院采取诉前保全措施，保全 B 公司所持有的华联公司法人股。同年 9 月 29 日，人民法院向华联公司送达民事裁定书同意上述申请。

华联公司于 9 月 30 日，对 B 公司提起诉讼，要求 B 公司偿还欠款。至 2×24 年 12 月 31 日，此案尚在审理中。华联公司经估计该诉讼案件很可能胜诉，并可从保全的 B 公司所持华联公司股份的处置收入中收回全部欠款，华联公司调整了应交所得税费用。

华联公司于 2×24 年 12 月 31 日进行的会计处理如下：

借：其他应收款　　　　　　　　　　　　　　　　3 000

　　贷：营业外收入　　　　　　　　　　　　　　　　　　3 000

华联公司将这部分营业外收入计入了 2×24 年度的应纳税所得额。

（3）2×25 年 2 月 4 日，华联公司收到某供货单位的通知，被告知该供货单位 2×25 年 1 月 20 日发生火灾，大部分设备和厂房被毁，不能按期交付华联公司所订购货物，且无法退还华联公司预付的购货款 200 万元。华联公司已通过法律途径要求该供货单位偿还预付的货款并要求承担相应的赔偿责任。

华联公司按 200 万元全额计提坏账准备。华联公司的会计处理如下：

借：以前年度损益调整　　　　　　　　　　　　　　200

　　贷：坏账准备　　　　　　　　　　　　　　　　　　　200

与此同时，对 2×24 年度财务报表有关项目进行了调整。

（4）华联公司 2×24 年 1 月 1 日用货币资金 1 000 万元从证券市场购入 C 公司股份的 25%，并对 C 公司具有重大影响，但华联公司对 C 公司的投资采用成本法核算。C 公司适用的所得税税率为 25%。C 公司 2×24 年 1 月 1 日可辨认净资产的公允价值为 3 000 万元，2×24 年度实现净利润 680 万元，2×24 年未分配股利。

华联公司 2×24 年 1 月 1 日的会计处理如下：

借：长期股权投资——C 公司　　　　　　　　　　1 000

　　贷：银行存款　　　　　　　　　　　　　　　　　　1 000

2×24 年华联公司对 C 公司的投资未进行其他会计处理。

（5）华联公司对上述各项交易或事项均已确认暂时性差异的所得税影响。

要求：

（1）对华联公司上述会计处理不正确的交易或事项做出调整的会计

分录，涉及对"利润分配——未分配利润"及"盈余公积"科目调整的，合并一笔分录进行调整。

（2）将上述调整对财务报表的影响数填入表15-2中（调增以"+"号表示，调减以"-"号表示）。

表15-2 　　　　　　　2×24年度财务报表项目调整表　　　　单位：万元

项目	利润表及所有者权益变动表	资产负债表	
	2×24年度	2×24年年初余额	2×24年年末余额
资产减值损失			
投资收益			
营业外收入			
所得税费用			
净利润			
盈余公积——法定盈余公积			
盈余公积——任意盈余公积			
其他应收款			
预付款项			
长期股权投资			
应交税费			
递延所得税资产			
递延所得税负债			
盈余公积			
未分配利润			

7.甲公司于2×22年年末支付1 000万元购置了一栋办公楼，用于出租，属于投资性房地产。甲公司与乙公司签订经营租赁合同，从2×23年1月1日起，租期3年，每年租金80万元，在年初一次性收取。甲公司对该投资性房地产采用成本模式计量，该投资性房地产的使用年限为25年，预计净残值为零，按直线法计提折旧。

2×25年1月1日起，鉴于该投资性房地产能持续可靠地取得公允价值资料，甲公司对该投资性房地产由成本模式改为公允价值模式计量，并采用追溯调整法进行处理。已知2×23年年末该投资性房地产的公允价值为1 100万元；2×24年年末该投资性房地产的公允价值为1 150万元。

假设按照税法的规定，该投资性房地产按照成本模式计量发生的损益缴纳所得税，适用的所得税税率为25%，所得税采用资产负债表债务法核算。甲公司按净利润的10%提取法定盈余公积，假设不考虑其他分配。

要求：

（1）对该投资性房地产在2×22—2×24年的有关业务进行账务处理（假设计提折旧和确认收入均在年末）。（金额单位以万元表示，下同）

（2）假设对该投资性房地产采用公允价值模式计量，对2×23年和2×24年有关业务进行账务处理。

（3）对该投资性房地产在2×25年的会计政策变更进行账务处理。

①计算会计政策变更累积影响数，并填列表15-3。

表15-3　　　　　　　　会计政策变更累积影响数　　　　　　　　单位：万元

项目	按成本模式计量的损益	按公允价值模式计量的损益	税前差异	对所得税费用的影响	税后差异
2×23年					
2×24年					
合计					

②对会计政策变更进行账务处理。

③对2×25年编制的年报中涉及会计政策变更的数据进行调整，并

填列利润表和资产负债表，分别见表15-4、表15-5。

表15-4　　　　　　　　利润表（部分项目）

编制单位：甲公司　　　　　　　　2×25年度　　　　　　　　单位：万元

项目	上期金额		
	调整前	调整数	调整后
营业收入	（略）		（略）
营业成本			
公允价值变动损益			
投资收益			
利润总额			
减：所得税费用			
净利润			

表15-5　　　　　　　　资产负债表（部分项目）

编制单位：甲公司　　　　　　　2×25年12月31日　　　　　　　单位：万元

资产	上年年末余额			负债和所有者权益（或股东权益）	上年年末余额		
	调整前	调整数	调整后		调整前	调整数	调整后
投资性房地产				递延所得税负债			
				盈余公积			
				未分配利润			
资产总计				负债和所有者权益（或股东权益）总计			

五、案例分析题

【案例1】甲公司为股份有限公司，适用的增值税税率为13%，销售价格中均不含增值税税额；适用的所得税税率为25%（不考虑其他税费，并假设除下列各项外，无其他纳税调整事项），所得税采用资产负债表债务法核算。2×23年度的财务报告于2×24年4月20日批准报出。该公司2×24年度发生的一些交易和事项及其会计处理如下：

（1）2×23年度的财务报告批准报出后，甲公司发现2×22年度购入的一项专利权尚未入账，其累积影响利润数为2万元，公司将该项累积影响数记入了2×24年度利润表的管理费用项目。

（2）甲公司从2×24年1月1日起将发出存货的计价由先进先出法改为加权平均法（符合会计政策变更条件），因该项变更的累积影响数难以确定，甲公司对此项变更采用未来适用法，未采用追溯调整法。

（3）甲公司于2×24年6月30日分派2×23年度的股票股利1 000万股，该公司按每股1元的价格调减了2×24年年初未分配利润，并调增了2×24年年初的股本金额。

（4）甲公司与A公司在2×23年11月1日签订了一项销售合同，合同中订明甲公司在2×23年11月销售一批物资给A公司。由于甲公司未能按照合同发货，致使A公司发生重大经济损失。A公司通过法律形式要求甲公司赔偿经济损失500万元。该诉讼案件在2×23年12月31日尚未判决，甲公司根据律师的意见，认为很可能赔偿A公司300万元。因此，甲公司记录了300万元的其他应付款，并反映在2×23年12月31日的财务报表上。

（5）2×24年3月20日，甲公司发现2×23年行政管理部门使用的固定资产少计提折旧20万元（金额较大）。该公司就此项差错调整了2×23年度财务报表相关项目的数字。

要求：

（1）根据企业会计准则的规定，说明甲公司上述交易和事项的会计处理哪些是正确的，哪些是不正确的（只需注明上述资料的序号即可，如事项（1）处理正确，或事项（1）处理不正确）。

（2）对上述交易和事项不正确的会计处理，简要说明不正确的理由并简述正确的会计处理。

【案例分析】

事项（1）、（2）会计处理正确。事项（3）、（4）和（5）会计处理不正确。

事项（3）不属于资产负债表日后事项，公司应于实际发放股票股利时作为发放股票股利当年的事项进行处理。

事项（4）300万元赔偿款应在"预计负债"科目反映，而不应在"其他应付款"科目反映。

事项（5）属于资产负债表日后期间发现报告年度的会计差错（金额较大），应按资产负债表日后调整事项处理，即调整报告年度财务报表相关项目的数字。

【案例2】2×23年11月，HRYY发布公告称，决定对研发支出资本化时点进行变更，使公司研发费用计量更加符合公司实际情况。这一会计政策的变更是与行业接轨还是因业绩承压，引发业内人士关注。

业绩方面：作为医药研发企业，HRYY多年来将科技创新作为第一发展战略，2×23年前三季度累计投入研发资金41.42亿元，占营业收入的比重达到20.5%，创下历史新高。同时，近年来，HRYY大力实施国际化战略，不断加大国际化投入力度，2×23年上半年，海外研发支出6.43亿元，打造国际化临床研发团队、布局创新药物国际临床试验的步伐不断加速。即使医药研发投入较高，但HRYY一直将研发投入全部费用化处理，这也得到了市场高度认可。

但不可忽视的是，在带量采购、医保谈判等政策常态化之下，研发投入的持续攀高，使HRYY丰富的研发管线和创新产品落地的同时，也使得公司业绩承压。

行业方面：由于HRYY研发高投入、高风险、长周期的特点，国内有不少药企都采取了研发支出资本化的方式。同花顺数据显示，2×22年，A股医药生物行业171家上市公司将研发投入进行了资本化处理，28家上市公司资本化的研发费用超1亿元。此外，51家上市公司的研发费用资本化比例超30%。相比之下，HRYY上市以来研发投入总额超200亿元，从未将之资本化处理。

【案例分析】此案例是因行业接轨还是业绩承压值得关注。显而易见，如果巨额的研发费用全部费用化，必然影响费用化当期的业绩，但同时彰显了企业的实力。研发费用究竟选择资本化还是费用化，只要符合企业会计准则的规范即可。企业改变会计政策且符合改变的条件也无可非议，但如果改变会计政策的目的是粉饰财务报表，那就另当别论了。

【案例3】华联公司为2×22年年末成立的股份有限公司，对所得税采用资产负债表债务法核算，假定适用的所得税税率为25%，计提的各项资产减值准备均会产生暂时性差异，当期发生的可抵扣暂时性差异预计能够在3年内转回。每年按净利润的15%计提盈余公积。

（1）华联公司2×22年12月购入生产设备，原价为6 000万元，预计使用年限为10年，预计净残值为零，采用直线法计提折旧。2×23年年末，华联公司对该项生产设备进行的减值测试表明，其可收回金额为4 500万元。2×24年年末，华联公司对该项设备进行的减值测试表明，其可收回金额仍为4 500万元。2×24年度用上述生产设备生产的A产品全部对外销售；A产品年初、年末的在产品成本均为零（假定上述生产设备只用于生产A产品），华联公司对该固定资产采用的折旧方法、预计使用年限等均与税法规定一致。假定经过上述减值测试后，该设备的预计使用年限、预计净残值等均不变。

（2）华联公司于2×23年年末对某项管理用固定资产进行减值测试，其可收回金额为3 500万元，预计尚可使用年限为4年，净残值为零。该固定资产的原价为4 800万元，已计提折旧960万元，原预计使用年限为5年，按直线法计提折旧，预计净残值为零。但华联公司2×23年年末仅计提了200万元的固定资产减值准备。华联公司于2×24年年初发现该差错并予以更正。华联公司对该固定资产采用的折旧方法、预计使用年限等均与税法一致。

（3）华联公司2×23年1月购入一项专利权，实际成本为3 000万元，预计使用年限为6年（与税法规定相同）。2×23年年末，市场上出现新的专利更受消费者青睐，对华联公司用其购入的专利生产的产品的销售产生重大不利影响，经减值测试，其可收回金额为2 000万元。2×24年华联公司经市场调查发现，市场上用新专利生产的产品性能不稳定，部分客户仍然喜爱用华联公司生产的产品，原估计的该项专利权可收回金额有部分转回，2×24年年末其可收回金额为2 200万元。

（4）2×24年年末，存货总成本为7 000万元。其中，完工A产品为10 000台，单位成本为0.6万元，库存原材料总成本为1 000万元。完工A产品中有8 000台签订了不可撤销的销售合同。2×24年年末，该公司不可撤销的销售合同确定的每台销售价格为0.75万元，其余A产品每台销售价格为0.5万元；估计销售每台A产品将发生销售费用及税金0.1万元。由于产品更新速度加快，市场需求变化较大，华联公司计划自2×25年1月起生产性能更好的B产品，因此，华联公司拟将库存原材料全部出售。经过合理估计，该库存原材料的市场价格总额为1 200万元，有关销售费用及税金总额为100万元。

（5）华联公司2×24年度实现利润总额12 000万元。其中，国债利息收入为50万元；转回的坏账准备为105万元，其中5万元已从2×23年度的应纳税所得额中扣除；实际发生的业务招待费为110万元，按税法规定允许抵扣的金额为60万元。

除上述所列事项外，无其他纳税调整事项。

要求：

（1）计算华联公司2×24年度应计提的生产设备折旧和应计提的固定资产减值准备。（金额单位用万元表示，下同）

（2）对华联公司管理用固定资产计提减值准备的差错予以更正，并计算2×24年管理用固定资产的折旧额。

（3）计算华联公司2×24年度专利权的摊销额和应计提的无形资产减值准备。

（4）计算华联公司2×24年度库存A产品和库存原材料的年末账面价值及应计提的存货跌价准备，并编制相关会计分录。

（5）分别计算2×24年度上述暂时性差异所产生的所得税影响金额。

（6）计算2×24年度的所得税费用和应交所得税，并编制有关会计分录。

【案例分析】

（1）华联公司2×23年应计提的减值准备=（6 000-6 000÷10）-4 500
$$=900（万元）$$

华联公司2×24年度生产设备应计提的折旧额=4 500÷9=500（万元）

2×24年年末该项生产设备的账面价值=6 000-（600+500）-900
$$=4 000（万元）$$

该项固定资产的可收回金额为4 500万元，高于账面价值，不需要补提减值准备，原计提的固定资产减值准备也不得转回。所以，2×24年应该计提的减值准备为零。

（2）应更正少计提的固定资产减值准备=4 800-960-3 500-200=140（万元）

借：以前年度损益调整　　　　　　　　　　　105
　　递延所得税资产　　　　　　　　　　　　35
　　贷：固定资产减值准备　　　　　　　　　　140
借：利润分配——未分配利润　　　　　　　　105
　　贷：以前年度损益调整　　　　　　　　　　105
借：盈余公积——法定盈余公积　　　　　　　15.75
　　贷：利润分配——未分配利润　　　　　　　15.75

2×24年该管理用固定资产应计提折旧=3 500÷4=875（万元）

（3）因为2×23年年末该专利权计提减值准备前的账面价值=3 000-3 000÷6=2 500（万元），而其可收回金额为2 000万元，所以，2×23年年末的账面价值为2 000万元。

2×24年专利权的摊销额=2 000÷5=400（万元）

2×24年年末专利权的账面价值=3 000-（500+400）-500（2×23年年末计提的无形资产减值准备）

$$=1 600（万元）$$

2×24年年末该项专利权的可收回金额为2 200万元，高于账面价值，不需补提减值准备，原已计提的无形资产减值准备也不得转回。

（4）存货跌价准备的计算及账务处理如下：

①有合同约定的库存A产品的可变现净值=0.75×8 000-0.1×8 000

$$=5 200（万元）$$

有合同约定的库存A产品的成本=0.6×8 000=4 800（万元）

有合同约定的库存A产品的可变现净值大于有合同约定的库存A产品的成本，所以有合同约定的库存A产品未发生减值，其账面价值应为4 800万元。

②没有合同约定的库存A产品的可变现净值=0.5×2 000-0.1×2 000

$$=800（万元）$$

没有合同约定的库存A产品的成本=0.6×2 000=1 200（万元）

没有合同约定的库存A产品的可变现净值小于没有合同约定的库存

A产品的成本，所以，没有合同约定的库存A产品发生减值，应计提存货跌价准备400万元（1 200-800），其账面价值应为800万元。

借：资产减值损失　　　　　　　　　　　　　　400

　　贷：存货跌价准备　　　　　　　　　　　　　　　400

库存A产品的年末账面价值=6 000-400=5 600（万元）

或　　　　　　　　　　=4 800+800=5 600（万元）

③库存原材料的可变现净值=1 200-100=1 100（万元）

库存原材料的成本=1 000万元

库存原材料的成本小于库存原材料的可变现净值，库存原材料未发生减值，所以库存原材料的年末账面价值为1 000万元。

（5）暂时性差异所产生的所得税影响如下：

①2×24年度华联公司计提的生产设备的折旧额=4 500÷9=500（万元）

按税法规定2×24年应计提的生产设备的折旧额=6 000÷10=600（万元）

2×23年年末该固定资产的账面价值=6 000-600-900=4 500（万元）

2×23年年末该固定资产的计税基础=6 000-600=5 400（万元）

2×23年年末产生的可抵扣暂时性差异=900万元

2×24年年末该固定资产的账面价值=4 500-4 500÷9=4 000（万元）

2×24年年末该固定资产的计税基础=6 000-600×2=4 800（万元）

2×24年年末累计的可抵扣暂时性差异余额=4 800-4 000=800（万元）

2×24年应转回可抵扣暂时性差异=900-800=100（万元）

记入"递延所得税资产"科目的金额（贷方）=100×25%=25（万元）

②2×23年年末该管理用固定资产的账面价值=3 500万元

2×23年年末该管理用固定资产的计税基础=4 800-960=3 840（万元）

2×23年年末产生的可抵扣暂时性差异=3 840-3 500=340（万元）

2×24年年末该固定资产的账面价值=3 500-3 500÷4=2 625（万元）

2×24年年末该固定资产的计税基础=3 840-960=2 880（万元）

2×24年年末累计的可抵扣暂时性差异=2 880-2 625=255（万元）

2×24年应转回可抵扣暂时性差异=340-255=85（万元）

记入"递延所得税资产"科目的金额（贷方）=85×25%=21.25（万元）

③2×23年年末该专利权的账面价值=2 000万元

2×23年年末该专利权的计税基础=3 000-500=2 500（万元）

2×23年年末产生的可抵扣暂时性差异=2 500-2 000=500（万元）

2×24年年末该专利权的账面价值=2 000-2 000÷5=1 600（万元）

2×24年年末该专利权的计税基础=3 000-500×2=2 000（万元）

2×24年年末累计的可抵扣暂时性差异=2 000-1 600=400（万元）

2×24年应转回的可抵扣暂时性差异=500-400=100（万元）

记入"递延所得税资产"科目的金额（贷方）=100×25%=25（万元）

④计提的存货跌价准备所产生的可抵扣

暂时性差异的所得税影响金额（借方）=400×25%=100（万元）

⑤转回坏账准备所转回的可抵扣

暂时性差异的所得税影响金额（贷方）=（105-5）×25%=100×25%=25（万元）

递延所得税资产减少=25+21.25+25-100+25=-3.75（万元）（"-"号表示增加）

（6）华联公司2×24年度应交所得税=[12 000-50+（110-60）-100-85-100+400-（105-5）]×25%

=12 015×25%=3 003.75（万元）

华联公司2×24年度所得税费用=-3.75+3 003.75=3 000（万元）

借：所得税费用   3 000

    递延所得税资产   3.75

    贷：应交税费——应交所得税   3 003.75

六、练习题参考答案

（一）单项选择题

1.A 2.C 3.C 4.A 5.D 6.C 7.C 8.D 9.A 10.C

（二）多项选择题

1.ABCE 2.ABC 3.CD 4.AD 5.ACDE 6.BCDE

（三）判断题

1.√ 2.× 3.× 4.√ 5.√ 6.√ 7.× 8.√ 9.√ 10.× 11.√ 12.× 13.× 14.×

（四）计算及账务处理题

1.编制的会计分录如下：

（1）公司应于发现时进行更正，会计分录为：

借：周转材料   29 000

    贷：固定资产   29 000

借：累计折旧   2 900

    贷：管理费用   2 900

（2）公司在发现该项会计差错时，应补提固定资产折旧，会计分录为：

借：管理费用   18 000

 贷：累计折旧   18 000

（3）因为属于不重要的会计差错，所以直接计入本期有关项目，会计分录为：

借：管理费用   2 400

 贷：累计折旧   2 400

（4）因为属于不重要的会计差错，所以直接计入本期有关项目，会计分录为：

借：管理费用   5 000

 贷：应付职工薪酬   5 000

（5）因发现的是当期差错，发现时在当期更正此项差错的会计分录为：

借：制造费用   12 000

 贷：管理费用   12 000

2.按照规定，在首次执行日对资产、负债的账面价值与计税基础不同形成的暂时性差异的所得税影响进行追溯调整，影响金额调整留存收益。

（1）存货项目产生的可抵扣暂时性差异=460-420=40（万元）

应确认的递延所得税资产余额=40×25%=10（万元）

固定资产项目产生的应纳税暂时性差异=1 250-1 030=220（万元）

递延所得税负债余额=220×25%=55（万元）

预计负债项目产生的可抵扣暂时性差异=125-0=125（万元）

应确认递延所得税资产余额=125×25%=31.25（万元）

递延所得税资产合计=10+31.25=41.25（万元）

该项会计政策变更的累积影响数=41.25-55=-13.75（万元）

（2）相关账务处理。

借：递延所得税资产   41.25

  盈余公积   1.375

  利润分配——未分配利润   12.375

 贷：递延所得税负债   55

3.具体处理过程如下：

（1）年折旧额=（610 000-10 000）÷8=75 000（元）

已计提折旧=75 000×2=150 000（元）

2×24年应计提折旧=（610 000-10 000-150 000）÷（5-2）=150 000（元）

对2×24年度所得税的影响额=（150 000-75 000）×25%=18 750（元）

对2×24年度净利润的影响额=150 000-75 000-18 750=56 250（元）

（2）会计差错更正的会计分录。

①借：周转材料   6 000

  贷：固定资产   6 000

借：累计折旧   600

  贷：管理费用   600

借：管理费用   2 400

  贷：周转材料   2 400

②借：管理费用   1 200

  贷：累计摊销   1 200

③借：应收账款   300 000

  贷：以前年度损益调整   300 000

借：以前年度损益调整   75 000

  贷：应交税费——应交所得税   75 000

借：以前年度损益调整 225 000

  贷：利润分配——未分配利润   225 000

借：利润分配——未分配利润 33 750

  贷：盈余公积   33 750

4.具体处理过程如下：

（1）有关账务处理如下：

①冲减多提的折旧。

借：累计折旧   600 000

  贷：以前年度损益调整   600 000

②调整应交所得税。

借：以前年度损益调整 150 000

  贷：应交税费——应交所得税   150 000

③结转以前年度损益调整余额。

借：以前年度损益调整 450 000

  贷：利润分配——未分配利润   450 000

④调整利润分配数。

借：利润分配——未分配利润 67 500

  贷：盈余公积   67 500

（2）调整财务报表有关项目的金额，见表15-6。

表15-6 2×24年财务报表相关项目调整表

项目	上年金额		年初余额	
	调增	调减	调增	调减
固定资产	×	×	600 000	
应交税费	×	×	150 000	
盈余公积	×	×	67 500	
未分配利润	×	×	382 500	
管理费用		600 000	×	×
所得税费用	150 000		×	×
净利润	450 000		×	×
盈余公积	67 500		×	×

5.具体处理过程如下：

（1）计算星海公司2×24年度应计提的设备折旧额。

星海公司2×24年度应计提的设备折旧额=（4 800-1 200）×5÷15=1 200（万元）

（2）计算2×24年度专利权的摊销额。

按照变更后的会计政策：

2×22年专利权摊余价值=3 200-3 200÷16=3 000（万元）

2×22年应计提的减值准备=3 000-2 100=900（万元）

2×23年应摊销专利权价值=2 100÷15=140（万元）

2×23年应计提的减值准备=（2 100-140）-1 800=160（万元）

2×24年应摊销专利权价值=1 800÷14=128.57（万元）

（3）计算星海公司会计政策变更的累积影响数，并编制会计政策变更相关的会计分录。

按新的会计政策追溯调整：

2×24年1月1日无形资产的账面价值=3 200-900-200-140-160

=1 800（万元）

2×24年1月1日无形资产的计税基础=3 200-200×2=2 800（万元）

累计产生的可抵扣暂时性差异=2 800-1 800=1 000（万元）

借：利润分配——未分配利润 　　　　　　　　　　　　　　750

　　　递延所得税资产 　　　　　　　　　　　　　　　　　250

　　　累计摊销 　　　　　　　　　　　　　　　　　　　　60

　　贷：无形资产减值准备 　　　　　　　　　　　　　　　　　1 060

借：盈余公积 　　　　　　　　　　　　　　　　　　　112.50

　　贷：利润分配——未分配利润 　　　　　　　　　　　　　　112.50

6.账务处理及报表调整如下：

（1）调整分录如下：

①借：长期股权投资减值准备——A公司 　　　　　　　2 000

　　　贷：以前年度损益调整——调整2×24年度资产减值损失 　　　2 000

借：以前年度损益调整——调整2×24年度所得税费用 　　500

　　贷：递延所得税资产 　　　　　　　　　　　　　　　　　500

②借：以前年度损益调整——调整2×24年度营业外收入 　3 000

　　　贷：其他应收款 　　　　　　　　　　　　　　　　　　3 000

借：应交税费——应交所得税 　　　　　　　　　　　　750

　　贷：以前年度损益调整——调整2×24年度所得税费用 　　　750

③借：坏账准备 　　　　　　　　　　　　　　　　　　200

　　　贷：以前年度损益调整——调整2×24年度资产减值损失 　　　200

借：以前年度损益调整——调整2×24年度所得税费用 　　50

　　贷：递延所得税资产 　　　　　　　　　　　　　　　　　50

④借：长期股权投资——C公司（成本） 　　　　　　　1 000

　　　贷：长期股权投资——C公司 　　　　　　　　　　　　1 000

借：长期股权投资——C公司（损益调整）（680×25%） 　170

　　贷：以前年度损益调整——调整2×24年度投资收益 　　　170

⑤调整2×24年利润分配和盈余公积。

借：利润分配——未分配利润 　　　　　　　　　　　　430

　　　以前年度损益调整——调整2×24年度投资收益 　　　170

　　　　　　　　　　——调整2×24年度资产减值损失 　2 200

　　　　　　　　　　——调整2×24年度所得税费用 　　　200

　　贷：以前年度损益调整——调整2×24年度营业外收入 　　　3 000

借：盈余公积 　　　　　　　　　　　　　　　　　　64.50

　　贷：利润分配——未分配利润 　　　　　　　　　　　　　64.50

（2）对2×24年度财务报表项目金额的调整见表15-7。

表 15-7

2×24年度财务报表项目调整表

单位:万元

项 目	利润表及所有者权益变动表	资产负债表	
	2×24年度	2×24年年初余额	2×24年年末余额
资产减值损失	-2 200		
投资收益	+170		
营业外收入	-3 000		
所得税费用	-200		
净利润	-430		
盈余公积——法定盈余公积	-43		
盈余公积——任意盈余公积	-21.50		
其他应收款			-3 000
预付款项			+200
长期股权投资			+2 170
应交税费			-750
递延所得税资产			-550
递延所得税负债			0
盈余公积			-64.50
未分配利润			-365.50

7.账务处理及报表调整如下:

(1) 对该投资性房地产2×22—2×24年的有关业务进行处理。

①2×22年购建房地产。

借:投资性房地产   1 000

 贷:银行存款   1 000

②2×23年年初收到租金。

借:银行存款   80

 贷:预收账款   80

③2×23年年末确认收入和计提折旧。

借：预收账款		80
贷：其他业务收入		80
借：其他业务成本		40
贷：累计折旧（（1 000-0）÷25）		40

④2×24年的账务处理同上。

（2）假设按照公允价值模式计量，会计处理如下：

①2×23年年初收到租金。

借：银行存款		80
贷：预收账款		80

②2×23年年末确认收入和公允价值变动损益。

借：预收账款		80
贷：其他业务收入		80
借：投资性房地产——公允价值变动		100
贷：公允价值变动损益		100

③2×24年年初收到租金。

借：银行存款		80
贷：预收账款		80

④2×24年年末确认收入和公允价值变动损益。

借：预收账款		80
贷：其他业务收入		80
借：投资性房地产——公允价值变动		50
贷：公允价值变动损益		50

（3）对该投资性房地产在2×25年的会计政策变更进行会计处理。

①计算会计政策变更累积影响数，见表15-8。

表15-8　　　　　　　　　　会计政策变更累积影响数计算表　　　　　　单位：万元

项目	按成本模式计量的损益	按公允价值模式计量的损益	税前差异	对所得税费用的影响*	税后差异
2×23年	40	180	140	35	105
2×24年	40	130	90	22.50	67.50
合计	80	310	230	57.50	172.50

*对所得税费用的影响计算如下：

2×23 年年末该投资性房地产账面价值为 1 100 万元,计税价格为 960 万元(1 000-40),其应纳税暂时性差异为 140 万元,应确认递延所得税负债 35 万元(140×25%),增加所得税费用 35 万元。

2×24 年年末该投资性房地产账面价值为 1 150 万元,计税价格为 920 万元(1 000-40-40),其应纳税暂时性差异为 230 万元,应确认递延所得税负债 57.50 万元(230×25%);因年初有递延所得税负债 35 万元,故年末应增加递延所得税负债 22.50 万元,增加所得税费用 22.50 万元。

②2×25 年对会计政策变更的账务处理如下:

借:投资性房地产——成本　　　　　　　　　　　　　　1 150
　　投资性房地产累计折旧　　　　　　　　　　　　　　　80
　　贷:投资性房地产　　　　　　　　　　　　　　　　　1 000
　　　　利润分配——未分配利润　　　　　　　　　　　172.50
　　　　递延所得税负债　　　　　　　　　　　　　　　57.50
借:利润分配——未分配利润(172.50×10%)　　　　　17.25
　　贷:盈余公积——法定盈余公积　　　　　　　　　　17.25

③对 2×25 年编制的年报中涉及会计政策变更的数据进行调整,并填列利润表和资产负债表,分别见表 15-9、表 15-10。

表15-9　　　　　　　　　　　　利润表(部分项目)

编制单位:甲公司　　　　　　　　　2×25 年度　　　　　　　　　单位:万元

项　目	上期金额		
	调整前	调整数	调整后
营业收入	(略)		(略)
营业成本		-40	
公允价值变动损益		50	
投资收益			
利润总额		90	
减:所得税费用		22.50	
净利润		67.50	

表15-10 **资产负债表（部分项目）**

编制单位：甲公司　　　　　　　　　　2×25年12月31日　　　　　　　　　　单位：万元

资产	上年年末余额			负债和所有者权益（或股东权益）	上年年末余额		
	调整前	调整数	调整后		调整前	调整数	调整后
投资性房地产		230		递延所得税负债		57.50	
				盈余公积		17.25	
				未分配利润		155.25	
资产总计		230		负债和所有者权益（或股东权益）总计		230	

附录一 《中级财务会计》模拟试题

《中级财务会计》模拟试题一

一、单项选择题（下列每小题的备选答案中，只有一个符合题意的正确答案。请将你选定的答案字母填入题后的括号中。本类题共15个小题，每小题1分，共15分。多选、错选、不选均不得分）

1.企业自行研发无形资产过程中发生的不满足资本化条件的研发支出，应记入的会计科目是（　　　　）。

　A."研发支出——费用化支出"　　B."管理费用"

　C."无形资产"　　　　　　　　　D."其他业务成本"

2.下列各项支出中，应记入"制造费用"科目的是（　　　　）。

　A.管理部门的固定资产折旧费　　B.生产车间的固定资产折旧费

　C.生产车间生产工人的工资费　　D.管理部门人员的工资费

3.企业确认的资产减值损失金额，应计入当期损益的具体项目是（　　　　）。

　A.管理费用　　　　　　　　　　B.营业外支出

　C.资产减值损失　　　　　　　　D.公允价值变动损益

4.下列各项中，属于企业会计政策范畴的是（　　　　）。

　A.固定资产的使用年限　　　　　B.无形资产的使用寿命

　C.存货的计价方法　　　　　　　D.估计坏账的方法

5.下列各项中，引起现金流量净额变动的是（　　　　）。

　A.用银行存款购买一个月到期的债券

　B.用银行存款清偿50万元的债务

　C.用一项专利抵偿债务

　D.从银行提取现金

6.甲企业2×24年度共发生财务费用50万元，其中48万元为筹资活动发生的财务费用，另 2 万元为票据贴现发生的财务费用。现金流量表附注中"财务费用"项目应填列的金额是（　　）。

A.50 万元　　　　　　　　　　B.48 万元

C.-50 万元　　　　　　　　　　D.-48 万元

7.采用间接法将净利润调整为经营活动现金流量时，下列项目属于调减的是（　　）。

A.公允价值变动损失　　　　　B.存货的减少

C.投资收益　　　　　　　　　D.投资损失

8.某企业在资产负债表日对一项固定资产进行减值测试，与减值测试有关的资料为：固定资产的账面价值为 130 万元，已计提减值准备 10 万元，预计净残值为 2 万元。如果不考虑其他因素的影响，该固定资产在剩余使用寿命内，应提取的折旧总额为（　　）万元。

A.118　　　　　　　　　　　　B.120

C.128　　　　　　　　　　　　D.130

9.在资产负债表日后至财务报告批准报出日前，发生销售退回的，正确的会计处理方法是（　　）。

A.调整报告年度年初未分配利润

B.通过"以前年度损益调整"科目调整

C.冲减发生退货当期的主营业务收入

D.通过报告年度的主营业务收入和主营业务成本调整

10.企业在编制现金流量表时，下列项目中属于工业企业经营活动产生的现金流量的是（　　）。

A.收到的现金股利　　　　　　B.缴纳企业所得税

C.向银行借款 500 万元　　　　D.支付在建工程人员的工资

11.在下列各项中，其表述不符合收入会计要素定义的是（　　）。

A.收入是与所有者投入资本无关的经济利益的总流入

B.收入是与所有者投入资本有关的经济利益的总流入

C.收入是企业在日常活动中形成的

D.收入会导致所有者权益的增加

12.一般纳税人企业委托加工存货所支付的下列款项中，不能计入委托加工存货成本的是（　　）。

A.支付的增值税   B.支付的消费税

C.支付的加工费   D.支付的往返运杂费

13.企业在持有其他债权投资期间，其公允价值变动应记入的科目是（ ）。

A."营业外收入"或"营业外支出"

B."公允价值变动损益"

C."其他综合收益"

D."投资收益"

14.非同一控制下企业控股合并取得的长期股权投资，其初始投资成本是（ ）。

A.占被投资方净资产的份额

B.支付合并对价的账面价值

C.支付合并对价的公允价值

D.支付合并对价的公允价值及相关费用

15.企业下列情况下的长期股权投资，后续计量应当采用成本法的是（ ）。

A.具有控制或共同控制   B.具有控制或重大影响

C.具有控制   D.具有共同控制或重大影响

二、多项选择题（下列每小题的备选答案中，有两个或两个以上符合题意的正确答案。请将你选定的答案字母按顺序填入题后的括号中。本类题共5个小题，每小题2分，共10分。多选、少选、错选、不选均不得分）

1.在下列情况下，导致产生可抵扣暂时性差异的有（ ）。

A.负债的账面价值大于其计税基础

B.负债的账面价值小于其计税基础

C.资产的账面价值大于其计税基础

D.资产的账面价值小于其计税基础

E.负债的账面价值等于其计税基础

2.确定资产预计未来现金流量的现值时，应当考虑的因素有（ ）。

A.预计未来现金流量   B.资产的使用寿命

C.资产的取得成本   D.资产的账面价值

E.折现率

3.下列交易或事项中，属于经营活动的有（ ）。

A.经营性租赁　　　　　　　B.缴纳税款

C.制造产品　　　　　　　　D.发行股票

E.吸收投资

4.下列各项中，可以通过资产负债表反映的有（ ）。

A.某一时点的财务状况　　　B.某一时点的偿债能力

C.某一期间的经营成果　　　D.某一期间的获利能力

E.某一期间的获现能力

5.下列各项中，关于固定资产应当按月计提折旧的表述正确的有（ ）。

A.月份内开始使用的固定资产当月不计提折旧

B.月份内停止使用的固定资产当月不计提折旧

C.月份内停止使用的固定资产当月照样计提折旧

D.上月增加的固定资产本月起计提折旧

E.本月增加的固定资产本月起计提折旧

三、判断题（本类题共 10 小题，每小题 1 分，共 10 分。请将你的判断结果填入题后括号中。你认为正确的，填"√"；你认为错误的，填"×"。每小题判断结果符合标准答案的得 1 分）

1.在有商业折扣的情况下，应收账款和销售收入按扣除商业折扣后的金额入账。（ ）

2.资产组计提减值准备时，其减值金额应当先抵减分摊至资产组或者资产组组合中商誉的账面价值，再根据资产组或者资产组组合中除商誉之外的其他各项资产的账面价值所占比重，按比例抵减其他各项资产的账面价值。（ ）

3.根据企业会计准则对收入的定义，收入不仅包括主营业务收入和其他业务收入，还包括营业外收入。（ ）

4.企业确认的本期所得税费用必然等于本期应交所得税。（ ）

5.收入既包括企业自身活动获得的经济利益流入，也包括企业的所有者向企业投入资本导致的经济利益流入。（ ）

6.费用是指企业在日常活动中发生的、会导致所有者权益减少的、

与向所有者分配利润无关的经济利益的总流出。　　　　　（　　）

7.商品流通企业在购买商品过程中发生的除买价之外的其他进货费用一定包括在销售费用之中。　　　　　　　　　　　　　　（　　）

8.按照企业会计准则的规定，因企业合并所形成的商誉和使用寿命不确定的无形资产，无论是否存在减值迹象，每年都应当进行减值测试。　　　　　　　　　　　　　　　　　　　　　　　（　　）

9.资产的公允价值减去处置费用后的净额与资产预计未来现金流量的现值，只要有一项低于资产的账面价值，就表明资产已经发生减值。
　　　　　　　　　　　　　　　　　　　　　　　　　　　（　　）

10.企业计提的所有资产减值损失均不可转回。　　　　　（　　）

四、简答题（本类题共2小题，每小题5分，共10分）

1.什么是会计政策变更？其变更条件是什么？

2.什么是暂时性差异？请举例说明。

五、计算及账务处理题（本类题共4小题，共35分。凡要求计算的项目，均须列出计算过程；计算结果有计量单位的，应予以标明，标明的计量单位应与题中所给的计量单位相同；计算结果出现小数的，除特殊要求外，均保留小数点后两位小数。凡要求解释、分析、说明理由的内容，必须有相应的文字阐述）

1.诚信实业股份有限公司一台设备进入报废程序。设备原价为240 000元，累计折旧为234 000元。报废时支付清理费用720元，残料作价3 200元，可验收入库作为材料使用。

要求：根据上述资料编制有关会计分录。

2.诚信实业股份有限公司利用剩余生产能力自行制造一台设备。在建造过程中主要发生下列支出：

2×24年5月10日工程开始，当日实际领用工程物资170 000元；领用库存材料一批，实际成本为12 000元；领用库存商品若干件，实际成本为16 200元，公允价值为22 000元（与计税价格相同），计算应交的增值税销项税额为2 860元；工程应负担直接人工费20 520元。2×24年6月20日工程完工，并达到预定可使用状态。

要求：根据以上资料编制相关会计分录，并计算设备达到预定可使用状态时的制造成本。

3.诚信实业股份有限公司和A公司为同一母公司所控制的两家子公司。2×24年4月20日,诚信公司和A公司达成合并协议,约定诚信公司以固定资产(一条生产线)作为合并对价,取得A公司60%的股权。诚信公司换出固定资产的账面原价为3 000万元,已计提折旧900万元,未计提减值准备。2×24年6月1日,诚信公司实际取得对A公司的控制权。合并当日,A公司所有者权益账面价值总额为5 000万元;在诚信实业股份有限公司和A公司的合并中,诚信实业股份有限公司以银行存款支付审计费用、评估费用等直接合并费用共计35万元。

要求:根据上述资料编制诚信实业股份有限公司在合并日的相关会计分录。(金额单位以万元表示)

4.诚信实业股份有限公司以库存商品换入甲公司持有的一项专利。换出库存商品的账面余额为480万元,公允价值为600万元,增值税税额为78万元。诚信实业股份有限公司用银行存款向甲公司支付补价40万元,换入资产以换出资产的公允价值为基础计量。

要求:计算诚信实业股份有限公司换入专利的入账成本,并进行相关的账务处理。(金额单位以万元表示)

六、案例分析题(本类题共1题,共20分)

资料:甲股份有限公司(以下简称甲公司)为上市公司,属于增值税一般纳税企业,适用的增值税税率为13%。甲公司2×24年度发生的有关事项及其会计处理如下:

(1)2×24年5月5日,甲公司将其生产的一批商品销售给同是一般纳税企业的A公司,销售价格为300万元(不含增值税),商品销售成本为240万元,商品已经发出,货款尚未收到。按照双方协议,甲公司将该批商品销售给B公司后,一年内以325万元的价格购回所售商品。2×24年12月31日,甲公司尚未回购该批商品。

2×24年5月5日,甲公司就该批商品销售确认了销售收入,并结转了相应成本。

(2)2×24年11月30日,甲公司接受一项产品安装任务,安装期为4个月,合同总收入为80万元,至2×24年年底已经预收款项48万元,实际发生成本40万元,估计还会发生成本24万元。

2×24年度,甲公司在财务报表中确认了48万元的劳务收入,并结转了40万元的成本。

（3）2×24年12月1日，甲公司向C公司销售商品一批，价值200万元，成本为120万元，商品已经发出，C公司已预付货款。C公司当天收到商品后，发现商品质量未达到合同规定的要求，立即根据合同的有关价格减让和退货的条款与甲公司协商，要求甲公司在价格上给予一定的减让，否则予以退货。至年底，双方尚未就此达成一致意见，甲公司也未采取任何补救措施。

甲公司2×24年确认了收入并结转了已售商品的成本。

（4）2×24年6月1日，甲公司与D公司签订销售合同。合同规定，甲公司向D公司销售生产线一条，总价款为500万元；甲公司负责该生产线的安装调试工作，且安装调试工作是销售合同的重要组成部分。12月5日，甲公司向D公司发出生产线；12月8日，D公司收到生产线并向甲公司支付500万元货款；12月20日，甲公司向D公司派出生产线安装工程技术人员进行生产线的安装调试；至12月31日，该生产线尚未安装完工。

甲公司2×24年确认了销售收入。

要求：分析判断甲公司上述有关收入的确认是否正确，并说明理由。

《中级财务会计》模拟试题二

一、单项选择题（下列每小题的备选答案中，只有一个符合题意的正确答案。请将你选定的答案字母填入题后的括号中。本类题共15个小题，每小题1分，共15分。多选、错选、不选均不得分）

1.按照我国企业会计准则的规定，计提的资产减值损失不能转回的资产是（　　　）。

A.存货　　　　　　　　　　B.无形资产

C.应收票据　　　　　　　　D.应收账款

2.在分期收款销售方式下，按现销价格或分期收款总额的现值确认的收入与分期收款总额的差额处理正确的是（　　　）。

A.计入营业外收入　　　　　B.冲减当期财务费用

C.作为未实现融资收益　　　D.计入公允价值变动损益

3.附有销售退回条件的商品销售，如果不能对退货的可能性做出合理估计，则确认收入的时点是（　　）。

　　A.购货方承诺付款时　　　　B.售出商品退货期满时

　　C.收到货款时　　　　　　　D.发出商品时

4.直接计入所有者权益的交易或事项，相关资产或负债的账面价值与计税基础之间形成暂时性差异，应当确认递延所得税资产或递延所得税负债，同时记入（　　）科目。

　　A."资本公积"　　　　　　　B."盈余公积"

　　C."所得税费用"　　　　　　D."公允价值变动损益"

5.某企业出售无形资产，取得收入10万元存入银行。该无形资产的账面余额为15万元，累计摊销为5万元，计提的减值准备为2万元。如果不考虑相关税费等因素的影响，出售无形资产的损益为（　　）万元。

　　A.0.5　　　　　　　　　　　B.1

　　C.1.5　　　　　　　　　　　D.2

6.在下列活动取得的收益中，属于企业营业外收入的是（　　）。

　　A.出售原材料　　　　　　　B.债务重组利得

　　C.出售固定资产　　　　　　D.出售无形资产

7.企业发生的产品展览费、广告费等促销费用，应当计入发生当期损益的项目是（　　）。

　　A.制造费用　　　　　　　　B.管理费用

　　C.销售费用　　　　　　　　D.财务费用

8.企业为扩大产品销售市场而发生的业务招待费，应当计入当期损益的项目是（　　）。

　　A.销售费用　　　　　　　　B.管理费用

　　C.营业外支出　　　　　　　D.其他业务成本

9.计算企业的营业利润时，不涉及损益项目的是（　　）。

　　A.公允价值变动净损益　　　B.资产减值损失

　　C.所得税费用　　　　　　　D.投资净损益

10.采用间接法将净利润调整为经营活动现金流量时，下列各调整项目中，属于调增的项目是（　　）。

A.公允价值变动收益　　　　　　B.投资收益

C.存货的增加　　　　　　　　　D.无形资产摊销

11.企业取得投资性房地产发生的下列支出中，不应计入投资性房地产成本的是（　　　　）。

A.土地开发费　　　　　　　　　B.建筑安装成本

C.业务人员差旅费　　　　　　　D.应予资本化的借款费用

12.下列项目中，通常不可以认定为一个资产组的是（　　　　）。

A.相互关联和依存的、其使用和处置是一体化的一组设备

B.能够独立于其他部门产生现金流的营业网

C.能够独立于其他部门产生现金流的事业部

D.总部资产

13.某企业下列各项固定资产中，应计提折旧的是（　　　　）。

A.闲置的设备　　　　　　　　　B.经营租入的设备

C.已提足折旧继续使用的设备　　D.未提足折旧提前报废的设备

14.下列项目中属于会计政策的是（　　　　）。

A.收入确认的方法　　　　　　　B.无形资产的使用寿命

C.估计坏账的方法　　　　　　　D.固定资产的使用年限

15.下列项目中，不包括在现金使用范围内的是（　　　　）。

A.支付职工薪酬　　　　　　　　B.支付银行借款利息

C.向个人收购农副产品　　　　　D.结算起点以下的零星支出

二、多项选择题（下列每小题的备选答案中，有两个或两个以上符合题意的正确答案。请将你选定的答案字母按顺序填入题后的括号中。本类题共5个小题，每小题2分，共10分。多选、少选、错选、不选均不得分）

1.下列各项中，属于"实际没有支付现金的费用"的有（　　　　）。

A.计提的资产减值准备　　　　　B.计提的固定资产折旧

C.无形资产的取得成本　　　　　D.支付购买原材料的价款

E.无形资产价值摊销

2.下列各项，应通过"应交税费——未交增值税"科目核算的有（　　　　）。

A.本月上缴本月的应交增值税

B.本月上缴上月的应交未交增值税

C.结转本月应交未交的增值税

D.结转本月多缴的增值税

E.增值税进项税额转出

3.下列各项中，属于投资性房地产的有（　　　）。

A.企业准备建成后用于出租的在建写字楼

B.企业持有拟增值后转让的土地使用权

C.企业以经营租赁方式租出的写字楼

D.企业出租给本企业职工的房屋

E.企业用的成品仓库

4.关于其他债权投资，下列说法中正确的有（　　　）。

A.期末公允价值变动应计入其他综合收益

B.投资对象既可以是股票也可以是债券

C.处置时原计入其他综合收益的公允价值变动应转入投资收益

D.其他债权投资可以计提减值准备

E.购入时按公允价值作为初始计量成本

5.关于发出存货的计价方法，下列说法中正确的有（　　　）。

A.全月一次加权平均法比移动加权平均法操作简单

B.全月一次加权平均法可以随时结转存货成本

C.移动加权平均法可以随时结转存货成本

D.先进先出法可以随时结转存货成本

E.后进先出法视企业实际情况采用

三、判断题（本类题共10小题，每小题1分，共10分。请将你的判断结果填入题后的括号中。你认为正确的，填"√"；你认为错误的，填"×"。每小题判断结果符合标准答案的得1分）

1.企业为固定资产建造工程购买的材料，期末时如果尚未领用，应在资产负债表的存货项目下列示其金额。　　　　　　　　（　　　）

2.自然灾害造成的存货毁损，应先扣除残料价值、可以收回的保险赔偿等，将净损失计入营业外支出。　　　　　　　　　　（　　　）

3.固定资产在建工程领用的库存商品，应将相应的进项税额转出，连同库存商品成本一并作为有关工程项目支出。　　　　　（　　　）

4.企业出售其他权益工具时，应将实际收到的价款与账面价值的差额，计入其他综合收益；同时将累计确认的其他综合收益转为留存收益。 （　　）

5.长期股权投资采用成本法核算时，应按被投资单位实现的净利润中投资企业应当分享的份额确认投资收益。 （　　）

6.企业持有的A公司股票发生了减值，企业为其计提了减值准备；随后期间，A公司股票价值又得以恢复。如果A公司股票属于长期股权投资，则不能恢复该股票的账面价值。 （　　）

7.企业为职工支付的医疗保险费、养老保险费、失业保险费、工伤保险费和生育保险费等社会保险费，均属于职工薪酬。 （　　）

8.符合资本化条件的资产在购建或者生产过程中发生中断且中断时间连续超过3个月的，应当暂停借款费用的资本化。 （　　）

9.某商场为了吸引顾客，在销售商品时向顾客承诺对购买的商品如果不满意，10日内可以退货，该商场应当在承诺的退货期满后确认销售收入。 （　　）

10.在现金流量表中，经营活动产生的现金流量应当采用直接法填列；在现金流量表补充资料中，经营活动产生的现金流量应当采用间接法填列。 （　　）

四、简答题（本类题共2小题，每小题5分，共10分）

1.如何对与或有事项有关的义务进行确认？

2.什么是资产的可收回金额？在什么情况下可以作特殊考虑？

五、计算及账务处理题（本类题共4小题，共35分。凡要求计算的项目，均须列出计算过程；计算结果有计量单位的，应予标明，标明的计量单位应与题中所给的计量单位相同；计算结果出现小数的，除特殊要求外，均保留小数点后两位小数。凡要求解释、分析、说明理由的内容，必须有相应的文字阐述）

1.甲公司和A公司在合并之前不存在任何投资关系。2×24年1月10日，甲公司和A公司达成合并协议，约定甲公司以固定资产和银行存款作为合并对价，取得A公司100%的股权。甲公司投出银行存款的金额为108万元；投出固定资产的账面原价为585万元，已计提折旧63万元，未计提固定资产减值准备，经评估，固定资产的公允价值为540万元。在甲公司和A公司的合并过程中，甲公司以银行存款支付审计费用、评估费用、法律服务费用等共计9万元。

要求：编制甲公司有关企业合并的下列会计分录（金额单位以万元表示）。

（1）将参与合并的固定资产转入清理。

（2）确认通过企业合并取得的长期股权投资。

2. 2×24年2月3日，甲公司以每股6.50元的价格购入乙公司每股面值1元的普通股90万股作为其他权益工具投资，并支付税金和手续费4.50万元。2×24年4月5日，乙公司宣告2×23年度股利分配方案，每股分派现金股利0.10元。2×24年6月30日，乙公司股票每股公允价值为7.50元。2×24年9月25日，甲公司将乙公司股票出售，收到出售价款774万元。

要求：编制甲公司有关该项其他权益工具投资的下列会计分录（金额单位以万元表示）。

（1）2×24年2月3日，购入股票。

（2）2×24年4月5日，乙公司宣告分派现金股利。

（3）2×24年6月30日，确认公允价值变动。

（4）2×24年9月25日，将乙公司股票出售。

3. 甲公司对投资性房地产采用公允价值模式进行后续计量。该公司与乙公司签订的一项厂房经营租赁合同即将于2×23年6月30日到期，该厂房账面成本为1 935万元，公允价值变动（借方）为315万元。为了提高厂房的租金收入，甲公司决定在租赁期满后对厂房进行改建，并与丙公司签订了经营租赁合同，约定自改建完工之日起将厂房出租给丙公司使用。2×23年6月30日，与乙公司的租赁合同到期，厂房随即转入改建工程。在改建过程中，用银行存款支付改建支出900万元，厂房拆除部分的残料作价9万元出售，款项存入银行。2×24年3月31日，厂房改建工程完工，即日按照租赁合同将厂房出租给丙公司使用。2×24年12月31日，该厂房公允价值为3 240万元。

要求：编制有关该项投资性房地产的下列会计分录（金额单位以万元表示）。

（1）2×23年6月30日，将厂房转入改建工程。

（2）用银行存款支付改建支出。

（3）拆除部分的残料作价出售。

（4）2×24年3月31日，改建工程完工。

（5）2×24年12月31日，确认公允价值变动损益。

4.2×24年9月1日，甲公司以2 236.50万元的价款（包括相关税费）取得A公司普通股股票2 000万股作为长期股权投资，该股份占A公司普通股股份的25%，甲公司采用权益法核算。

要求：根据下列不同假定情况，编制甲公司取得长期股权投资的会计分录（金额单位以万元表示）。

（1）假定投资当时，A公司可辨认净资产公允价值为8 100万元。

（2）假定投资当时，A公司可辨认净资产公允价值为9 000万元。

六、案例分析题（本类题共1题，共20分）

资料：甲公司为股份有限公司，适用的增值税税率为13%，销售价格中均不含增值税税额；适用的所得税税率为25%（不考虑其他税费，并假设除下列各项外，无其他纳税调整事项），所得税采用资产负债表债务法核算。2×23年度的财务报告于2×24年4月20日批准报出。该公司2×24年度发生的一些交易和事项及其会计处理如下：

（1）在2×23年度的财务报告批准报出后，甲公司发现2×22年度购入的一项专利权尚未入账，其累积影响利润数为2万元，该公司将该项累积影响数计入了2×24年度利润表的管理费用项目。

（2）甲公司从2×24年1月1日起将发出存货的计价由先进先出法改为加权平均法（符合会计政策变更条件），因该项变更的累积影响数难以确定，甲公司对此项变更采用未来适用法，未采用追溯调整法。

（3）甲公司于2×24年6月30日分派2×23年度的股票股利1 000万股，该公司按每股1元的价格调减2×24年年初未分配利润，并调增了2×24年年初的股本金额。

（4）甲公司与A公司在2×23年11月1日签订了一项销售合同，合同中订明甲公司在2×23年11月销售一批物资给A公司。由于甲公司未能按照合同发货，致使A公司发生重大经济损失。A公司通过法律形式要求甲公司赔偿经济损失500万元。该诉讼案件在2×23年12月31日尚未判决，甲公司根据律师的意见，认为很可能赔偿A公司300万元。因此，甲公司记录了300万元的其他应付款，并反映在2×23年12月31日的财务报表上。

（5）2×24年3月20日，甲公司发现2×23年行政管理部门使用的固定资产少计提折旧20万元（金额较大）。该公司对此项差错调整了2×23年度财务报表相关项目的数字。

要求：

（1）根据《企业会计准则》的规定，说明甲公司上述交易和事项的会计处理哪些是正确的，哪些是不正确的（只需注明上述资料的序号即可，如事项（1）处理正确，或事项（1）处理不正确）。

（2）对上述交易和事项不正确的会计处理，简要说明不正确的理由和正确的会计处理。

附录二　《中级财务会计》模拟试题参考答案

《中级财务会计》模拟试题一参考答案

一、单项选择题

1.A　2.B　3.C　4.C　5.B　6.B　7.C　8.A　9.B　10.B　11.B　12.A　13.C
14.C　15.C

二、多项选择题

1.AD　2.ABE　3.ABC　4.AB　5.ACD

三、判断题

1.√　2.√　3.×　4.×　5.×　6.√　7×　8.√　9.×　10.×

四、简答题

参见主教材的相关部分。

五、计算及账务处理题

1.编制的相关会计分录如下：

（1）设备报废，注销原价及累计折旧。

借：固定资产清理	6 000	
累计折旧	234 000	
贷：固定资产		240 000

（2）支付报废设备清理费用720元。

借：固定资产清理	720	
贷：银行存款		720

（3）残料入库。

借：原材料	3 200	
贷：固定资产清理		3 200

（4）结转报废净损益。

报废净损失＝6 000+720-3 200＝3 520（元）

借：营业外支出——处置非流动资产损失   3 520

  贷：固定资产清理   3 520

2.编制的相关会计分录如下：

（1）2×24年5月10日，领用工程物资，投入自营工程。

借：在建工程   170 000

  贷：工程物资   170 000

（2）2×24年5月10日，领用库存材料。

借：在建工程   12 000

  贷：原材料   12 000

（3）2×24年5月10日，领用库存产成品。

借：在建工程   19 060

  贷：库存商品   16 200

    应交税费——应交增值税（销项税额）   2 860

（4）结转应由工程负担的直接人工费。

借：在建工程   20 520

  贷：应付职工薪酬   20 520

（5）2×24年6月20日工程完工，并达到预定可使用状态，计算并结转工程成本。

设备制造成本=170 000+12 000+19 060+20 520=221 580（元）

借：固定资产   221 580

  贷：在建工程   221 580

3.编制的相关会计分录如下：

（1）转销参与合并的固定资产账面价值。

借：固定资产清理   2 100

  累计折旧   900

  贷：固定资产   3 000

（2）确认长期股权投资。

初始投资成本=5 000×60%=3 000（万元）

借：长期股权投资——A公司（成本）   3 000

  贷：固定资产清理   2 100

    资本公积   900

（3）支付直接合并费用。

借：管理费用   35

  贷：银行存款   35

4.相关处理过程如下：

（1）诚信实业股份有限公司换入专利的入账成本=600+78+40=718（万元）

（2）账务处理：

借：无形资产		718
贷：主营业务收入		600
应交税费——应交增值税（销项税额）		78
银行存款		40
借：主营业务成本		480
贷：库存商品		480

六、案例分析题

分析思路清楚，能准确判断正确与否，并能说明理由即可。

《中级财务会计》模拟试题二参考答案

一、单项选择题

1.B　2.C　3.B　4.A　5.D　6.B　7.C　8.B　9.C　10.D　11.C　12.D　13.A　14.A　15.B

二、多项选择题

1.ABE　2.BCD　3.BC　4.ACD　5.ACD

三、判断题

1.×　2.√　3.×　4.√　5.×　6.√　7.√　8.×　9.×　10.√

四、简答题

参见主教材的相关部分。

五、计算及账务处理题

1.（1）将参与合并的固定资产转入清理。

借：固定资产清理		522
累计折旧		63
贷：固定资产		585

（2）确认通过企业合并取得的长期股权投资。

合并成本=540+108=648（万元）

固定资产增值收益=540-522=18（万元）

借：长期股权投资——A公司（成本）		648
贷：固定资产清理		522
资产处置损益		18
银行存款		108

支付合并费用：

借：管理费用   9

  贷：银行存款   9

2.（1）2×24年2月3日，购入股票。

借：其他权益工具投资——成本   589.50

  贷：银行存款   589.50

（2）2×24年4月5日，乙公司宣告分派现金股利。

借：银行存款   9

  贷：投资收益   9

（3）2×24年6月30日，确认公允价值变动。

借：其他权益工具投资——公允价值变动   85.50

  贷：其他综合收益   85.50

（4）2×24年9月25日，将乙公司股票出售。

借：银行存款   774

  贷：其他权益工具投资——成本   589.50

               ——公允价值变动   85.50

    其他综合收益   99

借：其他综合收益   184.50

  贷：利润分配——未分配利润   184.50

3.（1）2×23年6月30日，将厂房转入改建工程。

借：投资性房地产——厂房（在建）   2 250

  贷：投资性房地产——厂房（成本）   1 935

              ——厂房（公允价值变动）   315

（2）用银行存款支付改建支出。

借：投资性房地产——厂房（在建）   900

  贷：银行存款   900

（3）拆除部分的残料作价出售。

借：银行存款   9

  贷：投资性房地产——厂房（在建）   9

（4）2×24年3月31日，改建工程完工。

扩建后厂房价值=2 250+900-9=3 141（万元）

借：投资性房地产——厂房（成本）   3 141

  贷：投资性房地产——厂房（在建）   3 141

（5）2×24年12月31日，确认公允价值变动损益。

借：投资性房地产——厂房（公允价值变动）   99

    贷：公允价值变动损益   99

4.（1）假定投资当时，A公司可辨认净资产公允价值为8 100万元。

应享有A公司可辨认净资产公允价值的份额=8 100×25%=2 025（万元）

借：长期股权投资——A公司（成本）   2 236.50

    贷：银行存款   2 236.50

（2）假定投资当时，A公司可辨认净资产公允价值为9 000万元。

应享有A公司可辨认净资产公允价值的份额=9 000×25%=2 250（万元）

初始投资成本调整额=2 250-2 236.50=13.50（万元）

借：长期股权投资——A公司（成本）   2 236.50

    贷：银行存款   2 236.50

借：长期股权投资——A公司（成本）   13.50

    贷：营业外收入   13.50

六、案例分析题

分析思路清楚，能准确判断正确与否，并能说明理由即可。